锻造区域高质量教育的

领航力量

成都高新区『励耘好校长』后备干部培养工程论文集

北京师范大学教育培训中心 编著

ZHEJIANG UNIVERSITY PRESS
浙江大学出版社
·杭州·

图书在版编目（CIP）数据

锻造区域高质量教育的领航力量 / 北京师范大学教育培训中心编著． -- 杭州：浙江大学出版社，2024.4
ISBN 978-7-308-24459-6

Ⅰ．①锻… Ⅱ．①北… Ⅲ．①地方教育－发展－研究－成都 Ⅳ．① G527.711

中国国家版本馆 CIP 数据核字（2023）第 238694 号

锻造区域高质量教育的领航力量

北京师范大学教育培训中心　编著

责任编辑	张　婷	
责任校对	朱卓娜	
封面设计	周　灵	
出版发行	浙江大学出版社	
	（杭州市天目山路148号　　邮政编码　310007）	
	（网址：http://www.zjupress.com）	
排　　版	杭州林智广告有限公司	
印　　刷	杭州钱江彩色印务有限公司	
开　　本	710mm×1000mm　1/16	
印　　张	33.5	
字　　数	463千	
版 印 次	2024年4月第1版　2024年4月第1次印刷	
书　　号	ISBN 978-7-308-24459-6	
定　　价	98.00元	

编委会

培养后备校级干部人才　剑指区域教育高质量发展

我们是一群幸运的人，成长在成都高新区这片教育沃土之上……

2019年初秋时节，在成都高新区社区发展治理和社会事业局的统筹与组织下，一群来自全区各中小学的年轻中层干部，来到了北京师范大学（以下简称"北师大"）昌平校区，踏上了"成都高新区后备干部励耘好校长班"的学习之旅。

"培育教育情怀，拓宽教育视野，提升管理素养，夯实专业本领，服务成都高新区教育发展……"50名后备干部学员激情满怀，如饥似渴地投入学习中。三年来，我们从学校文化与学校规划、学校德育、课程与教学、教师发展等方面进行了多维度、多层面、立体式、沉浸式学习，立足高新区教育沃土，奔赴北京、重庆等地，通过线上线下混合式学习，走向了"内涵式发展"。

北师大教育培训中心为每位学员配备了一位理论导师和一位实践导师，设立了双导师培养机制。我们领略了北师大各位教授高屋建瓴的研究成果，也领略了一位位导师的教育实践智慧与激情：胸怀天下的顾明远教授，德高望重的成尚荣先生，儒雅的暴生君教授，温婉的胡艳教授，幽默的张增田教授，实力与智慧兼具的班建武教授，优雅的班主任张亚南老师，严厉而不失关切的刘增利校长，和蔼可亲的黄秀英老师……或许当时的我们认识还很肤浅，理解还很生涩，可当我们投入选定方向的实践研究和论文撰写的时候，我们才突然发现——不觉中我们已然走出了"书到用时方恨少"之困境。

而后，我们一起奔赴重庆，重庆十一中学、巴蜀小学、谢家湾小学，一路名校行，一路教育情。随后，我们又陆续经历了全国课程交流活动，高新区大源学校的实践，成都市教科院东区学校开展的沙盘学习……我们尽心竭力地展示我们的蜕变和成长。或许，我们都还很稚嫩，但我们有教育梦，有教育的坚持，还有关于教育的"诗和远方"。黑格尔曾说："一个民族总要有一群仰望星空的人，他们才有希望。"我们想说："一个国家的教育人应有教育梦想，一定要追寻着为了教育事业的成长而向前奔跑。"我们相信，踔厉奋发的我们，定会用我们的激情、智慧与奋斗，创造高新区教育的蓬勃图景。

北京香山之行，我们走向了拔节成长。那段日子里，我们潜心修改论文、制作答辩演示文稿，一个个挑灯夜战的身影随处可见……此时此刻，仿佛又嗅到了飘进房间里的香山独有的树叶清香，仿佛能感受到答辩时手心紧张的汗水。

我们的学习、成长沉淀在笔端，汇成文集。细细品味每一篇文章，我们都感叹自己的成长。进行整体性的设计，逐字逐句地撰写，字斟句酌地修改，每一个文字、每一篇文稿无不生动地展示了我们的学习、思考和成长。同样的主题，不一样的建构和内容，书写着每位学员的精彩；不同的主题，相同的是对教育的敬畏及对文稿精益求精的追求。

曾记得 2019 年 10 月我们走进后备干部培训班时，50 位学员中没有一位是校级干部。如今，三年研修结束，已有 32 位同伴走上了副校级干部岗位，正在学校管理岗位上践行着教育的初心和使命。

一代人有一代人的使命，一代人有一代人的担当。"成都高新区，剑指高质量的示范区。"这是国学督学成尚荣先生授课时给我们留下的墨宝。我们将以此为标杆和动力。回首 900 多个研修的日子，我们经历了疫情的考验、工学矛盾的挑战，我们经历了思考的困顿、实践的丰富，留下了一串串成长的脚印。

作为从"成都高新区后备干部励耘好校长班"培训项目走出的学员，

我们应坚守立德树人之根本，立足岗位坚韧不拔，锐意进取，成为推动成都高新区教育高质量发展的领军力量。

诚然，这本接近 20 万字的文集还有思考的不足，认识的偏颇，表达的不当。谨以此文集，献给携手共进的我们，献给引领我们前行的各位领导与专家。

成都高新区"励耘好校长"后备干部培养工程全体学员

撰稿：陈敏、曾亮

2022.7.11

目 录
CONTENTS

第一篇｜学校发展规划和文化建设

第二篇｜学校德育教育

第四篇 ｜ 学校课程与教学

第五篇｜教育大数据

第一篇

学校发展规划和文化建设

"未来学校"视角下学校空间建设实践研究
——以成都七中初中学校为例

成都七中初中学校　曾畅畅

学校是育人的场所,适合育人应该是学校空间的首要特性。随着科技和教育的发展,学校空间的育人价值将越来越重要,这需要学校教育者进行主动的开发和建设。学校教育就是要发挥每一个学生的天然禀赋,也就是个性化育人,这要求学校空间具有开放性、灵活性、交互性,在信息时代,校园空间要秉承全面发展、个性育人和智慧育人的理念进行设计或改造,创造最适宜学生的教育环境。

一、问题的提出

学习空间不仅指传统的教室空间,从广义来说,还包括整个校园及校外学习的空间。学校是教育的主阵地,校园空间是承载学生学习和生活的主要场域。从物理角度看,校园空间包括实体和虚拟学习空间;从用途角度看,学习空间包括正式和非正式教学空间。正式教学空间指教室、学科教室、实验室等场室空间,非正式教学空间泛指图书馆、楼道、走廊、休憩区、绿化园林等校园空间。学习是学习者与教学空间交互的过程,在校园空间里,学生将浸润式地进行思想品格、知识技能、行为习惯等的全面学习和成长。

(一)"未来学校"视角下校园空间建设的新要求

当前,人类社会已经全面进入信息时代,信息技术更新呈几何级数增长，信息技术导致产业结构发生了巨大变化，社会发展对多元化、复合型、创新型的人才需求愈加迫切，教育也更加注重学生的个性化、差异化和可持续发展。教育目标、教师角色、学习环境、学习内容、学习方式都已发生或正在发生着变化。近年来，信息技术与教育教学的深度融合催生了"慕课""翻转课堂""泛在学习"等新的教育形态。新型的学习方式也逐渐被大家熟知并开始广泛应用，如个性化、体验式、合作式学习以及互动式教学等。一个全新的教育3.0时代正在到来，未来学校建设成为近年国际国内教育界对未来教育发展探索与实践的重点之一。未来学校显现出一系列新的特征，呈现为学习空间、学习方式、课程体系、教育技术和组织管理的协同创新。

（二）学习空间对学习的影响

《未来学校学习空间蓝皮书》的研究表明，学习环境会对师生教学产生不同的影响。

环境要素：学习空间中的物理环境要素（如光线、色彩、温度等）会带来不同的生理与心理感受，将直接影响师生的情感体验与身心活动。

空间形态：学习空间的多样性可为师生提供更丰富的信息量，而单调的环境则不利于思维能力与智力水平的提高。

设施配置：教育信息技术的发展革新了教学的学习设施配置，为学习空间赋能，推动学生核心素养的发展。

二、成都七中初中学校学校空间建设的现状分析

（一）学校历史沿革，一校两区的发展格局

成都七中初中学校成立于2008年9月，是由成都高新技术产业开发区教育文化和卫生健康局和成都市第七中学联合创办的公办初级中学，学校于2019年7月正式创办"成都市第七中学初中学校锦城校区"，纳入学

校"一校两区"一体化管理。学校传承成都七中百年办学传统，以"审是迁善，模范群伦"为核心价值追求，努力打造最适宜学生的教育。学校以"滋养卓越气质，陶铸领袖精魂"为培养目标，构建"是范"课程体系，形成"行为表仪，智如泉涌"的高素质专业化教师队伍，全力培养学生的领导力、生存力、创造力和跨文化学习与交流的能力，使学生成长为具有"好奇、独立、机智、关怀"特质的完整个体，初步形成了适宜学生未来发展的教育生态。

学校自建校以来，致力于建设立体多维的育人环境，重视优美环境的建设，重视学习场景的自由开放，建设数字化学习环境和个性化发展的专属空间，努力营造安全、绿色、灵活、共享的育人环境。促进学生优质学习、教师有效教学，学生核心素养与学习能力的不断提升。

（二）学校对"未来学校"建设的发展需要

成都七中初中学校一直处在现代教育改革的前列。2012 年，学校创设了第一个基于网络学习资源，以信息终端为载体的"一对一"学习班级，后学校被评为中国教科院"未来学校实验室"示范学校、全国基础教育信息化应用典型示范案例、中国教科院全国十所未来学校示范校、全国十佳 STEM 空间建设学校、中国 STEM 教育 2029 创新行动计划领航学校、成都市未来学校建设试点学校等。

未来学校建设为成都七中初中学校的发展带来了机遇和挑战，学校通过学习空间的创新、教与学方式的变革、课程的丰富、新技术应用优势的凸显、学校组织和管理的优化，加之以彰显适应未来学校发展特质的教师队伍，逐步形成未来学校实验建构，初步形成了"适应学生未来发展"的学校教育生态。

在"创客空间"的建设上，我们认为学校的学习空间是实施未来学习的重要场所，变革学习空间主要实现了三点：技术支持下空间多功能性、同一空间内部各功能区可变性、各个空间的智慧性。秉承"创造最适宜学生的教育"的办学理念，以"STEM+"的教育理念，立足现在，面向未来，提出了"一个空间多个区域，一个核心多种形态"的设计理念，建设了创客空间。一个空间是指全校建设一个 STEM 空间，多个区域是指根据学习内容的需要分为精工、3D 设计与打印、机器人、多媒体设计等学习区域。一个核心是指 STEM 空间的设计，建设核心是激发学生的创新能力；多种形态是指为了尽可能激发学生的创新能力，需要将学习区域依据学习实际需要建设为秧田式、围坐式、封闭式、开放式等多种形态，并且每种形态之间可以相互转换。

（三）成都七中初中学校空间建设存在的主要问题

随着学校快速良性的发展和"一校两区"格局的形成，原有的校园空间在许多方面束缚着学生的全面发展和个性成长。

1. 学习空间的育人功能不全

受传统教育观念的影响，早期修建的中学，不适应现代教育发展需要，校园空间大多类型单一，功能教室数量不足，设备老旧，公共空间缺乏交互性。

自学校 2012 年开始数字环境下一对一学习实践，到 2015 年开始未来学校建设以来，学校增设了多门创客课程、艺术模块课程，并开设了种类丰富的 30 多种社团课程，给学生提供了个性发展的平台。在学校"创造最适宜学生的教育"办学理念下，积极开展研究性学习、体验式学习、探究式学习、实践性学习，这些新的教学模式的变革对校园空间的提升提出了更高的要求。

2. 学习空间功能单一，布局分散

现有学习空间功能布局分散，同类型的空间布局未能相对集中，空间功能单一，学习、活动主题不聚焦，有些空间在面积和功能上重复，资源整合度不够，也不便于师生学习和活动的开展。这一现象在新成立的锦城校区尤为突出。

3. 结构封闭，开放性、交互性不足

现有学习空间仍然沿用传统的教室式的分割方式，模式、面积统一，

相对封闭。室外的空间基本为运动场、绿化带、道路三种类型，几乎没有涉及交流分享的功能。无论室内室外都缺乏开放性、交互性和探索性。

三、成都七中初中学校空间建设的总体设计思路

校园空间要成为学校育人的重要载体。空间为人所创造，被人所使用，空间建设的核心就是构建校园关系——师生关系、生生关系、学习者与文本的关系、学习者与资源的关系、虚实之间的关系。

学校文化是师生共同认同，并表现出来的具有各自学校独特特点的思想观念和行事方式，是学校人文传承和优良校风的延伸。学校物质文化则是学校文化的基础和载体。成都七中初中学校空间的改造，一定要以学校文化为核心理念，把学校办学理念、育人理念、课程理念体现在空间环境的改造中，让空间的育人功能和学校文化精神"形神统一"。

（一）办学理念引领下的空间建设理念

1. 校园整体改造的思路——创造最适宜学生的未来教育

围绕学校办学追求，创造最适宜学生的教育，培养德智体美劳全面发展的社会主义建设者和接班人。面向全体学生，促进学生全面发展，着力提高学生的学习能力、实践能力、创新能力。坚持全面发展，坚持文化知识学习与思想品德修养的统一、理论学习与社会实践的统一、全面发展与个性发展的统一，让每一个"七初人"都享有人生出彩的机会。

2. 学习空间改造的思路——"是范"课程体系

在高质量实施国家课程标准的基础上，学校构建了以"审是迁善，模范群伦"为核心的价值追求，以"德范""学范""行范"为核心理念的三层级六模块的"是范"课程体系。通过"是范"课程体系建设，着重培养学生核心素养，培养学生自主学习能力。通过引导和培养学生逐步掌握自主、合作、探究等丰富的学习方式，努力实现教学的针对性、差异性和科学性，实现学生学习的个性化发展。坚持新技术的使用与课堂学习活动的深

度融合，不断优化学校数字化学习环境，完善数字化资源库建设，努力建设更多能充分实现学生个性化学习的专属空间和生长土壤。

3. 非正式学习空间改造的思路——你有多大能耐，给你多大舞台

为了实现学科特色课程、学科精品选修课程、学生社团课程、研究性学习课程、STEM 课程等学校特色课程的构架实施与调整，学校新增了类型丰富的学习空间。如创客中心、空中农场、快乐厨房、小型运动空间、美术展厅、数字化阅览室、音乐厅、模拟联合国教室等非正式学习空间，给学生提供丰富多彩的学习和展示的平台，在不同的空间里，给予学生充分的体验式环境，培养学生的创新思维、体育素养、艺术创造力等，推动学生全面发展和个性发展的齐头并进。

（二）成都七中初中学校"未来学校"建设发展趋势对空间改造提出的新要求

未来学校的发展趋势在学习空间改造上表现为：灵活、智慧、可重组。

为了培养德智体美劳全面发展的创新型人才，更好地支持个性化学习和多样化教学方式的开展，未来学校的学习空间将从"为集体授课而建"转向"为个性学习而建"，并呈现出一些新的趋势：一是灵活，桌椅、电子黑板、学习终端等都可移动可重组，支持师生开展多样化的教学活动；二是智慧，开展数字化学习，利用大数据、云计算、物联网等新技术，搜集学生学习过程和阶段学习的效果信息，评估学生的学习特征与优势潜能，为每一位学生提供定制化的"学习体检表"，帮助教师为学生制定有针对性的个性化学习方案；三是可重组，扩展学校的公共空间，促进学习区、活动区、休息区等空间资源的相互转化，给学生提供更多的活动与交往空间，促进学生的社会性发展，弥合正式学习与非正式学习之间的边界。

（三）成都七中初中学校"未来学校"学习空间改造的路径

1. 从以"教"为中心到以"学"为中心

以学为中心的设计要体现出对学生的人本关怀，更加人性化，增加

学生交流和自主学习的多样化空间，最大限度满足学生多元化、个性化的发展需求。教学空间改造应该能够引导学习者主动学习、协作探究、讨论分享，从而提高其核心素养。因此教学空间改造的核心思路在于"学习体验"，即最大限度让学习者获得愉悦、真实的学习体验，润物细无声地促进相关品格、能力的形成与发展。

2. 从单一分散到主题式布局

校园空间改造根据课程主题进行功能模块化布局，根据不同的课程主题和培养目标，对空间进行功能分区设计，让相同属性的空间相对集中，创设一站式学习体验空间，提供学习、探究、分享、展示等多功能多用途的复合空间。

目前，计划将校园空间分为六大功能空间：

（1）授课空间。以班级教室为主体，最大限度保证改造后的班级教学空间与学习者相融、与师生交往相融、与技术资源相融，并在硬件设施和教室构造统一的基础上，给班级留出自主设计空间，充分彰显班级特色。

（2）运动空间。以运动场、小型运动空间、体育馆为主体，体现安全性、功能性的统一，并充分利用场地设备的灵活变换，体现运动空间的复合型。

（3）艺术空间。以综合楼四楼艺术中心和音乐厅为主体，采用艺术工作坊的形式，打破教室的物理边界，加强空间的开放性、交互性、实践性，将学习空间与展示空间相结合，边学习边交流边展示，体现艺术学习的特点。

（4）阅读空间。以图书馆和各楼层小型阅读空间为主体，将集中阅读与独立阅读有机协调，让阅读空间与交流空间相融共生。

（5）创客空间。以综合楼一楼创客空间为主体，集设计应用、创意实践和展示交流于一体，培养学生的创新意识和创造能力。

（6）休憩空间。以走廊、庭院、食堂等公共空间为主体，打造安全、绿色、舒适的休息和交流空间。

3. 从相对封闭到开放共享

学习空间要突出以学习者为中心的理念，培养学生创造性地解决问题，要增加互动交流空间，让研讨和探究随时随地开展。在信息时代，学习者可以从互联网获取无限丰富的学习资源，基于技术进行实时互动，学习打破时空、年级、年龄的界限。传统学校空间的改造也应从一间间教室墙壁"破壳"而出，走向开放共享，让老师和学生成为学习共同体。未来的课堂除了常态的师生互动、人机互动，还要实现技术与资源、多种学科、实体与虚拟空间之间的多维立体交互，体现"物理空间＋技术资源空间＋跨学科空间"三位一体的理念。

（1）交流开放。楼层增设开放式阅读空间，庭院增加亭子和桌椅，图书馆实行小分区与大阅览室的有机结合，通过空间的变化，加强师生的自由交流研讨。绿化改造打破用造型单一、修剪整齐的隔离带的手法，用草坪、砾石、花境代替整齐划一的绿化带，让室内室外通透且相互呼应，把室内外空间建成一体化景观。

（2）技术开放。信息技术将教室延展到无限空间，通过5G智慧校园建设，持续推进数字化环境下一对一学习的提升优化。

（3）创意开放。利用环境引导人的思维，打造创意开放的学习空间，激发学生间的思维碰撞和交流，给予学生创意实践的平台，让学生展示、分享自己的创意和作品。

4. 校园空间改造的视觉风格统一

（1）学校文化的浸润、外化。校园文化是学校文化的外化，有强大的凝聚力和精神感召力，通过空间改造可以增加师生对校园的认同感和归属感。校园空间的改造不能切断学校的文脉传承，必须与学校的办学理念、办学特色、战略发展相融合。

（2）功能与审美的并存。校园空间的改造要基于美学，并符合学段特征，以此来提高师生学习、生活与交往的空间品质，通过空间设计对师生进行美学熏陶，提升其审美能力和艺术修养。在充分实现功能需求的同时，还要考虑设计风格、造型、材料、色彩、装饰上的变化与统一。由于建设周期的不一样，应尽量避免不同时期和不同功能空间在设计和建设上的随意性而造成风格各异、色彩杂乱的审美乱象。

（3）形式与内容的协调。每一个空间主题不一样、功能不一样，在设计上要注意形式是否对内容有所升华。比如创客空间要侧重体验和操作，而不是舒适和安静；艺术中心要侧重实践和展示，而不是有序和整齐划一。

四、结语

未来已来，学校空间的育人功能将会越来越强。随着社会的发展，教育形态、教与学的方式、课程结构、师生交往等都将随时发生改变，学校空间建设还会有新的命题和挑战不断产生，但只要我们以人为本，着眼于学生的发展，不断更新观念，提升空间育人功能，定能创造最适宜学生的教育，为我国教育的高质量发展贡献力量。

学校教育有效利用非物质文化遗产的实施策略研究
——以成都高新顺江学校为例

成都高新顺江学校　方志红

一、问题提出

成都高新顺江学校作为一所建成 15 年的成都高新西区九年一贯制学校，面对如火如荼的教育改革新形势，努力寻求突破转型发展瓶颈的新路子。

（一）瓶颈问题再审视

成都高新顺江学校是在原有村小、初中的基础上整合而来的，是一所小学与初中教育一体化的、位于城乡接合部的九年一贯制学校。经过建校15 年的发展，教师队伍"弱"、生源素质"差"、家长层次"低"、学科配置"乱"等情况已有所改善，规范管理和养成教育初见成效，学校外在条件基本具备，内核发展尚待实现质的飞跃，转型发展势在必行。

找准问题方能有所突破。经过反复调研和专家诊断发现，学校发展中仍存在一些问题。

1. 精神引领不力

由于建校时间短，文化积淀少。

2. 氛围营造不够

校园环境建设较为粗放，物态文化建设缺少主线及文化统领，物态文化氛围不够浓厚。

3.课程特色缺失

学校建构了包括国家课程、地方课程、校本课程在内的较为完整的课程体系。但作为最体现学校个性和特点的校本课程，目前只是整个课程体系的点缀，非常单薄，更谈不上亮点和特色。

4. 活动体验不足

针对学校开展活动体验现状的调查表明，学校开展的活动加在一起的总时间较相应的中小学总课时数，占比不足 10%，低于成都市主城区的平均水平（16%）。

（二）优势资源再认识

1. 学校地缘优势

学校地处巴蜀文化集聚地，非物质文化遗产资源等优秀传统民族文化丰富集中。

2. 学校体制优势

学校在办学体制上属于九年一贯制学校，在教育教学实践中，可以充分利用体制优势，关注课程建设和活动体验的序列化，实现学生在小学低、中、高段以及小初的自然衔接和平稳过渡。

3. 非物质文化遗产资源优势

非物质文化遗产作为各族人民世代相承、与生活密切相关的各种传统文化表现形式和文化空间，既是历史发展的见证，也是珍贵的文化资源。

（三）发展路径再思考

学校尝试以非物质文化遗产进校园为契机，开展研究活动，探究非遗运用策略。通过挖掘以本地非遗为主体的优秀传统民族文化，筛选其中适合九年一贯制学校建设和师生发展的元素，全方位融入学校建设，促进学校由外延到内涵的转型发展，最终实现品质办学、品位办学。同时，在教育教学实践中宣传非遗、传播非遗、学习非遗、体验非遗、感受非遗、保护非遗，从而促进非物质文化遗产的保护、传承和发展。

二、核心概念界定

（一）九年一贯制学校

本课题中的九年一贯制学校是指多处于城乡接合部的，小学和初中施行一体化教育，九年连贯的不选拔、不间断的义务教育阶段全覆盖的学校，即"九义校"。

（二）非物质文化遗产

根据联合国教科文组织通过的《保护非物质文化遗产公约》中的定义，非物质文化遗产指的是"被各群体、团体、有时为个人视为其文化遗产的各种实践、表演、表现形式、知识和技能及其有关的工具、实物、工艺品和文化场所"。

三、研究设计

（一）研究思路

在研究中，我们本着"教天地人事，育生命自觉"的教育理念，以问题为导向，紧抓学校转型困境这一核心问题，针对四大问题，立足"凝心聚力、营造氛围、打造特色、丰富体验"四个目标维度，着重研究"精神引领、物态氛围、特色课程、活动体验"四项内容，充分挖掘运用非遗优质资源，采取"非遗精神文化建设、非遗物态文化建设、非遗特色校本课程、非遗主题活动体验"四种行动路径，突破转型发展困境，在非遗传承和发展中实现品质办学（见表1-1和表1-2）。

表1-1　问题导向

针对四大问题	侧重四项研究内容	采取四种行动路径	指向四个目标维度
精神引领不力	强化精神引领	非遗精神文化建设	非遗精神引领：凝心聚力
氛围营造不够	营造物态氛围	非遗物态文化建设	非遗物态建设：营造氛围

针对四大问题	侧重四项研究内容	采取四种行动路径	指向四个目标维度
课程特色缺失	打造特色课程	非遗特色校本课程	非遗课程建设：打造特色
活动体验不足	丰富活动体验	非遗主题活动体验	非遗主题活动：丰富体验

表1-2　研究目标指向

项目	研究目标	研究内容
构建九年一贯制学校非遗进校园的运用模式	形成序列性的非遗运用目标体系	非遗运用目标体系构建研究
	形成适切性的非遗运用操作体系	非遗运用的适切性操作体系构建研究
	形成整合性的非遗课程体系	非遗运用的整合性课程体系构建研究
突破转型困境实现品质办学	非遗精神引领：凝心聚力	强化精神引领
	非遗物态建设：营造氛围	营造物态氛围
	非遗课程建设：打造特色	打造特色课程
	非遗主题活动：丰富体验	丰富活动体验

（二）研究方法

1.行动研究法

教师深入研究，在实践中具体研究如何运用非遗资源实施课程、开展活动。通过计划、实践、观察和反思来推动研究走深走实。

2.文献研究法

研究中小学开展非物质文化遗产传承教育的理论与实践成果，形成文献综述。

3.案例研究法

在研究中，选取一些典型的教师、学生进行个案研究，对研究对象进行全面、深入的考察和分析。

四、研究措施

（一）营造非遗氛围

为了让所有师生认识非遗精神技艺，思考非遗资源与教师教学、学生成长、学校转型发展的关系，学校通过横幅、宣传栏、标语等形式，创设非遗课题的研究氛围，让师生明确运用非遗资源，全面推进学校建设。

（二）打造非遗师资

非遗技艺博大精深，对传承和展演都有着较高的专业要求。学校采取"内培外聘"相结合的方式，打造非遗师资队伍。

其中内培有二：一是通识性培训，二是专业性培训。同时，把"引进来"和"走出去"结合起来，打通外聘渠道，两条腿走路，夯实师资队伍建设基础。

（三）建设非遗功能室

建设非遗功能室，为成都糖画、巴中皮影等的教育、传播、传承提供专门的场地、设施、设备，有利于充分发挥非遗优质资源在手脑并育和校园建设中的作用。

（四）开发非遗课程群

面对学校课程结构优化不足，课程体系不够完善，校本课程缺少特色的现实，运用非遗资源，开发包括成都糖画、巴中皮影、绵竹年画、风筝、中华武术等十几个门类的非遗校本课程群。

（五）开展非遗学科渗透

在物理、化学、历史、政治、科学、语文等全学科教学中，尝试适时融入非遗资源，开展非遗全学科渗透，优化整合学科资源，增强课堂效果，同时传承非遗优秀传统文化。

（六）搭建非遗活动平台

通过三类非遗系列化活动，丰富学生活动体验：第一类，开展非遗主题活动，充分运用春节、清明等中华传统节日，劳动节、国庆节等重大节日的文化资源，开发、开展系列主题活动；第二类，开展非遗社团活动，以多元非遗活动为载体，进行多元化实践体验，感知中华优秀传统文化；第三类，搭建非遗展演大舞台，在展示表演中激发学生兴趣，提高学生表现力，提升学生文化素养。

（七）重构精神文化体系

学校多次组织全校教职员工学习我国古代经典著作，充分考虑学校自身发展的现实需求，经过专家反复诊断和论证，全校教职员工的共同努力，学校引入优秀传统文化，重构和完善精神文化体系。

（八）推进非遗元素物态建设

结合原有校舍和空间特点，学校在物态文化建设上融入非遗元素，扮靓校园。校改建扩建了"顺门"，更有以川剧变脸、巴中皮影等非遗元素装点的"顺和厅"，还有以《弟子规》选文装扮的"国学厅"，等等。

五、研究成果

（一）认识性成果

在扎实的实践积淀的基础上，结合认真收集、筛选、整理出的非遗优秀传统文化资源，经过教师出谋划策、调研分析和专家的反复论证，学校建构非遗元素精神文化体系。

（二）操作性成果

1. 建立了以本地非遗为主的 31 项中华优秀传统文化资源库（项目汇总表节选见表 1-3）

表1-3　中华优秀传统文化资源库（节选）

序号	项目名称	负责人	资源类别
1	四川民俗民情之风景名胜	王勇涛	文本、图片、课件、视频

续表

序号	项目名称	负责人	资源类别
2	四川民俗民情之辣文化	梁维英	文本、图片、课件、视频

2. 建构了九年一贯制学校非遗进校园的目标体系（节选如表1-4）

表1-4 非遗进校园目标体系（节选）

课程目标	总目标	阶段目标
四川方言儿歌	1. 让经典的传统文化得到传承。 2. 了解四川方言儿歌的情感美与诗意美、朦胧美与幼稚美。方言儿歌是一个民族原生态的诗歌，它自然而然地充满诗意，并且抒写情感美、人性美，以涤荡心灵的真情，激发学生的纯洁天性。入选的儿歌均为精品儿歌，突出语言的文学性、感召力，鲜活、有生命力的文字折射出四川方言永恒的魅力。让学生从儿歌中了解那个时代，了解文学的另一种样态。 3. 每一课的操作性都很强，从朗读、记忆、联想、调查、讨论、交流、游戏、表演等多种多样的活动中，对学生进行思想和语言表达两方面的点拨，引领学生观察生活、认识社会、感悟人生真谛，从而去关心和思考"家事、国事、天下事"。	1. 启蒙阶段： （1）激发和培养学生对方言儿歌的兴趣。 （2）能自然、熟练、有表情地诵读。 （3）在游戏和表演中感受到四川方言儿歌的魅力，体会到学习的乐趣。 2. 初级阶段： （1）保持学生对方言儿歌的兴趣，在诵读儿歌的基础上进行多种形式的活动。 （2）从儿歌中了解四川的方言、民俗及儿歌产生的背景。 3. 高级阶段： （1）培养学生对四川方言儿歌的感受与评价鉴赏的能力。 （2）通过儿歌中的各种活动形式，激发学生的创造才能，发展学生各方面的能力。

3. 建构了九年一贯制学校非遗进校园的主要内容体系（见表1-5）

表1-5 非遗进校园主要内容体系

主要研究内容	内容体系
营造物态氛围	顺门 顺和厅 国学厅 各非遗功能室

4. 建构了九年一贯制学校非遗进校园的操作体系

（1）结构优化，完善课程体系，开发非遗课程群。包括非遗校本课程的设置、计划、开发、教材编写、内容传授、技艺习得、课程评价等内容。

①制定非遗校本课程设置方案。通过制定非遗校本课程设置方案，明确课程设置思路、目标、设置原则、课程分类、课程项目、课程设置要求、课程管理、教材开发、课程评价等方面的具体操作策略。

②制定非遗校本课程纲要。学校给出校本课程纲要的模板，由各项目组教师进行本项目课程纲要的编写。

③编写非遗校本教材采用分工合作、分类组合的方式，依靠本校教师动手和外聘专家指导的原则，有效利用现有教育资源，充分结合本校的传统和部分优势以及学生的兴趣和需要，编写系列校本教材。

④一是课程实施：教导处做好校本课程的实施的组织。德育处负责检查与评估。二是课时安排：校本课程每周2课时，全期共16课时。三是学科渗透非遗：采取循序渐进的方式逐步在全校范围内推进非遗的全学科渗透。选取恰当的非遗优质资源，适时融入学科教学，激发学生学习兴趣和培养家国情怀，开阔视野，提升素养。四是丰富活动课程：首先，开发了系列化传统节日文化活动；其次，开展多个社团活动，学校共开设39个社团，其中包括川剧、陶笛、书法、剪纸等社团；再次，搭建平台，拓展渠道，组织多元展演活动，给孩子们更多的机会和舞台展示表演。

（2）首先，软件升级，夯实非遗师资队伍建设。学校采取"内培外聘"的"引进来"和"走出去"相结合的策略对非遗师资进行软件升级，夯实队伍建设。其次，硬件跟进，建设非遗功能室。为满足非遗课程实施及活动开展对场地、设施、设备等的基本要求，增强非遗资源的运用效果，学校多方筹划，跟进硬件建设。

（3）行动探究，采取六大策略。

①系统建构。对非遗全方位运用于学校建设进行系统化的顶层设计，在建构精神文化体系、非遗元素扮靓校园、非遗校本课程群建设、非遗主题活动开展四大路径的内容选择、课程开发、具体实施、评价体系等细节上都有详细的考量。

②生活传习。将以非遗为主体的优秀传统文化资源融入学校各项建设，在融合中传承和发展，其作用和影响绝不仅仅局限于课堂内和校园

里，也将在生活中持续拓展延伸，对学生、家长乃至社会产生辐射影响。

③实践创作。实践出真知。通过实践，把理论与实践结合起来，把现代与传统融合起来，让学生在实践创作中切身感受，领悟理解，进而热爱、传习、传播、传承非遗等优秀传统文化。

④兴趣激发。兴趣是最好的老师。以趣味性的内容吸引学生，以灵活性的方式激发学生，让学生始终兴趣盎然。

⑤多元互动。以学校为主阵地，采取多元互动策略，整合学校、家庭、社会资源，建立学校、家庭、社会多元教育网络系统，助推学生在系统优化和多元互动中快乐学习，幸福成长。

⑥文化浸润。精神文化的浸润，环境氛围的熏染，活动体验的陶冶，在潜移默化中让学生的思维和意识得到发展，助推非遗优秀传统文化的传承发展。学生行走校园，一草一木，转角厅堂，所观所感皆有非遗文化元素；学生身处学堂，心怀世界，学习的是学科知识，提升的是文化素养。

六、研究效益

（一）学生——享受健康、生动、活泼的个性成长

非遗进校园把非物质文化遗产的传承和学生个性自由发展紧密结合，其课程设置的多样性、活动体验的多元性、内容的可选择性，满足了学生发展需求的多样性和差异性。

1.补充非遗食粮，塑造民族灵魂

非遗进校园，为学生补充非物质文化遗产精神食粮，让学生认识非物质文化遗产内涵、名录、内容及现状，进而体会民族文化的特点，感受民族智慧的力量，增强民族自尊心、自信心、自豪感，植民族之根，塑民族之魂。

2.提高表现能力，传承非遗技艺

学生是课程的实践者、合作者。我们着眼于学生的参与体验，着眼

于激励，制订出非遗校本课程的发展性评价标准。采取各种措施，多管齐下，挖掘学生的潜力，使学生的综合素质得到提高。

（二）教师——尽展教育情怀，乐享教育人生

1. 更新教育教学观念，提升教育科研能力

非遗课程开发过程，既是收集、整理、筛选、重组非遗资料的过程，也是一次次震撼人心的文化旅程。我们在非遗的世界里徜徉着，赞叹着，发现着。

2. 师者，没有最好，只有更好

随着研究的深入及课堂教学改革的逐步推进，老师们学会了迁移教育。结合教学需要和学生认知特点，认真备课，引导激发学生内在学习动机，积极开展提高课堂教学有效性研究和实践，实行因材施教，极大地提高了课堂教学质量，增强了辐射带动能力。在大力度的各类师资培训中，一部分教师迅速成为教育教学的"顶梁柱"，在学校乃至市区都产生了广泛的影响。

3. 潜心科研，展思想者的风采

本研究的实施，极大地提升了教师做研究的兴趣，增强了教师做研究的能力。教师们发现问题、研究问题、解决问题的能力逐步提升。

（三）学校——突破转型困境，提升办学品位

1. 精神引领，凝心聚力

随着本研究的实施与推进，学校逐步建构起融入非遗元素的精神文化体系，包括"快乐学习、幸福成长"的办学理念，"见贤思齐、教学相长"的校训，"培养具有独立的思考力、正确的判断力、卓越的表现力的未来公民"的育人目标。

2. 环境建设，营造氛围

学校稳步推进"非遗"校园物态环境的打造，逐步建设"非遗"特色的办公室文化、班级文化、教育教学文化，为师生的快乐学习、幸福成长营

造了良好的氛围。

3. 多元活动，丰富体验

在参与中感悟，在感悟中提升。学校通过内容丰富形式多样的文化活动，为师生"三力"发展搭建了良好的平台。

4. 校本课程，彰显特色

挖掘优秀传统文化资源，为我所用，优化校本课程，彰显课程文化特色，也是顺江学校的一大特色。校本课程的开设深受广大师生尤其是学生的喜爱，每周五的很多校本课程都座无虚席。

（四）社会——传递正能量，培育文化自觉与文化自信

1. 满足了社会对优质教育的需求

优质教育是全面的、以人为本、强调个性的教育。顺江学校围绕非遗开展的传统文化教育活动调动了学生和教师的主动性、积极性，真正做到"快乐学习、幸福成长"，从而满足了社会对优质教育的需求。

2. 传承优秀民族文化，培育文化自觉与文化自信

顺江学校借力非物质文化遗产为主体的中华优秀传统民族文化资源，促进转型学校发展的实践过程，既是认识非遗、感受文化的过程，也是传播、教育、传承、参与保护非遗的过程。

中小学后勤信息化建设的应用研究

成都市石室天府中学　艾儒兵

一、绪论

（一）选题的背景

随着信息化时代的快速发展，经济、社会、文化、生活的方方面面都已经有信息化技术的身影。同样，作为学校后勤，也离不开信息化的发展，后勤信息化管理就是在时代背景下出现的新兴事物。成都市石室天府中学清晰地认识到后勤管理的重要性，学校后勤的服务是整个学校的正常生活工作的保障，关系到学校每个人的衣食住行。学校后勤管理要想最大限度地发挥其服务功能，信息化建设势在必行。

（二）课题研究的意义

身处信息化5G时代，手机、互联网等各种信息平台都已普及运用，中学后勤信息化管理建设的意义在于：

1. 满足家长、全校师生的需求；
2. 优化学校后勤管理效率；
3. 实现校内外信息化资源共享。

（三）课题研究的内容

本文基于后勤信息化管理的理论，在前期问卷调查、访谈的基础上对中小学后勤信息化管理进行资料收集，并对数据进行统计分析，总结目前中小学后勤信息化管理的现状。之后，从我国中小学后勤管理的现状出发，分析其管理散漫、效率低下等问题的原因，并从学校固定资产管理、学生公寓管理、食堂管理、学校设备报修管理等方面进行详细的分析，进而找到解决问题的突破口。

（四）课题的组织结构

本课题的研究主要遵循"分析信息化管理现状—提出突出性问题—系统功能设计解决问题"的逻辑步骤。首先，在分析我国信息化建设的总体情况的基础上，剖析了中小学校信息化管理的现状及后勤信息化管理系统应用所带来的影响。其次，在分析中小学后勤信息化管理存在普遍性问题基础上，针对石室天府中学后勤管理工作的具体实际提出了固定资产、学生公寓、食堂管理和设备报修等急需解决的突出性问题后，分别对各管理系统进行了初步的规划，对其预期应具有的功能进行了重点设计。

本文最后提出了后勤信息化系统在具体实施中需要解决的问题，并对未来的发展进行了初步展望。

二、信息化与中小学后勤信息化管理

（一）信息化及发展现状

1. 信息化的概念

信息化一词最早来源于日本，指计算机现代化、通信现代化和网络技术现代化。中国的信息化大约是在 20 世纪 80 年代末、90 年代初起步，近 20 年来，我国信息化进程快速推进，信息化技术已经进入各行各业。

2. 信息化的发展历史

中国的信息化发展经历了以下几个阶段：

（1）第一阶段是起步阶段：从 20 世纪 80 年代末到 20 世纪 90 年代初。

（2）第二阶段是全面推进的阶段：从 1993 年到 2000 年。

（3）第三个阶段：从 2001 年至 2010 年。

（4）第四个阶段：从 2010 年到现在。

3. 信息化的现状

目前我国各地信息化发展不平衡，资源利用率不高也是一个问题。信息变革的同时，人们的思想观念也需要跟上，因为信息化不仅是人类现代社会生产方式的变革，也是人类在先进的信息技术下，对生活方式的重大变革。

（二）中小学信息化管理现状

随着科技进步，中小学后勤管理也逐渐引入信息化技术手段，应用程度因区域、学校不同而不同，有些地方未能真正实现信息化技术的全方位覆盖，信息化建设相对滞后，表现为：

1. 思想观念存在误区；

2. 资源共享尚未实现；

3. 系统化的使用率低；

4. 缺乏技术型专业人才。

就石室天府中学后勤信息化管理现状来说，目前，该校有两个校区，即交子校区和锦城湖校区。随着石室天府中学发展规模的进一步扩大，学生人数增加，对吃、住等后勤物业服务保障的要求也越来越高。同时，校区基础设施在不断增加，管理服务内容和范围也在不断扩大。校区分散、部门众多，这就要求后勤提供服务保障的管理模式和方法也要适应这一新形势的变化。

三、后勤综合服务平台建设的系统架构

（一）后勤综合服务平台建设的总体框架

为进一步提高后勤管理效率，我们开展了对后勤信息化系统软硬件的研究，搭建了一个包含智慧安防、智慧公寓、资讯服务、综合支付等的综合服务管理平台。如图 1–1 所示，后勤信息化平台主要包括智慧安防、智慧公寓、智慧食堂、智慧校园、智慧支付等。

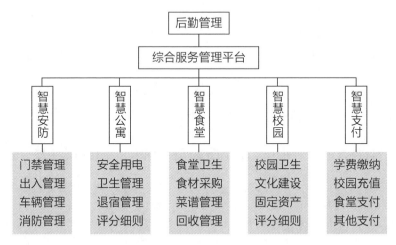

图 1–1　后勤综合服务管理平台总体框架

（二）系统的业务逻辑图

本系统采用先进的后勤信息化管理模式，整个系统管理模式主要围绕行政、人事、业务、劳资、财务的"五位一体"运作要求，加快了管理进程，增强了管理意识，完善了内部管理机制。系统的业务逻辑结构如图1–2 所示。

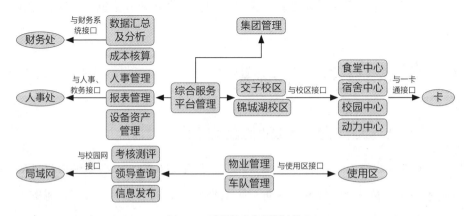

图 1–2　系统的业务逻辑结构

（三）后勤综合服务平台的顶层数据流

平台系统流程如图1-3所示：

1. 本系统采用统一的登录界面登录后勤管理平台；

2. 根据所要处理的后勤工作进入各个子系统；

3. 各个子系统通过后勤综合服务平台实现数据的传输和信息的交互。

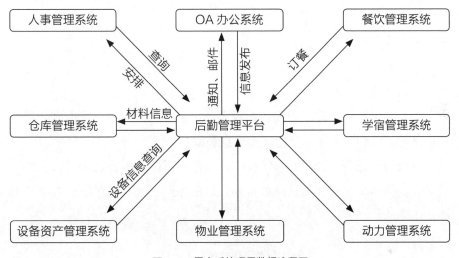

图1-3　平台系统顶层数据流程图

（四）系统数据库的设计

本系统数据库物理结构设计的原则如下：

1. 尽可能地减少数据冗余和重复

2. 结构设计与操作设计相结合

3. 数据结构具有相对的稳定性

数据库的各功能模块的信息分析包括信息采集、信息分类、信息关联等。因篇幅所限，仅以仓库管理子系统为例。

成都市石室天府中学对仓库管理的需求主要体现在后勤信息的提供、保存、更新及查询等内容，这要求数据结构库能充分服务于各种信息的输入和输出。收集基本的数据，并整理数据结构以及数据处理的流程，再用这些组成数据资料库，为以后的设计打下坚实的基础。通过石室天府中学校后勤仓库管理的内容和数据流程分析，设计数据项和数据结构如下：

1. 货物信息

2. 仓库信息

3. 库存状况信息

4. 入库单信息

5. 出库单信息

6. 月盘点信息

7. 系统日志信息

8. 用户管理信息

另外，学校的仓库管理还包括设备的借入单、借出单、报损单、调拨单信息等。它们与入库单、出库单信息类似。

按设计思路规划出实体：已有实体库存、实体入库、实体出库、实体借入、实体借出、实体调拨图和报损信息实体图。现有库存信息实体 E-R图如 1-4 所示。

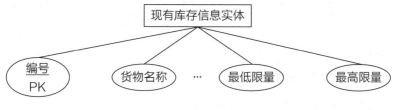

图 1-4　现有库存信息实体 E-R 图

入库单实体信息 E-R 图如图 1-5 所示。

图 1-5　入库单信息实体 E-R 图

出库单的实体信息 E-R 图如图 1-6 所示。

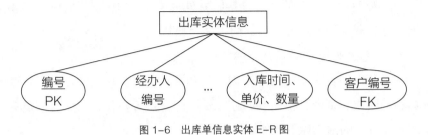

图 1-6　出库单信息实体 E-R 图

实体和实体间的关系 E-R 图如图 1-7 如示。

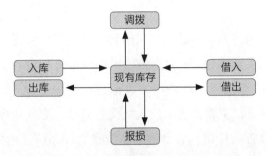

图 1-7　实体和实体之间的关系 E-R 图

借入、借出、调拨与报损信息实体 E-R 的信息基本类似，这里就不一一列举了。

四、后勤信息化管理主要模块的设计与实现

（一）固定资产系统设计

1. 固定资产模块的组成

本系统的固定资产管理平台由三部分组成：RFID 设备、网络 / 服务器及资产管理系统。相关部分功能如下：

（1）RFID 设备。RFID 设备的任务主要是进行射频识别。

（2）网络／服务器的任务是提供整个系统的网络环境和运行平台。

（3）资产管理系统的任务是接收并处理关于 RFID 读写器采集的相关数据，这有利于资产的统计、查询、存储和共享。

2. 固定资产模块的网络构架

后勤管理平台有学校资产管理部门和资产仓库。后勤管理者对资产进行标签的贴放、资产的借出和归还、资产的盘点等操作，仓库管理员完成资产仓库资产的出入库等操作。

3. 固定资产系统的逻辑结构的设计

在逻辑结构上，RFID 固定资产管理系统包括数据采集、数据传输、业务应用三部分。

数据采集首先将采集的数据传送给数据传输层，并提交到上层应用平台进行后期的相关数据处理；数据传输由网络硬件的设备、服务器、数据库、RFID 中间件等组成，对采集的数据进行传输、过滤、储存；业务应用由应用软件构成，主要提供用户人机交互界面，完成业务的数据逻辑处理、前端硬件设备的控制。后勤的固定资产管理系统是由资产管理系统、用户管理、信息及统计管理、监控管理、采购管理、RFID 管理六大内容组成的。图 1-8 为固定资产管理模块结构示意图。

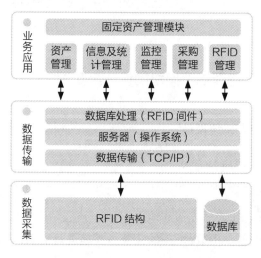

图 1-8　固定资产管理模块结构示意图

固定资产管理模块是综合服务平台的核心功能，它负责所有资产的查询和管控。固定资产作为国有财产，须防止流失，但学校固定资产数量巨大，管理难度也十分巨大。本系统管理平台建立后，学校便可对于固定资产的管理便可有序、有据可查。

4. 固定资产的数据库设计

后勤管理系统的固定资料数据库设计是结合学校的需求分析而制定的，它的研究对象有固定资产、部门和用户。系统实体对象又分为部门、用户，固定资产的登记、维修、报损、调拨和采购。

以用户 E-R 图（图 1-9）为例：用户扮演着重要角色，所以系统需要对用户进行统一管理，设置用户编号、RFID 身份标志及密码。本系统中对用户实体属性要求很全面，比如有关用户的用户编号、姓名、性别、手机号码、地址和密码。

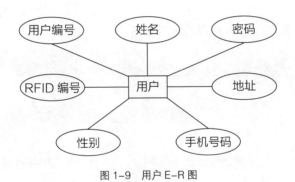

图 1-9　用户 E-R 图

系统除了必要的数据库的实体分析、局部 E-R 图的分析和实体之间的关系外，系统还对数据库物理表进行了周密的设计，这里不一一详述。

（二）学生公寓管理系统的设计与实现

1. 学生公寓管理系统的设计

后勤管理系统的公寓管理重点是确保学生人身安全，做到安全第一。紧密结合公寓管理工作，联合学校公寓管理员、校领导、家长、学生等多方参与。系统设计包括了学生信息管理、闲杂人员的自动检测、联动语音提醒拍照功能，对来访人员进行信息核对，以及公寓门禁的使用规范管理、学生请假事宜处理、卫生纪律评比通报管理、远程视频的监控管理、后勤值守人员的考核等内容，功能多且完备，这在一定程度上减少了工作量，降低了成本，提高了公寓科学化管理水平，系统整体管理过程如图1-10 所示。

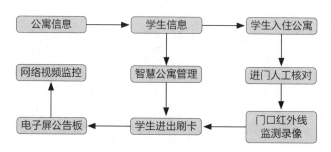

图 1-10　学生智慧公寓管理系统

图 1-11 为学生公寓管理系统流程图。

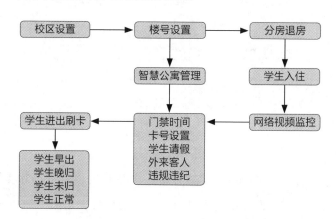

图 1-11　学生公寓管理系统流程图

2. 学生公寓管理系统的功能实现

（1）公寓信息共享。

（2）床位自动分配。

（3）智能门禁管理。

（4）公寓异地远程管理。

系统利用了 WEB 网、局域网和门禁刷卡器，后勤管理者可以通过互联网实施管理活动，总体效果图如 1-12 所示。后勤管理者通过学生公寓管理系统可以全面掌握公寓内的情况，有效地解决了异地远程管理的问题。

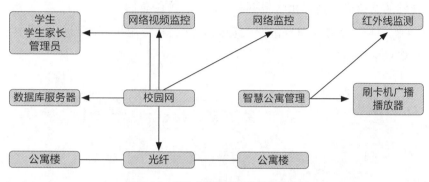

图 1-12　学生公寓管理系统总体效果图

（三）网上报修系统的设计与实现

1. 网上报修系统的设计

网上报修系统基于校园网，其主要结构体系为大型数据库系统，具有报修、维修人员评价、维修服务监督与评价、维修成本核算、手机短信提示等功能，网上报修流程如图 1-13 所示。

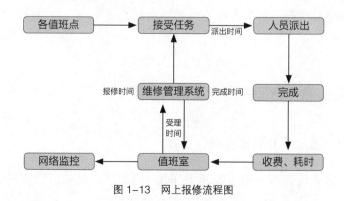

图 1-13　网上报修流程图

2. 网上报修系统的功能实现

（1）报修管理。主要有网上报修和电话报修两种方式。网上报修通过互联网上提供的界面，由用户自行录入报修信息。

（2）承修管理。承修部门接到维修任务后，将输出打印的报修任务单安排到具体的承修人；承修的工作人员在维修结束后还需要反馈维修的相关详细信息，借助信息化网络再返回系统，方便查阅。

（3）维修费用管理。包括收费标准设定和费用核算两部分。图 1–14 为收费标准界面。

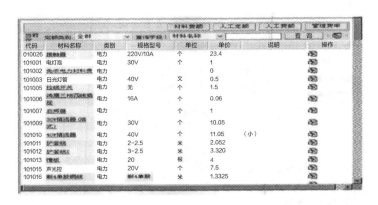

图 1–14　收费标准界面

（4）查询分析统计。在后勤信息化建设中，网络环境是基础，为此，石室天府中学基于校园网建设了一个以光纤作为主干网络、百兆交换到桌面的网络交换平台，覆盖所有公寓楼的网络交换平台，目前已经具备系统运行的网络环境。

五、后勤信息化管理的实施及未来展望

（一）后勤信息化管理实施

后勤信息化管理要解决的两大问题：培养信息化的后勤管理者；信息

资源的标准化与规范化。

其中，信息资源的标准化和规范化是后勤管理信息化的一项基础工作。中小学后勤管理信息系统应管理先进、数据真实和完备。利用本系统模式，使各项管理制度、技术标准更完备，信息渠道更加畅通，原始数据保存完整、准确，管理体制更加科学化、条理化。后勤信息化管理系统的建设分为实施阶段、可发展阶段和成熟阶段，在不同工作阶段需要解决信息化建设带来的一系列问题，以点带面，逐步推进信息化工程的建设，从而向周边学校推广管理经验。

（二）未来发展趋势

后勤信息化管理系统的建设是一个长期的工程，我们需要先确定当前的设计目标，再考虑远期设计方向。因此，学校在信息化推进过程中必须根据不同阶段的实情需求选择信息管理方式。后勤信息化管理的过程需要不断探讨，不断整合，从而形成一个规范或标准。系统的设计要与国际标准化管理体系接轨。

目前，石室天府中学已将国际标准化管理体系引入到后勤研究管理工作中，通过标准化、国际化、规范化的实施，提高后勤的服务质量和水平，从而提升后勤的管理水平。

聚焦核心素养　培养创新人才

成都石室天府中学　权丽娜

作为教育工作者，我们始终思考着一个问题：教育的初心是什么？

2016 年，诺贝尔生理学或医学奖获得者日本科学家大隅良典说了这样一句话："一个人在幼年时通过接触大自然，萌生出最初的、天真的探究兴趣和欲望，这是非常重要的科学启蒙教育，是通往产生一代科学巨匠的路。"

《中国学生发展核心素养》总体框架中提出"一个核心、三个方面、六大要素、十八个基本点"的核心素养，通过对 18 个基本要点深入分析和聚焦之后不难发现，其归根到底还是在讲创新人才的培养。

一、拔尖创新人才的识别

（一）何为拔尖创新人才

拔尖创新人才指在各个领域特别是在科学、技术、管理等领域中，有着强烈的事业心、社会责任感和鲜明荣辱观，具有创新精神和创造能力，为国家和社会发展作出重大贡献的带头人和杰出人才。拔尖创新人才既包括在科学领域做出创造性研究成果的拔尖人才和学科带头人，也包括在生产、技术等领域有重大发明创造或革新以及在经营、管理和促进社会发展与进步等方面有突出成就的杰出人才等。

（二）拔尖创新人才应具有的特质

石室天府中学经成都市教育局批准，在中西部地区招收首个成建制的"拔尖创新人才早期培养实验班"，认真贯彻《中国教育现代化 2035》《国家创新驱动发展战略纲要》《成都市普通高中拔尖创新人才早期培养工作实施方案》等文件精神，落实立德树人根本要求，根据实施情况并参照有关文献，笔者认为，拔尖创新人才应具有以下特质。

1. 要有科学报国情怀

要加强素质教育，培养学生的家国情怀、人文情怀、世界胸怀，引导学生面向国家战略需求、人类未来发展、思想文化创新和基础学科前沿，了解国情民情，践行社会主义核心价值观，传承和弘扬中华优秀传统文化，培养有理想、有本领、有担当的时代新人。增强使命责任感，激发学术志趣和内在动力。服务国家重大需求，激励学生把自身价值的实现与国家发展紧密联系起来，把远大的理想抱负和所学所思落实到报效国家的实际行动中。

2. 具有扎实学科基础

要促进学科交叉、科教融合，建设跨学科课程体系，引导学生参与跨学科学习和研究，处理好"专"与"博"的关系，努力为学生建构"底宽顶尖"的金字塔形知识结构，鼓励学生要有扎实的学科特长，积极进入国家实验室、国家重点实验室等参与科技创新实践，学以致用，大胆探索基础学科前沿。

3. 要有科学技术能力

包括：（1）数理能力，即形式逻辑。包括演绎逻辑和归纳逻辑，这是我们传统上所说的理科核心能力。（2）言语能力，即非形式逻辑。指的是日常生活（如公共事务讨论、报纸社论、法庭辩论等）中分析、解释、评价、批评和论证建构的能力。（3）计算能力，这是在数字化时代必须具有的通过约简、嵌入、转化和仿真等方法，把一个复杂问题重新阐释成一系列简单问题的能力。

4. 要有发明创造思维

具有三种高阶思维：（1）设计思维，以最终产品为导向，通过理解问题产生的背景，从而催生洞察力及解决方法，最后理性地分析和找出最合适的解决方案。（2）创造性思维，核心是善谋，即善于谋划，能够针对一个问题谋划出多种解决方案。（3）批判性思维，核心是善断，即善于作决定，善于从多种可能的路径中找出一条最佳路径。

5. 要有良好心理素质

要培养学生具有良好的心理素质。心理素质主要包括人格、情商和社会交往等多个部分。很难想象一个抗压能力很差的人，或者一个情商很低的人，或者一个不知道应该如何与他人交往的人，能够成为一个拔尖创新人才。

二、拔尖创新人才早期培养的实践与探索

（一）高度重视，建立健全管理体系

学校管理团队高度重视拔尖创新人才培养，构建拔尖创新人才培养体系和机制，成立了校长任组长、副校长任副组长的创新教育领导小组，组建智创中心，统筹管理学校拔尖创新人才培养工作；成立学生创新联合会、教师创新协会，搭建培养创新人才活动平台；学校各部门、各年级相互支持配合，探索拔尖创新人才早期培养工作。

（二）尊重差异，构建多元课程体系

学校本着"面向全体，尊重差异，注重个性"的课程理念，立足于人与自我、人与自然、人与社会三种关系，初步构建了"生命三态（普及—选择—超越）"课程体系。包括基础类、拓展类、探究类课程，有针对性、有层次性地实施拔尖创新人才培养策略。（见图 1-15）

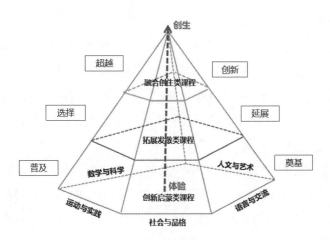

图 1-15 "生命三态"课程体系

1. 编制并率先发布"学科 +STICE"实施方案

"STICE"是科技创新创造教育的总称，包括科学（science）、技术（technology）、创新（innovate）、创造（create）、教育（education）。"学科 + STICE"是指基于学科融合的科技创新创造教育，通过学科课程渗透、专修课程学习、项目式学习、泛在学习等综合性学习方式进行的教育。

2. 学科课程创新

在语文、数学、物理、化学、生物、科学等学科课程中挖掘创新元素，重构教学设计，尝试课堂变革，注重创新实践、创新思维和批判思维培养。

3. 应用课程创新

将数学、物理、化学、生物、科学等课程与工程、技术、艺术课程知识有机整合，打破学科壁垒，学以致用，探索开设创新创造等应用课程，培养学生的科学兴趣、创新意识和创新创造能力。

小学：重在构建"学科 + 实践兴趣、发现问题和想象思维"课程。（编印小学一年级创新思维教材）

中学：重在构建"学科 + 工程与技术设计、创新思维和创造发明"课程。（编印高中创新创造教材）

4. 与国家课程融合

创造性地开设多元研修课程，尝试开设早培物理、早培化学、早培设计与技术等课程，设立必修课、选修课、辅修课程和自选课程，开设综合实践活动，实施"走班制"，为学生提供自主选择的时间和空间，鼓励学生参与设计课程，为有特殊需要的学生量身设计课程和选择教师。

5. 与校本课程贯通

建立重立志的德育课程图谱，重"激趣"的学习领域课程图谱，重挖潜的优势潜能开发课程图谱。形成校本课程体系，即基础类课程、拓展类课程、探究类课程（基础分学术类和活动类课程）：拓展分怡趣类课程（兴趣、社团）和扬长类课程（学科特长）；探究分研究类课程、创作类课程、鉴赏类课程。另外有微型特色课程如学科取向（主科）、学生取向（兴趣、能力、个性）、社会取向（品格等）；创新型课程，如人工智能、发明创造、创客活动、云计算、大数据、3D打印、创新思维与设计等特色课程等（见图1-16）。

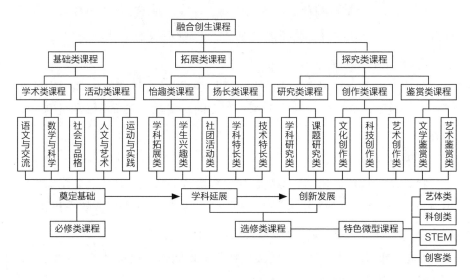

图 1-16 融合创生课程方案

6. 与大学课程衔接

充分整合四川大学、电子科技大学、西南交通大学、西南财经大学等在蓉重点高校，探索创新人才早期培养课程与大学课程衔接，探索引入、开设大学先修课程。对接高校课程，重点为知识理论研习、实验创新活动、扩展阅读写作等三大板块，每位学生可选其中的两块。

7. 与国际课程融合

学习借鉴发达国家的先进课程，特别是针对资优生或卓越学生培养的课程及培养模式。为学生创造丰富的学习条件和机会，让学生在"经历育人"和"体验育人"的过程中发现和认识自我培养创新能力。

8. 与区域特色结合

学校拟创设拓展探究课程，开展基于科技产业平台资源的课程化学习项目试点和应用推进工作。整合区内英特尔、华为、京东方等世界知名高科技企业资源，建立"创新教育智库"和"创新实践基地"，建立院士博士工作站和拔尖创新人才早期培养中心，开设"天府大讲堂"，开展校外实践和职业体验课程，形成学生、教授、高科技专家、家长、企业"五位一体"的创新人才培养网络。

（三）合作办学，推动创新人才培养

学校自设立中西部地区首个成建制的"拔尖创新人才早期培养实验班"以来，制定《拔尖创新人才培养实施方案》，充分整合教育教学资源，与四川大学签订战略合作，通过建立"在科学家身边成长"机制，由教授和博士生分别对老师和学生进行创新思维和方法培训，通过创新选拔机制、课程设置、课堂变革、队伍培养、活动开展、技术应用、评价模式、科学实践、研究项目等方式，鼓励学生参与设计，提倡学生自主研修，开发学生潜能，提升创新能力。每届学生需完成 56 个课时，同时开展走进高新高科技企业、高等院校、研究院以及院士进校园等活动，让拔尖创新培养稳步有序推进。

（四）多位一体，构建创新队伍体系

1. 聘请石室天府创新学术指导委员

聘请高校教授、教科研专家、高科技人才、特级教师、学科带头人组成创新学术指导委员，指导学生开展科学实践和项目研究。

2. 让班主任成为创新教育核心辅导力量

鼓励班主任将创新教育融入班级文化建设，在班级管理、教学中引导学生在做中学、学中玩，以开发创新潜能。

3. 推动全体学科教师成为创新辅导员

树立"大科学观"，探索各类学科的整合路径，通过"创新课堂"赛课等方式展开教学研讨，探讨学科整合点，并分期分批选送辅导教师到清华大学、四川大学等重点高校系统学习创新思想、方法和实践，整体提升辅导教师的创新能力。

4. 充分整合家长、专家、社会力量

建立各级别专家工作站，开设"天府大讲堂"，形成学生、教师、家长、专家、社区辅导员"五位一体"的创新教育力量网络。

5. 以智库方式整合

充分聚合高科技园区和高校资源，建立"校企联盟"，委托清华大学、中国科学技术大学、四川大学等高校连续培训科创教师，搭建创客空间、博士工作站、云平台等创新教育高端平台。

（五）群策群力，探索创新模式、方法

1. 拔尖创新人才早期培养方式

（1）实行双导师制。为学生配备人生导师和课题导师。人生导师负责学生思想道德、心理健康、人格基础等方面，引导学生正确认识自我、认识社会，规划高中生活和人生发展。课题导师由研究类课程教师和大学教授组成。构建"在科学家身边成长"机制，为每个研究类学习小组聘请1名大学教授或科技专家为导师，指导学生3年内完成1～2个科学研究课题，培养学生自主、探究、研究性学习能力和创新能力，并由教育、科技

部门和科协提供专业指导和协调支持。

（2）加强研究性学习。学生在导师指导下，以研究性课题学习为主，尝试自主选择项目，自主设计实验方案，拓展实验技能，培养创新能力。支持学校在实验教学中通过组织学生自制实验器材进行实验研究，激发学生在更高思维层次开展学习。探索日常分散性研究和假期集中培训、个人自主研究、小组合作研究等多种方式开展研究性学习，并按要求认定学分。

（3）实行选课制和"走班制"。创造条件开设丰富多彩的选修课，建设多元学生社团，开展研究性学习、社区服务和社会实践。建立科学的选课制度，探索"走班制"教学，允许学生多次选择和跨班、跨年级、跨校选课，满足学生多元学习需求。为学生提供自主选择的时间和空间，鼓励学生参与课程设计，为有特殊需要的学生量身设计课程和选择教师。

2. 拔尖创新人才早期培养模式

（1）"互联网+"模式。探索建立互联网+教学、评价、活动、管理的信息化育人模式。

（2）1+N模式。"1"指学科知识，"N"指创新特长。使创新实验班学生不仅学业成绩优异，而且还具有创新特长，引导学生积极参加高校拔尖创新人才自主招生。

（3）项目驱动制。将学生分成若干个项目小组，确立创新项目，自主聘任导师，完成研究工作，形成创新成果。

（4）STEM教育模式。借鉴美国教育模式，整合数学、科学、技术、工程、艺术等学科，培养复合型创新拔尖人才。

三、拔尖创新人才培养初显成效

（一）学生创新成果突出

近3年，学生创新项目累计1 100余项，参与学生约1 300人次，获得包括市、省、全国青少年科技创新大赛在内的各级各类科技创新比赛奖项 1 220 人次。其中省二等奖 11 人次，全国二等奖 2 人，全国三等奖 2 人。首届拔尖班粟美玲同学获得全国青少年科创大赛二等奖，全国"明天小小科学家"奖励活动二等奖，北京理工大学科技创新奖，同时获得上海 STEM 云中心专项奖；第二届钟儒天同学获得第 34 届全国青少年科技创新大赛三等奖，并且斩获上海 STEM 云中心科技专项大奖，并代表四川省参加"明天小小科学家"奖励活动。

（二）创新人才培养方式逐步得到认可

通过 4 年的实践探索，拔尖创新人才实验班的学生通过持续的训练，思维更加敏捷，学业成绩稳步提升，创新能力明显增强。2019 年，石室天府中学首届拔尖创新人才实验班毕业，通过跟 2016 年入学情况相对比，效果显著。

该班共 41 人，其中尹智瑜、梁嘉文、王熊艳、杨奥楠四名同学进入了"C9"（九校联盟简称）顶尖高校；另有 13 人考入了"985"高校，17 人考入了"211"高校。有 4 名同学在明显低于我校招生录取线的条件下，在高考中超出重点线近 150 分。更令我们欣喜的是，通过创新思维和创新潜质的唤醒，部分同学将大学专业由金融、文化等领域转变为航空航天、机械制造等领域，立志为国家创造、创新贡献才智。

四、拔尖创新人才培养的可持续、健康发展

（一）继续完善拔尖创新人才培养的课程体系建设

课程是创新人才培养的载体，学校在现有创新课程体系的基础上，将继续探究培养学生批判精神和创造性思维的课程，激发创造创新灵感。

（二）继续探究拔尖创新人才培养的评价机制

拔尖创新人才的培养工作已引起教育界的普遍重视，关于拔尖创新人

才培养的评价机制至关重要。对学生和教师如何进行有效评价，这决定创新人才培养驱动力的大小，是重点也是难点。

（三）深入探索小学、初中、高中 12 年拔尖创新人才早期培养体系

2018 年 8 月，学校成立成都石室天府中学附属小学，学校将拔尖创新人才培养拓展至基础教育，延长教育培养时间至 12 年，探索一贯制培养的可能性。

（四）如何将拔尖创新人才培养进行推广和辐射？

学校拔尖创新人才的培养初显成效，如何将创新思想和课堂教学深度融合，将拔尖创新人才培养的方式和模式进行推广，让更多的学生思维得到启发，提升整体创新能力，是我们接下来要面对的课题。

拔尖创新人才的培养是建设创新型国家的必然途径，学校借力区域创新创业优势，学校贯穿中小学，力争探索一套可以借鉴和推广的从小学到高中 12 年一贯制的创新人才早期培养体系、机制、模式，真正履行拔尖创新人才早期培养的伟大使命。

"创"文化引领下的课程体系建构研究

——以成都高新区行知小学为例

成都高新区行知小学　曾　伟

一、绪论

（一）研究背景

当今社会是一个以知识、信息和技术为基础，以创新创业为动力的知识经济时代。知识经济的兴起不仅仅要求新型的生产方式，还要求人们适应这样的生产方式，并为适应时代产生的新的教育模式。未来社会衡量一个国家的强弱，不是资本的多少，而是创新型人才的多少，面对激烈的社会竞争，一个由"学历社会"转向"能力社会"的时代即将到来。

（二）选题意义

随着知识经济向人们走来，科技革新和竞争越来越激烈，知识体量成倍增长的挑战，成都高新区行知小学清晰地认识到创新教育已成为现代教育发展的必然趋势。学校教育不再是把知识简单教给学生，而是要培养学生开阔的视野，使之有开拓创新的精神和能力。在对行知小学师生进行调查了解、梳理相关文献与多次专题研讨之后，学校提出开展"创"文化引领下的课程体系建构研究。

1. 基于时代和社会需求

2. 基于学生身心发展规律和教师职业要求

3. 基于学校现状背景的研究

（三）核心概念

"创"文化是基于"创造教育"办学理念，构建以"创"为中心思想的校园文化建设和课程体系建设。创造教育是培养具有创造能力和未来意识的创造型人才的心理教育，是包括课内创造教育、课外创造教育和社会创造教育三大领域的一种综合性全方位教育。其中，课内创造教育应成为主战场。

陶行知创造教育思想的内容十分丰富，其目标是要培养一种具有创造精神和创造能力的"真善美的活人"。陶先生说："教育不能创造什么，但它能启发解放儿童创造力以从事于创造之工作。"他大声疾呼："处处是创造之地，天天是创造之时，人人是创造之人；让我们至少走两步退一步，向着创造之路迈进吧。"

因此我们课程建构是在以小学生创文化思想引领下，构建体系化、条理化、序列化的行·知课程。

（四）主要研究问题

在"创"文化引领下，构建课程体系。

二、陶行知"创造教育"的思想及其当代意义

（一）陶行知"创造教育"思想的基本内涵

突出育人为本、能力为重，注重创新，发展个性，立足于促进师生的健康发展、科学发展、超越发展、幸福发展。关注的不仅是今天，还有未来；面向的不是个别，而是全体；追求的没有最好，只有更好。

（二）陶行知"创造教育"思想的当代意义

国内外研究者在创造力和创造力教育方面得出比较一致的结论是，创造力是个体普遍具有的心理能力，创造力是教育、培养和实践的结果。因

此，如今研究者们不再关注对少数天才的研究，而是认为每个人都具有创造力潜能，每个人的创造力都能通过适当的教育来提高。

我国的创造教育应在继承 20 世纪初创造教育探索成果的基础上，着眼建立起一个既具有东方创造教育特点，又充分吸收和借鉴西方创造教育理论和方法，消除东西方文化的隔阂，拆除不同学科之间的樊篱，推动东西方创造力教育的互动，进行跨文化跨学科的前瞻性探索，建立符合时代发展要求的新的教育观念和体制。

三、行知小学的"创"文化理念

（一）构建"创"文化的学校背景

成都高新区行知小学是成都高新区倾力打造的一所高品质公立小学。学校地处成都高新区"新川科技园"旁，该片区为现代服务业与创意研发产业为主的高端综合功能区。学校办学规模为 36 个教学班，配备各类现代化教育设备、特色功能室及标准化运动场和体育馆。

（二）"创"文化的表述及其理论依据

有人从教育目的的角度将创造教育理解为创造思维教育、个性教育等；还有人通过将创造教育与传统教育进行对比的方法，揭示创造教育与传统教育在各个方面的不同，从而说明创造教育的内涵。另有学者认为创造教育是根据创造学的理论和方法运用于教育活动的一种新教育，其基本观点是每一个思维正常的人都具有一定的创造潜力。还有学者认为，创造教育即促使人的认知和思维质的发展的优化教育，这种优化教育就是最大限度地使人的能动反映机能得到发展和完善。最近又有学者提出，所谓创造性教育，是指在创造型学校管理和学校环境中，由创造型教师通过创造性的教学方法培养创造型学生的过程。这种教育不需设置专门的课程和形式，但必须依靠改革现有的教育思想、教育内容和教育方法来实现。还有一种观点认为，创造教育是面向全体学生的教育，它的基本思想前提是：所有学生都拥有潜在的创造性；学生拥有的"前创造性"可以通过学习发展起来；发展学生创造性的场所是每日每时的教学；基于上述认识的教学过程是学校教育的本质性功能。

行知小学本着"高标准建设、高起点定位、高品位办学"的目标，以"惟新惟真，善做善成"为校训，构建出具有时代意义的"创"文化体系。学校紧紧围绕立德树人育人目标，以"创造教育"办学思想为魂，在夯实国家课程的基础上，将国家课程拓展延伸。与此同时，学校还积极探索"乐创"课堂教学模式，变革课堂、提高效率，走个性化发展之路。学校师资力量雄厚，由经验丰富的学科带头人和充满热情的中青年优秀教师组成。行知人志存高远、追求卓越、团结奋进，力图在这片饱含着社会各界期待的热土上，铸造出具有"健康之体、真人之德、学问之法、艺术之美、创造之能"品质的优秀行知学子。

四、"创"文化的校本课程建设

（一）"创"文化的课程理念

课程既是育人的载体，又是实现理想的路径。行·知课程在学校办学理念的引领下，以"时时有课程、处处皆课程"作为课程理念，形成了横向整合课程、交叉融通课程和纵向延伸课程三大类别，形成了较为完善的行·知课程体系（如图 1-17）。

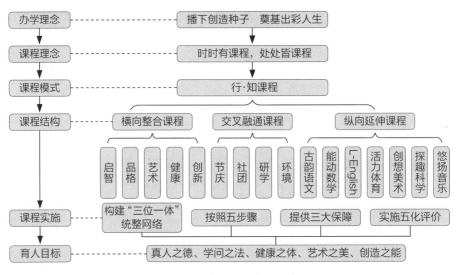

图 1–17　行知小学行·知课程体系

（二）"创"文化的课程内容

　　课程是育人的载体，更是围绕育人目标而展开。在"真人之德、学问之法、健康之体、艺术之美、创造之能"的育人目标引领下，成都高新区行知小学遵循学生的年龄特点与身心发展规律，按低、中、高三段，对育人五大目标进行了层层分解，形成了"三段五维"的序列化课程目标体系（如图 1–18）。

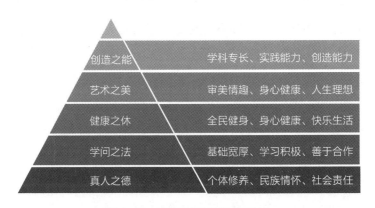

图 1–18　三段五维的课程目标体系

（三）确立层递性的"574"课程内容体系

学校以课程建设为抓手，建构起了"启智、品格、艺术、健康、创新"五类课程，"古韵语文、能动数学、L-English、活力体育、创想美术、探趣科学、悠扬音乐"七大课程群和"节庆课程、社团课程、研学课程、环境课程"四种体验课程，形成了横向整合、纵向延伸、交叉融通的"五类七群四种"的课程体系。

（四）"创"文化的课程评价

课程的评价不仅具有鉴别诊断功能，更重要的是具有导向激励功能，可以通过评价促进师生的发展。为此，我们通过评价方法多样化、评价主体多元化、评价对象差异化、评价时机弹性化、评价结果应用化的"五化"，让师生有获得感、幸福感。

1. 评价方法多样化

在进行课程评价时，教师要采取多样化的评价方法，既可进行口语评价，还可进行体态评价；既可进行文本评价，还可进行行为评价；既可进行精神奖励，还可进行物质奖励。但在使用物质化激励手段时，教师不能过滥，要掌握好使用的度。在课堂评价时，教师不仅要评价学习成果，更要对学生的心理素质、学习方法、学习过程中独到的体验和感悟进行及时评价。当然，教师还可让学生通过实践操作、作品、竞赛、汇报演出等形式展示，对成绩优秀者予以表彰，记入学生成长档案。

2. 评价主体多元化

评价要切实摆脱传统的教师霸权式的评价，充分将学生、家长发动起来，实现评价主体的多元化。在生生互评时，教师要针对学生难以找到自己的长处或难以发现自己的短处这一情况，发动学生进行互评，旨在通过同伴互评达到相互启迪、相互借鉴，彼此取长补短、共同发展的效果。这样，同伴互评既可给学生带来成功的情感体验，又可培养学生自我反馈和自我评价的能力。当然需要强调的是，在互评中，学生要善于发现别人的特长，取长补短。教师要热情鼓励同学们参与互评活动，锻炼自己，共同进步。

3.评价对象差异化

教师对学生评价的过程，就是对学生进行考核和实现品德教育的过程，也是师生之间情感交流的过程。不同的学生由于家庭背景不同、知识基础不同、个性特点不同，教师在对学生进行评价时，要因人而异地进行评价，要增强评价的针对性，切忌采取笼统的、模糊的评价。为此，教师要针对每个学生的个性特点，实施评价对象差异化的策略：用佩服、赞叹的词语点评学生的优点，让学生继续努力、发扬光大；用婉转、含蓄的方式道出学生的缺点，语气亲切而和蔼，不损伤学生的人格和自尊心，让孩子心悦诚服地改正不足，也为今后学习找到努力的方向。例如，教师可以生活教育为依托，以陶花或陶币为载体，专门制作"陶娃"手册，从文明礼仪、学习习惯、身心健康、艺术趣味、劳动态度五个方面，对学生一天在校的学习、活动情况进行总结、评价，评选"五好陶娃"；还可在班级、学校推行"礼仪星""卫生星""安全星""自理星""体育星"的"五星评价"。这样，逐渐建立起一套完善而又独具行知特点的学生评价机制。

4.评价时机弹性化

在进行课堂评价时，教师要抓住学生情感和心理的变化，捕捉学生回答问题时隐含的知识契合点，巧妙地对学生进行引导，适时拨开学生的思维迷雾，消除学生的畏难情绪。为此，教师要把握课堂评价的时机，及时对学生进行评价，让学生处于"心理满足"状态，提高学生学习的积极性、主动性，同时增强师生间的交流，进而给学生提供更多的体验成功的机会，形成自信人格。当然，在教学中，教师还要善于运用延迟评价的方法。延迟评价，给所有学生提供了展示的机会，不是只让少数学生展示他们的风采，而是尊重每一个学生所应享有的权利和具有的独特价值。总之，延迟评价使学生看到了自己解决问题的能力，体验到了成功的愉悦，扬起了自信的风帆。

5.评价结果应用化

课堂评价并非只是为了得到一个结果，重要的是要用这个结果进行引导，用评价结果促进行为的改进与教学效益的提升。为此，教师要利用好评价结果，着力改进师生的行为。教师可用定性的方式记载学生日常表现的评价信息和结果，用定量的方式记载和分析在教育过程中使用评价工具得出的评价结果，然后再利用评价结果进行自我反思，并将结果反馈给学生、学校、家长及上级教育行政部门，便于学生提高学习效能，便于教师改进教学，便于学校进行科学决策。

"科技中学"特色文化建设与研究

——以电子科技大学实验中学为例

电子科技大学实验中学　唐仕平

　　学校文化这一概念于 20 世纪 80 年代被提出，是现在一线中学管理的重点，在教育教学中表现出认同作用、修养作用、规范作用、导向作用、娱乐作用等，可营造良好校园氛围，提高教育教学水平，调动学生学习积极性。建设特色学校文化，可推动学校特色化、个性化发展，以更好地应对新高考、素质教育带来的挑战。

一、"科技中学"的核心概念界定

　　目前，学术界关于学校文化的定义从两个维度着手：从广义角度而言，学校文化是指学校师生在学校教育教学过程中，形成的统一价值观念、行为准则、规章制度及基础设施等要素的综合产物，与学校内师生、管理人员的发展息息相关；从狭义角度而言，学校文化又称作校园文化，是指学校范围内所有文化现象的综合，包括学校的文艺活动、校风、学风等。从本质而言，学校文化具有隐性德育作用，可在潜移默化中影响学生。就此，本文结合广义与狭义的定义，明确学校文化的概念，从校园建筑、校园环境布置等显性内容，以及学校人际环境、教育环境、心理环境等隐性内容两个层面着手，形成统一的文化概念。

　　在此基础上，可准确界定"科技中学"的核心概念：科技中学即以科技创新为特色校园文化的中学，将科技要素渗透至学校建设的显性及隐性要素中。

二、"科技中学"的学校文化理念

学校文化理念是教育理念的下位概念，是基于"办怎样的学校"和"怎样办好学校"的深层次思考的结晶。从某种意义上说，就是学校生存理由、生存动力、生存期望的核心竞争力。学校文化理念的功能就是要回答学校的主要活动所涉及的基本问题：做什么，怎么做。问题的答案共同解决了学校的终极问题：办什么样的学校。

树立文化理念是学校自身发展的需要，是一所学校形成或保持自己独有的个性和特色的需要。它具有导向性、明晰性、独特性、渗透性和相对稳定性。在办学实践中结合自身特色与资源，进行理性思考是文化理念丰富和提升的必然过程。文化理念应以国家的教育方针、政策和法规为指导，在领会教育方针、政策和法规，学习理论的基础上，树立现代教育观，思考形成文化理念。以学校的优良传统为基础，在继承传统的基础上求发展，这是办学的基本思路。在我国教育发展的不同历史阶段，受社会环境影响，不同阶段的教育理念体现着不同的时代精神。

通过上述核心概念界定可知，"科技中心"建设的关键在于学校文化理念的明确。结合电子科技大学实验中学办学经验，学校文化理念应涵盖办学目标、办学理念、学校校训、校风、教风、学风、学校精神、育人目标、办学特色等内容，高中教育工作者应结合"科技中学"办学方向与学校特色，科学制定各项内容。以电子科技大学实验中学为例，学校文化理念的各项要素设置如下：

1. 办学目标设置为建设高品质现代化名校
2. 办学理念设置为学为教纲
3. 学校校训为"行有余力，则以学文"
4. 学校校风为"求真务实，尚知笃行"
5. 学校教风为"明德启智，修己立人"
6. 学校学风为"乐学善思，自砺勤奋"

7. 学校精神为"大气大为，追求卓越"

8. 育人目标设置为培养具有独立思考力、终身学习力、卓越表现力的现代公民，为未来高素质人才奠基

9. 办学特色为"大学中的卓越中学，中学中的启蒙大学"

为落实上述学校文化理念，从物质和精神两个角度实施"科技中学"的校园文化建设。就物质角度而言，电子科技大学实验中学"科技中学"建设的物质校园文化涉及校园硬件设施、学校校徽、学校网站与自媒体等，使科学精神渗透至校园硬件设置的各个方面；就精神角度而言，电子科技大学实验中学"科技中学"建设的校园精神文化涉及人际关系、学校精神、师生互动、团队价值观等要素。细化来说，在电子科技大学实验中学"大学中的卓越中学，中学中的启蒙大学"办学特色的引领下，使社会大众、学校管理层、学校教师队伍、学校学生了解并认同学校文化的核心，并通过电子科技大学实验中学与周边科技企业开展的校企合作，为学生搭建学习、体验、落实"科技创新"校园文化的平台。

三、"科技中学"的时代号召和社会需求

（一）时代号召

校园文化是社会文化的组成部分，可以看作中学里呈现的社会主义精神文明，体现了中学特有的精神面貌，展现了中学师生的道德修养与人文素养。在此基础上，可将校园文化作为评估中学综合办学水平的关键指标，分析其是否具备培养实践创新人才的能力。在新时代背景下，时代号召中学培养多样化、创新性、实践性特色人才，建设"科技中学"可实现科技创新校园文化的有效建设，响应新时代的号召，培养综合性优秀人才。

（二）社会需求

在新时期，社会对人才的需求更为多样，既要求其具备丰富理论知识，也要具备专业技能与实践能力，也因此推动了各级教育教学的改革。中学课程改革的推进改变了高考的模式，要求中学落实素质教育。中学应改变传统育人理念，从特色校园文化着手，设计特色课程，实现特色人才的培养，增强中学的竞争力。在素质教育中，学校文化可整合精神、信念、道德品质等文化要素，在潜移默化中影响学生、约束学生，使学生主动改变不良行为。因此，中学应将素质教育作为校园文化的一部分，渗透到校园文化活动中，提高学生综合素质，满足新时期的新要求，为社会输送更多优秀人才。

就目前状况而言，虽然中学发展前景良好，发展速度较快，但在一线教学管理方面仍存在一定问题。特别是在中学师生数量增多、办学规模不断扩大的趋势下，中学教育教学与管理难度也不断加大。尤其是在中学核心竞争力建设方面，难以应对新高考、"强基计划"带来的挑战。在此基础上，中学应认识到特色学校文化建设的时代号召与社会需求，创新改进中学传统的教育方法、教育内容及管理模式，提高中学核心竞争力，推动中学可持续发展。

四、"科技中学"的课程体系

结合"科技中学"的内涵及建设要求，进行特色课程体系研发，落实人才培养目标。在"科技中学"的课程体系研发中，建议中学教育工作者从《中国学生发展核心素养》要求入手，将其与科技创新学校特色文化融合，指明特色课程体系的方向。电子科技大学实验中学依托中学基础课程与《中国学生发展核心素养》内容，创新整合中学的限定拓展课程、自主拓展课程与研究课程，设计系统特色课程体系，包括人文课程、工程课程、数学课程、科学课程、技术课程五项内容。

（一）课程目标

结合"科技中学的"办学目标，将"科技中学"的特色课程体系教学目标设置为发展学生人文素养，强化科技素养。针对不同年级的学生，设置不同的细化课程目标，为课程落实提供指导，具体如下。

就高一学生而言，其课程目标为：培养学生的信息识别与筛选能力；引导学生根据信息提出问题；结合现实情境探究问题解决方案；发展学生实事求是的科学观念与团结协作的精神。

就高二学生而言，其课程目标为：培养学生的信息主动获取与选择判断思维，提升学生信息加工能力；可结合已有知识提出问题，并开展具体研究；发展学生责任意识、挫折意识。

就高三学生而言，其课程目标为：引导学生用思辨的眼光看待人、事、物；培养学生提出问题、从多角度分析问题、解决问题的能力；发展学生质疑精神、创新能力。

（二）课程内容

电子科技大学实验中学的各类课程开发成果如下：在人文课程中，课程内容包括公民道德修身课程、人类文明史课程、CZD 生涯领航课程（分为由 4C 核心素养课程、4Z 自我塑造课程、4D 成长表现课程三部分）、青年学习思想引领课程、"5+X"社会实践课程；在工程课程中，课程内容包括 CAP 课程、中英航空航天人才项目课程、PBL 项目式课程；在数学课程中，课程内容包括信息学奥赛课程等；在科学课程中，课程内容包括机器人课程、JA 系列课程等；在技术课程中，课程内容包括 SBS 常青藤创新课程、STEM 课程等。

以 STEM 课程为例，结合"科技中学"的学校文化，教育工作者以机器人、航空航天、ISEF 及数学建模等知识为核心，开发 STEM 课程，构建为 STEM 课程群，实现学生科技素养的有效培养。在以航空航天为核心的 STEM 课程中，课程设置包括三个维度：第一为班本课程，由班主任与物理教师带领学生了解航空航天知识，学生通过小组学习获取航空航天各个领域的知识，再逐一汇报；第二为级本课程，成立年级社团，如航模社团、火箭社团等，将喜爱航空航天知识的学生集合在一起；第三为校本课程，与电子科技大学航空航天学院等机构合作，打造航空航天 STEM 创新实验室，为学生提供实践学习机会。

五、"科技中学"的师生行为准则与规范

在"科技中学"特色文化建设中，师生行为准则与规范是学校文化中制度文化的核心，是规范教师教学、学生学习与生活行为的关键，与"科技中学"特色文化建设息息相关。电子科技大学实验中学结合素质教育要求，设置如下学生行为准则与规范内容：

1. 自尊自爱，注重仪表
2. 诚实守信，礼貌待人
3. 遵规守纪，勤奋学习
4. 勤劳俭朴，孝敬父母
5. 严于律己，遵守公德

教师行为准则与规范内容如下：

1. 坚持正确科技教育方向，拥护党的基本路线
2. 树立敬业精神，落实教师使命
3. 遵循《中华人民共和国教师法》及政策法规实施教育教学管理工作
4. 尊重、关心、爱护学生，平等对待所有学生，鼓励学生努力学习
5. 注重仪表、以身作则
6. 治学严谨、作风正派、博学多识、细心耐心
7. 富有创新意识，注重个人创新能力提升
8. 具备人际交往能力与团结协作精神
9. 积极参与各项集体、公益、科技创新活动

通过上述师生行为准则规范，督促师生实施有效教与学，提高师生对科技创新的认识，引导师生在教学过程中落实科技创新理念，进而形成"科技中学"特色科技创新文化，推动"科技中学"可持续发展。

六、"科技中学"的特色文化效能评价体系

在"科技中学"特色文化建设中，特色文化效能评价可评估学校文化建设成果，发现特色文化建设的优势与不足，为学校完善特色文化建设提供参考。电子科技大学实验中学结合"科技中学"特色科技创新文化以及文化建设内涵，构建特色文化效能评价指标体系：一级指标为特色文化效能评价指标；二级指标为制度文化、环境文化、精神文化三项。其中，制度文化对应的三级指标为学生行为准则与规范、教师行为准则与规范；环境文化对应的为"科技中学"硬件建设、"科技中学"课程体系；精神文化对应的为学校文化理念认知。

结合"科技中学"的特色文化效能评价指标设计调查问卷，针对每项指标提出若干问题，采用李克特量表，如对问题描述内容非常满意，记为5分；较为满意，记为4分；一般记为3分；较为不满意，记为2分；非常不满意，记为1分。并针对师生的不同文化体验，设计不同调查问卷，分别开展问卷调查，整合调查结果，评估特色文化效能。对于评估分数偏低的指标，则表示电子科技大学实验中学在该部分存在缺陷，需进一步完善，实现"科技中学"特色文化建设的持续改进。

例如，某次特色文化效能评价结果显示，"科技中学"硬件建设存在缺陷。于是，电子科技大学实验中学教育工作者引进大学的学院制，组织学生开展科学实验。以电子科技大学实验中学以往的学部年级组包干制为基础，将各个学科划分到不同学院，分成"成电科学院""银杏人文学院"和"立人学院"三个学院，在学院内设置实验室，加大"科技中学"硬件投入。在"科技中学"硬件环境建设后，学生可根据需求随时随地开展实验。同

时，电子科技大学实验中学为高中的每个教学班建设 2～3 个研修室，并在校内的楼道、大厅等公共空间配置配套的桌椅，供学生研讨学习；在学生公寓建设自修室，学生可自主学习，也可与同学开展小组研讨，通过环境建设为学生提供学习空间，营造良好学习氛围，实现"科技中学"特色文化建设。

另外，电子科技大学实验中学深入开展"大学与中学融合"教育，与电子科技大学合作，以实现"科技中学"特色文化建设中的"大学中的卓越中学，中学中的启蒙大学"办学特色。

细化来说，电子科技大学与电子科技大学实验中学的合作体现在以下两点：

（一）硬件合作

电子科技大学向电子科技大学实验中学师生开放图书馆、体育馆及游泳馆等基础设施，为师生提供更多教育与学习资源、空间，加大教与学的深度及广度，有助于良好校风、教风、学风建设。

（二）指导我校建设"科技中学"特色课程的实验室

如机器人实验室、STEM 创新实验室及航空航天实验室等，并邀请工程科技相关专业教授到电子科技大学实验中学实验室担任导师，使特色课程的教学更具可实践性与有效性，培养电子信息、生物工程等领域的创新型综合人才，满足"科技中学"特色文化建设的社会需求，响应时代号召，推动我国高新技术领域发展。

综上所述，在"科技中学"建设中，高中教育工作者应明确"科技中心"的核心概念，正确树立"科技中学"的学校文化理念，并以此构建"科技中学"课程体系、师生行为准则与规范、特色文化效能评价体系，将"科技中学"学校文化理念渗透至高中校园的各个层面，评估特色文化建设成果，持续改进"科技中学"建设工作，推动"科技中学"可持续发展。

第二篇

学校德育教育

小学一年级生长型家校合作实践研究

——以四川省成都高新区实验小学为例

四川省成都高新区实验小学　陈　璐

一、研究的背景及意义

（一）研究的理论背景

自四川省成都高新区实验小学（以下简称"高新实小"）建校以来，学校围绕"让每一个生命自由生长"这一办学思想，提倡以人为本的生命教育。20 世纪 60 年代末，终身教育思想逐渐成熟，并提出建立一体化的教育体系，呼吁学校和家庭合作，形成教育的合力。随着社会发展，"生长型"家校共育模式的构建也越来越引起人们的重视。

（二）"生长型"家校合作与传统家校合作模式的区别

相较于传统的家校合作模式，"生长型"家校合作在形式、内容、方法、效果上都有明显的不同。它提倡以人为本，尊重生命，站在家长的角度，解决家长困难，满足家长需求，寻找家校合作的生长点。

传统的家校合作是单一的、随意的、单向的，内容、形式以及时间、地点是受局限的；"生长型"家校合作是多元的、有计划性的、互动性强的，内容丰富、形式多元的。

（三）一年级家校合作研究的重要意义

1. 对一年级学生而言

一年级学生对小学生活不太适应。这些不适应会给后续的学习生活带来困扰，影响其身心发展。如果不在一年级及时做好家校共育的铺垫，会错过孩子成长的关键期。

2. 对一年级家长而言

一年级的家长有学习的动力，较其他年级的家长会更关注孩子，他们对孩子即将开始的新生活充满期待的同时也有一些担忧，他们并不知道这个阶段应该做什么、怎么做，希望得到指导。

二、研究综述

（一）研究目标

1. 找到适合高新实小"生长力"课程体系的家校合作生长点

2. 通过家校合作促进一年级新生顺利完成幼小衔接

（二）研究内容

1. 了解现状：通过调查了解小学一年级家校合作的现状

2. 发现问题：明确小学一年级在家校合作中存在的具体问题

3. 寻找原因：探求小学一年级家校合作问题中的影响因素

4. 思考对策：有针对性地提出促进小学一年级家校合作更好发展的建议与对策

（三）国内外研究现状概述

1. 国内关于家校合作的研究

自 20 世纪的五六十年代，我国就开始关注家校合作的问题了。70 年代到 80 年代之间，学校慢慢开始与家庭建立合作关系。到 90 年代，学校和家庭有了前所未有的紧密联系。最近 20 多年，无论是从教育实践、理论研究、还是政策规范上看，家校合作都得到了社会的广泛关注。虽然我国的家校合作有了很大进展，但是在具体的实践中依然存在很多问题。我国的教育形式和应试教育模式对家校合作良好运行有一定的影响，加之部分家长和老师的教育理念不一致，教育教学理论和实践相脱离，使家校合作的进程也受到影响。

2. 国外关于家校合作的研究

家校合作在国外已经经历了一段很长的发展历史。发达国家中最早应用家校合作模式的是美国，其在 20 世纪末就有了家校合作的组织——家长教师联合会。日本和美国一样，都制定了一系列的教育法律以鼓励家长教师联合会的发展。英国政府从 20 世纪 90 年代开始，也在积极推进家校合作的发展，并制定了相关制度。

三、研究过程与方法

（一）研究方法

1. 问卷调查法

本研究调查问卷目的，是找到目前家校合作存在的主要问题以及家长和教师对家校合作的期望值等。因此选择高新实小一年级家长及教师为调查对象，设计了两套调查问卷，教师问卷共计发放 50 份，家长问卷共计发放 490 份。问卷调查结束后，对问卷调查数据进行归类、整理，采用定量和定性相结合的方式进行分析。

2. 访谈法

访谈的目的在于进一步了解一年级教育中教师和家长对家校合作的理解和已做的工作，以及学校和家庭教育存在的不同观点和相互的期望等。主要是对学校领导干部，对一年级 20 名教师、55 名家长进行访谈。对访

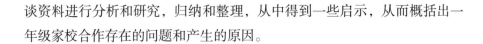
谈资料进行分析和研究，归纳和整理，从中得到一些启示，从而概括出一年级家校合作存在的问题和产生的原因。

（二）家校合作现状及存在的问题

1. 学生家庭现状

经调查，高新实小学生家长普遍学历较高，家庭类型以小家庭（包括父母和子女）为主，母亲管理孩子的居多，家庭月平均收入在 15 001 元以上的居多。

2. 家委会管理制度有待完善

本次研究调查结果显示：31%的家长不清楚学校是否成立了校级家委会，35%的家长不清楚年级是否成立了年级家委会，18%的家长不清楚班级是否成立了班级家委会，甚至还有个别家长认为学校没有成立三级家委会。这可以看出学校的管理制度需要进一步完善，也为我们的家校共育工作提出了更明确的思路。

3. 家长重视，培训需求强烈

从调查数据可以看出，家长充分肯定了家校共育的作用和必要性，但是很多家长并不清楚学校目前在家校共育方面所构建的课程和培训。他们强烈的需求和意愿，也为课题组后期的研究提供了具体的方向和生长点。

4. 家长对教师提出更高的要求

本次研究调查显示，近94%的家长认为教师的沟通能力对家校共育的影响比较大，并且有85%的家长认为有必要对班级工作提出建议，这表明家长有较强的欲望通过班级工作和老师、学校进行交流，进而帮助孩子成长。这也将对老师的工作提出更高的要求。

有88.6%的家长通过家长会进行家校沟通，91%的家长通过QQ群或微信群参与家校沟通，88%的家长认为有必要运用网络技术建立家校交流平台。而这一切，更多是一线教师在开展和搭建的，这对教师信息技术水平和家校共育的意识也有了更高的要求。

（三）问题存在的原因分析

1. 学校教育具有局限性，需要家庭教育的补充和配合

我国教育的主体虽然是学校，但是只通过学校教育培养社会需要的新一代人才是不够的。一方面学校教育的时间是有限的，学生在校的 6 个小时以科目课程为主，学生的主要活动时间还是以家庭为主。另一方面学校教育的内容是有限的。新课程提出学习要源自生活、应用于生活，学校的课程可以完成书本知识传授，但这些间接的经验还必须通过大量生活实践得到巩固。换言之，家长的支持和配合才能真正有效地落实知识的实践。最重要的是学校教育的针对性是有限的，要全面落实因材施教还有一定的困难。在学校里，一个班几十名学生，一个老师可能面对两个班，甚至更多的班级和学生，这样的情况下对学生的关注不可能面面俱到。

2. 家庭教育具有局限性，需要得到科学指导

与专业的学校教育相比，家庭教育一般没有明确的目标和方向，家庭教育的方法也缺乏科学性，家长往往没有学习过怎样教育孩子，难免会出错。这时就需要学校给予一定的帮助，指导家长展开科学有效的家庭教育。家庭教育的优势在于没有明显的教育时间，寒暑假和节假日都可以进行，教育连续性较强。

四、小学一年级生长型家校合作策略

（一）明确双方的权利和义务，实现观念与意识的生长

1. 以需求为导向，拓宽生长点

要找到家校共育的生长点，学校需要开展主题明确、内容丰富、形式多样、吸引力强的教育活动。学校活动既有常规活动，也有学校组织的特别活动，还可以在节假日开展主题教育。要利用学校综合实践活动课程、劳动教育、研学旅行，广泛开展社会实践，通过丰富的活动，寓教于乐，寻找家校共育的生长点。

学校除了积极开展学生活动，也可根据家长的意愿和需求，定期开展家长课堂，解决亲子间的教育困惑，给予一定的科学指导。

2. 以意见为引导，调整生长点

在本次调查问卷的开放题中，我们征集到了约700条意见和建议。综合这些问题分析后，我们发现很多家长知道家庭教育和家校共育的重要性，但对于家校共育理念、家校共育方法等方面都感觉缺失，希望得到指导。

3. 新生家长课程，把握生长的节点

每年8月底，小一新生家长会齐聚高新实小，以阶梯教室为主会场，各班教室为分会场，开启正式的新生家长课程培训。新生家长课程包含学校办学理念、校园文化、学校发展、家校融合、学法指导、习惯培养、教育模式、亲子沟通等。对于认真学习的家长，学校还会颁发优秀新生家长证书。

（二）梳理家校合作工作计划，以课程推动生长

为进一步指导家庭教育，增进家校沟通，促进价值认同，学校开展了一系列一年级家长培训课程，如每年9月定期开展的新生家长培训课程；每年10月定期开展的幼小衔接课程；每学期期末开展的家长主题培训课程及班级总结性家长会，以特色班级宣传为主；每月向家长推送线上培训课程……定时、定对象、定内容，有序推进家长培训课程，解决家长疑难，提高家长家庭教育专业性，实现家校共发展的课程目标。

（三）细化内容，递进式推进家校合作向上生长

1. 生长点聚焦家长进课堂

家长进课堂为学生们带来课外的世界与知识，让学生认识到父母厉害的一面，培养学生对父母的崇拜与尊敬。也让家长走进学生的世界，蹲下来和孩子对话，调和拉近亲子关系，加强家庭教育的效度，为学校提供坚实后盾。

在家长进课堂正式上课之前，家长也要精心备课，经常与班主任沟通，了解孩子们的学情。根据不同年龄段，家长们设置的课程内容也不同，都比较有针对性。比如该班家长中有牙医，关于护牙的课程就会安排在低段时期，让正处在换牙时期的学生更懂得如何保护好恒牙。

2. 生长点聚焦校长开放日

为了适应学生、家长、社会的需求，更开放地办好学校教育，学校设立"校长接待日"让校长和家长、孩子面对面，全方位解答孩子成长过程中遇到的各方面问题，给予最专业的建议与方法。学校全体行政分组对每一个进入高新实小的学生及家庭进行面谈交流，同时制定高新实小家庭教育情况调查表，以及详细的《家庭教育指导手册》，为家长提供相应指导。

3. 生长点聚焦校外亲子活动

鼓励家长利用自己的资源将学生以班级为单位"带出去"，在不同的平台学习书本以外的知识，这样家长也可以更深入地参与学生的教育与成长，更多地参与学校教育的建设与发展，更好地了解学校教育方式、内容和要求，更及时地调整家庭教育的方式与方法。在高新实小，每个班级每学期几乎都会在班级家长志愿者的组织和带领下走进社会、走进企业、走进自然，学到多彩而丰厚的知识。

（四）拓宽渠道多方合作，推进家校合作向外生长

1. 家庭与学校联动促生长

在人文交流的背景下，学校结合自身实际情况，吸取芬兰、新加坡等国家的先进理念，积极探索，构建新的家校联动模式——家长义工服务与家长预约制，很大程度上提升了家长的教育理念与素养，促进家庭与学校的开放性合作。

2. 社会（社区）与学校联动促生长

高新实小长期与高新区芳草街道助老服务中心联合，开展了一系列尊老敬老社会活动课程。敬老活动每周开展一次，自活动开展以来，已有几千名学生参与敬老活动，他们利用自己的周末休息时间，在班主任的带领下，带上爸爸妈妈，为芳草街道助老服务中心的爷爷奶奶们提供志愿服务，让他们能感受到高新实小师生、家长带来的别样的亲情，让小志愿者

们体会到尽一份社会责任所带来的快乐。

（五）加强管理，完善制度向内生长

1.顶层设计，课程保障促生长

从课程的高度，做好一年级家校共育课程顶层设计，为学生的健康成长搭建良好的沟通、合作、交流平台，进而实现家长观念的两个转变：从旁观者到合伙人的角色转变；对孩子的教育从被动参与到主动参与、从感性参与到理性参与的转变。

生长型家校共育的孕育和发展可以充分利用课堂这块主阵地，一方面办好家长学校，设置家长成长课程，使家长有学习的时间和空间，得到有关家庭教育的科学指导；一方面邀请家长走进学校，开设家长讲堂，充分利用家长资源，打破学科界限，拓宽学生视野。

要争取一年级家长对学校实施新课程改革的理解和支持，必须让他们深入了解和领会新课程的基本理念，真正走进新课程。可以从以下两个方面着手：一是对一年级家长进行新课程的宣传和培训；二是开设家长开放日，将一年级家长请进课堂，进行现场观摩。这样有利于一年级家长把学到的理念与实践结合起来，从而使其对新课程的认识，不仅仅停留在表面上和理论上。

2.组织架构，职责分明保生长

家长方面分校级、年级、班级建立家委会，各级设主任、副主任，全面负责家委会工作，并根据职能细分为四部：活动部、教学部、宣传部、后勤部，分别对应学校德育处、教导处、办公室、后勤处。每个部门也设部长、副部长及委员，参与家长学校管理，共同办好家委会，做好家长的宣传引导工作，成为家校社沟通的桥梁，促进家校社共建共享。

3.健全机制，同心协力推生长

学校成立家委会工作室——同心圆俱乐部，制定工作章程，定期开展各项相关工作。如每月召开一次同心圆俱乐部工作例会、开展一次"家长理校日"活动；每期进行一次工作总结分享会、一次家长开放日；每年进行

一次优秀年级、班级家委会及校优秀家委会成员评选。

不定期开展家庭讲座、家长课堂、家长志愿者服务等活动，同时学校的重大活动、评优选先、招标比选等工作均邀请家委会成员全程参与、监督，如食堂间餐的供应商就是由家长代表与学生代表、老师代表一起参与盲选确定的。

（六）重视沟通方式与技巧，促进家长和学校良好合作

随着现代社会生活节奏的加快，沟通方式变得更加多元。电话、微信、QQ、钉钉被频繁采用。网上沟通也是一种新型的沟通方式，班级公众号、班级博客等，都能及时在网上把新的信息公布给家长，如每天教学内容、近期活动通知等。家长只要一打开电脑，就可以了解到学校一日活动的方方面面。

沟通工作根据因材施教的原则，在观察的基础上进行不同形式的沟通，每学期家访至少 7 次，让教师更直观地了解孩子的性格、习惯及家庭教养氛围，拉近了家校间的距离，有助于良好家校合作关系的形成。

五、研究结论

通过研究与实践，我们发现一年级生长型家校合作有利于提高一年级学生的学习兴趣，有利于家长和教师间、家长和学生间的相互学习、共同提高，同时，教师可以向家长了解学生的成长背景，从而因材施教。而家长的性格、生活环境、经历各具特点，教师可以从中获得各种信息从而进行区别对待、针对性管理。只有学校和家庭相互支持和交流，家校共育才有基础。教师通过交谈、讲座、书面联系，教给家长一些科学的、有效的家庭教育方法。家长在家长委员会的牵头下，不断提出改进学校教育的要求。学校充分利用家长这一有力的教育资源去优化、促进学校内外的教育环境，使学生接受的教育更完善。因此，一年级生长型家校合作的研究能够有效地优化孩子成长的环境，为一年级新生顺利成长提供了保障。

中学生"自管自育"主体德育实践探究

——以成都市玉林中学为例

四川省成都市玉林中学　辛　驺

一、研究缘由

　　成都市玉林中学现有芳草、玉林、肖家河三个校区，教学班 72 个（高中 33 个，初中 39 个）、学生 3 352 人（高中 1 733 人，初中 1 619 人）。通过对学校初中和高中各年级学生抽取部分样本进行德育问卷调查——发放问卷数 551 份，回收有效问卷 550 份，使用 SPSS 对调查数据进行了统计学分析，反映出学校主体性德育实践存在学生和学科教师在重视程度上不够，德育资源内容与形式整合不够，学生的主体作用发挥不够等问题。（见图 2-1）

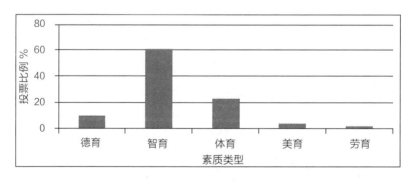

图 2-1　中学生认为在中学教育阶段最主要的素质

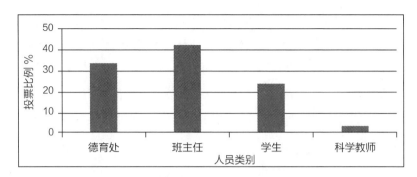

图2-2　学生和学科教师对主体性德育的主体认知

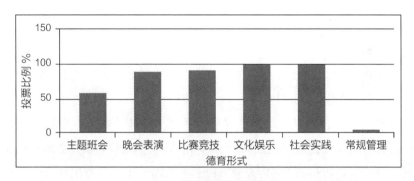

图2-3　学生喜欢的德育形式

由此，本文基于问题分析研究，聚焦学生"文明、多才、奋进""自律、勤奋、阳光"的发展目标，加强对中学生"自管自育"的主体德育的认识性研究、方法性构建和实践化探索：从玉林中学学生"自管自育"模式，总结学生自我的文明管理、文明教育和文明展示的方法，塑造具有特色的实践样态，提高德育的实效性、针对性和艺术性，为建设品质学校提供强大的德育支撑。

二、研究设计

重点通过具有前瞻性与时代性的"主体德育"模式这一切入点，指导玉林中学学生在学校德育工作中实践"自管自育"，着重从玉林中学学生

"自管自育"的主体德育模式理论根基与基本内涵上，构建学生"自管自育"的"主体德育模式"认识论框架，并从玉林中学德育处与班主任的准备、学生"自管自育"的实践、学生的培训、学生深入学校具体管理等方面，探索有益的方法论构建，塑造更具特色的主体德育实践样态，实现学生自我的文明管理、文明教育与文明展示，最终促进学生自我成长，全面提升整体校风。

三、研究策略

（一）强化德育常规管理

一是将德育品牌活动和学校日常管理有机结合，创建"玉林青年节"，以"玉林青年宣言""玉林少年宣言"为契机，以"玉林十佳"评选为抓手，以校园歌手大赛、班级篮球比赛等系列活动为载体，寓德育常规管理于活动中，既打造学校德育活动品牌，又夯实了学生"自管自育"主体德育实践探索平台。二是将班级"自管自育"和学生干部履职尽责有机结合，以班级服务周为统揽，充分调动学生的主动性，由学生全面参与学校的常规管理。让每一个学生都有机会参加策划、组织、实施、反思和总结日常班级常规检查考核、班会课、黑板报、课间操、大课间体育锻炼、社团活动、社会实践、《玉林青年》编写、春秋两季运动会、十二·九歌咏比赛、迎新晚会、玉林青年节暨五四表彰、毕业典礼等活动仪式；让学生主动参与军训、校服设计等学校的重大决策，既培养学生在校接受教育的主人翁意识，又增强了他们的德育自觉性，进而丰富学校德育常规管理的品质和内涵。

（二）注重德育课程研发

一是推动学科课程德育内容的挖掘和融合，深入研究学科德育、三全德育等领域的课程及培训，在德育、智育、体育、美育、劳动等方面的学科课程中整合自尊自信、自主自强、自修自理等德育内容。二是深化德育类课程的开发，开发了涵盖文艺、体育、科创、劳动等类别的德育类课程。特别是以宏志班为项目试点，从宏志主题特色教育实践切入，着力建设以"励志、感恩、责任"为核心的宏志德育课程，培养具有宏志精神的玉林学子。三是丰富社团类课程的实施，通过创设校本课程、健全管理制度、提炼活动内容和创新活动形式等方式，把学生社团活动与玉林青年文化紧密结合，与课堂教学改革有机统一，与学校德育体系无缝对接。组建了《玉林青年》编辑社、漫研社、电视广播社、剑道社、戏剧社、模拟联合国社、足球社、古汉书社、化学研究社等精品社团，研发了30多门社团校本课程。其中，《玉林青年》编辑社的 iDream 课程邀请各行各业的精英分享创业成功的经验，旨在引领玉林学子以良好的文明素质和较高的文化品位树立文明、多才、奋进的玉林青年和自律、勤奋、阳光的玉林少年形象。为学生的自主学习和个性发展提供了广阔的空间。

（三）优化德育活动序列

一是德育活动流程序列化，形成活动前由学生统筹策划，活动中由学生组织管理，活动后由学生主动总结的运行模式。二是德育活动层级序列化，构建以校级、年级和班级为单元的德育活动组织架构，形成了分层分类—有序规范—逐一反馈的管理机制。三是德育活动标准序列化，细化活动目标、方案设计、达成方式、实施记录、总结反思等各级各类德育活动的档案标准。

（四）立足德育氛围营造

一是加强校园环境文化建设，除了进行高雅大气的外墙改造、茂密葱茏的校园绿化外，还精心打造融入玉林元素的玉林钟楼、琢玉广场、蓓蕾雕塑、孔子塑像、青年宣言石等德育景观，使学生切实得到德育文化熏陶。二是提升校园精神文化品质，开放式书吧、不关门的阅览室、校园里的钢琴、回廊文化、柱子文化、围墙文化等文化点位，注重对学生的精神浸润。三是突显班级特色文化，鼓励不同层次、不同类别的班级，结合班级特色与学生特点，开展班级文化建设，调动学生的积极性与创造性，增强学生的校园归属感和主人翁意识，有效促进自管自育的主体性德育的实现。四是推动家校社共建，关心学生的生活成长环境和家庭育人氛围，建立家长学校，设置校园开放日，构建警校协作平安校园等学校、家庭、社会三位一体的德育网络，建设学生绿色健康发展的生态环境。

（五）科学德育多元评价

一是要立足主体多元，改变以往以班主任为主体的单一评价，建立学生、家长、教师共同参与的评价体系；二是要立足内容多元，改变以往仅以三好学生、优秀学生干部为内容的单一评价，建立以学生个性特长和综合素质为出发点的评价模式；三是要立足空间多元，改变以往仅以校内情况为范围的单一评价，建立校内校外同频共振的评价机制；四是立足维度多元，改变以往仅以学生操行为目标的单一评价，健全教师主体德育工作绩效、学科渗透德育等角度的评价方式，促进学生身心健康、全面成长、个性成长，增强中学生"自管自育"主体性德育实践探究效能。

四、研究实践

（一）构建成都市玉林中学班级"自管自育"服务周模式

一是确定学生"自管自育"的目标内容，让学生知道"自管自育"的"为什么"和"是什么"；明确学生自管自育的行为标准，让学生知道"自管自育"的"做什么"和"怎么做"，既便于学生对照内容和标准加强对自己的管理，又便于学生对其他学生的管理。二是按时间和空间进行任务分解，实现任务具体化、岗位明确化与操作便捷化，从而降低学生的执行难度。丰富管理岗位设置，让更多的学生有参与管理的机会、有承担责任的机会、有服务集体的机会，扩大管理的参与面，激发学生自我成长的积极性，促进自我教育和自我管理能力的锻炼和提升。三是编制《成都市玉林中学班级自管自育服务周工作方案》，在队伍建设、组织保障、评价机制等方面，形成班级"自管自育"主体德育服务周的核心制度，并建立健全与之相配套的支持政策，以制度实现活动长效。四是管理服务前，需要加强对学生进行专业培训，促使学生对自我管理工作的必要性和价值性有较为深刻的思想认同；对自己将要从事的管理角色有细致的预设思考和超前计划，对自己在管理中可能遇到的困难和挫折做好心理准备。管理服务中，指导老师动态关注学生的岗位工作情况，针对工作过程中的优点、亮点予以肯定，让学生从中获得自信；针对管理过程中出现的问题和不足予以引导，让学生及时优化调整。管理结束后，年级组指导班级做好管理服务工作的反思总结，不仅能为下一轮的管理者提供经验和案例，还能对管理者本身的自我管理能力提升提供帮助和指导。

（二）完善成都市玉林中学中学生"自管自育"主体德育实践探究队伍体系

一是建设学生自管自育三支队伍：聚焦校级，优化学生干部培养，由德育处指导，校团委、学生会和少先队大队委负责，鼓励和指导每一位学生干部参与包括学校公共卫生区、班级卫生区的管理督促、检查评比等工作，参与学生仪容仪表、团徽佩戴、违纪情况的检查督促，参与课间巡视、校内文体活动的统筹协调和后勤工作、社团活动的组织开展等；聚焦年级，加强学生团队建设，提升主体意识。由德育处指导，年级组负责，实行"值周制"，让每一名学生都做学校的小管家，参与学校管理。每周由两个班级来值勤：值周 A 班负责校风文明常规检查，包括到校考勤、仪容仪表、文明礼貌、课间纪律等；值周 B 班负责午餐时排队打餐、用餐文明、用餐纪律、午休静校等。聚焦班级，激发班级发展活力，由年级组指导，班主任负责，放权赋能，将参与年级德育活动的策划、组织权还给学生，把班会的策划、组织权还给学生，把班级文化的建设权还给学生，把社团活动的参与权还给学生，保障学生自主选择的机会，让他们能根据自己的成长需求、身心规律，积极参加各种德育活动。二是健全教师主体德育实践三维机制：构建教师对中学生"自管自育"主体德育实践探究的激励、培训、科研建设机制。全面深入落实全位、全程、全员的"人人都是德育工作者"的德育理念，要求班级教师团队落实"德育进课堂"，深化德育课程研究，细化德育的贯通联合培养，及时对班级学生"自管自育"主体德育实践探究工作的目的、方案、记录、成果、活动等方面进行总结反思，确保教师的正确价值引导，促进学生德行的主体性发展。三是形成家、校、社德育协作三方合力：聚焦家校，成立学校、年级、班级三级家委会并定期分层开办家长学校培训，订立《玉林中学家委会制度》和《玉林中学家委会职责》，邀请家长代表参与到学校管理中，并积极配合班级开展社会实践、公益服务、军训活动等；聚焦学校、社会的合作，通过"请进来"——邀请特殊职业、特殊经历的社会贤达、复合型人才到校，开展导师讲学、学长领学等活动；通过"走出去"——带领学生去具有教育意义的场所开展文化游学、绿道品学、企业研学等社会实践活动，引导学生主动拓展成长空间。

（三）开发成都市玉林中学中学生"自管自育"主体德育实践工具

一是健全成都市玉林中学中学生"自管自育"主体德育实践治理结构。（见图2–4）

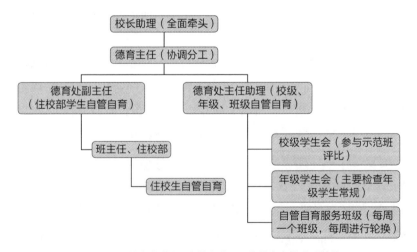

图2–4　玉林中学学生"自管自育"主体德育实践治理结构

二是完善成都市玉林中学中学生"自管自育"主体德育育人目标图谱。
（见表2-1）

表2-1　玉林中学中学生"自管自育"目标图谱

学段	目标内容	实施途径	育人目标
七年级	1. 爱祖国、爱人民、爱劳动、爱科学、爱社会主义；2. 中华传统美德；3. 相信科学，拒绝迷信；4. 善良、文明、知礼。	1. 加强和巩固"五爱"教育；2. 中华民族悠久历史、灿烂文化和传统美德以及革命传统教育；3. 正确的学习目的教育，培养学生关注身边的科学知识；4. 孝心、爱心和文明礼仪的主题班会教育。	彰显玉林少年特质和文化——自律、勤奋、阳光。
八年级	1. 具有初步的法治观念和法律意识，知法、守法；2. 树立爱校、爱家乡的思想感情；3. 政治上积极要求上进，有要求加入团组织的意识；4. 自尊、诚信、友爱。	1. 通过法治知识竞赛、学习宪法活动等，培养学生知法、懂法、守法观念与意识；2. 以社区公益活动和学校活动为平台，加强爱家乡，爱母校教育；3. 依托五四、一二·九运动等纪念日开展学生入团教育活动；4. 借助讲故事、国旗下演讲、办手抄报、志愿者义工活动等方式加强学生自尊、诚信、友爱教育。	
九年级	1. 热爱中国共产党，了解党的基本路线和方针政策；2. 培养主人翁意识，树立民族责任，立志报效祖国；3. 树立正确的人生观、世界观和价值观；4. 养成与巩固健康、良好的个性心理品质。	1. 以参观纪念馆、观看爱国电影、红色研学等途径，实施爱党教育；2. 用演讲方式，学身边榜样，观看有价值、有品位的纪录片，提升学生的担当精神和责任意识；3. 采取学科德育渗透、家长亲子教育、学校励志教育等方式，加强"三观"培养；4. 通过玉林中学心育中心，加强学生心理辅导和干预。	
高一年级	1. 理智感、成人感、独立意识的引导与教育；2. 培养主人翁意识，增强爱国、爱校意识；3. 确立高中生意识，端正自我评价，明确行为规范；4. 增强班集体的荣誉感和凝聚力，培养现代竞争和参与意识。	1. 利用军训、入学教育，加强学生独立意识、成人意识的培养；2. 开展主题班会和团队活动，培养学生爱国、爱校意识；3. 依托学生综合评价体系和操作办法，指导学生开展综合素质评价；4. 以秋季和春季运动会为平台，以艺术节展演为舞台，培养学生竞争意识和合作能力。	彰显玉林青年特质和文化——文明、多才、奋进。

续表

学段	目标内容	实施途径	育人目标
高二年级	1.培养承受压力、不惧怕挫折、努力进取、自强自主的良好心理品质；2.真正懂得自主学习；3.关心他人，爱护自己，对社会有责任感，做合格公民。	1.借助主题班会，观看自强、奋进类影视视频资料，撰写读后感；2.向学生传授玉林中学自主学习方法，在学习实践中，让学生不断总结提升；3.依托成人宣誓教育，携手家长，形成家校共育，培养学生孝敬父母、尊敬老师、关爱同学，做到洁身自好，成为对社会有益的人。	彰显玉林青年特质和文化——文明、多才、奋进。
高三年级	1.进一步加强养成教育、理想教育、诚信教育、耐挫教育；2.克服困难，调整自我，以良好的心态迎接高考；3.增强成年公民意识，明确担负的社会责任；4.强化守纪观念，使行为规范化；5.学会感恩，报答母校。	1.充分利用主题班会和专题讲座，开展理想教育、诚信教育、耐挫教育；2.积极依托学生心育中心，开展毕业年级学生心理团辅活动，帮助学生调适心态，提高应试技能；3.支持学生参加自主招生选拔活动，丰富综合素质评价资料，增强其成年公民意识和社会担当能力；4.开展主题班会，强化学生守纪观念和诚信应考行为；5.借助每年6月9日高三毕业典礼活动，激发学生感恩母校、感恩教师的情怀。	

　　三是完善成都市玉林中学中学生多元评优评先体系。着力常规＋特色：成都市玉林中学除了"三好学生""优秀学生干部"等常规评价外，还开展"玉林十佳""玉林之星""新三好"等评优活动。着力学段＋贯通：初中校区实施"六好班级"评比，高中校区采用"遵规守纪示范班""礼仪示范班""两操示范班""文明示范班"评选等，通过多元评价模式的实施，强化中学生"自管自育"主体德育实践意识。

新时代爱国主义体验活动课程体系建设的校本研究

四川省成都市中和中学　罗　超

　　爱国是中华民族的传统，是中华儿女的美德，更是对中华民族精神的一种生动的诠释。爱国主义主题，是建设中国特色社会主义理论的重要组成部分。新时代加强爱国主义教育，对于振奋民族精神、凝聚全民族力量，夺取新时代中国特色社会主义建设事业伟大胜利，实现中华民族伟大复兴的中国梦，具有重大而深远的意义。2019 年 11 月 12 日，中共中央、国务院颁布《新时代爱国主义教育实施纲要》，指出"要坚持从娃娃抓起，着眼固本培元、凝心铸魂，突出思想内涵，强化思想引领，做到润物无声，把基本要求和具体实际结合起来，把全面覆盖和突出重点结合起来，遵循规律、创新发展，注重落细落小落实、日常经常平常，强化教育引导、实践养成、制度保障，推动爱国主义教育融入贯穿国民教育和精神文明建设全过程"。德育是一项系统性工程，仅仅依靠道德知识传授的德育方式是片面而狭隘的。当下，教育者或注重道德知识灌输，漠视道德观念、道德意志以及道德实践能力的培养；或强调以灌输的方式进行德育，轻视学生的实践体验，无法调动学生的主动性。这种方式致使学生成为德育知识的被动接受者，使德育流于形式，缺乏实效。爱国主义教育不是泛泛而谈，不是老师在班会课上随口说说，而是整个学校以此为校本教材和研究案例，全员参与，真正从各方面落实的。

一、体验活动的内涵

体验活动是新的德育理念，是基于传统的灌输式的德育方式而提出的。学生真切的情绪感受是真正的体验式德育活动的基础性要素，情绪感受就像"温度计"一样，能够反映体验是否真的发生及其程度如何。如何有效激发学生的情绪体验与感受，尤其是激发有德育效果的情绪感受和体验，引导学生进行主动思考是德育体验活动的重要研究课题。体验德育的关键是让德育活动同学生的生活产生紧密的联系，而不是老师随便播放一些案例视频，网上随意下载课件讲给学生，而是真正让学生的感觉、记忆、思考等产生对亲身经历的道德事件的态度，从而增强情绪体验。因此，体验活动课程是站在学生角度创设教育情境，让学生在切身体验的基础上培养道德情感，进而增强道德认知，强化道德行为的。体验活动重视德育活动的体验性与自发性。没有活动就没有教育，没有体验就没有德育，体验即以"身"体之，以"心"验之。"体"强调的是自发性，指的是要充分激发学生的主体性，让学生自发参与到德育活动中；"验"强调的是实践性，指的是学生在德育活动中亲身实践，亲自验证。体验德育具有过程性、实践性和亲历的特征，是学生个性和创造性充分发挥的过程。体验式的德育活动是"知情意行"相结合的有效途径，是教育者以学生为中心，以活动为载体，以贴近学生真实生活的情境为主体，结合学生已有的认知结构，遵循学生身心发展的基本规律，设计活动课程，让学生在亲身感受中得到真实的情绪体验，从而促进学生的道德内化。

二、体验德育的基本原理

（一）体验德育是道德行为生成的内在要求

品德是以品德信念为核心，以品德行为为外部表现，融合社会、心理形势、心理内容、道德情感、道德认知等于一体的有机系统。体验德育以学生道德行为的生成为内在需求，不仅要求品德知识规范的传授，还要求品德行为的实践与锻炼。学生良好品德的养成不能只靠价值观的引导和知识的传授，其关键是引导学生将道德行为付诸实践，促进学生内化道德观念，外化道德行为，从而真正成为一个有道德的人。我们平时所说的乐于助人不是随口一说，而是真正将它实现。一句温暖的话语，一个善良的举动，一张暖人的微笑，都是道德的升华。

（二）体验德育是情绪、情感产生的基础

美国心理学家利珀研究指出人类情感生活的第三个时代是人们"带着情绪去体验情景"的时代，情绪体验行为可以维持、组织、主导人的行为。情绪的动机作用并非只体现在对内驱力的放大，还是人类的高级目的和意志行为。德育体验的基本心理过程包括感受、体验、体悟、理解等，从学生对外界事物的直观认识开始，积累最初的道德经验，这是情绪和情感产生的基础。

（三）体验德育是道德哲学由重视认知向凸显体验的转向

现代道德哲学更加关注人的生命、生活、情感体验。在道德哲学的时代热点中，体验已成为学者们关注的热点。一个完整的德育过程需要学生认知活动、体验活动和实践活动三者相结合。体验是人类道德价值学习的最重要的学习方式，德育应该是"情感 — 体验"的真实过程，学生通过实践活动获得体验和经验，并将其概括化、内化为稳定的个性特征，从而达到教育的目的。

（四）马克思主义认识论为体验德育提供了坚实的理论基础

辩证唯物主义认识论揭示了人的认识的本质和发生、发展的一般规律。实践是辩证唯物主义认识论的首要基本观点，揭示了认识的本质和规律，并阐明了实践在认识中的作用。人的认知能力的形成，归根到底取决于人的实践活动，实践提出了认知产生的需要。体验式德育就是突出了学生实

践体验的重要作用，让学生在亲身实践中体会感悟，并通过内化转变为外在的行为和行为模式。辩证唯物主义认识论指出了实践在认识中的决定作用，为体验式德育研究提供了哲学依据。因此，当前的爱国主义教育应着力培养学生理性的发展观，使学生正确认识问题的存在有其历史必然性。

三、课程体系建设

课程体系是育人活动的指导思想，是培养目标的具体化和依托，本研究制定了培养目标实施的规划方案。我校新时代爱国主义课程体系建设主要由特定的课程观、课程目标、课程内容、课程结构、课程活动和课程评价所组成，整体推进爱国主义教育实践活动的系列化实施。

四、研究问题与研究内容

（一）体验活动与爱国主义教育的基本内涵

本文研究内容是构建新时代爱国主义精神的体验活动课程体系的理论基础，笔者将综合运用教育学、心理学、伦理学等多学科视角，厘清体验德育活动与爱国主义精神的基本内涵，系统地分析相关的政策法规，借鉴国内外的相关理论，构建培育爱国主义精神的体验德育活动课程设计理论体系。

（二）中学生爱国主义教育的现状

本文研究的主要内容是中学生当前爱国主义教育的主要方式、方法与内容，对这些问题的深入研究可以帮助我们了解当前国内外爱国主义教育的基本情况，总结国内外爱国主义教育的基本经验，剖析国内外爱国主义教育存在的问题，并进行归因分析。

（三）体验活动课程设计与实施研究

本文研究的主要内容是体验德育活动课程的开发原理、开发范式，开发内容以及实施方式等。通过设计一系列的体验德育活动课程来培养中学生的爱国主义精神。通过体验活动课程的实时反馈不断对课程实施进行优化。

五、体验式德育活动课程的实践案例

（一）体验式德育活动课程产生的背景

德育是一项系统且漫长的教育过程。长期以来，德育僵守着一种"知识德育"路径，即用道德知识的传授代替真正意义上的道德教育，"知识德育"重"理论"轻"实践"、重"认知"轻"养成"、重"成绩"轻"做人"。同时，学校德育活动缺少顶层设计、缺乏系统性和层次性，也很少考虑各类德育教育的关联性，故其有效性饱受师生、家长和社会各方的质疑。

近年来，随着城市化进程加快，成都市中和中学大部分学生身份由农民子女转向失地农民、外来务工人员子女。在价值观多元化的社会环境影响下，他们存在不同程度的懦弱自卑、小气自私、偏执彷徨、懒散迷茫等心理偏异和消极表现。比如面对同学时无法合群，无法有效沟通，无法大方表达心底的善意，反而呈现消极、自私、冷漠甚至反社会性格。但他们呈现的样子并非他们的本意，而需要学校与老师通过氛围营造、课程实施、良好的沟通和引导将其"德"的一面展示出来。

如何回应学生中普遍存在的人格缺陷、道德困惑和道德需求？学校在大量校本调研和全面深刻分析的基础上，达成如下共识：学校原来的德育注重简单说教、严格管控，忽略了学生的年龄特点和心理需求，定位不准，目标不清，重点不显，路径不明。要将"围绕学生，关照学生，服务学生"作为学校德育的起点和归宿，从本校学生出发，从德育现状的变革出发做出德育的重心和路径改变，才能真正解决学生存在的问题，达成学校德育目标。由此，经反复权衡，综合考虑思想政治教育、道德品行教育、法治教育、心理健康教育、环境教育等德育教育领域和学情校情，确定了校本德育课程的核心定位为：着力培养学生"自尊、自信，诚信、守法，勤奋、责任，感恩、奉献"八个关键品行。

（二）体验式德育活动课程内容体系

成都市中和中学以新时代为切入点，以爱国主义教育为核心，以体验活动为主要呈现方式，根据中学生的认知、思维规律和情感特点，建构了三个类别的层递式体验活动类型（见表 2-2）：

表 2-2　中和中学体验式德育活动类型表

体验活动类型	体验方式	教育目标
激爱国情	情感体验	爱国情感共鸣
施爱国行	行动体验	爱国精神内化
强报国志	理想体验	报国志向强化

如表 2-2 所示，"激爱国情"体验活动可以让学生产生强烈的爱国情感体验，从而引起情感共鸣；"施爱国行"体验活动能让学生在行动中将爱国情感体验逐渐内化为爱国精神；"强报国志"体验活动让学生在展望远大前程的活动中，把爱国主义精神转化为更高境界的报国志向，并不断强化。层级图如图 2-5：

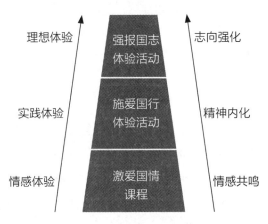

图 2-5　体验式德育活动课程层级图

当然，这个内容体系的分类可以按照活动的空间位置不同分为校内活动和校外活动。也可以按照活动开展的周期性和频率分为常规活动、专题活动和新主题活动。分类体系见表2-3。

表2-3 中和中学体验式德育活动体系分类表

活动的阶段类别	活动内容	活动空间类别	活动意义类别	适用年级
激爱国情体验活动	每日看新闻、读报活动	校内	常规	高一高二
激爱国情体验活动	爱国主义诗词经典诵读活动	校内	专题	高一
激爱国情体验活动	国家安全和国防教育	校内	专题	高一
激爱国情体验活动	军训	校内	专题	高一
施爱国行体验活动	爱国主题演讲比赛	校内	专题	高一
施爱国行体验活动	爱国主题辩论赛	校内	专题	高二
激爱国情体验活动	爱国主题班会课	校内	常规	高一高二高三
激爱国情体验活动	十二·九爱国主义歌咏比赛	校内	专题	高一高二
激爱国情体验活动	线上线下团课	线上、校内外	常规	高一高二高三
激爱国情体验活动	每一学期的开学典礼	校内	专题	高一高二高三
激爱国情体验活动	升旗仪式（国旗下讲话）	校内	常规	高一高二高三
激爱国情体验活动	各类爱国专题征文活动	校内	专题	高一高二
激爱国情体验活动	爱国主义影视作品欣赏	校内	常规	高二
激爱国情体验活动	线上线下党课学习	线上、校内外	专题	高二高三
施爱国行体验活动	清明节烈士陵园祭扫活动	校外	专题	高二
施爱国行体验活动	爱国主义和国防教育基地研学活动	校外	专题	高一高二
施爱国行体验活动	疫情期间线上专题活动	线上、校外	新主题	高一高二高三
施爱国行体验活动	传统节日线上线下活动	线上、校外	新主题	高一高二高三
施爱国行体验活动	模拟联合国活动	校内	新主题	高一高二
施爱国行体验活动	各种社会实践活动	校外	专题	高一高二
施爱国行体验活动	"青春告白祖国"抖音和微电影展演	校内	新主题	高一高二高三
强报国志体验活动	成人礼	校内	专题	高三
强报国志体验活动	高考百日誓师活动	校内	专题	高三
强报国志体验活动	毕业典礼	校内	专题	高三
强报国志体验活动	与名校面对面	校内	专题	高二高三
强报国志体验活动	生涯规划指导	校内	专题	高二高三
强报国志体验活动	专业填报指导	校内	专题	高三

（三）体验式德育活动课程操作体系

学校德育工作线负责整个体验活动的实施，常规活动落实到年级组，专题活动和新主题活动落实到德育处，具体操作流程如下。

体验式德育常规体验活动：由分管德育的领导或德育处主任细化常规活动的内容并制订工作计划，然后安排到相应年级，再由各年级组织班主任实施。

专题和新主题体验活动：由分管德育领导根据学校工作实际制订计划，然后安排德育处组织实施，再由德育处组织相关班主任落实。

（四）体验式德育活动课程评价体系

学校在体验式德育活动课程考核评价体系中，专门就爱国主义体验活动给予一定量标，从班级实施和学生家国素养两个方面去考核评价。班建武提到，将学校中存在的各种德育问题界定出来后，需要做的一项重要工作就是对这些问题进行排序，确定优先要解决的问题。在具体确定诊断问题时，我们应该着重考虑三个因素：第一，问题的重要程度；第二，问题的迫切程度；第三，问题的可控程度。具体方案如下。

在班级实施的考核评价方面：

1. 由年级组对爱国主义常规体验活动的开展情况进行考核

年级组严格按照活动次数、内容开展的基本表现来记录考核，形成定量的数据。

2. 由德育处对专题和新主题体验活动的开展情况进行考核

对各班在专题活动和新主题活动的参与度、学生获奖情况、班级组织管理力度方面作等级或定量的评价。

在学生家国素养的考核评价方面：

1. 采取学生自评、互评加老师评价的方式，形成定性的总体评价，并记入学生成长档案。

2. 记录学生参与各种体验活动的表现，比如发言的活跃度、互动的积极性、获奖的次数或等次等方面的情况，汇总生成个人的参与度得分或等次。

3.进行比较科学的问卷调查，比如设定一些"两难"问题的调查卷，从而较为准确地把握学生在体验活动中有没有形成深刻自觉的爱国主义精神，找出不足，及时进行补救。

六、结论

成都市中和中学的爱国主义体验活动由于特别注重学生的活动参与性，所以特别受学生的欢迎。通过这一系列体验德育活动，孩子们摆脱了空洞的说教、枯燥的讲解、直白的灌输，身心愉悦地在体验中激发爱国情感，自然而然地形成了家国素养，具备了"先天下之忧而忧，后天下之乐而乐"的博大情怀。学校德育工作线的领导和老师们，在不断总结活动经验的基础上，持续关注新时代关于爱国主义教育的要求，以创新的活动形式大力培养坚持中国特色社会主义道路自信、理论自信、制度自信、文化自信的一代新人。

三州地区优秀贫困学生融入城市教育策略研究

——以成都高新实验中学希望班为例

四川省成都高新实验中学　陶占东

一、引言

（一）研究背景及意义

四川省的凉山、甘孜、阿坝三个民族自治州（以下简称三州地区），三州占四川省总面积的 60%，但却是四川省文盲率最高的三个地区，高中（含中专）及以上学历人数远远落后于四川省平均数据。

《四川省民族地区教育发展十年行动计划（2011—2020 年）》指出，"教育公平是实现社会和谐稳定的重要基础""民族地区教育及经济社会发展不平衡，要按照总体规划、因地制宜、分类指导、分步实施的原则，统筹、整合各种资源，合力推进不同区域和各级各类教育全面协调发展。""高中阶段教育是提高国民素质、培养创新人才、实现民族地区教育跨越式发展的根本保障和重要标志。……支持成都、德阳、绵阳等省内发达地区举办民族地区高中班（校）"。

成都高新实验中学依托四川省团省委，面向四川省"三州、十七县、两区"招收 50 名成绩优秀、生活自理能力强的困难家庭学生、低保户家庭学生，组建"希望班"。三州地区的优秀贫困学生远离家乡，来到城市，在求学的同时，还要在心理上、生活上适应城市生活和教育的方式。目前就四川省而言，有很多学校的自主招生班也面向全省进行招生。那么，外地学生与本地教育就存在融合的问题，山区学生与城市教育相融合策略研究的涉及学生群体数量较大，从教育组织者的角度来说，从管理、教育到教学都有值得研究的课题。

（二）城市教育的优势

1. 师资力量雄厚，能为学生开拓更宽的眼界

四川省成都高新实验中学位于成都高新技术产业开发区南区，教师队伍由成都高新区面向全国省级及以上重点中学招聘的名优教师，以及复旦大学、北京师范大学等 985、211 全国重点大学和教育部直属师范院校优选的优秀大学本科毕业生和硕士研究生组成。学校是"成都市公办示范性普通高完中""成都市艺术特色学校""四川省校风示范学校""中国民航飞行学院航空人才培养基地"等，为学生提供了更好的学习环境。

2. 硬件设施完善，现代化校园环境

成都高新实验中学加大了学校硬件上的资金投入，教室配备了多媒体一体机、空调、直饮水、电子班牌，化学顶装实验室、陶艺工作室、形体室、心理教育中心及其他功能室等设施设备，均按现代化标准建设。189间学生宿舍，配备了电梯、空调，供应 24 小时热水。一流的设施设备，既提升了教育内涵，又为学生学习、生活提供了强有力的保障。

二、优秀贫困学生融入城市教育的问题分析

（一）四川省三州地区优秀贫困学生的基本情况分析

1. 学业水平及学习能力

以发达城市地区的教育评价标准来看，三州地区的优秀贫困学生普遍存在学习动机不明确、眼界具有局限性、学科知识面较窄的问题。由于受所处民族地区方言的影响，语言学科落后较为明显。以我校高一年级希望班在入学第一个学期的期末测试为例（见表 2-4），三州地区优秀贫困学生（31 人）的语文平均分比其他地区（19 人）学生的平均分低 5.6 分，英语

平均分低6分。

表2-4　三州地区学生与其他地区学生语文和英语平均分对比

地区	语文平均分	英语平均分
三州地区	121.7	118.5
省内其他地区	127.3	124.5

2. 身体素质及生活能力

三州地区属于高海拔地区，学生从高海拔到低海拔地区普遍会表现出良好的身体素质。与同班同学相比，三州地区的学生身体状况会好于其他地区同学。在生活能力方面，三州地区优秀贫困学生普遍较朴实，生活自理能力较强，适应环境较快，抗挫折能力较好，意志品质较坚韧顽强，能吃苦。这些学生从小的生活条件比较困苦，承担较多家务活，从小就在培养日常的生活能力。艰难的环境为贫困学生品质的塑造提供了一个天然的成长平台，较城市的学生有很大优势，这为他们适应城市教育奠定了客观基础。

3. 心理适应及行为自律

学生从高原到城市，从乡镇学校到一所在城市区域内有一定影响力的高完中，生活及学习环境发生了巨大的变化。自身家庭贫穷、眼界以及知识面狭窄，都难免会对学生造成不自信的影响。由于三州地区的学生多为民族地区的少数民族学生，到校后生活习惯、日常认知都会发生较大的变化，这也会对学生造成一定的影响。但由于三州地区的优秀学生具有吃苦耐劳的品质，在生活自律方面表现较好，无论是学校的规章制度还是班级的公约都能很好地遵守，对身边的同学起到很好的榜样效果，从而在希望班内形成积极向上的班级风气。

（二）问题形成的原因

1. 落后地区的基础教育及家庭教育对优秀学生的影响

在进入高中之前，学校是学生除家庭之外最重要的教育场所，学生在学校的学习、生活会直接影响学生的思想和三观的形成。笔者对希望班学生九年义务教育情况进行调查，数据显示，全班 31 人中，小学和初中就已经开始住宿的有 22 人，家长学历在本科及以上的仅有 4 人。三州地区优秀贫困学生的家长文化水平有限，很难在学习习惯的养成方面帮助孩子，有些家长不但不能给孩子学习上的帮助，还因为自己看电视、玩手机等影响孩子的学习，没能给孩子提供一个良好的学习环境，导致孩子很难进入学习状态。所以，要想让孩子能够无负担地学习，首先就要给他们创设一个健康、绿色的家庭氛围和学习环境。

2. 民族地区思想观念对优秀学生的影响

民族地区的思想较城市相对落后，地域的封闭和思想的保守，也给学生学习带来较大的影响，主要表现在学生的主动学习、自主创新、竞争意识与城市学生比都不够强。

三、促进三州学生融入城市教育教学策略与实践

成都高新实验中学希望班教师根据学生特点，在美德教育总体框架下培养学生，让师生在一系列的专题教育体验活动中确立美德认知、产生美德情感、形成美德意志、化为美德行为。具体就是以"三自""五常"（培养学生学习自主、行为自律、生活自理三种能力以及养成纪律、卫生、文明、公物、公德五种意识和行为）为核心，最终形成以师生为目标的美德环境，让三州优秀贫困学生感受到社会文明的价值，从而认同教育及社会文明建设的意义。同时以"成功课堂"的教学模式为核心，提高课堂效率，提升教学质量，确保三州学生获得高质量的教学资源，促进他们的成才。

（一）通过科学的管理制度，规范行为

良好的品质不仅取决于学生固有的素质，更与班级管理有着密切的联系。对于希望班这种特殊班级的管理，则更需要结合学生的具体实际采取

有效的方法。

1. 实施办法

一是根据考核内容的差异将其分为若干个项目，每个考核项目均由专人负责，实时记录学生的各种表现；二是个人量化考核统计采取公正透明的小组间交叉方式进行，确保达到"你的表现我来见证，你的行为我来监督"的效果，并将学生的表现情况每日定时全班通报并登记，以保证管理的时效性。个人量化考核情况每月统计小结，位居总分前十名的同学获得"学分之星"称号，并以德育常规得分为主要依据，结合自评、师评选出当月的"美德之星"，包括助人之星、诚信之星、劳动之星、礼仪之星等。

2. 评价方案

一是班级定期为"美德之星"举行表彰仪式，颁发奖状并给予适当的物质奖励，"美德之星"还将获得年度优先评优评先的资格；二是"美德之星"按学月在班级文化墙上设专栏进行展示和鼓励。

当然，量化管理对学生行为的规范力和约束力会随着时间的推移而有所下降，所以教师需要通过变换奖励方式、评价形式和不断的思想辅助来维持学生对量化分数的重视程度和积极性，以保证量化管理的有效性和长期性。

（二）通过深入的思想教育，营造班风学风

1. 目标引领，让梦想扬帆起航

量化管理规范了学生的学习和德育常规表现，是学生有效学习和进步的基础。而通过多种形式的教育后发现，"目标"才是真正推动学生不断前进的原动力，是目标激发了学生内心深处的那份渴望，让目标和梦想从模糊的概念转化为具体的实际追求，指引着学生不断前进。为了有效保持目标的引领作用，教师还多方式、多途径地加强目标意识教育，如将目标写进个人量化表以做到随时提醒、将目标分阶段分学科进行明确规划、制作梦想卡并在班级文化墙进行展示等。

2. 情感熏陶，助力追梦之路

通过目标引领，学生的状态在短时期内有所改变，甚至进步明显。但对于三州学生来说，其长久以来养成的行为和学习习惯决定了目标对其影响力会随着困难的产生、时间的推移而逐渐减弱。所以，为了维持学生自我管理和教育的效力，还需要在其前进的道路上不断补充"助力剂"，以借助精神的力量去战胜意志品质方面的不足，去应对生活和学习中对其意志品质的各种考验。所以，在进一步完善量化管理制度和树立目标意识的基础上，教师开始尝试从情感上熏陶学生，通过情感的强化，让多数的学生找到了坚持的理由。而学生的进一步成长，也验证了情感熏陶是教育学生的有效方式之一。

3. 活动聚力，为前进道路增光添彩

结合三州学生来自民族地区，能歌善舞、多才多艺、情感细腻但又个性突出、生性活泼、缺乏纪律性的特征，班级活动设计的主题思想主要包含展示、合作、寓情三个方面，增强学生的重视度以提高活动的有效性。

（三）通过主题活动，建立班级凝聚力

来自三州地区的同学离家的路途遥远，远的甚至需要两天两夜方能到家。因此，希望班全员住校，学生们都是一二个月才回一次家。对于远离家乡，刚迈入高中的这些学生来说，无论是学习还是生活都需要适应。通过班集体活动，加速学生间的熟悉，有利于班级凝聚力的快速形成。活动以团队拓展为主，要体现团队的整体力量，因此利用主题教育增速班级凝聚力的形成就尤为重要。希望班主要是通过"感恩教育""诚信教育""责任教育"三项主题教育增强班级凝聚力，加速三州地区优秀学生的快速融入。

（四）通过调整课堂模式，促进学生良好成长

1. 课堂层面：确保知识过手，通过小组合作确定课堂模式

希望班把学生当成学习的主体来对待。他们是知识的吸收者、加工

者。学生要从自发学习逐步转变为自觉学习。因此在教学实践中，教师应特别注意小组的建设。每一个学习小组一般由 4 人或者 6 人组成，设定一个组长——这是小组中的关键人物，老师要选择一个有能力的人担当这个职位并赋予其权威。老师向小组长交代任务，小组长则反馈组员的情况。每一个学期，都要建立这种学习团队；每一个星期都要有量化的指标对该团队进行评估，做到有的放矢。

希望班教学模式，改变了以前教师讲得天花乱坠，学生学得"呼呼大睡"这样枯燥的局面。课堂努力贯彻执行基础课程改革指导纲要和课程标准所提出的要求，即"培养学生积极探究、主动参与、勤于动手的能力，提高学生搜集、处理信息和获取新知识的能力，教授学生分析问题、解决问题以及交流与合作的能力"。希望班教学模式，其实就是要让学生和老师在课堂上都感受到快乐和成功，不仅重视知识和结果，更注重情感和过程。变个人学习为小组学习，使每人都有事可干，让所有的学生都不掉队。

2. 管理层面，确保课堂落到实处，强化课堂的过程管理"三跟踪"

跟踪课前：跟进指导，教研组研究到位。

跟踪课堂：跟进研讨，备课组落实到位。

跟踪课后：跟进评考，学科水平提升到位。

（五）通过心理健康及学业生涯教育，确保健康心态和远大目标

1. 关注心理问题，保障身心健康发展

在心理方面，学校建立了心理健康工作室，不定期开展团队辅导、个人辅导，培养三州地区学生积极的阳光心态，使学生正确地认识各种挫折，并能从容地面对失败。搭建心理健康沟通平台，充分发挥平台的沟通作用，让学生畅所欲言，以便及时了解学生的心理动向，及时处理学生心理问题。

2. 通过学业规划，树立坚定远大的目标

学校成立了学生生涯规划中心，通过学业生涯教育，邀请专家学者、行业精英、优秀志愿者，分享追梦、筑梦、圆梦经历与成功经验，唤醒学

生自我成长意识、激励学生树立远大理想，打开一扇窗，让同学们把目光从课本延伸到社会，开阔视野，思考未来，让学生有一个清晰准确的未来规划，从而使目标性更强，措施更具体。

因此，随着教育均衡化政策的实施，《四川省民族地区教育发展十年行动计划（2011—2020年）》的提出，三州地区越来越多的优秀贫困学生得以接受发达地区的教育。让这部分学生更好地融入城市教育，是我们近几年才开始关注的问题。三州地区优秀贫困学生是成都高新实验中学希望班重要的组成部分，也是四川省民族地区建设的重要人才。如何在高中阶段迅速提升希望班学生的综合素质和能力也是我们一直思考的方向。培养好优秀贫困学生，于一个家庭，于一方建设都有重要的意义。

四、结语

截至2021年，成都高新实验中学希望班已成功开办了十三届，接纳培养三州地区优秀贫困学生逾200人。这些学生有的考入国内重点大学；有的回到家乡建设家乡；有的成为一名教师，继续传递教育的种子……在实践教育均衡发展的方向上，让更多城市优质教育资源惠及深度贫困地区农村和边远地区学生，助推贫困地区教育发展和人口素质提升，成都高新实验中学做了许多的探索和实践。由于希望班办学成绩突出，得到了上级领导和社会的高度认同。目前，希望班已经被列为成都高新区基层治理和社会事业局批准的"特色创新项目班"。在利用城市教育资源培养山区贫困学生的探索之路上积累了一些经验，形成了教育教学管理方面的一些策略，希望能为全省乃至全国推进城乡教育均衡发展，实现山区教育公平，推动教育扶贫贡献一份力量，为实现中国梦的伟大征程做一点贡献！

中职学生分层自主管理体系的构建与应用

——以成都市中和职业中学为例

四川省成都市中和职业中学　黄水滨

　　培养中职学生的自主管理能力，是新时代推进职业教育高质量发展的需要，也是实现中职学生自我发展的需要。通过实施学生自主管理，可以充分锻炼中职学生的综合能力，提升中职学生的自信心，增强成功感和获得感，从他律变成自律。已有研究真正从中职生的特点、学校宏观层面和学校的办学理念出发进行的相关研究较少，理论性偏强，指导性不够。本文将采用个案研究法，着重从中职学生的特点分析入手，结合成都市中和职业中学实施学生自主管理的现状，进而探索适合中职学校学生自主管理的体系，以期为中职学校在实施学生自主管理方面提供借鉴与参考，加强中职学校的学生管理。

一、学生分层自主管理体系构建的逻辑起点

　　中职学生是指在中等职业学校、技工学校、职业高级中学接受职业教育的学生，相比普高学生，大部分学生具有以下较为显著的特征：一是自卑感严重，但反抗性很强；二是思想意识活跃，但学习动机缺失；三是渴望得到认可，但人际关系存在障碍；四是自我意识增强，但自控能力不足。对于中职学生表现出来的异质性特征，如何因势利导，培养学生良好的行为习惯，发展学生的综合素养，培养合格的社会公民，是中等职业学校办学和管理的重要使命。

　　自主管理是人本管理理论在企业管理过程中的具体运用。现代管理

学之父彼得·德鲁克（Peter F. Drucker）提出："真正的管理是建立在责任上的自我管理。"自主管理主要通过员工的自我约束、自我控制、自我发现问题、自我分析问题，自我解决问题，以变被动管理为主动管理，进而自我提高、自我超越、推动组织不断前进与发展，实现组织共同的远景目标。自主管理将决策权尽最大可能向组织下层移动，从而激励下层组织和个人的工作自觉性和创造性，为每一位员工提供一个参与管理的渠道，它建立在制度和责任的基础上，强调自律，使每一位员工从内心发出"我要干""我要干好"的愿望，并以此指导、规范自己的行为。由于自主管理充分注重人性要素，充分注重人的潜能的发挥，已成为企业管理、学校管理中重要的管理理念。

中职学生的特点鲜明，学习习惯、行为习惯差，自律性不强，充分发挥学生自我教育、自我管理、自我发展的作用，调动学生参与学校教育教学等管理活动的积极性，使学生在参与各类管理活动的过程中实现自身发展，成为当下中职学生管理的紧迫任务。学生通过参加自主管理，充分锻炼学生人际交往能力、组织管理能力、沟通协调能力、抗挫折能力等综合能力，全面提升学生的自信心，增强成功感和获得感。让学生在活动中体会角色的互变，增强自身的主动性和能动性，慢慢形成从他律到自律的转变。因此，培养学生的自主管理能力，是实现学生自我发展的现实需要。

二、学生自主管理体系的构建和运行机理

成都市中和职业中学（以下简称中和职中）自 1987 年建校以来在学生管理上不断探索，通过 20 年的探索实践，总结出"3+N+1"模式的学生自主管理体系。"3"表示校内学生自主管理的 3 个层次，即班级学生自主管理、系部学生自主管理和校级学生自主管理；"N"是指校园内开展的各种各样的活动实行学生自主管理；"1"指的是学生顶岗实习期间开展的学生自主管理。

（一）学生自主管理的 3 个层次

1. 班级学生自主管理

在班级自主管理中，倡导人人有事做，事事有人做，把班级任务分解、分配到每一个人，同时又和系部、学校的部门设置和要求相匹配，做到自下而上的管理一致。其具体流程为：①制定班级自主管理制度；②班委竞选，组成主要管理团队；③公布主要管理干部名单和职责要求；④定期召开班委干部会；⑤评价考核班委。

2. 系部学生自主管理

具体流程为：①成立系部学生会；②系部学生会制定规章制度；③招聘系部学生会干部；④公示学生会干部工作职责；⑤制定学生会工作计划，定期召开系部学生会干部会议。

3. 校级学生自主管理

成立校级学生自主管理中心，设管理中心主任一名，副主任两名。下设有：食堂管理部、督察部、环保部、新闻宣传部、寝管部、文艺部、体育部、形象管理部、安全部、手机管理部、勤工俭学部、静修部、纪检部等 24 个部门。部门有部长、干事、成员，每个部门都明确了自己的工作责任。

（二）学生自主管理的"N"种校园活动

中和职中的校园活动非常多，有的要求全员参与，有的要通过竞标，获得承办权，才能参与。这些活动由学生进行自主管理，在活动中磨炼提升学生的自主管理水平。

1. 全员参与类校园活动

这类活动的共同特点是：由学校主管部门统一安排，学生自主管理；定时、定点开展活动；有制度、有计划、有总结。如"擦皮鞋活动"，这项活动主要由勤工俭学部负责。这个部门全部由学生进行自主管理，有规章制度、有主管，有联系货源的、抹灰的、上油的、抛光的，有会计、出纳，统一出发，统一返校。通过这项活动锻炼了学生的沟通能力、抗挫能力，学会了与人合作、吃苦耐劳，体验了生活的不易，明白了家长的辛苦，对学习的态度发生了转变，进一步提升了学生的自主管理水平。

2. 通过竞标承办的校园活动

这类活动的流程是：主管部门招标→竞标学生设计标书→主管部门审核标书→竞标学生进行竞标演讲→中标→执行→活动总结。不管最终中标与否，学生在参与这项活动中锻炼了综合素质，这也是学校乐于见到的。如承办"星光之夜"商业演唱会，由学生自主管理、自主经营、自负盈亏，每学期开展一次，至今已开展31届。通过这项活动，学生们的最大感受是：不会写策划书——要学习；要竞标演讲，要宣传节目——需要练习口才；想赚钱——要动脑筋降低成本；账目要清楚——学数学、会计有用；工作要顺利进行——团队必须分工合作，团队必须有领导统一指挥，成员必须有服从意识。这些感受是书本上学不到的东西，对学生的成长、人生观、价值观形成都有很大的帮助。

（三）顶岗实习期间的学生自主管理

中和职中在学生顶岗实习期间，把在共同实习单位的学生组织起来，施行学生自主管理的模式，由招就办定期进行回访，强化学生的社会责任感和自主管理能力。

1. 建立组织。两人以上在同一单位实习的选一人当组长

2. 确定职责。组长负责召开总结会、向老师汇报实习情况

3. 制定自主管理办法。由班主任、招就办、实习的学生共同商量确定管理办法，由顶岗实习的学生共同遵守，自主管理

（四）学生自主管理的保障体系

开展学生自主管理不是完全不管，放手让学生自己操作，而是在制度的保障下、老师的指导下让学生进行自主管理。

1. 制度保障

中和职中通过多年的摸索，形成了校本制度（《中和职中学生必读本》），通过"立规矩、管细节、严执行、多激励"来规范学生的行为习惯。一是结合中职校的实际情况，以及上级有关部门对中职校的要求，形成了学校管理的底线要求——"三禁、两不、十不准和十禁止"；二是在学校各种场合树立应有的规矩，对学生易犯的行为制定规矩，狠抓学生管理的细节；三是充分调动学生参与积极性，对校园各个环节进行监督检查；四是激励学生积极维护、遵守学校的规章制度，接受并遵守自主管理模式，学校还实行了操行量化积分管理，对积分高的学生进行表彰奖励，对积分不合格的进行相应的处罚。制度文化的良好氛围，为学生自主管理的顺利进行提供了保障。

2. 思想保障

自主管理说到底就是发挥学生的能动性，让学生去管理学生，在管理的过程中难免会出现学生不服从管理、发生摩擦等问题。为此要让学生在思想意识上认识到自己要服从管理，也必须服从管理才能融入这个群体。

第一，树立管理者的权威。利用各种集会宣传除老师外学生干部也是学校的管理者，任何人都必须服从管理。中和职中有一句名言："有理、无理，服从有理！"这句话在新生入校时就灌输给他们，让这句话深入人心。这句话是中和职中自主管理的精髓，它为学生管理者扫清了障碍，要求所有人都要无条件服从管理，要证明有理，先做到服从，如有委屈，可以申诉。

第二，采用扁平式管理。学生在这个部门是管理者，在另一个部门就变成了被管理者。作为管理者时要求别人服从，作为被管理者时就要学会服从，通过角色的转换，在体验中学习，从而学会合作、学会沟通、学会处理问题，提升学生的自主管理能力和水平以及自身的综合素养。

3. 技术保障

第一，设立指导老师。各个层次的学生自主管理团队都设立了指导老师：班主任是班级自主管理的指导老师，系部学生会设有专门的指导老师，校学生自主管理中心的各部门分别设立了指导老师。指导老师教学生干部如何进行管理，做到有礼、有节、文明管理。

第二，定期组织学生干部培训。首先，各层次的自主管理团队每周召开例会，在内部交流、内部总结，查找不足，相互借鉴学习；其次，每学期组织开展学生干部培训班，聘请专业培训机构承担培训任务，有课程计划、培训方案、考核奖惩，通过培训扩大学生干部视野，提升学生管理的方法和水平。

第三，建立申诉制度。如果被管理者在接受管理的过程中觉得有委屈、有不足的地方，可以向学校提出申诉。学校成立了一个部门（仲裁部，由学生组成），专门受理学生的申诉。仲裁部接到申诉后会邀约双方一起商讨处理办法。对仲裁不满意的可以向学校相关主管部门继续申诉，为学生自主管理提供充分的问题解决渠道。

三、学生分层自主管理的成效与反思

中和职中的学生自主管理不仅停留在简单的常规的检查卫生、管理纪律这些层面，还拓展到更高层面的学生管理、拓展到学校的各类学生活动，为学生自主管理提供更多、更高的平台，有力提升了学生的综合素质和能力，是对中国学生发展核心素养的最真实回答。学生自主管理有效推动了中和职中的德育工作，把学生变成自己的主人，学校风气、学生精神面貌都得到了巨大的提升。

（一）通过实施学生分层自主管理取得的成效

通过对中和职中学生的调查发现，学校实行"3+N+1"模式的学生自主管理以后，带来的变化主要有以下几方面。

1. 自主管理"占用"了学生的课余时间

2. 自主管理让学生找到了自信，成就感、归属感很强

3. 自主管理让学生从他律变成自律，学生的自控力得到了提升

4. 自主管理让学生处理人际关系的能力、沟通能力、与人合作的能力，信息处理、解决问题的能力等都得到了很大的提升

5. 学生的学习态度也发生了转变，从"要我学"变为"我要学"

6. 学生更加尊重老师、理解老师、理解学校

（二）经验与反思

学生分层自主管理是学生自主发展教育的一个重要有机组成部分，需要外在的良好的环境和氛围，需要以多样化的健康活动为载体，需要以人性化的制度来约束，需要以全面、客观的评价机制作保障。实施学生分层自主管理教育，并非任学生自由发展，教师的引导作用也不可忽视。也就是说，教师的监控要与学生的自主管理和谐统一。

1. 实行学生分层自主管理要有强有力的保障体系做支撑

中和职中经过多年的摸索，建立了比较完整的学生自主管理保障体系，从制度保障、思想保障到技术保障，形成了一个良好的学生自主管理氛围，为实施学生自主管理打下了良好的基础。

2. 学生分层自主管理是一个闭环管理体系

学生分层自主管理要做到有组织、有制度、有方案、有评价、有记录，形成一个闭环。学生自主管理不能流于形式，只做表面工作，要有健全的组织和制度，要有活动开展的计划和方案，还要对学生自主管理进行评价和记录，整个学生自主管理的过程要完善，最终形成闭环管理体系。

3. 学生分层自主管理要符合学校的实际情况和学生的身心特点

一切从实际出发，不能只是一个口号，必须依据自身学校的实际来开展。实施学生自主管理，要有良好的学校氛围和外部支持，从小到大做起。同时也要结合学生的身心特点来安排，不同的学生倡导不同的自主管理，参加不同的部门，因势利导，不能一刀切。

序列化开展中国传统节日主题活动的校本德育研究

——以成都师范银都小学为例

成都师范银都小学　张　婷

一、绪论

（一）研究背景及问题的提出

1. 研究背景

2014 年，教育部颁布了《完善中华优秀传统文化教育指导纲要》，文件明确提出："知道中华民族重要传统节日""知道重要传统节日的文化内涵"。教育部基础教育司颁布的《中小学德育工作指南实施手册》中明确提出"利用中华传统节日，开展热爱祖国文化和中华民族优良传统的教育活动"。

中国传统节日是传承优秀历史文化的重要载体，既让人们在节日中增长知识，受到教益，又有助于彰显文化、弘扬美德、陶冶情操、继承传统。

2. 核心概念界定

（1）中国传统节日。中国传统节日，是中华民族悠久历史文化的重要组成部分，形式多样、内容丰富。中国传统节日有很多，本研究所涉及的是与现代生活息息相关，易于小学生理解、易于开展活动的主要传统节日。

（2）"德育"与"校本德育"。本研究所提的"德育"指学校德育。"校本德育"则是在国家德育的指导下，根据学校实际情况、学生发展现状等创生的适合本校学生发展与成长的特色德育。

（3）序列化主题活动。这里的主题活动是指以中国传统节日为主题的活动。在研究中梳理适合小学生开展活动的重要中国传统节日，根据学校学生的年龄特点、认知规律、发展现状，设定不同的主题活动目标、活动主题、活动内容和活动形式，组织学生持续性地参与活动。

3. 问题的提出

成都师范银都小学因为学校的体制等原因，部分学生父母有出国接受教育或国外工作经历，学生中还不乏有在国外出生的拥有外国国籍的情况。这些客观因素使学生成长所接触的文化更多元，反而较少接受中华传统文化的熏陶。

从学校教育来说，一直以来，学校着力于培养学生的国际眼光、世界胸怀，但从某种程度上弱化了对他们进行传承中华优秀文化的统一、深度的教育。

虽然学校也希望通过开展传统节日主题活动进行中华优秀传统文化的教育，但活动开展不深入导致教育实效性不高。

所以，本课题旨在通过序列化开展中国传统节日主题活动的校本德育研究，助力学生理解、认同中华优秀传统文化，将中华魂根植于心，践行和发扬中华文化精神，逐渐树立文化自信，有助于实现"立德树人"的根本任务。

（二）研究意义

1. 理论意义

通过课题研究，进一步论证序列化开展中国传统节日主题活动与德育实施的内在联系，同时进一步增强师生对中华优秀传统文化的深度理解和价值认同。

2. 实践意义

（1）通过课题研究，充分挖掘中国传统节日中所蕴含的德育价值，选取合适的德育内容，设计和实施主题活动，形成易操作的学校序列化中国传统节日主题活动菜单，让现有的学校德育课程体系得到丰富和创新，拓宽学校德育实施的方法与路径。

（2）充分发挥中国传统节日的教育功能，实施中华优秀传统文化教育，提高小学生的道德认知和文化素养，增强学生的文化自信。

（三）国内外研究现状分析

1. 国内研究综述

目前，越来越多的学校注重对学生进行中华优秀传统文化教育，其中不乏将中国传统节日作为教育资源的。通过筛选阅读近 5 年来的文献，发现前人有以下的研究及实践。

（1）中国传统节日的德育功能。杨前蓉在《中国传统节日的文化内涵及其思想政治教育功能分析》中提到："作为传统文化的重要组成部分，中国传统节日不仅是文化的传承，也是宝贵的教学资源。"

黄梅珍、翁小敏在《开发中国传统节日文化德育功能探究》中提出："应深刻认识到传统节日文化对民族文化发展的作用，并充分挖掘中国传统节日文化的深层次内涵，使其内涵的审美和德育功能得到创造性转换、创新性发展。"

黄慧琳、方可在《中国传统节日的教育功能研究》中提到，中国传统节日作为中国传统文化的重要组成部分，它的内涵、思想具有极大的教育功能。

（2）中国传统节日活动在小学的开展情况。长沙市雨花区砂子塘万境水岸小学李飏老师进行"撒下文化自信的种子——中国传统节日文化进校园之路径研究"；浙江省衢州市柯城区大成小学的潘甜老师开展了中秋、元宵主题诵读活动；山东省日照市五莲县育才小学在端午节开展包粽子活动学习屈原精神，开展春联解析活动；河南师范大学李慧珍等以"话说中秋"为例，进行基于中国传统节日的校本课程开发与实践研究……

2. 国外研究综述

随着中国文化在世界影响力不断增强，越来越多的国家对中国传统节日产生了浓厚的兴趣，但大都限于体验，少有深入研究。

我们通过以上综述看到，目前国内学术界对中国传统节日进行了一些研究，主要阐述了中国传统节日蕴含了丰富的德育内容，这为本课题研究提供了一些理论依据和研究基础。在前人研究中也体现了一些关于中国传统节日融入学校德育的实践，但基本呈现的是单个项目活动的实施，活动设计和实施并没有成序列、成体系。

在上述研究的基础上，本研究将进行深入探究，论证中国传统节日活动的序列化开展于弘扬中华优秀传统文化的意义，在此基础上进行实践研究，通过序列化开展相关活动，丰富校本德育内容，构建序列化的传统节日活动菜单，探索校本德育实施的新途径、新方法。

（四）研究目标与内容

1. 研究目标

（1）通过研究，提炼中国传统节日内涵与学校德育内容及其契合点，进一步论证中国传统节日文化与小学德育的内在关系与深层联系。

（2）通过研究，调研师生对中国传统节日的了解情况，揭示和梳理学校开展中国传统节日主题活动的思路与方法。

（3）通过研究，构建中国传统节日主题活动菜单，并进行实施，探究校本德育新方法与新路径。

2. 研究内容

（1）进行深入的文献阅读、理论学习，挖掘中国传统节日的文化内涵，探寻其中所蕴含的德育内容与资源。

（2）进行教师访谈、学生问卷调查等，深入了解师生对中国传统节日的认知情况和学校开展中国传统节日主题活动的现状，便于结合实际情况进行后续研究。

（3）组建活动策划与实施项目组，通过对（1）（2）研究内容的总结与分析，策划以中华传统节日为主题的序列活动。在开展活动的过程中，不断反思、总结、调整，从而形成成熟、易操作的主题活动序列化菜单，纳入校本德育课程体系。

3. 拟解决的关键问题

通过课题研究拟解决前述的两个关键问题。

（1）学生通过全面参与、深度参与、序列化参与主题活动，了解中国传统节日，学习中华优秀传统文化，接受中华美德与优良习俗的积极熏陶，增强文化自信。

（2）通过序列化活动开展，丰富学校校本德育内容，弥补此前学校在中华优秀传统文化教育方面的不足。

（五）研究思路和方法

1. 研究思路

本课题以问题为导向，以实践为主，辅以理论支撑，顺应学生发展及成长需要，顺应学校办学及发展需要。

2. 研究方法

（1）问卷调查法。本次研究将针对教师进行调查访谈，内容包括：对中国传统节日内涵理解的现状、目前所带班级或所在年级开展中国传统节日主题活动的情况、自身对此类主题活动策划的畅想及创意等。

本次研究还会对学生进行问卷调查。主要通过问卷了解学生对中华传统节日的认知程度，以及感兴趣的中国传统节日，等等。

以上调查可为此后的行动研究提供部分思路与方向，做到有据可依，解决实际问题。

（2）行动研究法。开展行动研究，策划活动方案—开展活动—及时总结、调整—形成成熟的主题活动序列化菜单—纳入校本德育课程，丰富和创新校本德育课程体系。

（3）个案研究法。在实践研究中，可以先选择部分班级或者年级开展序列化活动，有助于在实际活动实施中进行不断反思、修正、调整，最终形成成熟的方案在全校推行。

（六）研究创新点

目前与中国传统节日与小学德育相关的研究大都停留在理论研究和价值阐述上，实施层面的较少。本研究结合学校和学生的实际，进行以实践为主的研究，有利于解决实际问题，研究模式或研究成果有机会成为操作范式在其他小学推广。

二、中国传统节日的文化价值与小学德育功能

由于我国传统节日的种类较多，不同节日所传达的民族情感不同，我们应该正确界定不同传统节日，总结节日的核心内涵。我们可以结合传统节日的由来、节日活动内容来对这些节日进行分类，针对不同节日所传达的文化教育理念，有针对性地开展教育活动。

（一）过中国节，寻中国根

中国传统节日凝聚着中华民族的精神和情感，承载着中华民族的文化血脉，是维系国家统一、民族团结和社会和谐的重要纽带，是建设中国特色社会主义文化的珍贵资源，传统节日丰富多彩，具有深厚的文化内涵，开展序列化的中国传统节日主题活动，能让学生通过体验民俗、了解历史，实现"文化寻根"，增强文化自信。

（二）过中国节，扬民族魂

中国传统节日中，有很多是为了纪念爱国志士的。比如端午节，学生除了体验吃粽子、赛龙舟、挂艾草、佩香囊等传统活动外，还应该深入了解端午节是纪念爱国诗人屈原的节日。应该通过端午其他主题活动，如了解屈原生平、朗诵屈原著作等，学习和发扬屈原的爱国气节。再如清明节，除了踏青等活动外，学校应该积极组织缅怀英烈系列活动，激发学生的民族情、爱国情。

（三）过中国节，做民族人

少年儿童是祖国的未来，应该肩负起继承传统、传承文明的重任，从传统节日中汲取文化养分，继往开来、开拓创新，使传统文化发扬光大。开展丰富多彩的传统节日系列活动，营造浓郁的传统文化氛围，让学生以自己是中华民族的一员而感到骄傲。从传统节日中了解传统文化、继承传统文化、发扬传统文化，再将中国文化传播给世界。

三、中国传统节日主题活动在小学的开展情况

在研究过程中，我们以成都师范银都小学的师生为调查对象，对本校的传统节日活动开展情况进行调查。

（一）调查过程

1. 教师访谈

我们对成都师范银都小学 53 位班主任进行了访谈。大部分教师对中国传统节日有一定的了解，但是缺乏更深层次的理解，对除国家法定节假日以外的其他传统节日了解甚少。

学校 90% 的班主任在班级中开展过以传统节日为主题的活动，但是大都随性而为，缺乏深入性和序列化。

100% 的班主任赞同学校开展序列化的中国传统节日主题活动，希望在活动中让学生了解中国传统文化，继承中华传统美德。在访谈中个别班主任也提出了比较好的建议：固化经典活动，丰富主题活动的形式，提高活动效率。

2. 学生调查

我们从学校 3—5 年级的学生中随机抽取了 400 名学生进行问卷调查。

通过调查，谈及学生最喜欢的节日，72% 的学生提到了喜欢圣诞节等西方节日；95% 的学生能够说出春节、清明等重大传统节日；87% 的学生

能够说出这些重大传统节日的习俗，但是不知道其内涵；45% 的学生表示参与过学校、班级组织的中国传统节日主题活动；100% 的学生希望学校多多开展这类主题活动。

（二）调查结论和实践方向与方式的确定

1. 调查结论

（1）外来文化对中国传统文化的冲击。随着时代的发展，我国对外开放的不断深入，外来文化涌入，相当一部分学生从小接触西方文化，弱化了传统文化的熏陶，导致中国传统文化在现代家庭中的淡化甚至缺失。

（2）传统文化教育在学校教育中的缺失。学校、班级举行过中国传统节日主题活动，但是这些活动存在以下特点：一是随意性；二是表象性。学生并没有深度参与、理解、探究和体验。

（3）师生对中国传统文化的向往。广大教师非常赞同利用中国传统节日对学生进行中华优秀传统文化的熏陶与教育，并希望得到操作上的指导。所有学生表示希望多开展中国传统节日主题活动，表示他们对此充满了了解和探究的兴趣。

2. 实践方向与方式

要让学生了解中华优秀传统文化，传承中华优秀传统文化，就要找准时机，进行持续有效的教育、熏陶。无疑学生喜闻乐见的"节日"，就是最适合的教育资源。挖掘中国传统节日中所蕴含的教育内涵与资源，智慧运用，助力学生对传统文化的继承与发扬。

四、序列化开展中国传统节日主题活动的校本德育实施

（一）挖掘中国传统节日中的德育元素，浸润中华传统文化

学校深入探究中国传统节日的文化内涵，提取其中的德育元素，为序列化开展主题活动找到了依据并奠定了基础。（见表 2-5）

表2-5　中国传统节日中的德育元素

节　日	德育元素	
	道德品质	能力培养
春　节	珍惜亲情、和睦团圆	自理能力、动手能力、表达能力、合作能力……
清明节	爱国之心、感恩之情、珍惜亲情	
端午节	爱国之心、民族气节	
中秋节	亲情、团圆	
重阳节	敬老、孝道、责任	

（二）开展序列化中国传统节日主题活动，丰富校本德育课程

1. 课程设置，系统建构

我们把主题节日课程纳入学校德育拓展类课程，把握节日时机，营造节日氛围，贴近学生生活，开展形式多样的活动。对传统节日活动课程进行总体规划、系统构建、落实实施，让活动开展规模化、序列化。

2. 课程菜单，多维呈现

结合教育活动，我们逐步实施和固化主题节日活动菜单，罗列主要传统节日的名称、德育目标、主要活动内容等，作为开展主题活动的参考，使得校本德育课程更加丰富。（见表2-6）

表2-6　中国传统节日主题活动菜单（部分）

节日	活动目标	活动主题	重点活动内容	
春节	珍惜亲情	年俗与传统	低段	剪窗花、大扫除、拜年祝福语……
			中段	写对联、大扫除、拜年祝福语……
			高段	创对联、小调查"压岁钱怎么用"……
元宵节	珍惜亲情	年俗与传统	低段	猜灯谜、赏花灯、吃元宵、乐游园……
			中段	猜灯谜、做花灯、传书信……
			高段	创灯谜、做花灯、传书信……
清明节	学会感恩	缅怀与感恩	低段	制作思念花、陵园扫墓……
			中段	陵园扫墓、先烈故事会……
			高段	陵园扫墓、先烈故事会……
端午节	学会爱国	爱国与民族情	低段	吃粽子、识屈原、爱国故事会……
			中段	包粽子、划龙舟、爱国故事会……
			高段	诵《离骚》、缝香囊、爱国故事会……

续表

节日	活动目标	活动主题		重点活动内容
中秋节	珍惜亲情	亲情与团圆	低段	赏月亮、绘月亮、吃月饼……
			中段	做月饼、中秋故事会……
			高段	小调查"月亮的脸"、中秋赛诗会……
重阳节	践行孝道	亲情与孝心	低段	"我为长辈做件事"、手绘贺卡……
			中段	走进敬老院……
			高段	设计"老年人未来之城"……
冬至	珍惜亲情	亲情	低段	聊冬至、吃饺子……
			中段	聊冬至、包饺子……
			高段	冬至小讲堂……

（三）课程实施，变革方式

课程实施原则为教师教学建议与学生自选相结合，充分体现教师指导性和学生的自主性，实行校级课程、年级课程、班级课程三级联动。

1. 纵向引领，合力共育

（1）校级活动齐参与。在春节等重大传统节日来临之际，开展校级层面的主题活动，全校师生齐参与，让学生在热烈的活动氛围中感受中国传统文化的厚重历史和博大精深。

（2）家校携手促成长。在学校的指导下，家长志愿者课程开发团队已经将部分中国传统节日活动固化为传统项目，家长群策群力提供相应的资源，让学生在更广阔的空间深度了解中国传统节日。

（3）社企联动强资源。学校充分整合社区、企业资源，"请进来、走出去"：社区工作人员走进校园，与学生一起开展别样的活动，如清明节放纸鸢，元宵节做花灯，等等；学生走出校园、走进社区。通过整合资源，让中国传统节日主题活动开展形式更丰富多样。

2. 横向融通，年级共育

学校开展年级共育，集体设计活动，实现年级课程共创、共享、共评。如三年级组，自主设计、开展"清明节"语文综合实践活动；五年级组的美术教师，在春节即将到来之际，开展春节系列艺术体验创作活动。

3. 班级创新，特色育人

在开展序列化中国传统节日主题活动中，学校延续班级特色课程建设的优良传统，提倡班主任根据班级特点、学生特点，创建个性化的班本课程。"阳光精灵"班级展开"春节与春联"主题探索活动，走进春节；"陶然班"开展"读中华传统节日故事，做中华有志少年"班本课程；"桃源班"把着眼点从中国传统节日转到中国节气，使学生从不同的角度了解中国传统文化。

五、序列化开展中国传统节日主题活动的校本德育实施成效与反思

（一）研究成效

1. 理解传统文化

师生深度参与学校、年级、班级组织的中国传统节日主题活动，能从丰富多彩的活动中激发出进一步探究中国传统节日的兴趣，对节日由来、历史沿革、风俗习惯、文化内涵等有更进一步的理解。

2. 激发民族自信

学生此前对西方文化和节日的盲目推崇的现状明显有了改观。现在，学生谈论的不再是圣诞节、平安夜，他们期待的是春节带来阖家团圆的温馨、中秋夜晚赏月吟诗的清新……逐渐把爱国主义情怀根植于学生内心。

3. 丰富德育课程

通过"策划活动—开展活动—总结调整—形成序列化主题活动菜单—纳入校本德育课程"的行动路径，逐步实现丰富学校校本德育内容的目标，弥补此前学校在中华优秀传统文化教育中的不足。

（二）研究反思

本研究的遗憾在于，虽然通过研究初步梳理和形成了适用于小学生的

"中国传统节日主题活动菜单"，能够在一定程度上开展活动，但是"序列"二字体现不足，从不同维度来分析：

1. 由于传统节日的文化内涵挖掘还不够，导致每个节日活动的延续性不足

2. 对不同年龄段学生发展现状和学习需求研究还不够，导致在活动开展时，没有体现不同年段、不同层次学生的个性化收获与成长。所以，在接下来的研究与实践中，着重在"序列"二字上进行思考与探究

新时代小学生劳动教育问题及策略研究

——以成都高新区西芯小学为例

成都高新区西芯小学　罗明宣

一、成都高新区西芯小学学生劳动教育现状

（一）问卷调查设计

本次以成都高新区西芯小学 3—6 年级部分教师、家长、学生为问卷调查对象，随机选取 30 名教师、200 名家长、200 名小学生，发放调查问卷，展开调查分析。本次调查中，教师问卷有效回收 30 份，有效回收率100%；家长问卷有效回收 198 份，有效回收率 99.0%；学生问卷有效回收191 份，有效回收率 95.5%。

（二）问卷调查结果统计

以下分别针对教师、家长、学生的问卷调查结果，进行统计分析，以便在此基础上总结小学生劳动教育中存在的问题，分析相关问题产生的原因。各问卷调查结果如下。

1.教师调查结果

调查结果显示，只有 6.67% 的教师对小学生劳动教育非常了解，70%的教师只是听说过，另有 23.33% 的教师不了解小学生劳动教育。教师问卷调查结果表明，教师对小学生劳动教育的认识存在不足，学校劳动教育的开展状况也存在明显不足；劳动教育形式单一。

2. 家长调查结果

调查结果显示，只有 3.54% 的家长对小学生劳动教育非常了解，59.60% 的家长表示听说过，另外 36.86% 的家长对相关问题一无所知。家长问卷调查表明，家长对小学生劳动教育的重视程度不够、劳动教育观念缺失，有待进一步提高。

3. 学生调查结果

学生对劳动教育问题普遍不了解。其中 76.44% 的学生表示完全不了解小学生劳动教学，23.56% 的学生表示听说过。其中 69.63% 的学生也同教师、家长一样，认为文化课比劳动教育更为重要。学生问卷结果表明，学生对于劳动教育认识程度不高、劳动观念不强，导致学生对于家庭、社会实践的参与积极性不高。

二、西芯小学劳动教育存在的问题及其成因

（一）问题总结

1. 学校劳动教育不足

（1）教学目标方面存在的不足。从实际调查情况来看，在问到有关"学校（班级）是否组织过劳动教育活动？组织过哪些劳动活动？"问题时，约 20% 的学生选择"大扫除"；36.67% 的学生选择"上手工课"；43.33% 的学生认为是"学工学农"。由此可见，现阶段学校劳动教育基本是通过"大扫除"形式开展的，其在一定程度上存在形式单一、机械性等不足。

（2）师资队伍力量存在的不足。学校无劳动教育专职教师，劳动课教师都为兼职。任劳动课的教师自身专业技术水平有限，同时其在劳动课程专业教学理论方面掌握的知识也较为薄弱。

（3）教学资源的不足。一方面是由于学校没能积极发挥自身的主体能动作用，未能紧密做好与家庭、社区及相关企事业单位间的有机联系，从而导致大部分劳动教育仅限于在学校内部开展；另一方面则是由于社会劳

动资源相对短缺，未能针对教育教学需求配备对应的劳动场所及工具，而相应物质资源的缺失则必然会导致劳动教育难以顺利开展。

2. 家庭劳动教育观念缺失

通过对西芯小学劳动教育调查表明家庭劳动教育缺失问题严重。对于孩子而言，一旦使其在一段时间内脱离父母的照顾，其生活必然会呈现错乱不堪的样子。导致这一现状发生的原因一方面是社会大环境的影响，另一方面则与父母对孩子的过分迁就、骄纵、溺爱有关。

3. 小学生整体劳动素质水平不高

结合相关调查数据显示，在问到是否愿意参与劳动活动的原因中，有57.79%的小学生回答为"不会做"；20.56%为没时间做；21.65%为不需要做。由此可见生活中有较大比例的小学生自身不具备进行相关劳动的技能，因而其在面对劳动时往往处于心有余而力不足的状态，难以有效参与劳动活动。

4. 劳动教育形式单一

结合调查数据显示，目前成都高新区西芯小学的小学生在校接受劳动教育的机会仍比较少，尽管学校有时会安排一些劳动教育活动，但在校期间接受的劳动教育多集中在日常值日活动与劳动课中。调查显示，教育课程方式为教师讲授，劳动教育主要形式为手工（36.67%）、学工学农（43.33%）、大扫除（20%），形式极为单一。

（二）成因分析

1. 缺少对劳动教育的重视

调查中，30.81%的家长总是将劳动作为对孩子的惩罚，55.05%的家长表示有时会将劳动作为对孩子的惩罚。在此种环境下导致学生在思想意识层面出现抵触劳动的情绪，这也会进一步增加劳动教育推广实施的阻力与困难。

2. 家庭教育理念滞后

在家庭情况不同的情况下，其对于小学生劳动意识及劳动教育的推进产生的影响也存在较大差异，其中值得注意的主要有以下三种特殊家庭：其一，"周末父母"家庭。现阶段城市居民的生活压力与工作压力都逐渐增加，养育孩子所需要付出的时间成本及经济成本也越来越高，因而很多父母在工作中投入的精力也越来越多。甚至部分父母为了方便孩子上学选择在学校附近租房，然后将孩子交给老人照顾。在多种多样的原因下，往往导致孩子平时的家庭教育工作更多落在家中老人身上。而老人面对孩子往往存在"隔代亲"现象，对孩子的溺爱更加严重。在此种家庭环境下，孩子往往没有参与劳动的机会，更枉谈劳动意识、劳动教育了。其二，单亲家庭。在单亲家庭中，家长往往会对孩子有更加严格的要求，但是大部分家长对孩子的要求都着重体现在孩子成绩方面；再加上单亲家庭家长往往承受更大的生活压力大，投入工作的精力与时间更多，故其对孩子的教育问题也存在较多忽视。其三，进城务工人员家庭。在同进城务工父母进行交流的过程中发现，其对孩子的劳动教育存在明显的偏失。进城务工人员从事的大多是体力劳动，该部分父母大多认为自己因文化不足，才从事当下行业，在思想上认为一定不能让孩子与自己一样，所以更加重视孩子的学习成绩，而对劳动教育的认知存在较大误区，甚至存在一定的排斥思想。

3. 应试教育的负面影响

当下，学校、教师、家长及学生本身都更多地关注考试成绩，更忽视劳动教育，因此小学生劳动教育时间被挤压，家长也提倡让孩子投入更多精力在文化课学习中。尤其在小学阶段，劳动教育不参与考试评价，因而学校也不会将劳动教育作为学校教育中的重点环节加以对待。

4. 劳动教育保障机制不完善

在推进小学生劳动教育发展的过程中，建立健全完善的保障体系是确保其能够有序开展及运行的重要保障。换言之，劳动教育保障机制不完善也是导致小学生劳动教育难以有序推广实施的重要因素之一。

三、新时代成都高新区西芯小学小学生劳动教育的改进建议

（一）明确劳动教育目标，健全劳动教育机制

1. 明确劳动教育课程目标

在人才培养中，课程是关键要素之一，因而要想促进小学生劳动素养的提升，就需要先从劳动教育课程抓起，在专门劳动教育课程设置时，就必须要随之建立、完善配套的劳动课程体系、教材体系、教学体系及管理体系。此外，还需确保劳动教育课程与其他学科课程处于同向的状态。从劳动教育课程设计角度来看，一方面需要充分考虑并尊重学生的身心健康发展规律，进而强化系统性、全面性规划；另一方面则需体现不同层面的劳动素养目标要求，进而以科学的顶层设计推进劳动教育的有效落实。有效明确劳动教育的课程性质、目标、设置、结构、内容及教学方法，进而切实开展课程建设与资源开发，完善课程评价体系，确保劳动教育与时俱进地持续推行实施。

2. 健全劳动教育机制

新时期提出的德智体美劳五育并举，便是将劳动教育纳入整体教育体系，将其作为教育真切价值追求的重要体现。故科学建立符合新时代发展需求的劳动教育体系至关重要。首先，从课程建设角度来看，在劳动教育目标、内容、实施及评价等方面的整体规划中，须确保劳动教育目标准确、全面；劳动教育内容则需与学生的生活实际相符，并能够符合新时期时代发展特点；在教育方式上需与学科特点相吻合，科学引导学生进行操作、探究及实践；在课程的设置上则需要确保足够的劳动教育课程时间。由于劳动教育不仅体现在课堂上针对劳动相关知识的讲解传授，更需要学生亲身参加劳动实践，以使其更好地掌握劳动技能，因而就需合理明确课内外劳动时间。其次，需要合理建立学校劳动教育理论体系。在新时期的劳动教育工作开展中，需要教师进一步深入强化对劳动教育理论的研究及实践探索，针对劳动教育中运用的概念及范畴，则需进一步深入探析，进

而形成专门反映劳动教育本质和规律的概念、范畴，以及相关体系。从研究方法方面来讲，则需进一步结合劳动教育观念及本质，形成科学的研究方法；同时还需进一步丰富劳动教育内容，并结合时代特点以及小学生身心发展规律，适当在课程内容中增加能够适应社会发展且具备时代特点的内容，从而使教学内容能够更加契合小学生成长发展的需要。另外，还需进一步树立新的劳动理念，在传承优秀劳动文化的前提下，进一步树立新的劳动价值观，弘扬新的劳动精神。

（二）家校协同，强化劳动教育效能

在劳动教育推进过程中，需要学校充分注重与家长的合作，携手推进劳动教育发展，具体来说可采取如下措施：

1. 统一观念认识，推进家校配合

在学校推进劳动教育的过程中，须保证家长具备一致的劳动观念。但现阶段仍有相当一部分家长存在不同程度的对劳动不重视或轻视的观念，因而在学校劳动教育开展中就需要首先针对家长开展思想上的劳动观念教育，强化对家长群体的劳动观念教育及思想指导，从而使家长能够明确认识劳动教育的重要性，帮助其转变传统观念，从思想层面强化对劳动教育的重视，以更好地促进学生形成积极的劳动态度。因而在家校配合推进劳动教育的过程中就需要学校积极开展对家长的劳动教育指导与关注。

2. 确保步调一致，推进家校配合

在学校劳动教育推进中不能单独采取行动，而需尽可能邀请家长一起参与。例如，在学校组织开展劳动教育活动的过程中，可联合家长共同组织，如举办亲子劳动，或在母亲节、父亲节期间，组织"我以劳动回馈双亲"的亲子互动活动；在学校为学生布置家庭劳动任务时，家长可在旁进行指导协助，但一定不能代劳。同时，学校还可以通过建立家校联系平台，如建立微信公众号、微信群等，将学生在校期间的劳动表现，发送给家长，以便家长能够及时通过家校平台了解孩子在劳动方面获得的教育成果；反之，也可以与家长进行沟通，鼓励其将孩子在家中的劳动情况及取得的成绩通过平台发送给老师，使教师能够对学生在家中的劳动表现加以了解，明确其劳动态度，等等，让教师对学生的劳动状况心中有数，有的放矢地开展后续教育教学活动。

3. 保证劳动时间，促进家校有机配合

俗语道："罗马不是一天建成的。"劳动育人也并非一蹴而就，劳动习惯的养成与建立也必须持之以恒。从劳动教育的角度来说，劳动习惯的形成、态度的培养、技能的获得以及劳动意志的养成都需要一定的时间，因而就需要学校与家庭进行联合，以确保学生在家庭与学校中都能够得到足够的时间从事并开展劳动活动。就劳动教育的开展而言，不管是在学校里针对班级与校园环境的日常维护，还是在家庭中自我服务的开展都需要一定的时间保障，须避免以其他理由（例如课业负担重、学习任务重）等侵占学生正常的劳动时间，剥夺学生的成长权利。

4. 力行身教，以榜样示范推进家校配合

榜样的力量是无穷的，这对于小学生十分适用。因而针对小学生的劳动教育，教师与家长的榜样示范十分关键。对此，在学校就需要教师以身示范，积极借助自身劳动经验及劳动实践能力，与学生共同开展劳动，为其提供直观、正面的榜样。在家庭中，则需要家长以身作则，积极转变观念，明确劳动教育的重要性及对孩子成长发展的重要影响，进而树立勤劳的形象，为其树立榜样。同时还需合理分配家庭劳动任务，为其提供家务劳动机会，鼓励孩子完成力所能及的事情，或与孩子共同劳动，在培养劳动技能的同时建立密切的亲子关系，培养孩子的家庭意识，从而潜移默化地强化小学生的劳动意识及行为，提升劳动教育效果。

（三）革新教育评价机制，改变学生对劳动教育的看法

劳动教育考核评价制度的建立可以从劳动目的、过程及效果三方面开展，在具体开展中可将考核结果记入每名学生的综合素质评价档案中，进而以该手段作为学生劳动教育结果的考核参考标准，从而强化学生的劳动参与积极性，强化其对劳动教育学科的重视，促进其更加深入了解和认识劳动。同时，教师也能够通过此种考核评价制度得到较为准确的教学信息反馈，进而为其教学实施提供多维度参考依据。基于多种角度而言，劳动教育都需要具有一套具体且全面的考核评价体系，该体系应对劳动理论及实践课程展开综合评价，并需在考评中坚持多样性与灵活性相统一、激励性与长效性相统一的原则，进而提升教师、学生对劳动教育的重视，促进小学生踊跃参与劳动活动，强化劳动教育实施效果，推动学生的全面发展。

（四）完善劳动教育保障机制

首先，制定学校劳动教育实施办法，设立学校劳动教育领导小组，统筹相关工作。通过劳动教育实施办法，更好地进行职责划分，落实分工方案，进而推动核心素养下的小学生劳动教育发展，切实推进素质教育，提高劳动教育质量。而在劳动教育领导小组成立后，明确劳动教育的重要地位，进而将其列入学校总体教育规划中，并将相关工作纳入学校重要议程，以推进各类劳动教育活动的协调发展，切实解决学校劳动教育中存在的问题。

其次，开发系统化劳动教育模式。举例言之，艺术教育在过去一度陷入尴尬局面，学生总体艺术素质下降，艺术课程更是成为可有可无的存在。但伴随素质教育的持续推进，教育管理部门也逐渐意识到了艺术教育对于提升中小学生综合素质的重要价值，并逐步推出了一系列相关政策，将艺术成绩纳入了中高考考察范围，强化了小学教育中对美育教育的重视。对此，学校劳动教育也可适当借鉴其发展模式，针对劳动教育制定一定的量化评价标准，进而制定对应的考试科目、评分标准等，以非流程化的形式，有机结合平时考核与定期测评，促进学校劳动教育现状的改善。

最后，增加经费投入。在实际教学中可结合学校实际情况，增加劳动教育经费投入，开辟和建设适合小学生的劳动教育基地。

基于中国节气文化的小学劳动教育实践研究

——以成都高新区朝阳小学为例

成都高新区朝阳小学　魏　梅

一、研究背景与意义

现代教育中，小学劳动教育片面化、边缘化、形式化、畸形化已经成为一种现象。劳动教育往往在目的上外在化，在内容上知识化，在方法上规训化，在途径上去身体化，在环境上去自然化，因此不能激发学生的求知欲和创造性，也不能使学生真正体会到劳动价值。现有小学劳动教育仍然存在众多畸变：现有小学劳动教育已经边缘化甚至极度缺失，劳动教育观念陈旧，知识落后，不能充分满足新时代的要求；现有小学劳动课程内容和形式单一、陈旧、浅表化，各学段劳动教育范围、内容、形式接近，缺乏系统和科学的规划与设计；现有小学劳动深度达不到，劳动目标缺乏情感深度，劳动关系缺乏合作深度，劳动教学缺乏知识深度，劳动创造缺乏思维深度。

根据《意见》和《指导纲要》中提出的各学校根据实际因地制宜挖掘和开展劳动教育的要求，成都高新区朝阳小学提出基于中国传统节气文化的小学农耕劳动教育模式，即根据传统时令节气、传统节日、风俗习惯等进行传统劳动农耕教育与各类创新劳动相结合的"节气深耕"劳动教育。发展新时代的小学劳动课程实践，需要从定位、目标、内容到形式全面吐故纳新，构建五育并举视域下的时代劳动教育，因此，本研究立足本校实际，以传统文化知识"二十四节气"作为学生认识劳动世界的突破口，从目标、内容、实施、评价方面构建课程体系，根据不同年级、学科进行

"二十四节气"相关劳动教育，以农耕劳动为抓手，促进五育融合。

二、国内外研究现状

长期以来，国内外均有关于农耕劳动教育的相关研究，本次研究开展前，研究者曾大量查阅相关资料，分析国内、外相关研究现状，具体分析如下。

纵观国内劳动教育的相关研究，研究成果主要集中在对劳动教育思想的研究，以马克思主义中国化的劳动教育思想研究为主；劳动教育基本问题的研究，主要以劳动教育的内涵和外延、目标和内容、意义和机制为主，现状研究和政策研究也比较多。

不难看出，就劳动课程构建的研究比较多，对于课程的目标、内容、价值的研究比较多；对于课程实施和评价的研究比较泛泛，多从理论层面给予建议。

三、小学生劳动教育现状——以成都高新区朝阳小学为例

为深入了解目前小学生劳动教育现状，明确其中存在的问题，研究者在成都高新区朝阳小学开展调研活动，进行问卷调查，向家长、学生发放问卷，总结目前小学生劳动教育中现存的问题，并剖析原因，希望能够在此基础上寻找小学生劳动教育改进策略，促进小学生劳动教育中现有的问题的解决，推动小学生劳动教育的发展。

本次访谈对象是成都高新朝区阳小学一年级学生及家长，采用填写调查问卷方式进行调查。

研究者通过问卷星共下发 157 份家长问卷，回收 150 份问卷。95.35%的家长认为孩子有劳动的必要，其中 72.09% 认为非常有必要。但有69.76% 的家长表示经常代劳孩子的事情，如收拾书包、整理衣物等。而做

家务的孩子中，95.13% 的孩子的劳动时间都在 10 分钟之内，在劳动中认真、主动劳动的只有 25.58%，很多孩子只在长辈要求帮忙的情况或有酬情况下劳动，完全没有参加过任何劳动的学生占比 27.91%。

在问及孩子最缺乏的劳动时，（四个选项分别为传统农耕劳动、职业体验劳动、创新创造劳动、社会服务劳动），选择传统农耕劳动的家长占比 51.22%，职业体验劳动占 9.76%，创新创造劳动占 19.51%，社会服务劳动占 19.51%。问及最希望孩子参加什么样的劳动时，85.14% 的家长选择了传统农耕劳动。

四、基于中国节气文化的小学劳动教育实践初探

（一）有效开展小学劳动教育的策略

成都高新区朝阳小学因为是新建学校，在校园面积上有着得天独厚的优势，在教学楼上有天空耕地超过 1 800 平方米，校园其他耕地超过 1 000 平方米，于是学校抓住契机开发了基于中国节气文化的劳动教育活动课程。

1. 构建天空农场

学校本着因地制宜的原则，充分利用学校现有资源，在校园闲置的楼顶着手建立节气菜园、节气果园、节气花草茶园、节气中草药园、节气园艺世界；构建循环动态劳动，包括时间的循环，即二十四节气循环往复和学生劳动模式的循环，指按照时间的变化，进行耘、耕、蕴、养、创循环劳动，探究常规劳动与创新劳动、简单劳动与复杂劳动、传统劳动与新型劳动的结合，以螺旋上升式构建整体劳动课程内容体系。

2. 建立农耕文化博物馆

学校建立农耕文化博物馆，对农具进行分类。以农具为线索，从认识农具（感知）、农具中的故事（文化）、农具的用途（智慧）、模型制作（科学）、生产劳动（实践）五方面进行课程设计，以此体验农具中蕴含的智

慧和科技元素，感受民族农耕文化的魅力。

以农作物种植活动为载体，让学生了解农作物的生长与土质、水分、肥料等的联系，与中国传统二十四节气的联系，进一步提升学生的科学素养，感受中华传统文化，感受劳动人民的智慧。

3. 和中国节气文化相融合

本研究还开展了二十四节文化意义、节气与农耕、节气与诗词等教育教学活动。

（二）具体实践

1. 丰富多彩的校内实践活动

学校成立了劳动教育专项教研组，依据各学科不同特点，从劳动教育与学科知识的融合、劳动教育与实践的融合等方面入手，进行劳动教育的探索与实践。我们挖掘语文、英语等语言学科的特点，发现劳动的起源与背后的故事；在体育学科中进行坚强勇敢、不怕困难的劳动精神的教育；在科学学科中深挖劳动知识，进行知识到实践的迁移学习；在美术、音乐学科中，通过艺术鉴赏感知艺术起源于劳动生活，并将各个学科开展的劳动实践活动作为艺术创作题材，在劳动教育中实现多学科融合。比如，学校以二十四节气为出发点，2021年春季学期基于作为春耕开始的"惊蛰"节气，开展了"惊蛰节气主题活动日课程"。此后的每一个节气，都将开展对应的主题日活动。在探索的过程中，各个学科的教师共同备课，认真研究节气相关内容，深度挖掘各自学科与劳动教育的相应融合点，确定相应的教学目标，设计相应的教学活动，让各个学科有机融合，创建适宜的评价体系，让学生积极主动地参与进来，共同形成学校各学科融合的劳动教育体系。

根据不同的节气时间，由班主任老师组织本班学生到楼顶天空农场进行翻土、播种、育苗、移栽、捉虫、除草、施肥等，观察并记录各农作物的生长情况。学校天空农场先后种植了玉米、小葱、香菜、青菜、萝卜、青椒、红薯、四季豆等农作物。蔬菜成熟后，由学校统一组织学生开展采摘，并带回家和家人分享、制作菜肴，让学生在享用更加丰富、营养的菜肴的同时，体会自己动手的乐趣。天空农场不仅是学生们的劳动实践基地，也是孩子们的艺术创作小天地。美术课时，老师带着孩子们去对生长中的植物进行观察和绘画，不仅增加了他们的绘画乐趣，也在不断的观察中让孩子们了解了植物生长过程中的变化。

学校还会利用二十四节气组织学生开展丰富多彩的活动。如惊蛰吃梨、春分放风筝、谷雨赏牡丹花、芒种做梅子糕、秋分立蛋等。活动开展前，教师利用一节课的时间先和学生分享传统节气相关的背景、文化等，让学生从知识层面对其进行了解，然后组织学生动手制作属于自己的美食或手工制作——最终呈现出来的样子千姿百态，孩子们也乐在其中。

2. 项目学习与学科整合

我们认为劳动课程是学科融合的实践性课程，应当可以与语文、数学、英语、美术、音乐、体育等学科活动进行整合，而"项目式学习"则是学科整合实施的有效抓手。

因此，我们开展了"玉米大狂欢"活动：数学课上，比一比、量一量谁的玉米最大最长，称一称谁的玉米最重。英语课上，学习玉米的英文，学习如何介绍自己喜欢的蔬菜。美术课上，玉米粒拼贴画、玉米棒创意模型悬挂起来。综合实践课上，玉米美食最受欢迎：原汁原味的蒸玉米、造型别致的玉米饼。学生们揉、搓、包等各种动作从最开始的生疏到越来越熟练，而品尝着自己做的玉米美食，总是觉得特别香甜。体育课中的"玉米保卫战"更是妙趣横生，在比赛运输的过程中，孩子们尽量抱住更多的玉米，还想尽一切办法不让玉米掉落。他们紧紧地抱着怀中的玉米，灵巧地通过各种障碍，比赛谁最先到达终点，比赛谁运送的玉米最多。

3. 教师完善并丰富教学过程

第一，教师提前做好准备工作，结合教学内容准备好相应的材料，保障劳动课程顺利进行。例如，教师结合某个节气的劳动课程内容，事先给学生准备活动的场地和需要的劳动器材，设计一些具有创新性的互动环节。可以利用竞赛的形式引导学生参与劳动过程，充分发挥学生的主动性。第二，教师还要结合学生的学习生活实际情况开展相应的教育教学活动。设计的这些具有生活性的教学环节与传统的教学方式相比，更能激发学生的兴趣，吸引学生的注意力。比如，"我是小小种植家"活动，学生在教师的指导下种植红薯，先让学生了解红薯的相关知识，掌握育苗、浇水、移植、养护等相关知识，再开始种植，围绕学生感兴趣的某一个疑问展开研究，让学生获得直观感受。这不仅能培养学生的观察能力，开阔学生的视野，还能锻炼他们的动手实践能力。第三，教师还需要重视学生的价值观培养，在开展劳动课程中渗透社会主义核心价值观教育，提升学生的道德品质。

4. 组织开展相关知识竞赛

为了让学生将农业、二十四节气等知识牢记于心，学校还组织了知识竞赛，一方面普及农业、二十四节气知识，另一方面提高学生对农耕文化知识的理解和运用能力。同时，还可以提升学生的劳动素养。

五、结论与展望

（一）研究的实施效果

1. 劳动教育全面育人，为未来培养小小劳动者

劳动教育的精髓在于让学生体验祖祖辈辈劳动的艰辛，感受中华民族几千年来在农耕活动中所表现出来的勤劳与智慧，受到中华传统文化熏陶。基于中国节气文化的小学劳动教育的研究与实践，聚焦树立学生劳动价值观，立足传统文化，为全面育人服务。学校通过劳动教育深化学生劳动情感，使之形成劳动意识，丰富其劳动知识，提升其劳动思维，培养小小劳动者循序渐进的劳动素养，彰显了学校劳动教育的未来价值。这些亲力亲为的活动，让学生参与其中，使得他们感受到了劳动的艰辛和成功的喜悦，动手实践能力得到了发展。这样的活动，切实提高了学生们学习的兴趣和参与意识，同时营造出浓郁的校园农耕文化特色活动氛围。在劳动

教育的熏陶下，学生学会了感恩，懂得了通过发奋学习回报父母、回报老师、回报社会，个性得到了丰盈。

2. 形成劳动教师梯队培养，打造综合育人团队

在教师培养上，学校通过研究实施，培养了一批专兼职劳动教师。教师在组织学生参与劳动实践活动的过程中，与学生一起劳动，与学生一起体验劳动的快乐、收获的快乐。既与学生一起享受劳作的快乐，也见证了学生的成长，提高了对教育教学内涵的认识，有助于提高教师的工作热情和积极性。此外，教师在组织学生参与劳动的过程中，编写相关的校本课程，拟写教案，编制"节气深耕活动"校本教材，组织学生开展丰收节、农耕艺术节等活动，制作农作物手工艺作品，再用相配套的评价体系进行评价。通过这些教育教学活动，教师的业务素质得到了提高，工作热情高涨，具有了一定的课程内容开发、课程实践、课程评价能力。这为未来劳动教育的进一步理论研究与实践培养了专业人才，也促进了教师协同教学能力的提升和全科人才的培养。

3. 促进学校、家庭、社会劳动教育同频共振，全面协同育人

此项实践聚焦实际应用，为教育改变生活而服务。学生通过学校、家庭、社会劳动教育的共同实施，在传统文化与劳动教育的融合体验中，使学生形成劳动意识和习惯，践行劳动创造健康美好生活、和谐家庭的理念。学校劳动教育实践聚焦新时代发展需要的关键劳动知识和能力，为创造美好生活打下基础，引导学生形成劳动最光荣、最崇高、最伟大、最美丽，劳动创造更美好的时代的价值观，培养良好的劳动品质。

（二）研究的反思

当然，我校基于中国节气文化的劳动教育只开展了一年，瑕疵和不足在所难免，这也是我们今后努力的方向。

1. 研究时间不足，实施能力不足

此项研究从2021年1月开始，到2022年为止，只有一年的时间，研究时间很短，更是需要以教师的课程实施能力为基础。教师只有具备了相

关课程开发、因材施教的技能，才有可能遵循课程实施行为规则系统的要求，顺利地实现课程的价值追求。课程实施能力的形成不仅需要教师进行理论的学习，还需要其在实践中有接受培训和训练的机会。但是，我们的研究不够深入，对教师的培训也略显单薄。所以，为了促进教师课程实施能力的发展，应该使教师的专业发展制度化，确保教师专业发展的稳定性和有序性，并最终为实施价值理念系统和行为系统提供保障。

2. 实践操作的精细化，尤其是评价的前瞻性、发展性有待优化

此次研究时间紧，操作不够精细，评价不系统，方式也单一，以后可以借助信息技术手段或人工智能工具，这样让评价与研判可以更加精准、更加科学，这也是此研究未来发展着力的重点。

聚焦价值观育人的小学生财经素养教育课程实践研究

——以成都高新区益州小学为例

成都高新区益州小学　朱琴音

一、问题的提出

伴随着全球经济社会发展，特别是经历多次金融危机创伤之后，社会逐步关注个人规划及财富管理问题，财经素养也成为 21 世纪每个人必备的核心素养和生存发展技能。2012 年，经合组织（OECD）正式将财经素养纳入国际学生评估项目之中，主要考察青少年的财经知识与理解、财经责任与态度及财经技能与行为。国际学生评估项目（PISA）测试引发世界各国对财经素养教育的重视，认为其不仅与个人的可持续发展密切相关，更与国家未来竞争力紧密相连。

2013 年，由中国人民银行会同银监会、证监会、保监会研究制定了《中国金融教育国家战略（初稿）》，呼吁将金融普及教育上升至国家战略层面。2015、2016 年，国务院办公厅先后印发了《关于加强金融消费者权益保护工作的指导意见》和《推进普惠金融发展规划（2016—2020 年）》，提出"推动部分大中小学积极开展金融知识普及教育"，要求教育部将金融知识普及教育纳入国民教育体系，切实提高国民金融素养，并建立金融知识教育发展的长效机制。2018 年首份《中国财经素养教育标准框架》正式发布，这也是国内第一份系统的、学段相对完整的财经素养教育标准框架。可见，财经素养在国家宏观政策制定方面已显现，其重要价值也切实反映于国民教育体系之中。

《2012年中国青少年金融教育蓝皮书》中对青少年零钱来源和支配情况的调查显示，父母给的零花钱成为青少年零花钱的主要来源，在小学生群体中比例高达 56.83%。压岁钱在零花钱来源中仅次于父母给的零花钱，而靠通过劳动换取零花钱的比例最小。调查结果同时显示，有接近 90% 的父母会给孩子零花钱，但是相当大比例的家长并不完全了解孩子拿到零花钱后的实际消费情况，其中，不完全了解的比例高达 52.35%。与此同时，调查结果显示，随着学生年龄增长，学生的消费更加多元，过度消费和盲目攀比现象也随之增加。调查结果也从侧面反映出家长对于孩子财经教育的不重视和青少年财经教育的严重缺失。

如何引导学生树立正确的消费观、财富观、义利观等，是学生树立价值观的关键，但如今我国还未建立财经素养的教育体系，与世界上其他国家相比还存在较大差距。如美国早在 20 世纪 60 年代就尝试将经济学教育纳入国家教育体系；英国理财教育尝试开始于 1998 年，在 2000 年正式将其纳入教育体系。2012 年成都高新区益州小学对近 800 位学生和家长展开了关于财经素养的问卷调查。调查结果发现，学生的财经素养状况堪忧：理财知识匮乏、理财观念存在误区、消费观不正确、风险甄别能力不足、缺乏对社会经济生活的关注。40% 左右的孩子不知道一些基本的财经知识，不会自主购物，更不会管理财务，学生更缺乏正确的财富观和价值观；近 80% 家长对财经素养教育的需求较高，但在实际生活中，家长对财经素养的认识却不够全面和深刻，大部分家长对开展财经素养教育无从下手，在中小学实施财经素养教育迫在眉睫。

现行财经素养教育的价值仅在于知识和技能两方面吗？怎样提升小学生价值观教育的有效性？如何促进小学生价值观的形成？

基于以上思考，成都高新区益州小学持续开展小学生财经素养教育实践研究，形成了依托财经素养教育的价值观育人目标、课程结构、课程开发模式和系列特色课程等，为学生价值观形成奠定基础。

二、财经素养教育课程的核心价值观目标

经过学校的实践与研究，我们明确小学财经素养教育是以劳动教育为起点和手段，以德育为目标和方向，是劳动教育、生活教育、知识教育、思想教育和情感教育的集合，着力培养学生"健康生活、实践创新和责任担当"等核心素养，培育学生尊重劳动、公平交易、财富管理、家国责任等基本品质，让学生形成正确的劳动观、义利观、奉献观，从而让学生自主构建积极的价值观和人生观。具体如图 2-6 所示：

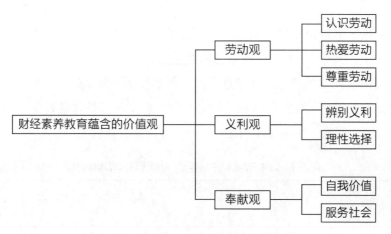

图 2-6 依托财经素养教育的价值观育人目标

聚焦三大价值观，我们细化目标，并构建内容体系。

（一）劳动观

劳动是财经素养教育的逻辑起点，学校财经素养教育中劳动观教育的内容集中于引导学生认识劳动、热爱劳动、尊重劳动三个方面。

（二）义利观

财经素养教育不回避金钱问题，正视金钱对于生活的正当意义，处理

好利与义的关系，并懂得通过合法方式获取财富，引导学生辨别义利、理性选择。

（三）奉献观

在财富的获取、使用过程中充分考虑人与人、人与群体、人与社会的众多关系，引导学生认识自我价值、服务社会。

三、财经素养教育课程结构

根据三大价值观育人目标，学校构建了"三域两层"的财经素养教育课程结构。其中"三域"指向家庭财经生活、学校财经生活和社会财经生活三大领域，"两层"指向体验性学习、创生性学习两个层次。无论家庭财经生活、学校财经生活还是社会财经生活，都同时包括体验性学习与创生性学习两个层次。如表 2-7 所示：

表 2-7　聚焦三观的"三域两层"财经素养教育课程结构

领域 ＼ 层次	体验性学习	创生性学习
学校财经生活	JA 财经课、财经素养读本课程	融合课程、主题活动课程
家庭财经生活	小蜜蜂主题活动课程	小管家主题活动课程
社会财经生活	研学实践课程	小富翁主题活动课程

（一）"三域"具体内容：

学校财经生活：主要通过参与学校的财经素养教育系列特色课程，使用银杏币、志愿者护照、心愿卡等一系列财经小助手，让学生在情境中参与学校财经生活。

家庭财经生活：主要通过自主管理压岁钱、零花钱，参与家庭收支计划、家庭劳动等方式，让学生在生活化的场景中参与家庭财经生活。

社会财经生活：主要通过参加社会中的职业体验、公益劳动、志愿服务、消费理财等活动，让学生在真实的场景中参与社会财经生活。

（二）"两层"具体内容

体验性学习：将学生体验感受作为价值观教育的关键，以学生体验式、生活化的财经素养教育德育课程实践为重要载体，关注生活场景创设与运用，在认知体验的过程中辨明义利、是非等，它是学生创生性学习的建构过程，是对现象形成认知、产生内化影响的必要步骤。

创生性学习：将学生体验性学习中获得的价值认知、价值理解、价值判断等，积极运用于生活，引导学生在解决实际问题中进行创造与生成。创生是知识、技能和观念由内而外的展示，是学生体验后的综合运用及创造性生成，可以提升学生解决问题和举一反三的能力。

四、价值观导向的财经素养教育课程开发模式

劳动观、义利观与奉献观三大价值观既是财经素养教育的目标，又是财经素养教育的内容。基于此，学校探索出以价值观为核心的财经素养教育的五环节课程开发模式（价值观—大主题—主问题—子问题—活动串）。如图 2-7 所示：

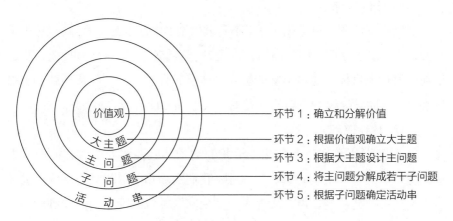

图 2-7　价值观导向的财经素养教育课程开发模式

五、价值观导向的系列财经素养教育特色课程

学校构建了包括专题课程、融合课程、综合实践课程在内的三大课程群。课程样态群如下表 2-8 所示：

表 2-8　财经素养教育三大课程群

三大课程	课程架构	具体内容
专题课程	财经读本课程	《小富翁大财智》
	JA 财经课程	《我们的城市》主题课程
融合课程	财经素养 + 语文 财经素养 + 数学 财经素养 + 美术 财经素养 + 科学 财经素养 + 生命生态 ……	"小富翁去春游"之数学好好玩 "小富翁去春游"之诗词大会 忙碌的招聘季 需要的和想要的
综合实践课程	主题活动课程	"小蜜蜂"
	研学实践课程	"小管家"
		"小富翁"
		职业体验、"两中心"志愿者……

（一）专题课程

1. 财经读本课程

财经读本课程，以益州小学《小富翁大财智》读本为主要内容。《小富翁大财智》读本分低、中、高段，以提升金融知识、培养理财技能、塑造正确价值观为目标，通过丰富的游戏、体验、合作活动，综合提高学生财经素养，帮助学生树立正确的世界观、人生观、价值观。

2. JA 财经课程

JA 财经课程是通过系列化生活化的情景体验，培养学生感悟职业责任，提升财经素养的专业课程。其中《我们的城市》主题课程，旨在引导学生关注所处的社会环境，从现实中发现问题并解决问题，树立可持续发展意识，培养社会责任感。

（二）融合课程

1. 学科融合课程

中国财经素养协同中心张男星教授指出："中国的财经素养教育不全是金融教育、消费者教育、财商教育，更关乎个体财富人生的生活教育、情感教育、思想道德教育。"学科融合是实施财经素养教育的必由之路，打破学科边界，增进各个学科与学校财经素养课程之间的相互渗透、交叉符合财经素养的培育规律。益州小学在此理论指导下，根据学生年龄特点，结合学校地理环境、办学理念，积极探索财经素养与小学其他学科的有机融合、有效融合。我们在低年级段开展"小富翁去春游"的学科融合课程。把带领学生走进超市购物的财经素养活动与数学、语文、体育、美术等学科有机融合，培养他们的生活能力、创新能力、人际交往能力，树立正确的劳动观、义利观和奉献观。

2. 德育融合课程

益州小学将财经素养课程与"五会"育人课程相融合，每月聚焦一主题，如文明之星、创意之星、环保之星、公益之星等，整合爱国教育、传统节庆文化、财经素养教育、劳动教育、校学科节等课程，把常规教育与主题教育结合起来。每周一升旗仪式后开展主题教育，由班级轮流承包，全员参与演出，学生在活动过程中践行社会主义核心价值观，深植"三观"。内容丰富、形式多样的活动为班级发展、学生成长提供广阔舞台。

（三）综合实践课程

1. 主题活动课程（"小蜜蜂""小管家""小富翁"）

益州小学开发"小蜜蜂""小管家""小富翁"低、中、高三个年段的财经素养主题活动课程。"小蜜蜂"旨在让学生参与劳动，感受劳动的价值，树立正确的劳动观；"小管家"指向学生自主管理，积极参与社会经济活动，培养独立的生活能力，理性消费等；"小富翁"旨在培养学生正确认识金钱与幸福的关系，明白"取之有道，用之有度"，养成独立分析判断能力、创新能力，参与公益活动，并且具有社会责任感。

2. 研学实践课程

财经素养活动体验重于认知。结合小学生年龄特点，益州小学财经素养教育注重"体验—创生"，让学生在实践中通过亲身体验达到育人目的。学校充分调动各方资源，以学校同心圆俱乐部为核心，家校社企四维联动，给学生们创设各种生活化、社会化的场景，形成低、中、高三个年段各有侧重，螺旋上升的财经素养研学实践课程。

六、多元课程资源平台

搭建生活化、情境化的财经素养课程体验小平台，整合评价载体，创新设计课程小助手，实现多元评价。

（一）生活运用平台

学校开设"多多益善"加油站、"多多益善"小银行，让学生挣得的"益小币"能够有生活化的具体运用场景。

"多多益善"加油站每周三营业，由志愿者们担任加油站售货员，"认真敬业"地完成"益小币"奖品加油兑换工作。孩子们可以用自己挣得的"益小币"购买自己喜欢的各种小奖品和心愿卡片。卡片的种类繁多，有爱心捐赠卡、同桌邀请卡、体育器材借用卡等，让孩子们不仅是物质的小富翁，更是精神上的小富翁。

"多多益善"小银行则是存取"益小币"的场所，每周五开放。孩子们可以把自己平时挣得的"益小银杏币"分活期与定期进行存取，存取情况会记录在每个孩子的小富翁理财手册（即存折）中。

（二）社会实践平台

1. 华西证券投资者教育基地益州小学服务站

学校携手华西证券投资者教育基地建立益州小学服务站，定期开展财经素养教育活动，为提高孩子们的财经素养能力提供更真实的社会化实践平台。

2. 志愿服务基地

学校联合盛华社区建立"心的希望"益州小学志愿者服务站，为心脏病患者送去温暖与祝福；联合高新区残疾人和养老服务中心建立志愿服务基地，组织孩子们定期前往该中心开展各项志愿服务活动。

（三）多元评价载体

学校整合多元评价载体，创新设计课程小助手，实施多元评价，开发了"小富翁·大财智"排行榜、"心愿卡"、"活动任务单"、"志愿者护照"、"志愿者排行榜"、《五会达人成长记》等多元的评价载体。

"小富翁·大财智"排行榜：每天滚动展示学校"小富翁财富榜"（"银杏币"存款排名）、经济新闻、股市动态图、财经素养主题实践活动回放等，给学生更为直接的观察与体验，激励每位学生都争做"具有大财智的小富翁"。

"心愿卡"：学生可将赚得的"银杏币"按定额要求兑换相应的"心愿卡"，现设计了同桌邀请卡、体育器材试用卡、角色体验卡、午餐邀请卡、生日祝福卡、打折卡、阅读卡、免作业卡等八种，供学生选择使用。

"活动任务单"：搭建开展主题活动的载体，记录活动过程及结果，同时设有学生自评、同伴互评、教师评价、家长评价等内容，客观评价活动效果。

"志愿者护照"：学校为每位学生制作"志愿者护照"，积极鼓励学生参加各种校内、校外志愿者服务活动，让学生在帮助他人、服务社会的同时，传递爱心、传播文明。同时，在志愿者排行榜上定期展示积极参加志愿服务的同学，鼓励学生热心公益，丰富其精神世界，使之树立正确的奉献观。

"五会达人成长记"：学校创编《五会达人成长记》，记录学生的成长发展过程，以月为主题开展"五会十星"评比，争做感恩之星、公益之星等，全面评价学生发展。

七、研究实效

（一）培养学生价值观，引领儿童健康成长

通过开展聚焦价值观育人的财经素养教育实践，提升了学生对劳动、义利、奉献的认识。学生能够明晰劳动的内涵，积极参与劳动；明辨义利，面对生活中的义利冲突做出正确的选择；懂得奉献，服务于他人，向奉献者致敬，有责任担当。

（二）提升教师专业素养

在研究实践中，老师们进一步明确了我们的财商教育不仅仅是技能教育，更是素质教育。教师们写出了《校园里的小商机》《论青少年的财商教育》《财商教育进校园》等多篇论文、教学案例、主题活动设计等。在学校财经素养教育总课题的引领下，部分班主任、教师又申报了《益小币账簿式管理》《益小美食节系列课程研究》等小课题，提升了教师的科研实践能力和课程建设能力，进一步促进了教师专业发展。

（三）提高家长认知

开展财经素养课程以前，只有40%的家长听说过财经素养教育，而且大部分家长对财经素养教育认识较为片面。家长获得财经素养教育相关知识的途径主要是通过网络、杂志，并没有系统的培训项目。开展财经素养教育后，100%的家长开始关注学校各种财经素养课程的开展，尤其支持活动类财经素养教育的形式。而且80%以上的家长对财经素养教育的认识变得更加全面和丰富。在家庭生活中，家长能有意识地为孩子创造进行财经素养活动的锻炼机会，从财经素养培养、财务管理行为、情感态度方面加以引导，家庭已经成为财经素养教育的又一主阵地。

（四）提升办学品质，示范引领辐射

财经素养教育，成为益州小学特色化办学的一张名片。聚焦价值观育人的模式，加速了学校教育品质的提升，让益州小学在短短几年内，获评"成都市首批社会主义核心价值观教育示范校"，并成功创建成都市文明校园、四川省文明校园、全国文明校园。《时代教育》《教育导报》《成都日报》等报纸杂志也分别就益州小学的财经素养教育进行了专题报道。《财商教育，许给孩子一个幸福的未来》发表在《时代教育》与《教育导报》。学校也被中国教育科学研究院授予"中国财经素养教育协同创新中心实验基地"，在区直管部门推荐下成功申报了"中国教育学会财商教育实验基地学校"，提高了学校的办学质量和知名度。

我们相信，让孩子们从小拥有正确的劳动观、义利观、奉献观，学会生存、学会做人，从而拥有自主幸福的人生，是我们所有教育人共同的梦想。财经素养教育——我们在路上！

品格教育在小学德育课程建设中的实践与探索
——以成都教科院附属学校（西区）为例

成都教科院附属学校（西区） 吴少娟

一、基本概念

（一）品格

对于品格的研究最早始于哲学领域，随着研究的不断深入，品格的概念已经从理论意义拓展到实践意义。对于品格的概念目前尚无统一的界定，它在不同领域可以被定义成不同的含义。

品格（character）的字面意义来自于古希腊语 karacter，是指在硬币上刻下的标记或印盖的封印等。品格教育中的"品格"是一种比喻意义，指个人在道德方面的稳定特征，指的是"moral character"。关于 character，国内有多种译法，如品德、人格、品性、品质等。本书选用"品格"这一译法。潘光旦先生也曾论及中文意义上的品格概念。他认为品格的概念从品性的事实中产生，品性指人的个性和共性，共性又有程度的差别，而"格就是典型、规范，就是标准，不达此标准者，就是不及格的人"，所谓品格就是合乎道德行为标准（比如他主张的"明恕"）的品性。

（二）品格教育

里克纳指出，品格教育教授核心价值观，即历史发展所积淀下来的美德，认为这些价值观在长期的人类历史中已被证明是正确的，是社会之所以存在的基础。核心价值观的具体内容根据国家国情的不同会有所差异。

里克纳以古希腊崇尚的智慧、公正、忍耐和节制为基础内容，提出核心价值观是"尊重"（respect）与"责任"（responsibility），根据时代发展需要扩充了"诚信、正直"等，认为它们对于个人利益和社会利益都有客观的重要价值，学校应把它们和"读、写、算"一起作为必须教授的内容。

在我国，品格教育受儒家文化影响，强调"立德树人"。潘光旦先生曾提出，"品格教育应当包括三部分内容：通性与个性的辨识；明与恕标准的重申与确立；个人的修养。通过榜样教育、品格的自教、价值意识的教育和做人做的教育等途径培养一个人的健全品格，进而可以建设一个健全的社会"。杨霖老师对品格教育也有自己的认识："一方面要通过和儿童讨论判断、选择和形成他的价值观，另一方面还要教育和指导他们维护价值观的能力，也就是品格能力，最后形成无处不在、稳定表现形成的价值自觉，这就是品格教育的核心要义。"在中小学培育和践行品格的具体行动中，也将社会主义核心价值观作为了品格教育的主要内容。"品格教育是践行社会主义核心价值观的有效的载体。系统化、序列化的品格教育将社会主义核心价值观内容化和行为化，使社会主义核心价值观内化于心，外化于行。"

2014年，成都市教育科学研究院基础教育所结合社会主义核心价值观和美国品格教育经验，总结出适合儿童品格发展规律的4级24种品格，以培养小学生的核心素养。每种品格都引入了一种小动物作为"品格小精灵"，通过象形的方式帮助学生记忆、理解对应的品格。这四个级别分别从行为表达、时间表现、范围表现和稳定表现四个维度对学生提出要求，并作为评价指标对学生行为进行评价。

青少年品质形成过程中，需要正确价值观的引导，而品格教育正是对此而提出来的，它将培养正确的态度和养成良好的行为习惯作为目标指向。

二、实施路径

品格教育的实施需要学校对品格教育进行全面规划：一是将品格教育

课程化；二是建立完善的制度保障；三是开展有效的品格活动；四是落实多元的品格评价。通过行动研究的方法，将品格教育理论与实践相结合，结合各地品格教育经验，通过资料收集、自我反省、多方总结等方式最终形成了成都教科院附属学校（西区）特有的品格教育体系。

（一）品格教育课程化

课程化可以让品格教育的实施更为系统，层次更加清晰，在理论引领之下，让其易于实践，最重要的是品格教育一旦有了课程支撑，那么其所倡导的普适性的教育观才能覆盖到所有的参与者。

首先，将品格教育作为学校德育工作的载体，以此来指导学校德育活动和学科德育活动开展及校园文化建设。（见图2-8）

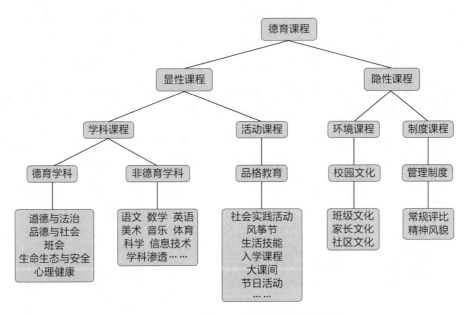

图2-8 "全面奠基+个性彰显"的德育课程结构

其次，对学生将要学习的品格进行界定，给出品格对行为的详细指导，让学生熟知相关行为准则，从而实现心理品质要求与正面的德育内涵、积极有效的德育行为有机结合。同时，将二十四种品格序列化，每个年级每学期两个主题，循序渐进，六年十二个学期能够了解、体验、参与全部品格的学习。（见表2-9）

表2-9　品格教育课程序列主题

年级	品格主题	
	上学期	下学期
一年级	专注　有序	友善　感恩
二年级	守时　诚信	爱国　责任
三年级	坚持　主动	真诚　宽容
四年级	勤奋　创意	热情　节俭
五年级	守信　勇敢	谨慎　明辨
六年级	尊重　怜悯	勤劳　智慧

最后，为了保证品格教育的时间，结合国家课程、地方课程校本化相关政策，将品格教育与道德与法治课、班会课等课程进行跨学科融合，固化升旗仪式品格宣讲主题，特设品格日、品格主题入学课程，给足课时，确保品格教育有阵地。（见表2-10）

表2-10 品格教育课时结构

国家课程	地方课程	校本课程				
道德与法治	班会课	升旗仪式	课前五分钟	夕会	品格日	入学课程 毕业课程
每周两节课	周主题品格专题活动、周、月品格评价	每周一升旗仪式，周品格目标宣讲	课前五分钟品格定义、故事、小游戏宣讲	品格行为讲述、日品格习得小结	每月一次，以班级为单位开展主题品格展示活动	一年级、六年级专属课程

（二）品格教育制度化

制度的制定能让品格教育有效实施。成都教科院附属学校（西区）经过多次试验、总结、讨论，最终形成了一套有效的制度体系。管理行为的规范，能够让行为变成习惯，或通过广大教职员工在管理过程中的言传身教和优质服务熏陶感染学生，最终引导和帮助学生确立正确的世界观、人生观、价值观、道德观、法制观等，培育具备良好品德的学生，完成品格教育立德树人的根本任务。学校根据需要从人员、制度、经费、评价等四个方面落实保障。

1. 人员保障

学校成立品格教育领导小组，由校长亲自负责，进行思想统领，随后各中心分工协作，进行品格教育顶层设计，并向全校教职工发布。根据需要及教师申报考评，确定骨干教师，组成课程开发、活动指导、教育科研等团队。最后全员参与落实，以年级组、备课组为单位，确保品格教育"双保险"。培训是确保品格教育有人"教"的重要途径。通过送培教师、教师自学、集中培训、分班培训等方式落实教师、家长的培训，让大家了解认同品格教育，达成共识。（见图2-9）

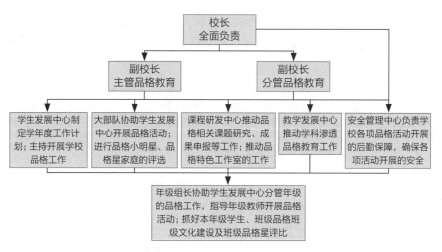

图2-9　品格教育领导小组管理网络

2. 制度保障

制度是管理的基石，制度明确了管理的具体内容，无论是学校行政管理、教学管理、还是后勤服务管理、学生管理，都需要根据法律法规和教育部门有关方针政策，制定品格教育各项具体的规章制度，为管理奠定基础。既然要利用"管理育品"，培养有道德的人，也要体现品格教育的特征，将品格教育贯穿于制度设计的始终。

在具体实践中，成都教科院附属学校（西区）将品格教育纳入学校办学规划，使之进入学校、部门工作计划（总结），尤其编印了《规矩与方圆》学校管理制度手册。这套制度手册中既有行政管理、教师管理规范，又有学生管理相关制度。完善的制度管理能有效促进管理育品稳步发展。

3. 经费保障

要保证品格教育的有效开展，经费管理是重要的一环。预算是一个单位的活动导向预定目标的有力工具，而经费预算则是学校品格教育管理工作中的一项重要内容。要做好学校工作的育人导向，发挥好管理育人功能，就要科学编制经费预算，将育人的理念渗透到各项活动之中，因此，成都教科院附属学校（西区）把教育经费投入的品格教育纳入学校学年、学期预算中，切实做到"三优先"：品格教育文化建设经费优先，品格教育师资培训经费优先，品格教育活动经费优先。

4. 评价保障

对品格教育进行评价考核是学校管理落实品格教育的重要环节。学校制定的评价制度不仅要能促进教师品格教育业务水平提高，还要有利于教师职业道德建设，有利于新型师生关系的建立，有利于教师榜样作用和引领作用的发挥。每学年成都教科院附属学校（西区）对教师实行自我评价、学生评价、家长评价相结合的评价体系；完善学生、家长和社会参与的教师监督机制；通过对学生、家长进行问卷调查和访谈，加强对教师的监督。根据全员育品制度，我们把品格教育纳入教师月、学期、学年考评，评选学期、学年品格星教师，在品格教育方面做出卓越贡献的教师优先享有外出培训的机会，将品格教育成果纳入教师评优评先加分项。

（三）品格教育活动化

根据小学年龄和心理特点可知，枯燥的说教对于小学生来说效果不佳，因此活动是学生进行品格学习的重要形式之一，也是学生喜欢的一种方式。品格学习活动是学生实践和展示自己的价值观行为，获得对理想的价值观行为认同的重要途径。让活动开展更加贴合成都教科院附属学校（西区）实际和学生的现实需求，力求避免活动出现"作秀"、空洞、说教等形式主义，打造集趣味性、多样性、知识性、实践性于一体的优质活动，在实施活动的实践中总结行之有效的路径。学校"活动育品"理念下的品格活动是一种有组织的集体活动。这种集体活动具有极高的教育价值，这种价值的实质是通过活动促进学生个体的品格养成。

我们知道，德育活动是指具有道德教育意义或功能，能够影响个人道德意识、道德行为、调节人际关系的外部活动，它包括学生主动参与的游戏、劳动及学生之间的外部协作和其他集体性活动等。德育活动是德育育人一个重要的途径。

品格活动是落实学校德育工作的重要载体之一。有效发挥品格活动的意义，学校的德育活动就能健康有序地发展。活动育品旨在通过序列化、课程化的品格活动支撑，明确活动育品的内容与目标，指导学校和老师有效地探索、开展各类活动，让学生及参与活动的老师、家长、社区人员等通过活动得到品格成长，实现全员育品。

活动育品不仅体现在学校活动中，同样也体现在班级活动中。班级活动育品是学校活动育品的组成部分，更加具有灵活性。班级活动是班主任实施班级管理和育品的主要形式和重要手段；借助班级活动锻炼和发展学生能力，让学生在活动中形成良好的品格，是班主任工作的意义所在。在班级活动的组织和开展中，班主任要密切关注活动的过程，关注活动过程中学生品格的养成，关注活动本身的育品价值，在细微处育品，在活动中与学生共同成长。

"活动育品"是我们实现"立德树人"目标的重要手段。学校、年级、班级的协同实践活动有助于学生在亲身体验中受到感染和熏陶；有助于丰富学生的内心感受和精神世界；有助于挖掘学生的潜能、施展学生的才华，提高学生的荣誉感和自信心；有助于增强学生的主人翁意识和团队合作意识，对学生的德智体美劳全面发展有促进作用。

活动育品就是让学生能从校园内外活动的真实体验中，习得和磨炼自我的品格。有人说，注重学生独特的情感体验和独创性理解是活动的重要特征，我们可以在集体参与的活动中探寻个体独特的体验：升旗仪式中——感受"爱国"品格的魅力；在个人的品格练习中——体会"坚持"品格的意义；在日常生活中——感悟"友善"品格的力量……总之，将品格融入活动中，再提炼到生活中，指导我们的实践活动，这正是活动育品中我们的坚持。

（四）品格教育评价多元化

基于学校实施的品格教育德育课程，学校建立了一套完整的德育激励评价体系暨品格教育评价体系，包括"学校、班级、家庭"评价三位一体，"教师、家长、学生"多向评价，"物质、精神、行为"多元评价。

以"品格星学生""品格星教师""品格星班级""品格星家庭"作为最高品格项目评价引领全校德育评价工作，按照周、月、学期为单位定时评选校级品格榜样，全校表彰。在学校的常规星评比中，单列出"品格星"，针对班级完成周品格目标的情况进行品格教育评价。

品格评价的终极目标是"不为评价而行为"，期待师生享受自我品格成长的幸福，自愿践行从而成为更好的自己。在品格评价中坚持以精神、行为评价作为导向，以此赞美学生在道德判断、品格行为中的进步与成长。让他们在这些奖励中进一步持续某种品格的实践，体会到习得良好道德品质带来的快乐与骄傲。

三、经验总结

任何教育在实践中都不会一帆风顺，在品格教育的初步实践中同样也遇到了许多问题：随着学校规模的扩大、师生家长的增加，品格教育的发展变得迟缓。

聚焦细化。事务的增多，减少了教师思考的时间。从最初的多条品格约定到每周一条周目标，聚焦了每周的品格训练点，但是如何去落实这一目标，如何选择品格教材上琳琅满目的活动，对工作繁琐的老师而言有难度。为解决这一问题，学校召集了一批骨干教师，每周由骨干教师根据品格周目标提出品格教育活动建议，并在周一早上升旗仪式后进行公布。活动建议除去班主任负责的班级活动、科任教师的学科渗透，还涵盖家校互动的活动设计，以确保品格周目标活动全覆盖。

专时专用。工作的调整，打乱了品格活动的计划。品格教育的初衷认为品格教育是可以时时刻刻进行的，不需要固定的时间、地点，可以融入课堂教学，可以在课间十分钟介入，但是对于有条不紊的学校教育而言，它过于灵活，过于自由，很容易被杂事、琐事覆盖。因此，成都教科院附属学校（西区）根据长期的观察确立了升旗仪式、课前三分钟、品格夕会、品格阅读、品格主题班会等品格教育专用时间，如同课表一样，形成常态，让学生教师都清楚，什么时候该做什么事，有效保证了品格教育的时间。

评价奖励。成效的滞后，削弱了参与者的积极性。品格教育没有其他教育一样立竿见影的效果，学校教师付出了很多，但收效并不明显。品格教育中有序、守时等品格易于外显，低段教师容易有成就感，但是随着学生年纪增长，真诚、守信这样的内化品格越来越多，短时间无法看到教育的成果。为了提高参与者的参与积极性，我们强化了"品格星学生""品格星教师""品格星班级""品格星家庭"的评选，全方位树立品格教育的榜样，在榜样中看到品格教育的成效。

检查指导。管理的自由，减少了专业有效的指导。最开始做品格教育，学校努力将品格教育与德育常规活动融合在一起，力求一箭双雕。不要求参与者写计划、交资料，放手让老师根据教材、根据自己的理解开展品格教育，却忽视了对过程的指导。在后期的品格实践中学校开始了检查和考核，希望通过这一过程发现问题，了解实际操作中的困难，由学校的骨干团队帮助指导攻克难题。同时，这样的检查也起到了较好的提示作用，充当了小闹钟的作用。

斗转星移，品格教育已经在成都小学教育的土壤里生根发芽。品格教育的实践研究也悄然迈入了第七个年头，呈现出可喜的德育教育成效。学生友善、诚实；我们的家长宽容、真诚；教师富有责任、勤奋；校园有序而热情。

做品格教育的这几年，我们是幸运的，也是幸福的。我们是一群人在前行，这个群体越来越壮大。感谢附校西区每一位充满教育情怀、投身于品格教育实践的老师，因为大家的无私奉献，才能让品格教育的种子洒满学校的每一个角落，让品格教育之果结于每个孩子和一个又一个的家庭，当然也包括我们自己。我们坚信，未来有一天，品格教育的硕果会结满祖国大地。因为在这七年里，我们不仅接待了来自湖南、重庆、上海等省外和省内教育同仁近千人次的参观，我们的校长、老师还多次受邀至多个地区和学校做品格教育专题讲座。实践表明，品格教育是成功的，成千上万的教育者被它吸引，又将它传播到更远的地方去。我们可以大胆预见，当我们抬头仰望时，品格教育的理念、实施和成果将会像满天繁星一样，点亮我们的教育之路。

大学学长导师制促进高中学生学习发展路径研究

——以电子科技大学实验中学为例

电子科技大学实验中学　孙忠志

通过在大学学长中，遴选优秀学生，组成导师团队，与附属高中班级对接，并在班级班主任统筹协调基础上，结成导与学的关系，设计对应活动及课程，并加以实施。在对学生进行问卷调查、访谈、观察与分析后，大学学长导师制在中学的实施有如下发现：首先，学生的学习动机有了明显的改变，学生的学习倦怠有所缓解，学习的目标性更加明确；其次，学生经过学长的对口辅导，在学习策略与方法上更加清晰；再次，学生的心理状态，学习压力有所释放，学习状态得到了提升；最后，学生的学习绩效有改善和提高。

研究表明，大学学长导师制在中学不但具有实践操作性，也能够通过科学的设计和实施，促进高中生学习发展。

社会发展进入新时代，人们面临的竞争压力越来越大，孩子在学校学习发展好不好，能不能顺利地达成梦想，进入理想的高校深造，形成健全的人格，茁壮成长，这成了全社会家长、学生以及学校关注的焦点。暴露在聚光灯下的高中学子，能不能承受这种压力，能否在万千关注之下，健康而自信地发展？他们在学习和生活中，会产生学习倦怠吗？会缺乏学习的动力吗？会因为缺乏科学而系统的学习策略而迷茫吗？本研究以电子科技大学实验中学为例，通过实施大学学长导师制，深入探索大学学长导师制在中学实施，如何促进高中学生学习发展。

一、大学学长导师制在中学实施的可行性分析

大学学长导师制是对大学生自我教育、自我管理方式的创新。它改变了传统任课教师、辅导员教育学生的垂直型管理模式,让大学高年级学长在平等前提下对口帮扶低年级学生。相较于灌输式、说教式的理论教育,低年级学生更乐于接受学长们直观、具体的事迹,且知道学长们在同样学习环境下取得的优秀成绩,见贤思齐,可以有效激发低年级学生的上进心,增强他们的专业学习动力。而本文主要聚焦研究大学学长导师制在中学实施对高中学生学习发展带来的促进作用。这里的大学学长导师制,主要是遴选大学优秀学长对高中学生实施对口帮助和辅导,从实施的可行性来看,具有以下特点。

(一)大学学长自我成长的需求

大学生的发展,除了在课堂内的理论学习以外,更需要为他们搭建资源和平台,把在课内学习的理论知识,与实践运用相结合,积累实践经验,为进入社会做好充分的准备。而大学学长导师制,不但能为他们提供展示自我、提升自我的空间,还能为他们在人际交往、专业知识提升、实践经验积累方面提供更多的机会和平台,这符合大学育人目标,以及课程设计初衷,能够有效满足大学生自我成长的内在需求。

(二)高中学生学习发展的需求

首先,遴选优秀大学生组成的团队,他们在年龄上与高中生属于同一时代,差距不大,有许多共同的话题,思维方式更为接近,他们与高中生的沟通与交流,会更容易被学生从心理上接纳。同时,他们在人生规划及未来选择上的经验,能帮助学生明晰未来目标,从而促进学生学习动机的生成。其次,同高中的学生一样,他们也是从高中生活一步一步走过来的,有着几乎一样的人生经历,高中生学习成长中遇到的问题和困难,他们感同身受。这种经历,更容易引起高中生心理上的共情。在这种前提之

下，高中生由于年龄阶段的逆反，也许不容易接纳父辈、师长的教诲；但是大学学长的经验、经历分享，更容易与之形成良性交流，这会促进高中生学习策略的快速成型。在学习动机、学习策略提升的前提之下，学生的学习发展才有最坚实的基础。

（三）大学与所办附中管理通道畅通

大学与其所办的附属中学，由于同属一个体系，在管理通道及资源体系上，本来就做到了共融共通，这为大学学长导师制在高中的实施提供了极大的便利。从学生的遴选到团队的组建、课程的设计到具体的实施以及后续的反馈与改进，都可以做到一体化无缝对接。

二、大学学长导师制实施方式

（一）学长导师的选拔方式

大学学长导师制的实施，首先是对学长导师进行选拔，学长的人选是影响辅导效果的很重要的因素。学长的选拔一般可遵循院系、班级推荐和个人自荐相结合的原则，从中挑选出或品学兼优，或有一定的经验，或在某些方面有专长的学生，按学长的不同特点、优势建立资源库，方便后期工作的开展。一般来讲，学长导师选拔需要遵循几个基本的原则。

1. 自愿原则

在校就读大三、大四年级学生，有的忙于毕业论文，有的忙于寻找工作，还有的可能在准备复习考研。他们能够自由支配的时间非常有限，在忙碌之余能够参加学长导师制帮扶项目的同学，必须有极强的奉献精神，自愿参与，否则，必将影响导师制实施的实际效果。

2. 择优原则

导师制的具体实施需要选拔出来的学长通过团队协作、精心的课程设计，有针对性地满足学弟学妹们的个性化的需求，这对个人素养及能力要求极强。所以，选拔的学长导师必须是品学兼优的学生。另外，选拔出来的学长由于其辅导对象是中学生，后者的人生观、价值观正是成形的关键时期，所以他们必须是思想积极上进，有着坚定的人生信念的同学。

3. 沟通及协作能力强

由于所面临的对象是学生群体，学长导师必须有很好的沟通协调能力。沟通协调，既是学长导师制团队内部的交流与沟通，也是与中学对接班级的老师及学生进行沟通和协调。学长导师选拔组团之后，彼此之间在任务分工、课程设置等等诸多方面，需要团队之间的沟通协调才能让团队的效率提高。导师制实施的课程设置，必须与对接的班级老师及学生进行沟通，了解他们的实际问题和精准需求，才能做到有的放矢，精准施策，提升学长导师制的实际效果，所以学长导师必须具有很强的沟通协调能力。

4. 专业特长要多样性

遴选的学长导师，由于是以组团的方式进入中学的，帮扶的群体可能是单个学生，也有可能是一个群体，所以这需要在遴选及组团的时候，考虑其专业特长的多样性，这样在实际辅导的过程中，才能做到优势互补。

（二）学长导师团队组建方式

在优秀学长选拔出来之后，根据学长的专业特长分类别建立学长导师资源库。一般情况下，学长导师制的实施在大学由专门的机构进行统一管理，同时统一归口对接高中德育部门。通过与高中德育部门的对接，与相应班级班主任沟通交流，了解班级对学长导师的具体需求，再根据需求，在导师资源库中，挑选合适对口的导师，有针对性地组建导师团队。对团队成员的考量要从以下几个方面着手：首先，团长作为导师团的核心，必须由有担当且协调组织、沟通能力强的学长担当。这样，导师团队在后续的工作中，才有执行力，才能出成效。其次，导师团的成员应该包括善于活动组织的、善于心理干预及辅导的、善于沟通交流的、有运动及艺术特长的。

（三）学长导师团培训

学长导师团的培训对于明确工作内容、落实工作任务、提升工作策略、促进工作效果，都有非常重要的意义，必须给予重视。但是学长导师团毕竟还是在校的大学生，有自己的优势，也有非常明显的短板。在面对高中学生的过程中，他们虽然能够利用自己的经历给后者带来一定的影响，但是在具体的实施过程中，他们能够依靠的也只有自己的人生阅历和经验，这会给导师制实施的实际效果带来很大的负面影响，所以针对学长导师团的培训必不可少。首先，要根据导师团的任务需求明确要培训的内容。一般来讲，培训的内容会分为通识性知识培训和个性化知识培训。通识性知识培训含有管理学知识、心理学方面知识、教育学方面知识、沟通能力与技巧、团队协作能力、应急事件的处理、基本的团队辅导组织技巧等等。个性化知识培训主要是基于辅导对象的需求所做的针对性的技能培训。总之，培训内容一定要基于需求而定。其次，培训的老师选择很关键。大学的导师可以，有社会经验的各界精英可以，最重要的是一定要有中学资深的班主任及老师，因为后者更加了解中学生的需求，了解中学生学习发展的痛点。这样，在培训的过程中，才能直指痛点，做到有的放矢。

（四）学长导师团工作实施评价与保障

学长导师团的工作在实施的过程中，如果没有跟踪反馈、精准评价以及制度保障，很容易做得形式化，难以形成持续的动力。因此，在实际操作过程中，要提前进行制度建构及设计，一方面保障导师团工作的实效性，另一方面，为学长导师团工作注入活力，保障导师团工作的积极性。首先，大学可以把学长导师团的工作纳入学生选修学业课程中去，参加的学生可以获得相应的学分。而中学也可以适当地给予学长导师一定的报酬作为回报补助。其次，建立学期考核机制，每学期组织一次学长导师团的考核。考核可以以问卷调查的方式，对导师团对接的高中学生、班主任、科任老师等进行调研，形成考核结果，对于不合格的学长导师进行淘汰，优秀的给予表彰。最后，定期组织座谈，了解学长导师团工作中面临的困难，及时给予解决。

三、大学学长导师制在电子科大实验中学的实施

为了深入研究大学学长导师制促进高中生学习发展的具体实效，笔者以电子科技大学实验中学学生作为研究对象，从学长导师团进入中学，开展具体的课程开始，通过问卷调查、观察以及访谈的形式，对研究做跟踪调研，根据实施反馈的情况，进行分析总结，找到大学学长导师制促进高中生学习发展的实施路径。

（一）前期准备工作

电子科技大学实验中学作为电子科技大学的附属实验中学，与电子科技大学同根同源，其管理及资源的一体化给本研究的实施带来了很大的便利。大学学工部与中学德育处对接共同成立了专项工作落实小组，讨论制定了具体的实施方案，明晰了学长导师的选拔方式、团队组建方式、导师团培训内容以及评价与保障措施。最后，根据导师团组建选拔原则，在电子科大自愿申请的优秀学长中，选拔组建了5个导师团队。在自愿申请的电子科大学生中，其实各个学段的都有，但是考虑到项目实施的延续性和实施之后的任务量，最终选择了大二的学生。随后，在中学德育处的衔接下，在高一年级中，分别对接了五个班级，由于采用的是纵向对比研究，所以班级的选择及导师团的分配采取了随机的方式。为了更好地了解高中班级的学生现状和需求，以便精准地设计导师团课程，导师团同各班班主任一起，通过调查问卷的方式，收集了五个班学生对学长导师团的具体期待。

问卷的话题就一个：你对学长导师团的期待是什么？

导师团对收回的 245 份回答进行了梳理后，具体呈现的回答如下：

1. 帮助解决学习中遇到的问题；

2. 提供学习方法指导；

3. 提供应试技巧指导；

4. 如何坚持学习；

5. 如何克制欲望和惰性；

6. 面对现实和理想追求，如何抉择；

7. 高考注意事项、志愿填报技巧；

8. 都是通过高考走过来的，同样的经历分享；

9. 了解大学的真实生活，而不是停留在"大学生活很美好"的认识上；

10. 谈心，谈深刻的话题，但是要找对合适的人；

11. 怎么在高中处理好人际关系；

12. 交友，与智者为伍；

13. 交流生活中遇到的困难；

14. 未来职业发展规划；

15. 树榜样，激励自己奋发图强；

16. 大学里的生活经验及人生感悟；

17. 未来人生的规划；

18. 了解大学的专业设置；

19. 大学里区别于高中的重要素养；

20. 如何平衡学业与社会实践；

21. 通过了解大学生活，想知道现在的努力是不是值得；

22. 就业方面的经验；

23. 高中要具备什么能力，才能为大学做好铺垫；

24. 如何平衡学业和娱乐时间；

25. 也许会分散注意力；

26. 也许会失去对大学生活的美好向往。

通过对学生问题回答的分析发现，学生对学长导师的项目还是很期待的。其关注的重心主要在学习动机（为什么学）、学习策略（怎样学）、学习品质（如何克服学习中遇到的心理及精神上的挫折和困难）等问题上。

（二）课时保障和课程设计

1. 课时保障

在了解了学生的需求之后，结合学长导师自己的高中经历和他们对学习发展的理解，进行相应的课程实施设计。电子科大实验中学由于是寄宿制学校，学生周日下午返校，晚上开始上自习。所以，学长导师团的课程实施时间分作两块：其一是固定时间，周日晚，这个时间段主要实施规定动作，即预设好的课程设计；其二是机动时间，根据学长及高中对接班级学生的需求临时联络，这种方式主要以谈心以及一对一、一对多、多对多的沟通交流为主。

2. 课程设计

（1）通识课程

旨在提升学习动机类的课程。根据学生问卷反馈可以看出，学生对未来大学专业的选择、人生及职业规划等各方面关注度较高，说明学生对这方面的需求是较为急迫的。导师团首先根据高中生不同阶段的特点开设了职业规划类课程，利用导师团成员及在大学的导师资源，通过主题班会、茶话会、学长面对面、讲座等形式引导学生根据自身的特点制订合理的人生规划，明白人生的意义，树立奋斗目标，促进学生内在动力的提升。其次，为了帮助学生认清学习的价值和意义，避免他们受到社会一些不良风气的影响，导师团与学生综合实践活动课程相结合，定期组织对接班级参加社区服务，帮扶贫困家庭，参加寒暑假大学志愿团队组织的贫困山区支教活动，引导对接班级学生形成正确的价值观和人生观。再次，针对部分由于长期经历学业失败，得不到成功的体验，久而久之形成了无助感，对自己的能力感到怀疑，觉得即使再努力也无济于事，进而在学习活动中放弃努力的学生，导师团组织一对一定点帮扶，引导这些学生进行正确归因，使他们认识到学习失败不是由于能力低下，而是努力不够或者方法不当，只要采取合理的方法，循序渐进，努力拼搏，就一定会战胜困难，取得良好的成绩。

旨在提升学习策略的课程。在调查问卷中，很多学生提到了诸如如何解决学习中的问题、如何提升学习及应试技巧、如何平衡学习与娱乐的时间分配等诸多问题。针对这些情况，导师团通过主题活动、经验分享、座谈讨论、问答等形式，帮助学生科学拟定学习计划、提升应试技巧、合理科学规划时间，甚至还和对接的班级学生一起分享具体到某一科该如何预习、如何做笔记、如何听课、复习等等。

旨在提升学习品质的课程。中学班级在对导师团的期待中提出了诸如如何坚持学习、如何克制欲望和惰性、面对现实和理想追求如何抉择、怎么在高中处理好人际关系等问题。这其实体现出来的是一种心理和精神状态，学生对学业、生活中遇到的困难和未来的发展会出现迷茫、不良的情绪，有时候甚至会选择逃避。对于这种情况，导师团与大学及高中心理中心进行对接，通过心理讲座、团队辅导、班会课以及座谈、对话、沟通交流的方式，分析学生情绪状态，引导学生进行情绪调节。同时，发挥同龄人及过来人的优势，与学弟学妹分享自己的成长经历，让他们意识到，学习是一项艰苦的工作，只有长期不懈地努力奋斗，才能收获最终的成功。

（2）个性辅导

在学长导师制的实际实施过程中，中学生对于学习发展的诉求以及遇到的问题和困难，不可能是一成不变的，一定会呈现出多元化、个性化的特点。所以，这就要求学长导师团对中学生个性化的需求有充分的认识和准备。虽然大学与中学相隔较近，但是由于时间的不对称，导致许多个性化的需求难以得到有效的解决。学长导师团主要还是通过面对面交流或者咨询的方式，力所能及地帮助解决高中学生在学习发展上的个性化需求。

四、调研与总结

为了更好地跟踪调研学长导师制在对接班级实施的情况，笔者在周日晚学长导师团进班开展课程的时间，进班进行活动及课程实施的观摩活动，分别从学长导师团开设的课程安排、时间长短、课程目标、实施情况、实施效果，以及学生在活动实施过程中的参与及专注程度进行跟踪观察。发现学长导师团准备充分，课程目标设计非常有针对性，实施的方式多样，绝大多数学生参与课程的积极性较高，实施效果比较良好。

通过在学期末对高中对接班级部分学生的访谈，发现通过学长导师制的实施，受访学生普遍对自己的大学专业选择有了方向、对未来职业规划有了一定了解，并明确表示自己对未来的奋斗目标更加清晰了。在学习方法及学习策略方面，受访学生表示通过学长的对接辅导，自己对高中学科的学习，有了更清晰的思路。同时，由于学长都是同龄人，他们也经历了高中的学习和高考，通过他们人生成长经历的分享，以及平时的沟通交流，高中学生的心理及情绪状态更加稳定，学习品质有了提升。在期末学科调研考试中，明显地见到了学习绩效的提升。

五、研究结论

（一）研究成果

通过对文献和大学学长导师制在电子科大实验中学的实施情况研究，主要得到以下结论及研究成果。

大学学长导师制在中学的实施，能为大学学生提供实践锻炼、提升自我的平台，能有效促进大学学生综合能力的提升，丰富大学课程的设置，具有极高的实践意义。

大学学长导师制在中学的实施，可有效促进高中学生学习动机、学习策略、学习品质的提升，从而提高学习绩效，促进高中生学习发展。

通过实践研究，进一步探索了大学学长导师制促进中学生学习发展的路径，从导师的选拔、组团、培训、管理、课程设计与实施、对接方式与保障等诸多方面，形成了一套相对固定的操作办法，具有实践的价值。

（二）问题和不足

通过对实践过程及结果的调研与访谈，发现大学学长导师制在中学的实施还面临诸多的困难和不足，有待未来深入研究和完善。

大学与中学的对接通道，存在一定的限制。电子科大实验中学是电子科大的附属实验中学，其管理的一体化为导师制在中学的实践带来了极大的便利。但是，其他中学要与大学进行这样的对接和实践，相对会有更多困难。

大学学长导师团虽然经过一定的培训，但是还存在人生阅历、知识经验等诸多短板，在对接班级进行课程实施的过程中，对应急的突发状况应对比较困难。

大学与中学时间及作息的错位，为大学学长导师制在中学的实施，带来了诸多的不便。

大学学长在课程实施过程中，随着推进的深入，如何维持他们的积极性也是一个问题，毕竟他们要学习、考研、找工作等等。

大学学长导师制在中学的实施，能在很大程度上促进高中学生学习发展，提升他们的综合能力。但是，我们要分清高中学生学习发展因素中的主次关系，起决定作用的仍然是正常的教育教学，导师制的实施是学生学业发展的有益补充。

新时代背景下小学劳动教育校本课程开发实践研究
——以成都东部新区三岔湖小学校为例

成都东部新区三岔湖小学校　周　萍

劳动教育是中小学教育的重要组成部分，是全面贯彻落实党的教育方针、实施素质教育和提高学生总体素质的基本实践途径，而小学劳动教育校本课程开发是小学施行劳动教育重要的一环。笔者以所在的成都东部新区三岔湖小学校（简称"学校"）为例对新时代背景下小学劳动教育校本课程开发的策略进行了研究。

一、学校劳动教育现状分析

2021 年 4 月，学校在全校教师及各班随机抽取的 20 名学生中进行了"学校新时代背景下劳动教育课程现状"问卷调查，学生线下问卷回收率 95.7%，教师回收率 100%。从收回的问卷情况分析，学校进行新时代背景下劳动教育校本课程开发的研究还存在以下问题。

（一）学校新时代背景下劳动教育校本课程内容未成体系

学校劳动教育仍停留在传统的以肢体性劳动教育、服务性劳动教育、实践性劳动教育为主的教育内容上，没有完全契合时代发展趋势和区域发展需求，缺少劳动教育特色，没有形成劳动教育课程体系。

（二）学生劳动意识、劳动技能有待加强，正确的劳动价值观和高尚的劳动品质尚需进一步加强

在针对学生的问卷中，涉及了学生劳动意识的四个问题，其中，57%的学生认为"劳动教育重要"，41%的学生表示"会主动参加劳动"。其中，以中年级学生为主，27%的学生认为"劳动会和学习冲突"，19%的学生喜欢"动脑＋动手的劳动"。（见图2-10）部分学生主动劳动的意识相对淡薄，加之家长的一味溺爱，很多学生劳动能力水平不高，抗挫力较弱，拈轻怕重的思想还较为普遍，创新劳动手段的能力亟待提高。

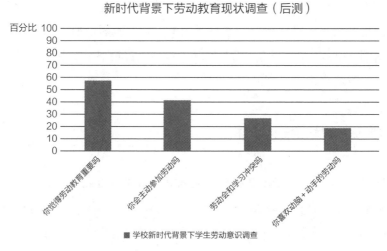

图2-10　学校新时代背景下小学生劳动意识调查分析表

（三）教师的劳动教育方式还比较传统，亟须更新

从调查结果分析，73.5%的教师没有突破传统劳动教育思维模式的禁锢，在教学设计、教学方式上还因循守旧，不能满足新时代、新区域和学生发展需求。在问卷中，23%的教师以讲授为主要教学方式，35%的教师以讲授＋示范的方式进行教学，27%的教师以讲授、示范＋学生动手操作为主要教学方式，以上三类教学方式都没有摆脱传统劳动教育方式，不能发挥教师的引导和学生的自主性。问卷中，仅有15%的教师鼓励学生自主实践，教师主要发挥劳动指导和示范作用。（见图 2-11）可见，多数教师的教学意识亟须转变，教学方式亟须更新。

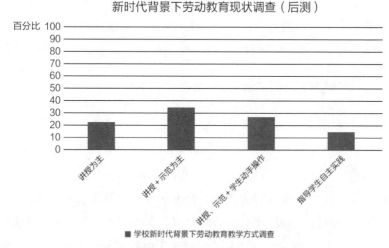

图 2-11　学校新时代背景下劳动教育创设情况调查分析表

（四）学校创新发展、特色化发展还不明显

学校办学历史悠久，文化积淀深厚，地处成立于 2020 年的成都东部新区，挑战与机遇并存。从调查结果看，有 72.3% 的教师没有意识到学校特色化发展的重要性。学校虽坚决落实新时代背景下的劳动教育，以真正实现以劳树德、以劳启智、以劳健体、以劳育美，但还没有将劳动教育与国际理解教育接轨，没有与时代接轨。

（五）未形成完备的新时代背景下小学劳动教育校本课程实施评价体系

为使学校新时代背景下小学劳动教育校本课程实施有评价作为支撑，构建完备的新时代背景下小学劳动教育校本课程评价体系迫在眉睫。

二、新时代背景下小学劳动教育校本课程开发的研究思路、方法与措施

学校经过实践研究，对已有材料进行归因分析、融合与传承，探索新时代背景下小学劳动教育校本课程开发的路径，构建新时代背景下的小学劳动教育校本课程体系，形成具有学校劳动教育特色的劳动教育校本课程。

（一）整体架构，构建完善的劳动教育支持系统

1. 制定劳动教育方案，将"劳动教育"纳入学校的课程计划

学校制定了《劳动教育实施方案》《劳动教育校本课程实施方案》《"思源农场"建设方案》等，为劳动教育的开展提供依据。

在严格遵循国家课程的基础上，在使用教育部统编劳动教育读本进行每周一节的分段教学的基础上，结合区域、学校特色，以"快乐劳动课程"为主题，从校内农场劳动、校内科创劳动、校外家务劳动、校外劳动基地劳动、社会实践劳动五个方面进行"快乐劳动"校本课程的深入研发和实践。"快乐劳动"校本课程各年段劳动教育目标及内容见表2-11。

表2-11 学校各年段劳动教育目标及内容

年段	劳动教育目标	劳动内容	备注
低年级	通过参加一些简单的劳动和游戏性的劳动情境，让学生获得一些基本的劳动技能，培养学生基本的审判情趣和动手能力，让学生在劳动中体验自立、自理的乐趣。	1.学会整理课桌、书包，检查自己的学习用具，收拾书柜，自己穿衣穿鞋、洗内衣裤等； 2.观察植物生长并用语言进行简单描述等； 3.开展集体劳动竞赛活动。	
中年级	1.通过劳动教育培养学生不怕吃苦、积极向上的精神； 2.以校外"光荣苗圃"实践基地为依托，参加校外劳动实践，增强学生的环保意识和尊重劳动、崇尚劳动的意识，加强学生的养成教育，培养学生具备正确的劳动观念。	1.自觉做好个人、班级卫生，初学烹饪，养成良好的劳动习惯； 2.参加校外劳动基地实践，自觉爱绿、护绿，保护生态环境； 3.开展集体劳动竞赛活动。	

续表

年段	劳动教育目标	劳动内容	备注
高年级	1.以学校"思源农场"建设和校外"光荣苗圃"实践基地为依托，让学生了解农村劳作生活，体验劳动的艰辛与乐趣，增强尊重劳动、崇尚劳动的意识； 2.以学校团体劳动竞赛为途径，培养学生的合作意识、吃苦耐劳精神。	1.组织学生参加学校"空中农场"建设和校外"光荣苗圃"实践基地活动； 2.自觉参加家务劳动，学习烹饪； 3.开展集体劳动竞赛活动。	

2. 在校园环境创造中营造劳动教育氛围

营造劳动教育氛围，精心设计"劳动教育"长廊、班级"植物角""智造角"等，充分利用学校、班级可利用的每一个地方、每一面墙壁、每一个角落，彰显劳动教育元素。

3. 完善劳动教育评价体系，落实评价机制

学校自创劳动教育实践内容，拓展劳动实践途径，结合学校教育教学研讨活动，整合少先队活动，分年段分解学生劳动教育目标，从劳动认知、劳动情感、劳动习惯、基本劳动能力、劳动态度五个维度对小学生的劳动基本素养进行评价，把学生劳动素养作为衡量学生全面发展的基本内容，评价结果纳入学生素质报告手册，注重评价结果在学生评优、评先中的使用。

设置"学校劳动教育特色奖章"（见表2-12），从校内劳动、家务劳动、社会实践劳动、创意劳动4个方面设置奖章，分年段制定特色奖章内容，设计奖章徽章，并配套设计"争章方案（试行）"（见表2-13），从达成目标、达标要求、指导要点、争章内容及步骤等几个环节对学生进行考核评价，以评促创。

表2-12 学校劳动特色奖章

分类	年级					
	一年级	二年级	三年级	四年级	五年级	六年级
校内劳动	清洁章	学习章	学习章	互助章	服饰创作章	班级美化达人章
家务劳动	择菜章	整理章	清洗章		美化居室章	理财达人章
社会实践劳动	\	\	敬老章		植树爱草章	环境宣传达人章
创意劳动	废物利用章	创意手工章	创意智造章		创意文学章	360度创意达人章

表2-13　学校"创意手工章"争章方案（试行）

类别	创意劳动	奖章名称	创意手工章
年级	三年级		
达成目标	指导学生进行手工创意改造，提高学生的创新意识、创新能力。		
达标要求	独立构思并完成一件创意手工作品。		
指导要点	教给学生创意思维的方法及手工制作通用技巧。		
争章内容及步骤	习得基本的手工制作技能→习得手工创意思维方法→规定时间内自主独立完成一项创意手工作品→作品展示，全班学生参与打分→分数达80分以上为优秀，获得"创意手工章"。		

4. 强化劳动教育经费、安全、后勤等保障

健全经费投入机制，提前做好预算，配发相应的研究经费，保障资金到位；制定劳动教育安全预案，进行师生、家长的劳动安全培训，定期检查、维护校内劳动教育设备实施，加强"思源农场"管理，多方面强化校内外劳动教育安全保障；做好劳动工具购买、配发，适时添置劳动教育设备设施等，确保学校劳动教育后勤保障到位。

（二）创新劳动教育校本课程教学方式

1. 跨学科项目整合式教学

根据各学科的学科素养、教材内容、教法特点的个性与共性，深入挖掘教材内涵，找准"劳动教育＋学科"整合点，将课堂教学与校内外劳动教育活动有机结合，进一步深入开展劳动教育。

如整合"劳动教育＋语文"，在语文教学中渗透劳动教育。部编版语文教材三年级下册第四单元习作《我做了一项小实验》一课中，教师结合习作内容，提前布置学生发现问题，使之回家收集实验素材并和家长一起进行实验操作，让学生在动手搜集素材、实验中明确习作要求并主动动手实践，利于培养学生的劳动实践能力和动脑、动手能力，让学生在实验中学到语文知识、习得劳动技能。

2. 分年段主题实践式教学

分年段以日常生活劳动、基地劳动和服务性劳动为主要内容开展劳动

教育。（见表2-14）低年段（一、二年级）注重劳动意识的启蒙，中、高年段（三至六年级）注重卫生、劳动习惯养成。

表2-14　学校各年段劳动教育目标及内容

年段	劳动教育目标	劳动内容	备注
一、二年级	通过参加简单的劳动和游戏性的劳动，让学生获得基本的劳动技能，培养学生动手、动脑能力。	整理课桌、书包、检查自己的学习用具、收拾书柜、自己穿衣穿鞋、洗内衣裤等。	
三、四年级	1. 培养学生不怕吃苦、积极向上的精神； 2. 参加校外劳动实践，增强学生的环保意识、尊重劳动的意识。	1. 自觉做好个人、班级卫生； 2. 参与校外劳动实践。	
五、六年级	1. 以"空中农场"建设和"光荣苗圃"为依托，让学生了解农村劳作生活，体验劳动的艰辛与乐趣，增强尊重劳动、崇尚劳动的意识； 2. 以学校团体劳动竞赛为途径，培养学生合作意识、吃苦耐劳精神。	1. 参加"空中农场"建设和"光荣苗圃"实践活动； 2. 开展高年段学生集体劳动竞赛活动。	

3. 科创社团教学

整合学校"乡村少年宫"社团和学校特色社团开展科创社团教学，主要包括：机器人组装社团、科技+手工制作社团、劳动工具改造社团、创意文学社团等。科创社团是在传统科学、传统劳动工具、传统手工、传统文学的基础上进行创新，融入符合时代元素、区域发展、学校发展、学生发展的创意性内容，提高学生的学习、动脑、动手、创新能力。（见图2-12）

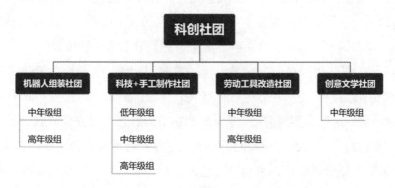

图2-12　学校劳动教育校本课程"科创意社团"构架图

（三）整合教育内容，开展劳动教育"六个一"主题劳动

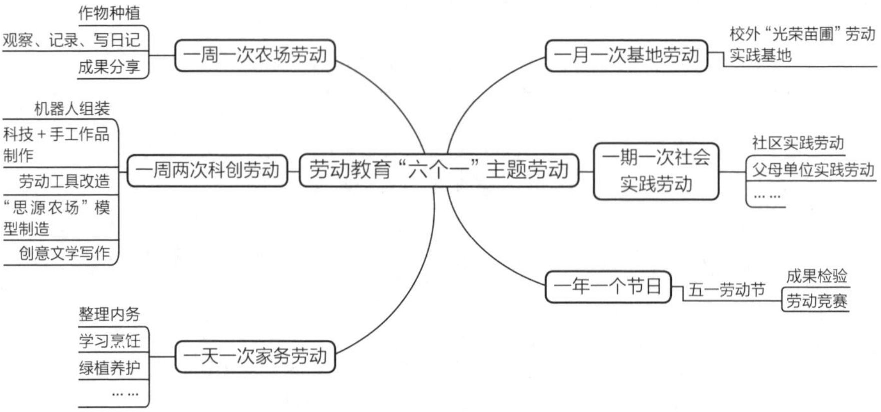

图 2-13 学校劳动教育"六个一"主题劳动架构图

开展"六个一"主题活动（见图 2-13）："一周一次农场劳动、一周两次科创劳动、一天一次家务劳动、一月一次基地劳动、一期一次社会实践劳动、一年一个节日。""一周一次农场劳动"分年段分班错峰进行，让学生从选种、播种、施肥、除草、观察、采摘、义卖、加工中感受劳动的乐趣，增强劳动意识，提高合作能力和感恩意识。"一周两次科创劳动"以每周两次的社团活动为途径，分年级开展各类创意劳动，如：机器人组装、科技＋手工作品制作、劳动工具改造、"思源农场"模型制造、创意文学写作等，并把成果应用到学校"思源农场"建设和班级建设中，提高学生动脑、动手、创意实践的能力。"一天一次家务劳动"让学生每天回归家庭劳动，主动参加家务劳动，掌握整理内务、烹饪等基本生活技能；"一月一次基地劳动"以年级为单位，在学校统一安排下错峰错时到校外劳动实践基地"光荣苗圃"参加劳动实践，培养学生爱绿、护绿、珍惜劳动成果的意识。"一期一次社会实践劳动"是家长利用节假日在确保安全的前提下带领孩子走进社区、医院或父母单位，做一些力所能及的劳动实践体验活动，如为医务工作者献爱心，帮助独居老人打扫卫生、号召社区捐助贫困儿童等。"一年一个节日"利用五一劳动节进行"思源农场"、家务劳动成果检

验，分年段、分主题开展劳动竞赛，全方位展示学生的劳动成果，以赛促培。以上活动均按照"分年段、分主题、分内容"的原则进行。

（四）构建新时代背景下小学劳动教育校本课程体系

基于"思源农场"构建的"快乐思源课程"，包括快乐种植、快乐成长、快乐分享。（见图 2-14）其中，快乐种植是让学生体验种植农作物的快乐；快乐成长是让学生在观察、测量、写观察日记、记录成长档案等活动中感受劳动的成果和乐趣；快乐分享是将收获的农作物进行义卖、捐助学校贫困学生，或把收获的农作物进行加工、分享劳动果实，在分享中学会感恩，获得幸福感。

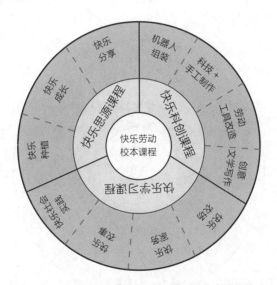

图 2-14　学校新时代背景下"快乐劳动"校本课程体系

"快乐科创课程"是基于"传统课程＋社团活动＋科创活动"的课程整合，包括机器人组装、科技＋手工制作、劳动工具改造、创意文学写作等。其中，机器人组装、科技＋手工制作是在传统机器人、手工作品制作中将生活中的余料进行再加工；创意文学写作是借助学校文学社团，在文学写作的基础上加上科创内容，创作出融科技、文学、幻想于一体的文学作品。

　　"快乐学习课程"是让学生在校内外劳动中感悟、分享劳动的快乐，包括快乐农场、快乐家务、快乐农事、快乐社会实践等。

三、构建小学劳动教育校本课程开发的基本路径

　　小学劳动教育校本课程开发的基本路径：整体架构，构建完善的劳动教育支持系统（制定方案，将"劳动教育"纳入课程计划，营造劳动教育氛围、完善劳动教育评价机制，落实后勤、经费、安全等保障）→创新劳动教育校本课程教学方式（跨学科整合式教学方式、分年段主题实践式教学方式、科创社团式教学方式）→构建快乐劳动课程（"快乐学习课程""快乐思源课程""快乐科创课程"）。（见图 2-15）

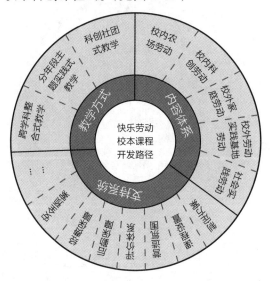

图 2-15　学校新时代背景下"快乐劳动"校本课程开发路径图

　　学校持续两年的新时代背景下小学劳动教育校本课程开发的实践研究，提高了学生的劳动意识、创新意识和劳动素养，助力教师更新劳动教育观念，转变劳动教育方式，使学校形成了契合时代发展的劳动氛围，推动学校特色化发展。

第三篇

教师专业成长

指向教学设计能力提升的新教师校本研修策略研究

——以成都高新滨河学校初中道德与法治新教师为例

成都高新滨河学校　李亭亭

一、问题的提出

（一）教学设计能力是教师教学专业能力中的基本能力

教学设计能力是教学能力的核心，是教师在综合考虑学情和学科内容的基础上，对教学目标、教学进程、教学方法和教学组织形式等方面进行总体设计的能力。可以说教学设计能力是教师专业化的重要体现，是教师的基本能力，它直接影响学校教学质量和学生发展。

（二）新任教师职业初期最为关键的是掌握教学设计能力

大部分新教师由于缺乏教学经验，教学设计能力有待提高，主要表现为对学情分析不够准确、对待不同学生的教学方法和策略不够灵活、课堂组织和控制能力有待提升、对学生的评价和反馈认识不足、对教材课标等资料的处理缺乏科学性等。因此，新任教师在教案编写和教学实践两个方面，都不同程度地出现了理论与实践的分离，造成了大量的照本宣科情况，教学没有设计感，必须要经过专门的校本研修才能逐渐提升。

（三）提升教学设计能力是落实国家相关文件的要求

2011年，《中学教师专业标准（试行）》将教学设计能力作为教师重要的专业能力之一。2018年1月，国务院《关于全面深化新时代教师队伍建设改革的意见》明确指出要"不断提升教师专业素质能力"。

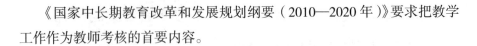

《国家中长期教育改革和发展规划纲要（2010—2020年）》要求把教学工作作为教师考核的首要内容。

（四）开展针对性的校本研修是提升教师教学设计能力的重要手段

学校是教师工作和教师专业发展的主要场域，是教学设计能力提升的基地。尤其是对新教师而言，他们在教学理论、教学研究和专业基础知识上有很大的优势，但是由于各种原因，他们往往难以很好解决教学设计方面的问题。只有通过针对性的校本研修，才能帮助他们切实提高教学设计能力，更好地实现从学生到教师的过渡。但已开展的校本研修存在各种问题，并不能很好地实现教师教学设计能力提升的目标。因此，提升校本研修的质量，使校本研修聚焦教师教学设计能力提升，是成都高新滨河学校急需解决的问题。

二、核心概念界定

（一）新教师

本研究认为，"新教师"是指刚刚从高等院校毕业，取得国家规定的教师资格，已经走上教育工作岗位，且处于正式教学的第1～3年的教师。

（二）教学设计能力

结合学者的研究，本研究的教学设计能力主要指教师在综合考虑学情和学科内容的基础上，以课程标准和学科核心素养为指导，在教学前对活动中各重要组成要素（包括教学目标、教学内容、教学方法和手段、教学过程、教学评价等）进行最优组合的能力。

（三）校本研修

本文把校本研修定义为：以学校为主体开展的，一切以在学校为圆心，却又不囿于学校的地理环境，通过多种方式和手段，促进教师专业发展，提高学校教学质量，推进学生的发展和教育的进步的在职继续教育。

三、滨河学校初中道德与法治学科新教师教学设计能力存在的问题

（一）学习目标的设定缺乏科学性、可检测性

一方面，新教师在设定学习目标时，缺乏对学科核心素养和课程标准的深刻理解和对学情的精准分析，导致教学目标的设定不契合学情和课程标准。

另一方面，新教师缺乏把课程目标转化为教学目标的能力，在教学设计时，往往照搬课程目标的表述方式。

（二）学情分析不够精准

新教师对学生的分析往往基于教学参考资料和与有经验老师的交流，对学生的情况缺乏深入的观察、调查，缺乏与学生之间的深入交流，常常不了解学生已经掌握了哪些内容，或者哪一种教学方式适合学生，导致其设计的活动无法激发学生的学习兴趣。

（三）教材分析不够深入

新教师在进行教学设计时过度依赖指导教师的指导、网络资源、教师用书，缺乏独立思考，没有对教材进行深度和广度的挖掘，不能把教材中的知识结构研究熟悉、研究透彻。尤其是部编版道德与法治教材每年都有新的变化，更需要教师不断加强教材研究。

（四）教学评价未精准对标学科核心素养

在教学评价的设计中，必须体现素养和能力立意，以此促进学生必备

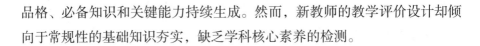

品格、必备知识和关键能力持续生成。然而，新教师的教学评价设计却倾向于常规性的基础知识夯实，缺乏学科核心素养的检测。

（五）教学反思流于形式

持续的教学反思不仅能够提升道德与法治课堂效果，更有助于提升教师的教学设计能力。然而新教师的教学反思往往流于形式。其中有教师工作的内容和压力过大的因素，但归根结底，还是学校和教师态度上的不重视。即便有些反思，也具有局限性和随意性，聚焦于教师的主观感受，少有对学生课堂感受的沟通与交流。

四、滨河学校新教师校本研修中存在的问题

（一）针对教学设计能力提升的校本研修课程缺乏系统性

学校的校本研修课程涉及教育科研、教育法律法规、课堂教学能力、国家课程的校本化实施、教师经验交流、班级管理、自主研修等方面。但囿于学校新教师的学科结构及人员构成，在集中的校本研修课程中，没能对某一学科的教学设计进行深入的、序列化的课程建构。提升各学科新教师教学设计能力的任务主要由学科组承担。这导致各学科的教师发展差异较大。例如，学校把政、史、地、生、信、科、心理等 7 个学科教师归为综合教研组；教研的方式往往是各学科教师轮流上公开课；教研时往往不能聚焦学科问题，更不能实现学科研修的序列化。因此，我们必须考虑整合资源，从学校层面推进各学科新教师教学设计能力的培养。

（二）同伴互助机制有待进一步完善

师徒结对、教研活动、集体备课是基于同伴互助的重要研修途径，能为新教师提供直接的教学帮助和有益经验。但我们发现，这种同伴互助对新教师专业能力的提升往往会受到多方面因素的影响：同伴之间的交往生

态、发展意愿、工作任务等。各种主客观因素交织，导致同伴互助不尽如人意。例如，道德与法治学科4名教师，由于兼职工作的原因，分别在不同的办公室，相互之间见面的机会较少。要促进同学科教师的专业交往，需要从制度和机制层面加强对同伴互助的保障和评价。

（三）研修资源还有待进一步丰富

滨河学校教师整体比较年轻，学校35岁以下的青年教师在全校教师中占59.18%。区市级名优教师较少，学科分布也不均衡。例如，道德与法治教师经验缺乏，仅1名教师是成都市骨干教师；学校开展校本研修的资源不够，需要进一步开发区域内的优质研修资源，为新教师的发展搭建更优质的平台。

五、初中道德与法治新教师教学设计能力提升策略

（一）校本研修内容序列化，为新教师搭建教学设计的脚手架

初中道德与法治课从初中学生的生活经验出发，以学生在与他人、集体、社会、国家以及全世界关系中的个体发展为线索，以培养社会主义合格公民为中心，遵循生活逻辑，整合道德、心理、法律及国情方面的知识，形成了三年六册各个单元的学习主题。这三年的内容是循序渐进、螺旋上升的。如果新教师对教材没有深入研究，就很难把握这些内容之间的逻辑关系。在实际操作中，新教师可能会把后面的内容提前讲，反而使学生没有学透。

为了解决新教师教学设计的研究内容缺乏整体规划、缺乏序列性等问题，我们借鉴了区域的学科研修经验，通过序列化的"大单元教学设计"研究开展新教师教学设计能力提升的校本研修活动。

1.理论学习，更新教学设计观念

通过网络研修，学习大单元教学设计的理论，使新教师实现从知识点

到单元的教学视野转变，提升教师的备课站位。以此提高教师站在课程的角度对教材进行整体把握的能力，把学科育人的关键能力、必备品格与价值观念作为教学的目标。

2. 开展针对性研修，突破大单元设计的各个环节

（1）课程标准与学科核心素养专题研修。新修订的普通高中思想政治课程标准以学科核心素养为主线，明确了思想政治的学科育人目标、学业质量标准和人才培养的要求，具有较强的可操作性。在义务教育阶段的课程标准出台之前，我们需要把对高中思想政治课程标准和学科核心素养的专题研修作为新教师培养的重要内容。

一方面，对新旧课程标准进行对比研究，找出道德与法治课程建设的新趋势、新要求；另一方面，加强对课标和核心素养如何落地的研究，明确道德与法治课程的综合性、实践性，不断改进教学理念和教学设计。

（2）教材分析专题研修。针对新教师缺乏对课程的整体把握和深入挖掘的问题，开展基于单元的精准分析教材专题研修。通过基于课程标准和核心素养的单元教材分析，对教材的内容和单元重难点进行精准把握。单元教材分析主要从以下几方面入手：相关课标分析、学科核心素养分析、本单元教材内容及在教材中的地位分析、单元思维导图、单元重难点及突破建议。

（3）学情分析专题研修。合理的学情分析是成功的教学设计的起点。研究学生的身心特点、实际需要、能力水平和认知倾向，为教学目标的设定、教学内容的确定、教学策略的选择等提供依据。

（4）学习目标制定专题研修。针对新教师学习目标设定缺乏科学性和可检测性的问题，开展学习目标的表述与制定的专题研修。首先，研究学习目标陈述的技术；其次，模仿优秀案例的目标表述；最后，结合教材和学情，合理制定目标。

（5）教学内容、教学方法、教学过程、教学评价专题研修。第一，立足教材和时事，融入学科思维方法，确定教学内容；第二，立足内容和学情，注重适宜和创新，确定教学方法；第三，预设与调整相结合，突出价

值行为引导，完善教学过程；第四，关注多元评价，体现学生发展性，构建科学评价体系。

（二）校本研修方式多样化，输入与输出相结合提升新教师教学设计能力

1. 专题培训，任务驱动

学校通过线上和线下的方式组织教师参加专题培训。为进一步提升教师学习的积极性和实效性，我们采取"输出式"的培训方法，以任务驱动提升培训效果，通过前置学习—教师试做—专家讲座—反思修改等环节，让教师带着任务、带着思考、带着问题去学习，效果更为显著。

2. 集体备课，团队"聚生"

在集体备课过程中新教师主动参与，先做好集体备课前的独立备课工作。同时，由经验丰富的老教师在集体备课时带领新教师对教学设计进行研讨、修改，以此促进新教师的成长。

3. 聚焦课堂，实践检验

以课堂教学为主要阵地，通过课例研修，抓住教材研究、教法研究两个重点，在课堂实践中检验教学设计的合理性、有效性。从而使新教师教学设计能力提升落到实处。

学科教研组每学期确定教学研究的主题，通过新教师亮相课、老教师示范课、同课异构等方式围绕主题开展课例研究，让课例研究成为提升教师教学设计能力的实践阵地。

（1）新教师独立备课。新教师针对主题、结合教学内容和学生的情况，独立进行第一轮教学设计，形成相关教学设计资料并提交到教研组（备课组）。

（2）确定研究主题。备课组根据研究主题、教学设计，结合课堂观察框架，确定课堂观察点，并制定或选取合适的课堂观察量表。

（3）课堂观察。新教师献课，教师分工对课堂进行观察，并做详实的记录。

（4）课后研修。组织课后讨论，提出教学设计修改意见。通过说课—围绕主题分析—形成改进意见的方式，开展多轮课例研究。直至形成具有较强实用性、可用于其他学校借鉴使用的教学设计、学案、课件、配套练习。

4. 师徒双选，日常指导

学校不采取师徒指派的形式，教科室与教导处只是搭建新老教师结对平台，对于新老教师谁与谁结对，则是由他（她）们双向自由选择。推行去行政化的师徒结对，更有利于师徒之间自主达成结对意愿，实现师父的认真带、徒弟的认真学。学校教科室以"拾级而上"作为结对主题，师徒共同完成课标分析、教材解读、论文写作等任务，师父充分发挥"传帮带"作用，徒弟抓紧并利用好每一次与师父交流的机会与之深入互动交流，最终实现教学相长。

5. 理性反思，迭代提升

反思是新教师成长的重要环节，也是把教学经验提炼、总结、内化的重要途径。学校建立校级课题—区级课题—市级及以上课题的管理机制，确保每一位新教师都有相应的教育教学研究主题，在日常教学中通过常态研究，提升新教师专业水平。通过阵地前移、重心下移、项目推动、重点培养的方式，发现和点燃新教师研究的意愿，培养新教师研究和反思的能力。

六、结束语

滨河学校逐步形成了针对新教师教学设计能力提升的校本研修体系：第一，形成了以课标研究、单元教材分析、学情分析、单元学习目标的表述与制定、教学内容、教学方法、教学过程、教学评价研修等为主的序列化的大单元教学设计研修内容体系；第二，形成了专家讲座、任务驱动，团队研究、集体备课，课例研究、实践检验，师徒双选、日常指导，常态研究、理性反思等校本研修策略。

　　新教师的教学设计更为规范、科学，逐步形成了新教师专业成长的良性生态和学习共同体，但也还有值得进一步完善的地方。例如要加深与区域教科研机构和大学之间的合作和联系，要进一步完善教师专业发展评价体系等。我们将继续深入研究，抓住教学设计能力提升的牛鼻子，实现课堂教学减负、增效、提质。

中学新任教师教学能力提升的路径研究

——以成都高新区 Z 片区中学数学学科为例

成都高新区教育文化和卫生健康局　邓小林

一、选题的缘由

（一）教学能力的提升是新任教师职业专业化的必由之路

1966 年，联合国科教文组通过了《关于教师地位的建议》，在其中明确提出："教学工作人员必须是一种专门的职位，教师需要通过严格地学习和不断地坚持，能够收获专业的知识和技术并且保持。"教师职业作为专门的职务，指教师作为进行教育教学管理工作的专门技术人员，其专业化内容得到了进一步的规范。1996 年，在第四十五次国际教育大会上，联合国国际教科文组织再次提出，提升师资战略地位的最有前途的长期政策措施，是促进教师专业化。教师职业专业化的重要意义，又一次被强调。通过国际上提出的建议可以看出，教师的专业水平是影响教育效果与质量的重要条件。教师必然要提升自身专业水平，最终使得整个教师队伍的专业素养有所提升。

（二）提升教学能力可为新任教师专业发展打下基础

新任教师正处于由学生到教师这一社会角色转换的适应阶段，这一阶段也是其职业生涯的起点，是其成熟和发展壮大的关键时期。大部分新任教师都是刚踏出高校大门的学子，他们也许具备较为全面、较为丰富的教学知识，但是在实践经验上常常不足，很容易出现教学理论知识和实际脱节的问题，导致无法胜任教学岗位。尽管新教师的发展也并非一蹴而就、一帆风顺，因为他们发展需要经过一段漫长的学习过程，但由于初期工作的不成功或者失败的教育经历往往会导致新任教师产生巨大的受挫感，甚至遭受现实的打击，怀疑自身的职业选择，再加上这一时期新教师正经历着职业梦想和教育实际的冲突，新任教师被要求适应学校环境、处理好师生关系、完成自我的角色转换，同时还面对各种考验和问题，所以，培养他们的教育才能，克服教育教学的困惑也就尤为重要。同时，由于这一时期的教师对职业满怀憧憬，对教学环境满怀向往，对本职工作也富有热情，因而具有一定可塑性，发挥空间也较大，如能给新教师以适当的引导和充分的支持，新教师便可迅速适应新的工作岗位与环境，从而增加了克服困难、胜任教学工作的勇气，这一良好的开端，也必定会为新任教师的职业蓬勃发展打下了坚实的基础。

二、研究设计

本调查在对中外论文进行整理分析的基础上，设计了成都高新区中学教师教学能力状况调查问卷，选取成都高新区 Z 片区中学 50 名新任教师作为研究对象，实施调查。通过问卷法收集教学能力的现状相关信息，总结中学新任教师教学能力现状存在的问题。然后探究中学新任教师教学能力现状问题产生的主要原因，最后针对这些问题提出具体可行的改进策略。

三、新任教师教学能力发展的现状

针对初中数学教师教学能力组成要素的内容，笔者将初中数学教师教学能力的基础组成要素定义为：数学学科知识运用能力、课堂教学方案设计能力、课程实践能力、课堂评估和反思能力以及综合教学与研究能力等五个要素，并编制问卷对教师教学能力水平进行调查。

本次调查的样本是成都市中和中学的数学新任教师。问卷说明了测试目的，不记名，使教师们毫无精神压力，能够认真、真实地作答。问卷采取网络发放的形式，共回收问卷50份，有效问卷为48份，有效率为96%。

表3-1 中学数学新任教师教学能力均值情况表

维度	均值
数学学科知识运用能力	3.60
课程实践能力	3.83
课堂教学方案设计能力	3.29
课堂评估和反思能力	3.15
综合教学与研究能力	2.86
总能力	3.35

通过表3-1的分析数据可以得出：（1）总能力：中学数学新任教师的整体能力得分是3.35分，说明中学数学新任教师的各项能力平均值在3至4分之间，按问卷等级水平处于一般和比较同意之间，表明新任教师的能力水平偏低。（2）数学学科知识运用能力：中学数学新任教师的数学学科知识运用能力的均值是3.60分，略高于整体的平均值，说明新任教师的学科知识相对比较扎实，也具备一定应用知识于实际的能力，但仍需加强。（3）课程实践能力：课程实践能力的平均值是3.83分，高于整体的平均值，高于其他四种能力，说明新任教师非常重视提升自身的课程实践能力。（4）课堂教学方案设计能力：课堂教学方案设计能力的平均值低于整体分数平均值，位于第三，说明新任教师需要继续学习，加强课堂教学方案设计能力的提升。（5）课堂评估和反思能力：课堂评估和反思能力的平均值低于整体分数，位于第四，说明新任教师在课堂评估和反思过程中未能结合自身优缺点进行改进，优化教学。（6）综合教学与研究能力：课堂教学研究能力的平均值为最低，表明即使新任老师将大部分精力放到课堂上，但对于整体教学质量，教学研究能力还只是停留在比较浅显的阶段，甚至只有一点零碎的教学经验。

四、新任教师教学水平提升策略

（一）教师自修

1. 培养提升教学能力的意识

要提升新任教师的教学能力离不开教师自身的努力，因此新任教师个人应该具备想要提升教学能力的意识。首先，新任教师应该认识到自己正处于职业生涯的第一个阶段，缺乏教学经验是正常的，教师的专业发展是一个长期的持续的过程，新任教师要摆正自己的心态，建立自信心。其次，培养自己想要提升教学能力的意识，树立成为优秀教师的职业理想。教师的自主意识是提升教学能力的内在动力，只有具备这种意识才能够坚定不移的朝着目标前进。反之，如果新入职的教师没有提升自身教学能力的意识，那他的教学能力水平可能会停滞不前，很难有信心、决心和毅力去努力提升自己，这样的教师难以成为一名优秀的教师。

2. 掌握扎实的专业知识，建立系统的理论知识体系

教师要做好教学工作，具备相应的理论知识是基础。与教学经验丰富的"老教师"相比，新任教师在理论知识方面稍显薄弱，所以新教师们需要努力学习基础知识。基础知识不仅包括中学教材基础知识，还有实验知识、教学理论知识。对于初中数学教师而言，学习中学数学知识是基础，一个合格的数学教师就要掌握扎实的初中数学知识，还要能够正确地引导学生进行数学实验，在实验课程中培养学生的自主探索能力和创新精神；教师还需要具有丰富的数学教学理论知识，具备一定的教育教学理论基础，能够解决教学过程中存在的问题。此外，中学数学知识对学习大学数学知识起到了铺垫的作用，将中学知识与大学知识有效连接起来是教师教学的一项重要内容。为避免学生进入大学后对一些知识难以理解，教师不能在毕业之后就忽视了大学数学知识的学习，应及时做好复习，为学生进入大学之后的学习打好基础。

3. 撰写教学日志，养成教学反思的习惯

新任教师必须形成撰写课堂反思日记的良好习惯，通过对课堂过程进行反思能够及时发现课堂中出现的问题，"对症下药"，针对自身的薄弱地方进行改进，能够有效地提升教学能力。反思的过程同时也是改进的过程，在这种过程中教师们不仅可以及时发现自己的课堂问题，还能培养运用多种方法解决问题的能力。有反思才能有进步，因此时刻反思自己，撰写教学日志，养成教学反思的习惯是新任教师们应该做到的。

4. 加强数学教学实践，提高教学实施能力

教学实施能力是在教学实践中不断提升的，由于新任教师缺乏教学经验，因此他们应该认真地对待每一次教学实践的机会，积极参加教学活动，勇于参加教学竞赛，在一次次的实践中不断反思、总结经验，从而提高自己的教学实施能力。

（二）学校教育

1. 夯实学生数学学科专业知识基础

师范院校也应该重视教师在学校阶段对学生数学学科专业基础知识的传授，使学生掌握更加扎实的数学学科专业基础知识，帮助学生深入地理解和认识数学这门学科，使学生具备扎实的专业技能，防止出现教师在步入工作岗位后对一些课题难以深入研究及无法将中学数学知识与大学数学知识相衔接的问题。除必需的教学专业知识以外，高等学校还需要进一步强化学生对高等教育学科中基本知识的了解，让学生能够了解高等教育和心理问题方面的基本知识和教学基础知识，让学生具备一定的教学理论基础，树立良好的教育理念，为之后的教育教学工作打好基础。

2. 开设教学设计相关课程

课堂设计能力也是对教师十分重要的一种能力，只有备好课才能上好课。所以师范院校应重视对学生课堂设计创新能力的训练。可以通过提供教学设计能力训练的教学，系统地传授教学设计的有关理论知识，使学生掌握教学设计的具体方法，使学习者通过撰写教学设计文章来提高自己的

教学设计能力。

3.培养学生教学必备技能

教师们不但要掌握教学基础知识，而且还要掌握其他的教学技能，包括白板书的写作和计算机的运用等。学校也要提供相关培训，包括教授学生如何设计板书，锻炼学生书写板书的能力、帮助学生熟练掌握运用信息技术的技能等，并设置严格的考试制度，使学生在进入工作岗位前就熟练掌握相关技能，而不是等到真正进入教学工作岗位后才开始学习。

（三）教师培训

增强教师在职培训的针对性，在职培训中应当将不同专业领域和不同地区的新任教师分别加以培养，同时还应当着重加大对乡村教师和一线师资的培养力度。首先，通过对新任教师预先进行调研或观摩新任教师的课堂教学来明确新任教师的需求和问题，针对新任教师的需求和有待提升的不同方面的教学能力来安排培训内容，使培训具有针对性、时效性和高效性。

例如，成都高新区 Z 片区中学新任教师按照三梯次培养路径进行培养，合格教师首先进入青年教师成长班，经过短期培训、学历提升以及演讲比赛的环节，对教学能力资质进行针对性的提升。青年教师则由骨干教师领头，参与命题研究、校本课程开发、主题交流、课例研讨等环节，再通过青年教师培训、参与编著并进行教学反思促进教学研究能力的进一步提升。骨干教师不仅要引领青年教师进行命题研究、校本课程开发、主题交流、课例研讨，还要参加省市骨干培训、参与编著等。具体培养方式有参加"三百工程"、赛课活动、集体备课、听课评课、主题研究、专业写作（随笔、反思、论文）、主题阅读、听专家讲座、进行高端培训以及学科培训。通过有针对性的专业发展规划，对教师个人专业能力进行提升。（见图 3-1）

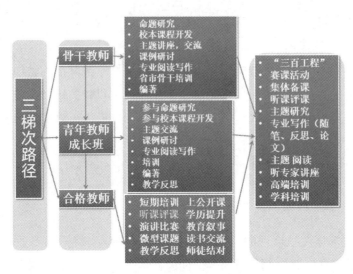

图 3-1　三梯次新任教师培养路径

促进初中语文教师专业发展的个案研究

——以成都高新大源学校初中语文教师专业发展为例

成都高新大源学校　张　桃

一、教师专业发展的问题及产生原因

成都高新大源学校创办于 2006 年，是成都高新区为适应新城南经济发展着力打造的教育教学设施一流的九年一贯制学校。学校现有教师 148人，其中教龄在 6—12 年的有 80 人左右。作为学校的中坚力量，既有从211 和 985 高校引进的新生力量，也有来自人才引进和区内交流的业务骨干。截至 2021 年，从第一批人员引进已过去 15 年，时间较短的已执教 5年。教师从最初的青涩，走向了成熟，部分老师也出现了"吃老本"、专业发展懈怠、工作效率低下等现象。

作为其中的一员，笔者选择了学校 6 名初中语文教师参与调研，包括3 名青年教师、3 名骨干教师。（见表 3-2）针对教师专业发展的问题进行研究，浅析了学校初中语文教师专业发展的问题。

表 3-2　受访者信息

教师	教龄	学历	任教年级
A 教师	23	大　专	9 年级
B 教师	10	本　科	8 年级
C 教师	14	本　科	9 年级
D 教师	6	研究生	8 年级
E 教师	17	本　科	7 年级
F 教师	5	研究生	7 年级

教师专业发展是一个长期而复杂的过程，在这个过程中教师会面对诸多的困难和挑战。通过对研究结果的梳理，发现影响个别教师专业发展的主要因素包括：对内自主发展意识薄弱、实践性探索不足、学情认知不充分；对外专业学习时间欠缺、针对性培训不够五个方面。（见图3-2）

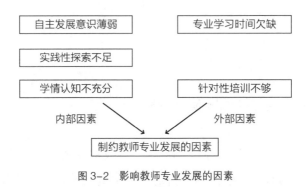

图 3-2　影响教师专业发展的因素

（一）影响个别教师专业发展的内部因素

1. 自主发展意识薄弱

自主发展意识作为教师专业发展的助推器，是影响教师专业发展的关键因素。有学者指出："如果教师自主专业发展的意识越强，那么他对自身发展的责任感也就越大，从而参与自我发展、自我完善的自觉性也就会越高。因此教师的自主发展专业需求和意识既是教师成长的起点，又是教师专业发展的内在动力。"从调查结果反馈，个案中的多数教师对自身专业发展没有清晰合理的目标，仅有空洞的理想或者不成系统的规划，导致自主发展动机不强。

2. 实践性探索不足

陈向明将教师的知识概括为"理论性知识"和"实践性知识"两大类。前者包括教育学、心理学等原理性知识，可以通过自己阅读和参加讲座等方式获得；后者指教师在实际的教育教学活动中表现出的知识，包括个性化的策略知识、情境性知识及教师在根植于实践脉络中使用和表现的知识。笔者认为，实践性知识不是简单地将理论性知识运用到实践的过程，而是需要融合教师个人经验和个性特征，运用在具体教学情境中的知识过程。个案中的 6 位教师都出现了理论与实践的脱节，虽然通过讲座、研讨会等方式习得了一些零散、具有代表性的理论知识和优秀做法，但很难作为长期提高教学质量的手段，"拿来主义"比较严重。

3. 学情认知不充分

教师是引导学生学习、探索自我的重要角色。如何培养学生的语文素养，构建良好的育人生态，应是语文教师专业发展的源头活水。作为一所九年一贯制学校，大多数学生通过小学 6 年的学习，熟悉的校园环境已不能激起他们的兴趣。面对并不陌生的语文学科，他们已有一套自己固定的学习模式。在教学过程中，教师大多只见整体，而忽视了个体的发展；面对教材，存在"以教为主"的现象。

笔者还发现，学生、家长、教师对语文学科也赋予了不同需求。学生期待的语文学习是有趣、好玩、轻松的；家长希望的语文教学是自律、约束、成长的；教师对语文学习的要求是正确、规范、实效。

（二）影响个别教师专业发展的外部因素

1. 专业学习时间欠缺

本次调查的参研者多为班主任，除了日常教学工作外，还需承担大量的班级管理事务，大家普遍认为没有足够的学习时间是制约自身专业发展的主要因素之一。

2. 针对性培训不够

一直以来，学校非常重视教师专业发展，积极与成都市教育科学研究院、四川先行教育研究院等单位合作，结合高新大源学校教师现状，以解决教学中存在的实际问题为目的，对促进教师专业成长起到了重要作用。但从访谈中也看到，对教师个性化培养的力度和针对性还需加强。

二、语文教师专业发展的促进策略

基于以人为本的发展目标，通过对已有经验的归纳、关键问题的突破，提出以下四个策略来助推学校教师专业水平提升。

（一）阶梯培育，明确目标

教师作为学生发展的引导者、陪伴者、赋能师，是学校立教之本、兴教之源。如何提升语文教师的专业能力，需要建立一套适宜语文教师需求的发展体系，根据个体差异，可从师德修养、学科素养、学情把握、教材分析、课堂管理、作业管理、课题研究、实践创新、辐射引领九个方面，为教师个体专业发展画像。同时，在学校统一管理下，建立以教师个体为点，备课组建设为线，年级组管理为面，以及教学督查组为指导的管理运行机制，通过网络化管理、精细化服务、信息化支撑，做到人人知晓、处处明确、时时反馈，让教师专业成长可视化，让教师心中有数。

（二）协同发展，共同探索

教师专业发展的实质是教师个体与其所在环境之间紧密互动的过程，只有在学习共同体场域中教师的专业发展才能保持持续性和终身性。因而，教师专业发展需要多方协同，以形成一个有结构、不松散的教师专业发展共同体。

一方面，加强同伴互助下的团队建设。在集体智慧下围绕教学实践中的核心问题、热点问题，主动参与、积极探索，从而促进业务水平的提高。

作为教学过程中的一项重要环节，作业设计是学生巩固新知、培养自主管理能力、建立学习方法、形成学习能力的重要载体。面对当下作业呈现出"无为而无不为"的现状，参研教师以"双减"背景下的有效作业设计为例，对如何提高有效作业设计提出了自己的看法。一是抓住以人为本，助力学生自主发展的中心，构建"双轨并行、两轮驱动"的工作范式，打造以备课组长设计、教研组长指导、班主任协调、年级组长把控、教学部督导的五级核心团队，在同伴示范、行政引领的驱动下依托学校基础，整合资源，加强作业管理。二是将作业管理与学科建设融合，与课堂管理融合，与评价反馈相融合，抓住作业及时性、针对性、补缺性的特性，针对"讲"、结合"缺"、训练"法"，注重"一课一练、一课一得"，从材料走向内容，从结论走向问题，从空泛走向落实。三是构建丰富的设计体系。以大单元设计为基础，纵向根据课前、课中、课后设置单元前置作业、单元课时作业和单元后置作业，内容包括单元导学课、学法指导课、学法拓展课、单元评价课等课型设置。横向采取个性化单元设计，根据"项目表"定标、定向、定位设计个性作业，站在学生的视角和立场，满足学生的不同需求。通过改革实践，学生作业质量大幅提高，教师专业能力也得到发展。

另一方面整合学校、社区、学区等资源，以学科基地为依托，协同展开区域教研，从课内到课外，从单一到多元，从主导到自觉，分阶段分步骤通过专业阅读、专业写作、专业交往三条成长路径，加强各方的交流，形成一个强大的学习共同体，相互扬长补短，共促教师的专业发展。

（三）多元实践，知行合一

面对语文教学的功利化、碎片化、低效化，教师需要夯实语文实践性知识，着力从课程设计、课堂教学、课题研究三个方面，培养教师奉献、拼搏、合作、学习、创新五个意识，满足学生和教师的发展需求。

课程设计方面，语文教师作为语文课程的实施者与评价者，一是可以从学生发展需求和基础课程中寻求生长点，将语文顶层设计与现状（学校目标、学生情况、教师现状、学科要求）结合，取长补短，通过项目式、活动式、探究式等实施教与学，突破边界，实现课程融合与优化。二是从自身研究力和学习力出发，让教师在深入校本特色课程开发、实施与评价改进的过程中，形成常规课程、活动课程和探究课程三级结合的语文综合化体系课程。常规课程面向全体，夯实根基；活动课程面向分层，开阔视野;探究课程面向个体,丰富个性。教师在对教学内容进行创造性加工的同时,由课程执行者变为开发者,由知识传授者变为研发者,课程开发能力与执行能力也会有所提升。

课堂教学方面,以学生为主体,通过"三控制、三加强"减负增效:控制教师授课时间,控制学生作业总量,控制考试次数;加强常规管理,加强质量评估,加强课程研发。在语文课堂上抓住一个"实"字,落实一个"活"字,注重一个"简"字。以活动导学、以问题导思、以合作导法,让学生充分动起来,通过一课一得,让课堂为生成而为、教师为生成而教,学生找到生长点的同时,提升教师教学能力并形成自己的教学特色。

课题研究方面,通过强化教师对新教材、新课程、新方法、新技术的学习研究与实践应用,围绕"发现问题—提炼课题—设计实施—反思推进"四个板块,确立对学校发展具有引领性的课题,分批申报立项区规划课题和名师专项课题。同时,大力推动课题下的微型子课题研究,鼓励和帮助教师围绕课题展开"小问题、多形式、深研究"的教育科研。促进教师形成"学习即工作,工作即学习""研究即工作,工作即研究"的专业工作方式。

(四)综合评价,以评促教

从评价来看,人是立体的。新课改以来,我国对学生的学业成就评价目标从唯分数论走向多方面素养的发展衡量,评价方式从单一走向多元,评价的功能从原来的筛选转变为促进发展。综合评价已成为促进学生发展的有力助推器。同理,对于教师的评价也应该转变目标、改变方式、增强功能,从原来的单一成绩考核走向综合的衡量,完善教师的评价体系,唯有如此,才能使筛选式的评价指标体系成为促发展的评价指标体系。改进原有的教师考核评价制度,完善教师发展的评价指标体系,就是要对教师的师德素养、教育能力、教学能力、科研成果、培训情况、课程开发能力,以及对学生学习兴趣和态度的培养情况等进行全面的考核,用评价的方式来促进教师专业水平的整体提高。

评价作为一项系统工作，应有规范的制度安排和分工，并且持续地进行。在评价功能的选择上，可以淡化甄选功能，突出评价的激励与指导功能。评价主体应由校长、教师、学生、家长、社会共同参与，使教师从多种渠道获得信息，加强教师在评价中的参与程度，使其得到更为真实的判断与个人定位。

对于评价结果的使用，学校可以依据评价结果对教师的教育教学进行诊断和指导，帮助教师改进工作、提高教育科研水平并形成良性循环，促进教师专业发展。坚持全员评价和区别对待原则，使全体教师都有发展机会，以激励教师以更高的发展动机与成就动机参与教育教学和科研、培训活动。

结合学校倡导的"阳光文化"，可根据课堂的"五度"样态，形成合理涵盖师生行为表现指标的课堂评价标准。（见图 3-3）

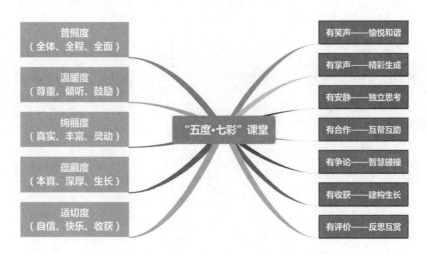

图 3-3 课堂"五度"样态评价标准

此外，教学技能竞赛是促进教师在"做中学"最主要的载体，是教师们进行项目式学习、深度学习的重要途径。从实践来看，"校内 + 校外"的公开教学展示是督促、激励教师的一条有效路径。所有教师在校内的公开教学活动展示可以保障每一位教师都能参与其中，部分教师的校外展示可以加强学校与区域内学校的互动与切磋，从而形成发展共同体。此外，"线上＋线下"的主题教研竞赛可以增强教师专业发展的力度与深度。一言以蔽之，以赛促教的方式能更加激发教师专业发展的内驱力。

综合来看，以学生为中心，以质量为导向，以课堂为阵地，以教研为支撑，通过搭建"五个平台"来打造具有学校特色的"研究型""智慧型"教师队伍：1.以人人参与的"微课题"研究为平台，提升教师解决问题的能力；2.以精准供给的"微课例"研究为平台，优化课堂教学环节；3.以鼓励教师"微课程"开发为平台，开辟教师成长新途径；4.以学校、学区、区域三级教研联动的"微联合体"为平台，引领教师开展行动研究；5.借助微校、微信等"微信息"平台，建立教师快捷沟通渠道。在多维度的平台学习中，教师专业发展得到了长足的保障，解决了课题课堂存在"两张皮"现象的同时，促进了教师个体建构属于自己的实践性知识体系。

基于目标导向的教师专业发展课程设计探索

——以成都高新新源学校为例

成都高新新源学校　康琼仙

一、教师专业发展的重要性

（一）深化新时代教师队伍建设改革的需要

教育是民族振兴、国家富强、人民幸福的重要基石，教育发展的第一资源是教师，教师队伍建设的重要性随着教育改革的深入逐步提升。

2018年1月20日，《中共中央　国务院关于全面深化新时代教师队伍建设改革的意见》正式印发，这是新中国成立后第一个由党中央出台的面向教师队伍建设的里程碑文件，文件明确了教师队伍建设的重要意义和总体要求，并提出"大力振兴教师教育，不断提升教师专业素质能力"，其中强调"改进培训内容，紧密结合教育教学一线实际，组织高质量培训，使教师静心钻研教学，切实提升教学水平"。同年，教育部等五部门又印发了《教师教育振兴行动计划（2018—2022年）》，再次强调培育高质量教师队伍的紧迫性。作为一所义务教育学校，应紧紧把握教师队伍高水平成长的历史机遇和崇高责任感，与时俱进、创新路径，开发因地制宜的教师培养课程，从新时代教育对教师的要求出发，立足教师专业发展需求，开发序列化、阶段化、个性化的教师培养课程，以学校为基地，以课程为载体，不断提升教师专业素质能力，正是全面深化新时代教师队伍建设的客观需求。

（二）适应新时代教育发展趋势的需要

新时代教育发展趋势对教师发展提出了更高的要求。我国的教育发展走向五个"更加"：一是更加开放——更加向国际、社区及学校内部开放。二是更加适合——更加适合学生、地方经济、国家经济的发展。对于学生，更要关注资优生和学困生的成长，注重国家课程的校本开发，因材施教。三是更加平等——机会、过程和结果都要平等。学生有公平的就学机会，在学校享受公平的教育资源，都能达到国家课程的目标要求。四是更加关注儿童心理的幸福——不仅要关注学生未来的幸福，也要专注学生当前的幸福。学校师生关系、干群关系、师师关系、家校的和谐关系至关重要。五是更加关注关键能力和必备品格的养成——更加关注核心素养的落地。一线教师通过课堂和评价方面的变革，促进学生全面发展。教育发展大趋势呼唤教师专业素质的进一步提升，也是教师发展课程内容开发的指南。

（三）提升教师队伍校本培养质量的需要

党的十八大报告提出，"立德树人"是教育的根本，而教师是根本的根本。

高质量的教育发展，关键还是靠教师。教师培养是学校高质量完成教育根本任务的重要抓手，贯穿每一个教师的职业生涯。

在教师校本培养中，教师专业素质能力的提升责任主体侧重于学校组织层面。教师培养具有长期性、阶段性、灵活性等特点，确保教师在专业素养提升中"不迷茫""不迷失"，正与豪斯提出的"目标导向理论"激励理论的观点不谋而合。在此基础上，以指向专业素养能力发展目标的教师培养课程，精准地、持续地、个性化地激发和支持教师完成提升专业素养的各项活动，从而有效地建设一支高素质专业化的教师队伍，提升学校教师校本培养的质量。

二、教师专业发展中的问题

（一）教师培养层级划分不够科学，教师对发展目标易迷茫

现阶段新源学校主要按照教龄划分教师培养层级，入职一年内为新教师，五年内为合格教师，五年以上为骨干教师，名优教师则按照教师取得的荣誉称号评定。毋庸置疑，教师成长是一个阶段性上升的过程，受多种内在外在因素影响。教师成长所处的阶段主要按照教师的内在专业成熟度和外在专业影响力，参考教龄来划分。但只按照教龄来划分，忽略了教师成长的个性差异，不够科学，对于发展速度较快或者较慢的教师来说，容易在发展目标中迷茫。

（二）教师培养目标设置不够个性化，教师在专业实践中易迷路

为了使不同发展阶段的教师培养措施更加精准，新源学校对不同层级的教师设置了培养目标，但是目标的设置没有充分考虑每一个层级教师发展的核心要素，也没有考虑每一个层级里教师成长的差异化需求，导致"学·研·展·评"培养措施不够精准，导致教师在发展提升的实践中易迷路，降低了教师培养的效益。

（三）教师培养措施实施不够序列化，教师在发展过程中易迷失

教师的成长是一个长期的过程，为了帮助不同发展阶段的教师明确发展的短期、长期目标，新源学校现阶段主要利用"三梯度一名优"的教师培养层级，使教师成长的阶段可视化。但是四个层级处于独立状态，没有关联和统整，不够序列化，导致教师容易在长期的发展过程中迷失自我。

三、教师专业发展课程设计实践

（一）"四维－四层－四类"教师专业发展目标体系

教师专业发展目标是教师专业发展课程开发的重要依据，课题组构建了"师德师风—教育理念—专业知能—专业自主"思维教师专业发展目标，同时，对专业知能发展目标进一步细化，构建了"学科教学—班级建设—教育科研—服务管理"四类的"新教师—合格教师—骨干教师—名优教师"四个层级的专业发展目标。

1. 分发展维度构建教师专业发展目标

根据教师专业发展内容维度，构建师德师风、教育理念、专业知能、专业自主四个维度的教师专业发展目标，形成导向性目标体系。

2. 分发展类别构建教师"专业知能"发展目标

根据教师在学校工作中专业倾向的不同，细化教师专业知能发展目标，明确"学科教学—班级建设—教育科研—服务管理"四个发展倾向的教师专业知能发展类别目标，形成个性化的目标体系。

3. 分发展层级构建教师"专业知能"发展目标

根据教师专业发展的阶段，以"三梯度一名优"为教师专业知能发展阶段构建"新教师—合格教师—骨干教师—名优教师"四个教师专业知能发展层级目标，形成可评量的目标体系。

（二）目标导向视域下的教师专业发展课程理念

目标导向视域下的教师专业发展课程，旨在打破以教师专业发展基本内容为中心的开发模式，根据教师专业发展的目标需求开发课程。依据目标导向理论基本主张及教师专业发展内容，确定目标导向视域下的教师专业发展课程理念。

1. 差异性

目标导向视域下的教师专业发展课程，面向不同发展层级、不同发展倾向的每一个教师的专业发展目标需求，教师专业发展课程目标及内容均应体现差异性，以促进每一个教师专业发展的最大化。

2. 序列性

教师专业发展伴随着教师整个职业生涯，与教师参与教学实践时间有一定的关联性，呈现出阶段序列性。因此，在专业发展阶段性目标之下，教师专业发展课程也体现一定的阶段序列性，主要体现为课程目标的序列性。

3. 实践性

教师专业发展水平提升是在真实的教育教学实践活动中发生的。教师专业发展课程的开发不能脱离教师的教育教学实践，以充分体现实践取向，发挥实践的"育人"功能。课程的实践性贯穿课程始终，在课程目标、课程内容、课程实施、课程评价各个方面应得到充分体现。

4. 动态性

目标导向视域下的教师专业发展课程，随着教师队伍建设新需求、区域及学校教育发展新需求，教师专业发展课程目标及内容也随之变化。及时调整、更新课程目标及内容，使得课程体系不断优化，课程实施的效果才能趋于最佳。

（三）目标导向视域下的教师专业发展课程目标设计

第一，以实践反思为专业发展课程目标设计的核心取向。目标导向视域下教师专业发展要求教师不仅要具有实践反思的意识，还要学会运用实践反思，掌握反思方法，养成实践反思的能力和习惯，这些要求是教师在完成其职业任务时所需的一种专业精神、专业态度与实践能力。

第二，以目标先行为专业发展课程目标设计的主要依据。教师培训课程在目标设计上应明确而又具体，不仅注重教师理论性知识的获得，而且注重教师形成反思性实践的能力和习惯，强调教师在理性指导下的实践，使教师对学习目标有清晰的了解和认识，并能顺利将目标与自己的教育行动结合起来，使之外化于自己的教育行动之中，在教育行动中实现培训课程目标，从而有效地提高教师的培训效果。

以教师专业发展目标为出发点，以教师专业课程理念为指导，构建了"师德师风建设课程、教育理念浸润课程、专业知能发展课程、专业自主发展课程"四类教师发展课程总目标体系，其中"专业知能发展课程"细化为"新教师专业知能发展课程、合格教师专业知能发展课程、骨干教师专业知能发展课程、名优教师专业知能发展课程"四层课程。

（四）目标导向视域下的教师专业发展课程内容设计

第一，以教师实践性知识发展和实践智慧的生成为取向进行内容选择。一以理论学习、理念更新为基本内容，为教师开展基于实践经验的反思活动提供理论的支撑。二以教师已有的知识和经验、具体的教学任务和案例为课程选择的重要内容，实现教育理论与实践的对接，实现学—研—展—评课程内容的融合。

第二，以教师教学工作中的现实问题和现实需求为取向进行内容组织。面向教师教学工作中的现实问题，深入了解教师的现实需求是课程内容组织的出发点，并以此为基础进行专业发展课程内容的设计，确保专业发展课程内容的针对性、实效性。

围绕教师专业发展课程总目标，进一步将课程目标分解为多个小目标，依据教师专业发展实践特征，构建了教师专业发展课程内容体系，明确了"师德师风建设课程、教育理念浸润课程、专业知能发展课程（新教师专业知能发展课程、合格教师专业知能发展课程、骨干教师专业知能发展课程、名优教师专业知能发展课程）、专业自主发展课程"四维－四层的课程内容框架。

（五）分层开发"学研"课程及"展评"活动发展课程

1. 师德师风建设课程开发与实施

通过开发实施"师德师风建设课程"，使教师准确理解和把握社会主义核心价值观的深刻内涵，争做先进思想文化的传播者、党执政的坚定支持者、学生健康成长的指导者。具体课程菜单如表3-3。教师参与师德师风建设课程学习，研修不少于 18 学分 / 年，展评活动课程宣传优秀教师的先进事迹、讲述平凡教师的不平凡故事，宣传面达到教师总人数的 15%/ 年，15 人次 / 年左右，表彰优秀师德标兵不少于 4 人 / 年。

表3-3　师德师风建设课程菜单

课程模块	课程目标	课程内容	课程评价	课程学分（每课）	课程实施（≥）	课程类型	适用对象	负责部门
学	提升思想政治水平	思想政治	学习心得	2	每年2次	必修	全体教师	行政事务部
	提升职业道德水平	法律法规	学习心得	2	每年2次	必修		行政事务部
		传统文化	学习心得	2	每年2次	必修		教师发展部
	提升职业修养水平	教师礼仪	学习心得	2	每年1次	必修		教师发展部
研	提升师德师风认知水平	职业内涵	教育叙事	4	每年1次	必修		教师发展部
展评	榜样示范引领	先进事迹	主题报告	3	每年1次	选修		行政事务部
		师德标兵	荣誉称号	3	每年1次	选修		行政事务部

2. 教育理念浸润课程开发与实施

通过开发实施"教育理念浸润课程"，使教师拓展教育视野，更新教育观念，变革自新，做与时俱进的新时代创新型教师。具体课程菜单如表3-4。教师参与教育理念浸润课程学习，研修不少于 50 学分 / 年。展评活动课程分享教师教育理念不少于 15%/ 年、15 人次 / 年，评选优秀教育理念研究成果不少于 50 个 / 年。

表3-4　教育理念浸润课程菜单

课程模块	课程目标	课程内容	课程评价	课程学分（每课）	课程实施（≥）	课程类型	适用对象	负责部门
学	拓展视野，更新教育理念	专著阅读	读书心得	1	每年2次	必修	全体教师	教师发展部
		专题学习	学习心得	1	每年6次	必修		教师发展部
		网络资源	网上作业	36	每年1次	必修		教师发展部
		主题学习	学习心得	1	每年6次	选修		教师发展部
研	提升教育理念认知水平	教育内涵	专业论文	2	每年1次	必修		教师发展部
展	榜样示范引领	新源讲坛	主题报告	2	每年1次	选修		教师发展部
		新源教研	文章发表	2	每年1次	选修		教师发展部
评		专业论文	技能评比	2	每年1次	选修		教师发展部

3. 专业知能发展课程开发与实施

分层分类开发实施教师专业知能发展课程，为"学科教学、班级建设、教育科研、服务管理"不同发展类型和"新教师、合格教师、骨干教师、名优教师"不同发展层级的教师提供不同发展目标导向下的专业发展课程，精准提升教师专业素养水平，建设高素质专业化向阳花教师队伍。

（1）新教师专业知能发展课程。通过开发实施"新教师专业知能发展课程"，使新教师尽快掌握学科教学基本技能、掌握德育基本方法，转变角色站稳课堂；掌握教育科研基本方法，为专业发展打好研究基础；体验服务管理岗位，熟悉学校各项工作，建设一支适应良好、成长迅速的新教师队伍，具体课程菜单如表 3-5。新教师参与专业知能发展课程学习，研修不少于 50 学分 / 年。3 年内 98% 的新教师（教龄 5 年内）修满学分，晋级为合格教师。

表 3-5　教育知能发展课程菜单（新教师）

课程模块	课程目标	课程内容	课程评价	课程学分（每课）	课程实施（≥）	课程类型	适用对象	负责部门
学	掌握学科教学基本技能	研读课标	教研组内专题发言	1	每年 2 次	必修	新教师	教学管理部
		教学准备（课标解析、教材分析、设计教案、说课）	教研 / 备课组内完整展示	4	每年 2 次	必修		教学管理部
		课堂教学（板书、教学语言、组织教学、引导启发、教育技术运用、教具制作）	公开课展示及教学反思	4	每年 2 次	必修		教学管理
		作业设计	优质作业设计说明 1 分	1	每年 2 次	必修		教学管理
		观课议课	观课报告	1	每年 2 次	必修		教学管理
		质量分析	质量分析报告	1	每年 2 次	必修		教学管理
		命制单元试卷或检测方案	单元试卷 / 检测方案 1 份	1	每年 1 次	选修		教学管理
		开发选修课程	课程方案 1 份	1	每年 1 次	选修		教学管理

续表

课程模块	课程目标	课程内容	课程评价	课程学分（每课）	课程实施（≥）	课程类型	适用对象	负责部门
学	掌握德育基本方法	主题班会策划与主持	班会课展示	4	每年1次	必修	新教师	学生发展部
		信使家访	家访叙事	2	每年1次	必修		学生发展部
		学生座谈会策划与实施	座谈会设计与记录	1	每年1次	必修		学生发展部
		心理辅导	心理辅导记录单	1	每年2次	必修		学生发展部
		学生综合评语撰写	学生综合评语10份	1	每年1次	选修		学生发展部
		学生个案分析	学生个案分析1份	1	每年1次	选修		学生发展部
		班级制度建立	班级规则制度1份	1	每年1次	选修		学生发展部
		班干部会议	会议策划和记录1份	1	每年1次	选修		学生发展部
	了解教育科研基本方法	教育科研指南学习	读书笔记	1	每年1次	必修		学生发展部
		观摩课题开题等活动	学习体会	1	每年1次	必修		学生发展部
	体验服务管理岗位	值周工作管理	全校值周总结1份	1	每年1次	必修		学生发展部
		组织一次年级及以上级别的活动	活动方案及新闻稿1份	1	每年1次	选修		行政事务部
研	了解教育科研基本思路	策划主持1次教研活动	教研活动策划与活动记录	1	每年1次	选修		教学管理部
		参与项目研究	承担项目研究文案/课例任务1项	1	每年1次	选修		教师发展部
		参研课题研究	承担课题研究文案/课例任务1项	1	每年1次	选修		教师发展部

续表

课程模块	课程目标	课程内容	课程评价	课程学分（每课）	课程实施（≥）	课程类型	适用对象	负责部门
展	榜样示范引领	教研组内主题发言	发言稿一份	1	每年1次	必修	新教师	教师发展部
		课堂展示	教研组评议1份	1	每年1次	必修		教师发展部
		校级文章交流	评审发表	1	每年1次	选修		教师发展部
		校级以上展示活动	组内成果汇报	1	每年1次	选修		教师发展部
评		各类技能竞赛	竞赛标准	1—5	每年1次	选修		教师发展部

（2）骨干教师专业知能课程。通过开发实施"骨干教师专业知能课程"，深化教材、教法、学法的研究，以提高课堂教学效率为切入口，以轻负担、高质量为目标，形成自己的教学特色，成为校学科骨干，能指导新教师发展，能做好传、帮、带工作，能承担各级讲座、培训、示范课。骨干教师参与专业知能发展课程学习，研修不少于35学分/年。使95%的骨干教师（教龄15年以上）能保证专业发展的稳定性，15%的骨干教师晋级为名优教师。

（3）名优教师专业知能发展课程。通过开发实施"名优教师专业知能发展课程"，使名优教师在学校课程开发和教学改革的实践与理论建设中能担重任，成为教师队伍整体形象的杰出代表、学科带头人，在学科领域具有广泛影响和知名度。名优教师参与专业知能发展课程学习，研修不少于30学分/年。3年3名优教师修满学分，成为学科带头人。

4. 专业自主发展课程开发与实施

通过开发实施"专业自主发展课程"，通过"自我设计一份专业发展规划，自愿加入一个专业发展共同体，自主选择学习一名榜样教师，自我建设一个网络研修空间，自觉完成一份教学反思日志、自觉精读一本专业书籍/期、自主开展一项教育教学研究/期、自我总结撰写一份优秀案例（论文）/期"等"八个一"活动，帮助教师自觉开展专业发展课程研修活动，提升教师实现专业发展自觉水平。教师参与专业自主发展课程学习，研修不少于16学分/年。

　　总之，从新时代教育发展要求、教师队伍建设的问题与需求来看，面对学校在教师队伍建设中存在的问题，在学校跨越式发展的关键时期，在大量的教师培养实践经验基础上，我校迫切需要厘清教师培养的理论溯源，进一步深化新时代教师队伍建设，提升我校教师培养的质量，使教师专业素养目标指向更加适应新时代教育要求，更加明确，教师队伍培养阶段划分更加科学，教师培养课程内容更加精准和个性化，教师培养过程更加可视化、更加具有持续性。

小学数学教研组长课程领导力现状及提升策略研究

——以成都高新区为例

成都高新区教育发展中心　曾　亮

一、选题缘由

（一）教育改革发展的需要

20 世纪 80 年代以来，国外课程领导理论发展迅速，随着课程领导理论研究的不断深入，课程领导的实践领域也逐步发展。在学校课程领导力、校长课程领导力的相关研究之后，教师课程领导力研究逐步成为热点。国内，教育部在 2001 年和 2010 年，相继颁布了《基础教育课程改革纲要（试行）》及《国家中长期教育改革和发展规划纲要（2010—2020）》两个文件，明确了国家、地方、学校三级课程管理体系，为我国教师参与课程领导提供了政策保障与良好平台。新课改 20 年取得了一定的经验成果，但我国教师课程领导力的研究仍处于起步阶段，开展小学教师课程领导力的研究显得日益重要。

（二）区域教育改革实践的需要

2019 年 10 月，《成都高新区关于推动教育高质量发展的实施意见》提出教育高位均衡的目标，2020 年随着《成都高新区中小学学科课程综合化实施指导意见》等配套文件的出台，各校学科课程的综合化实施已提上日程，其推进的关键在于教研组长的积极策划与广大学科教师的深度参与。教研组长的课程领导力水平将直接影响区域教育改革实践的进度。

（三）小学数学教研组长课程领导力的现实困境

我国长期的课程管理高度集中，教研组长常常被排除在课程领导之外。在前期调研中我们发现，成都高新区绝大部分教研组长仍然从事着上传下达的事务性工作，并认为课程领导是教育主管部门、教育专家、学校领导的工作范畴。对于"课程领导力"的陌生及时间、精力有限等多方面原因导致小学数学教研组长在挖掘和培养自身课程领导力方面显得不足，小学数学教研组长课程领导力的现实困境不足以支持学校及区域的教育教学改革。

二、研究设计

小学数学教研组长作为数学教师是数学教育的主要参与者，对数学教育的发展发挥着重要的推动作用。其课程领导力体现为落实立德树人的教育目标，发展学生数学学科核心素养，数学教师与学生、同行一起进行课程实践活动时，表现出来的对课程的理解、设计、整合、实施和评价等方面的引领和指导能力。而其组长身份更需要具备在课程领导认知、意愿、能力、执行、信心以及对影响课程外在、影响调控等方面的综合素质。本课题主要针对后者，通过问卷调查、观察、访谈、实物研究等方法分析小学数学教研组长课程领导力内涵本质、构成要素与特征，了解成都高新区小学数学教研组长课程领导力现状、问题及成因，探究小学数学教研组长课程领导力提升策略。

三、成都高新区小学数学教研组长课程领导力现状

据不完全统计，截至 2022 年成都高新区目前有小学 39 所，共有数学教师 736 人，其中区级及以上学科带头人 41 人，获得过区级赛课一等奖以上的为 69 人。39 位教研组长，其中男教师 8 人，占比 20.51%，相对整

个小学数学教师团队男女人数比超出近 8 个百分点；超过 50% 的教研组长教龄在 10 年以上，在教育教学中积累了一定的经验；但有近 60% 的教研组长担任组长时间在 5 年以内，这与成都高新区基础教育近年来急剧扩张发展有直接关系，大量新建学校的投入使用导致新任教研组长数急剧增长；拥有高级及以上职称的教研组长不足 10%，还有较大的提升空间。

通过问卷调查，结合对 16 位不同层次教研组长的访谈、对 39 所学校的实地考察、对 39 所学校小学数学教研组工作计划、活动记录、工作总结的查阅，以及教研组长论坛、教研组团队竞赛等综合表现，对成都高新区小学数学教研组长课程领导力现状总结如下。

（一）主要优势

成都高新区小学数学教研组长课程领导力整体水平较高，大部分教研组长具有较高的数学课程理解力、设计力、整合力、实施力以及评价力。教研组长角色意识到位，对于课程领导的认知准确，有强烈的课程领导意愿。主要体现在如下两个方面：

一是大约 80% 的教研组长能根据区域和学校课程计划，带领学科教师自主完成教学计划的制订，有固定的教研活动时间，教研活动能紧密围绕课程、课题和课堂，做到"三课"联动，有效保障了课程的实施。绝大部分教研组长都在不同程度地实施着课程领导计划和发挥着自身的课程领导力，在课程改革方面也取得了较好的成效。

二是不同层次的教研组长均能从工作实际中找到自己的"短板"，有强烈的危机意识和自我提升的愿望。

（二）突出问题

1. 课程领导意识有待加强

随着"三级课程"管理体制的落实，小学数学教研组长课程领导认知有了很大的提升，认识到课程领导离不开学校、团队及社区的支持，认识到学习和课程创新对自己专业发展的重要作用。但通过访谈发现仍有一部分教研组长的课程领导认知存在如下偏差。

（1）课程主体意识薄弱。在访谈过程中，2位教研组长认为"课程领导"应该是上级主管部门、学校行政和教研员的事情，自己做好自己的教研工作即可，对于"教研组长课程领导力"比较陌生，不能将其与自身工作建立紧密的联系，占比5.56%。这两位老师均为担任教研组长不足5年的具有初级职称的教师。整体分析，不同性别教研组长在课程主体意识方面无明显差异，教龄和担任教研组长年限越长的教师，课程主体意识更强。在访谈中也反映出担任教研组长不足5年的新任教研组长绝大部分还处于事务性工作的熟悉中，对教研组长专业发展思考较少。

（2）课程研究意识薄弱。由于长期受到应试教育的影响，在实际工作中，4位教研组长教学意识根深蒂固，课程研究意识薄弱，甚至没有课程研究意识。认为只要自己把课上好，指导团队把课上好就行，简单地把课程理解为"按教学计划教好教材中的知识"，占比11.11%。4位教师均为女教师，其中2位教龄15年以上，担任教研组长5～10年，分别具有中级、高级职称。教龄越长、担任教研组长越久的教师对教育教学有了一定的理解，相对于年轻教师更容易固守成规，通过访谈和对教研组教研活动资料的查阅也印证了这一点。这4所学校的数学教研活动，基本停留在教材分析和课堂教学指导两个方面，涉及课程研究的其他领域几乎还是空白。

2. 课程领导能力不强

小学数学教研组长要带领团队对国家、地方课程进行二次开发，甚至带动教师共同开发课程并予以实施、评价，这要求其具备较高的专业知识和课程领导能力。但通过调查发现，小学数学教研组长课程领导能力不容乐观，主要原因如下。

（1）欠缺课程理论知识。近10%的小学数学教研组长课程理论知识欠缺，其中有的为非师范生毕业后选择当老师，教育教学理论、课程理论没有经过系统学习；除此以外，还有近30%数学教研组长没有经过大学数学专业的理论学习，为跨行执教数学或是中师毕业从教数学，对课程理论的整体认识显得薄弱。在课程理论知识背景方面，教龄 10 年内的教师略优于教龄较长的教师，可持续性发展后劲更足。

（2）缺乏课程领导能力。小学数学教研组长课程领导应具备相应的领导能力，但大多数组长的工作仍停留在上传下达等事务性的工作中，导致大部分教研组长成为盲目的执行者，缺乏独立的思考与领导力。有 14 位教研组长在"我很少对学校教学改革表达自己的意见"中选择完全符合、比较符合和很难确定选项，占比 41.76%；教龄较长、担任组长时间较长的教师更愿意表达自己的意见。根据访谈了解：一方面，新任教研组长还在工作熟悉过程中，对于课程改革还没能形成自己的思考和见解；另一方面，来自各条线的行政事务性工作甚至与数学教育教学无关的工作繁杂，让教研组长们疲于应付，所以没有更多的时间来进行理论学习和思考。

（3）指导程度较低。教师团队参与课程规划、设计、决策，会影响课程的课程设计结果和实施进程。但目前大多数时候小学数学教研组长对于课程的设计、决策、开发是比较被动的，在指导团队成员共同进行课程研究方面就更加欠缺。调查显示，"能带动教师团队研发课程"一项完全符合的比例仅占 5.88%；比较符合和完全符合累计比例也仅为 58.88%，刚超过一半。教龄 15 年以上的教师在这方面的表现明显优于年轻教师。访谈中，部分新任教研组长提及"自己对于国家教材的解读和理解"还不够到位，大部分时间都在努力地"吃透教材"、关注教学，对于课程研发力不从心。还有部分担任教研组长时间较长的老师提到："国家课程校本化实施是个庞大的工程，团队教师的课程素养参差不齐，有的老师能把教材教好已实属不易。有能力进行课程开发的教师都在点上进行研究，教研组长如何指导其形成体系，甚至做出特色，这实在太难。"

3. 课程领导执行力欠缺

调查结果显示，在教研组长课程领导力的 6 个维度中，课程执行排名最低。除开课程领导认知、意识、能力等主观因素外，从问卷和访谈中也反映出一些客观影响因素，主要表现为如下几点。

（1）缺乏系统培训。课程领导力是目前研究的一个较新的领域，常见校长课程领导力、教师课程领导力，而处于中间层级的教研组长课程领导力的培训没有相关经验可供借鉴。教研组长课程领导力的培训既需要课程理论的支撑，更需要本学科课程实践的支持，但大多数师培项目无法同时满足以上条件，甚至很难找到针对教研组长课程领导力培训的专家。据调查，在课题研究之前参加过"课程领导力"专项系统培训的教师不足30%，参加过"小学数学教研组长"专项系统培训的教师就更少了。

（2）评价方式单一。虽然近年来，"唯分数论"已逐渐消失于历史的舞台，但面对巨大的"小升初"压力，让部分学校对课程的评价更加侧重于成绩。这一评价导向直接导致各教研组长会花更多的精力和时间去带领团队研究课堂教学、研究提高考试成绩，而对于课程的研究则心有余而力不足。由于缺乏研究与实践，教研组长课程领导力无法得到有效提升。

（3）课程建设氛围不浓。国家、地方课程的校本化实施是课程实施的最终走向。学科课程的建设既要立足于学科本质，也不能脱离了学校课程建设的顶层设计，也就是说学科课程的建设要传承学校文化、创新学校文化。在实地调研和访谈中我们发现，有近60%的学校并没有自由的课程领导氛围，尤其是很多新建学校还停留在常规规范的状态中，课程建设刚刚起步。在2019年之前成都高新区教育发展中心未成立专门的课程建设指导部门，各校的课程建设处于独立探索和摸索阶段，大部分学校的课程建设急需规范。

四、成都高新区小学数学教研组长课程领导力提升建议及对策

笔者根据成都高新区小学数学教研组长课程领导力现状，结合区域实际，从政策保障、操作实施等角度向区域及学校提出建议。同时，积极争取区域支持，开展了小学数学教研组长课程领导力提升活动，初见成效。

（一）课程领导力提升"3+3"建议

1. 区域层面

《中共中央 国务院关于全面深化新时代教师队伍建设改革的意见》《国务院办公厅关于新时代推进普通高中育人方式改革的指导意见》及《中共中央 国务院关于深化教育教学改革全面提高义务教育质量的意见》在2018、2019年相继颁布，明确指出了建设高素质教师队伍的要求、课程育人的要求。区域也相继出台了《成都高新区中小学幼儿园课程建设三年行动计划（2020—2022）》《成都高新区中小学学科课程综合化实施指导意见》等文件，为教师的课程领导增权赋能。但在以下三方面还可以持续改进：一是全面落实"国家、地方、学校"课程管理的三级制度，加强区域对学校层级的课程管理的指导，明晰学校课程管理权限，形成定期督导机制，让学校的课程管理更加规范、科学、高效；二是制定鼓励政策，改革评价方式，提高学校及教师的课程领导精神支持，激发和唤醒广大学校及教师的课程领导意识、增强课程领导信心，并积极投入到课程建设实践；三是分类、分层开展课程领导力专题培训，提升各层级教师课程领导力。

2. 学校层面

首先，学校领导班子要带头学习和积极宣传各级文件精神，领会课程领导的重要意义和价值，加强自身和教师团队课程领导力的培训；其次，要在学校建立民主的课程领导氛围，科学放权，为中层行政、教研组长、学科教师赋权，让各层级教师充分发挥主体作用，成为课程领导的主体，正如钟启泉教授所说："基础教育课程改革呼唤课程领导的转型，而民主的课程领导是克服应试文化、创造新文化所不可或缺的。"最后，"学校课程结构决定学生的认知结构"，要整合团队力量做好学校的课程顶层设计。

（二）数学教研组长的课程领导力提升"321"对策

课程领导力的提升不是一蹴而就的，除理论培训外还需要通过不断的实践才能得以实现。那么，如何提升小学数学教研组长的课程领导力，让小学数学教研组长由"事务管理者"转变为"课程领导者"呢？研究者根据前期调研结果，充分整合区内教育教学资源，策划并开展了"教—研—培—评"一体化的小学数学教研组长课程领导力提升系列活动，总结为"321"对策。

1.3 项专题培训

从学科课程和课程领导力两个维度，策划并展开了三个序列活动。

一是小学数学教研组长课程领导力提升系列专题培训。让所有教研组长从理论角度认识学科课程中课程目标、课程内容、课程结构、课程实施、课程评价、课程资源等各要素的内涵，并侧重对课程领导力中的领导意识、领导认知、领导能力、领导执行等重要环节加以培训和指导。

二是开展大单元周期性项目班培训，包含全区教研组长在内的 100 名老师参与，全体教研组长全程参与此培训项目的策划、组织、实施等各环节，并分组牵头执行、评价各分项培训等，让全体教研组长作为活动组织者参与培训的全过程，以此增强全体教研组长的课程领导主体意识，提升课程领导执行力。

三是"以赛代培"，开展基于 PBL 的项目式比赛。在疫情特殊背景下，运用 BIG6 模型（如图 3-4 所示），采用"线上 + 线下"相融合的团队竞赛方式，让教研组长在活动过程中不仅要听、要看、要讲，还要带领团队成员共同完成一系列任务，倒逼各位教研组长在实践中成长与反思，从而促进其课程领导力的提升。

图 3-4　教研活动 BIG6 模型

通过问卷我们了解到 95.6% 的教研组长认为这一系列活动非常有价值，对于课程领导力的提升有着积极的促进作用。

2.2 个教师发展共同体

一是依托成都高新区"三名一特"工作室中的 7 个小学数学名师工作室，吸纳和培养小学数学教研组长。在提升自身专业素养的同时，着力让小学数学教研组长在工作室活动中就打造优质的团队文化、推动团队有效运行、引领团队精神成长和行动实践等方面进行深度探究。

二是借助 6 个成都高新区小学数学教师发展基地，成立研究共同体，每个基地都有 4～5 所联盟学校，让教研组长在研究活动中，就如何立足学校教育和学科教学实际，聚焦教研组发展和教师成长，思考教研组发展目标和行为准则，优化组织架构、管理制度、考评激励机制等相互启发借鉴。

3. 每 1 位教研组长个性化成长

区域指导每一位小学数学教研组长建立个人发展三年规划和年度具体计划，分析个人发展现状，梳理优势与不足，明确发展目标、优化发展路径、找准发展措施、预估成长效益。跟踪指导教研组长每学年反思和评价，并优化和调整下一阶段发展计划，促进每一位教研组长个性化成长。

"1+1+N"教师发展共同体的构建与实践
——以成都市新都区蚕丛路小学为例

成都高新区玉林中学附属小学　何小波

2018 年 9 月开校的蚕丛路小学是成都市新都区第三批现代制度试点学校，全新班子、全新教师、全新学生。全新班子怎样磨合？全新教师如何立足？全新学生如何蝶变？学校发展怎样破局？……

通过反复论证，蚕丛路小学与成都大学合作成立教师发展学校，建立"1+1+N"教师发展共同体，主动与成都大学紧密合作，做好顶层设计，引领教师发展，反哺学生发展，撬动学校发展。

一、构建"1+1+N"教师发展共同体的缘由

（一）表象问题

缺乏工作经验。不熟悉教材教法，重难点确定不准，不能准确研判学情，不能把控课堂节奏，不会管理班级事务，不会与家长沟通交流。

缺失互帮互助。加班加点写教案、备课件，合作意识淡，合作能力差，单枪匹马，效率低下，职业幸福指数下降。

缺少专业引领。引领内容零散，优势发掘不明，问题诊断不准，发展路径不清，呈现"被设计、被培训"状态，无法满足教师的真实需求，效果不明显。

（二）瓶颈问题

蚕丛路小学于 2018 年 9 月建校，教师平均年龄 25.8 岁，新教师占 70%，发展呈现"五无"状态：无"向"（发展方向盲目），无"法"（工作随意性大），无"力"（持续动力不足），无"感"（对统一培训不满），无"效"（缺乏有效激励机制），教师发展成为瓶颈问题。

（三）实质问题

课题研究能力薄弱。缺乏规范科学的统整思维，陷入"茫然、盲目、忙乱"状态。

课程开发能力薄弱。缺少有效引领，针对性差，隔靴搔痒，课程培训缺位。

课堂建设能力薄弱。尽管培训规范有力，但培训时间、课程内容仍不能满足全体教师的巨大需求。

二、构建"1+1+N"教师发展共同体的理念与路径

（一）建立"1+1+N"教师发展共同体的理念

1. 扬长容短，差异发展

通过问卷、访谈、跟踪课堂，借助 SWOT 分析法，利用发展指南（16+4）"雷达图"，发现优势，量身定制发展方案，确定目标，明晰路径，明确方法。

2. 分层引领，抱团发展

设置"入格→合格→升格→风格→创格"五个层级，构建"五格五维"发展模式，找到适合层级，找准专业生长点，进入有"向"、有"法"、有"力"、有"感"、有"效"状态，实现抱团发展。

3. 激活内驱，特色发展

由蚕丛路小学主导创立"教师发展学校"，组建专业发展共同体，激活

教师内驱力，缩短适应期，培养反思力，促进高起点、高站位、高质量大面积发展。

（二）建立"1+1+N"教师发展共同体的路径

1. 课题——解决品质问题

不是希望教师研究多少课题，而是培养科学、规范的思维方式，以"五格五维"分层分类发展，分析优势短板，找准发展起点，明确专业方向，清晰发展路径，"量身定制"成长方案，促进高品质发展。

2. 课程——解决速度问题

以"三课"统筹设计课程，以"合作共享"研发"16+4"教师发展课程、学生特色课程，在智慧共享、资源共享、成果共享中形成互帮互学、共研共进的发展共同体，提升教师，使之快速地大面积成长。

3. 课堂——解决效果问题

以"激发课堂"为载体，以"激"破译教师课堂成长密码，以"发"助推学生课堂成长；研发"三段六步"研课模式，"三段"指"课前、课中、课后"三个时段，"六步"是独立备课→集体辩课→多轮观课→专家诊课→复盘议课→精彩展课，确保课堂效果。

三、"1+1+N"教师发展共同体的内涵与建构

（一）"1+1+N"教师发展共同体的内涵

"1+1+N"模式的第一个"1"指高校、教科院或教育机构的专家；第二个"1"指本校一线骨干教师或者项目领衔人；"N"指本校若干一线普通教师。

"1+1+N"教师发展共同体指同一发展愿景、同一研究领域的教师组成问题共享、资源共享、策略共享的发展共同体，通过"学学相长""教教相长"，实现共智、共享、共生、共育。教师发展共同体又可分为课题研究

共同体、课程开发共同体和课堂建设共同体三类，每个大类分为若干小共同体。

（二）"1+1+N"教师发展共同体的构建

1. "1+1+N"教师发展共同体的构建

（1）"1+1+N"课题研究共同体。第一个"1"指高校或者主管部门的课题指导专家，负责对课题的论证和指导工作；第二个"1"指学校行政，担任课题负责人，领衔课题的日常开展和成果梳理；"N"指课题主研人员，严格按照研究分工，完成自己的研究任务。

（2）"1+1+N"课程开发共同体。第一个"1"指学科行政或者部门骨干；第二个"1"指项目领航人；"N"指目标同向、意愿同心、行动同步、成果同享的一线教师。自主选择"16"个常规发展共同体和"4"个特色发展共同体，每个"共同体"由3～4人组成，负责对该项目标准的制定、调研、公示、评价等，促进教师个性发展，变被动考核为主动引领。

（3）"1+1+N"课堂建设共同体。以"五学五导生长课题实践与研究"和"激发课堂"为载体，组建"1+1+N"课堂建设团队，以"激"破译教师的成长密码，以"发"助推学生发展。

2. "1+1+N"教师发展共同体的保障系统

（1）文化系统

核心理念：扬长容短　差异发展　主动发展　抱团发展

价值追求：让每位教师享受高品位的职业幸福

专业标准：高规格引领　高专业技能　高合作精神

研修方式：共读共写　共教共学　共研共进

研修策略：全程设计重在课例研修，后续跟进贵在资源建设

（2）发展系统

①校本教研：成长依托。双周一18:30～20:00，"20"个领航团队轮流引领业务学习、专题研讨和教科研活动；周二、周三14:00～16:30进行语文、数学"主题教研"活动，周四、五上午开展综合、艺体教研，在钉钉

圈完成读书打卡，每月360分保底。"一天一反思、一周一主题、一周一小结、一月一案例、一月一展示"，助力教师共性与个性并存，不断向研究型、学者型教师道路前进。

②专家引领：平等多元。成都大学师范学院定期组织教授、专家到校进行面对面的理论指导，对教科研工作进行全程跟踪与指导，通过高屋建瓴的理论引领，开阔教师们的视野，激活教师们的热情，灵动教师们的思维，增强教研科研自觉性、主动性，科研水平得到显著提升。

③骨干指导：奠定基础。蚕丛路小学多次邀请市、区领导、专家到校讲学，组织内部省、市、区级骨干教师，学科带头人，优秀教师进行各级各类的理论学习、业务指导、课改培训、教育论坛等，给教师们的成长与发展提供实践平台。

3. "1+1+N"教师发展共同体的评价系统

"1+1+N"教师发展共同体通过学分制形式衡量最终的学习结果，凡修满规定课程，经考核合格者，颁发合格证书，并作为评优、晋级、职称评定的重要参考。

（1）柔性评价——助力成长。根据新教师特别多的实际情况，"1+1+N"教师发展共同体将刚性制度管理与柔性人文关怀相结合，实现考核软着陆，把考核作为促进教师发展的燃力剂，加分为主要策略，发现创新举措大胆加分，鼓励不断创新。

（2）创新评价——助推成长。月考核指标根据上个月暴露的共性问题进行微调，每月关注一个重点，通过"连环跟进课堂，注重常规落实""目标的设定与达成度监测""三字一话基本素养监测""课堂习惯及学习能力监测"等引导教师针对性地调整努力方向。

（3）增值评价——激励成长。结合个人优势，多元构建社团课程，倡导分享创新经验。同伴实验后在推广栏内写上分享效果签名认可，每1人签名加0.5分，让教师安心创新实践，实现内涵发展、特色发展。

四、"1+1+N"教师发展共同体的实践

（一）"1+1+N"教师发展课程共同体

1."五格五维"发展模式

"五格五维"发展模式要遵循教师成长规律，尊重教师职业创造性，建立分层分类培养梯次，找到适合层级，找准专业生长点，为不同发展阶段的教师量身定制成长课程，引领教师由初职走向成熟、由成熟走向优秀、由优秀走向卓越，逐步成为名优教师。"五格五维"发展模式要体现教师团队建设针对性、动态性和梯级性，体现个体和团队梯级培养方式的一体化和多元化，实现个体和团队的协调发展。

2.课程实施概览

（1）入格教师——"适应与常规"课程。入格教师对应12级教师，影响力在班级或年级组。精心规划入职培训，重在适应与教学基本功的规范和夯实，重在备好课、上好课。认同一种理念，读好一本专著，练好四项基本功，设计好一份教案，执教一堂合格课。

（2）合格教师——"熟练与自主"课程。合格教师对应11级职称，锻造教研基本功，对外影响力在学校，重在说课、议好课。跟踪导师课堂——导师诊断课堂——引领教学反思——再度设计教学。

（3）升格教师——"风格与示范"课程。升格教师对应8、9、10级教师，影响力在市、区级。合格教师对教学行为有效性进行探索，打磨教学方法、手段、语言等，对教学行为进行反刍塑造，重在上好示范课、赛好课。加大培养力度——加强课例研究——加强论文指导——做好课题引领。

（4）风格教师——"创新与引领"课程。风格教师对应5、6、7级教师，影响力在省级及以上，重在锻造教学风格。教学艺术的创新主要表现在设计艺术、实施艺术、评价艺术等方面，教学思想创新主要表现在教学目标、教学内容、教学方法、教学过程、教学主体、教学模式等。

（5）创格教师——"思想与卓越"课程。创格教师对应 1、2、3、4 级教师，影响力在国家级，重在形成教学风格。创格教师凝练思想基本功，形成主张，具有高超教学艺术，形成自己的系统、稳定、先进、独特的教学思想，以成熟的教学智慧和独特的教学思想对他人的教学活动、教学研究、教学管理等进行引领，带动和促进一大批教师专业成长与发展。

（二）"1+1+N"教师发展课堂共同体

1. 独立备课"三追问"

每位教师根据课堂提效共同体选定的课题进行独立备课，自主设计教案，在备教材、备学生、备流程的同时追问：①我对教材的独特解读在哪里？②我对学情的研判精准在哪里？③我的教学设计的核心创新点体现在哪里？在不断追问中，把日常备课提升到教学研究高度。

2. 集体辩课"三共享"

共享资源。共享"通用电子教案"、教学课件等资源，在"通用教案"基础上补充、完善、优化，形成"个性电子教案"，实现备课再创造，提高效率。

共享问题。在集体辩课基础上试教反思，观课老师按照"1（一个亮点）+1（一项不足）+1（一条建议）"模式梳理 1～2 个关键问题，在钉钉圈"悬挂问题""梳理问题""请教问题"，在平等、民主、合作、交流中，收集教师的真实问题。

共享策略。以"梳理问题→诊断界定→设计策略→课堂行为→反思提炼"程序制定教研方案，确定中心发言人、记录整理人、推文撰写人等，增强教研意识，提高教研能力，解决实际问题。

3. 多轮观课"三跟进"

小组跟进——发现问题。第一轮由"1"位骨干教师主教，"N"位老师作为观察员，从"观教"走向"察学"，零距离接触学生，基于第一现场、基于学生立场、基于实证学情的定点定向观察，为学情分析提供准确信息，为优化设计奠定坚实基础，形成第二套导学案。

学科跟进——梳理问题。第二轮试教由"N"中的所有老师执行第二套导学方案，进行同课同构。作为"1"的主教开始多轮观课，借鉴他人优势，扬长补短，寻找最佳"助教"，分清主教和助教的职责，共同完成无生磨课。其余的"N"扮演学生，共同完成第三套导学案。

行政跟进——聚焦问题。行政全过程全覆盖无缝跟踪"常态课"，了解现状，诊断问题，立即整改，从成功经验中提炼生长点，从问题诊断中收集研究点，从教学实践寻觅支撑点，从课堂问题中寻求突破点，为教师发展保驾护航。

4. 专家诊课"三给予"

行政跟踪将聚焦问题反馈给课程与教学中心，邀请专家定期进行指导，"给予优势分析""给予问题聚焦""给予优化策略"。教师零距离接受指导，深度对话专家，将一群"臭皮匠""磨"成了一队"诸葛亮"。

5. 复盘议课"三引用"

引导事实。对"常态课"进行扫描和透视，再现课堂事实，审视、分析和评议：预设目标有哪些？围绕目标安排了哪些环节？这些环节分别完成什么任务？组织了多少学习活动？是否必须？哪些应该精简？哪些应该强化？达到了哪些效果？最好是哪一项？

引导复盘。"复盘式"议课让教学事实背后的原因（对文本核心价值的理解）或背景（对学生学情的把握）得以浮现，一起分析目标、内容、活动、效果等教学要素之间的关联度，或对成功的教学片段进行经验提炼，对课堂获得更全面也更正确的认识。

引导研讨。以"事实回顾→教者简释→议者追问→教者反思→研讨改进"为流程，以改进教学为目标，客观分析教学事实，提出实际问题，发表意见，展开对话或争辩，讨论形成具体的改进方案，超越教学表象，深入课堂本质，集中研讨问题，发现更多可能性，供执教者在后续实践中自主选择。

6. 精彩走课 "三获得"

获得展示机会。"走课"分享机制，促进教研转型，形成 "3～5" 人走课组，将精心打磨、操作完善的优秀设计，向全校推广或者送教展示，最大限度地提升教师队伍的整体质量。

获得学生敬重。解放教师个性，将擅长的教学领域发展到极致，让每一个孩子享受到不同教师精心准备的优质教学，吸收多个教师的优势，

获得同行认可。"走课"团队促进教师互帮互学、共研共成，形成各有所长，使 "研" 的氛围日趋浓厚，将全体教师裹挟进自觉教研中，激活潜能和发展内驱力，工作在课堂，成长在课堂，成就在课堂。

五、"1+1+N" 教师发展共同体的实践效果

（一）"课题共同体" 能力得到彰显

1. 基于体验的自我诊断与发现能力

"在游泳中学游泳"，借助 SWOT 分析法，深入分析自身在教育科研发展中的优势和短板，步步深入，层层提升，培养自己的批判性思维能力，努力探索出一条属于自己的科研路径，尽快建设一支高素质专业化创新型教师队伍。

2. 自主成长的路径设计与行动矫正

利用教师发展共同体，在课程开发、课堂建设、课题研究中实现人格塑造和才能培养，清晰发展路径，矫正行动偏差。

3. 乐于表达的成果提炼与创新能力

聚焦龙头课题，选择擅长项目开展研究，目标明确，思路清晰，协同研究。目前，蚕丛路小学在研规划课题省级 3 项、市级 3 项，区级 8 项，校级立项课题 27 项，每个学科组都有自己的立项规划课题，每个课题都有行政领导的引领，领导参与率 100%。

（二）"课程开发"共同体品牌得以彰显

1. 课程开发从"单一"走向"多元"

研发强身、健心和习学三大课程群，蚕丛路小学完成特色课程49门，卓越课程10项，种子课程13项。"丹青花蕊"被成都市电视台和成都某区电视台采访报道，受到社会各界好评；"steam"课程优秀课例得到高新区和天府新区专家的高度赞扬。

2. 课堂品质从"低端"步入"高端"

视频《搭建意面铁塔》获得省一等奖，《心中的那道光》获得省二等奖；2019年9月25日数学校本教研成果展示一等奖；11月27日语文校本教研成果展示一等奖；2020年9月数学校本教研成果展示一等奖。蚕丛路小学教师参加赛课获区级以上奖励达73人次。

（三）"课堂共同体"幸福指数提高

1. 在上课比赛中获得成绩

丰满了课堂羽翼，赛课捷报频传。蚕丛路小学在上课比赛中获特等奖6节，一等奖17节，二等奖21节，三等奖6节，其中XX课例推送至省教育厅教学资源库，占区小学学段推送100%，分别获得省一、二等奖。

2. 在论文发表后获得成就

实践与思考结合，阅读与写作交融。"1+1+N"教师发展共同体老师发表文章20余篇；35位老师参加区论文比赛，25人获奖，高奖次、高比例排在全区前茅；论文获奖达140余人次。

3. 在骨干评定上获得成果

研究促进青年教师快速成长。XX等获"成都某区优秀青年教师"称号；XXX获"成都某区教坛新秀"称号；由于赛课获奖次数多、奖次高，XX等顺利完成职称评定："1+1+N"教师发展共同体给老师们带来实实在在的实惠。

4. 在教学实绩上获得成效

2020 年 1 月, 语文校本教研成果展示一等奖; 2020 年 9 月数学校本教研成果展示一等奖; 2020 年课堂教学大比武成都市遴选优秀课例小学共推荐两节, XD 老师执教的"激发课堂"课例入选, XX 等 23 人次获区级以上奖励; 蚕丛路小学连续三年被评为"新都区教学工作先进单位""新都区优秀科研先进单位"。

（四）"共同体研究成果"得到推广

2020 年 8 月 25 日,"激发课堂"论坛, 得到了成都大学小学教育系主任黄云峰博士和成都市教育科学研究院张碧荣副所长的高度肯定; 2021 年 5 月 12 日,"1+1+N"教师发展共同体的构建与实践成果向全区推广, 得到了成都市教师发展研究所黄静梅所长和成都大学师范学院张勇副院长的赞誉, 成果具有原创性、可复制、可推广价值。

2020 年 10 月 18 日, 在都江堰党校为宁夏骨干教师推广《基于儿童视角的略读课文 333 模式》, 赢得阵阵掌声; 12 月 6 日, 课题主研将课程建设成果在安康学院推广, 获得与会校长的一致赞誉。

鸡蛋从外打破是毁灭, 从内打破是新生。年轻的新教师在专业成长路上, 汇聚尺码相同的人, 组建发展共同体, 彼此搀扶, 互相激励, 在成长路上不断前行……

农村小学青年教师语文教学能力提升的策略研究
——以成都高新区坛罐乡九年义务教育学校为例

成都东部新区金堰学校　魏　伟

2021 年 7 月 24 日，中共中央办公厅 国务院办公厅印发《关于进一步减轻义务教育阶段学生作业负担和校外培训负担的意见》，对"双减"工作作出了重要决策部署，为新时代义务教育阶段学生的健康全面发展指明了新方向、提出了新要求。教师是立教之本、兴教之源，在 2019 年颁布实施的《中国教育现代化 2035》中明确了"建设高素质专业化创新型教师队伍"这一战略任务。针对性地挖掘新形势下中国教育公平对教师专业成长、教学能力提升等要求，以及对"双减"下教育提质对农村教师的新的挑战和机遇，是本文的研究主题。

一、问题的提出

全面提高教育质量，特别是农村基础教育质量，是未来教育发展的重要任务。中共中央、国务院印发了《中国教育现代化 2035》教育发展蓝图。要建立这样的教育体系，有必要全面提高我国基础教育的质量，而农村地区是我国基础教育的薄弱领域，师资力量、学生素质，以及学校的办学水平均有待提升。

农村教育质量的提高有赖于农村教师素质的提高。2018 年 1 月国务院发布了《关于全面深化新时代教师队伍建设改革的意见》，要求以新课程、新教材、新方法、新技术，加强对在职教师的全员培训，提高培训的针对性和有效性。培训过程应更偏向农村地区，尤其是困难地区和偏远地区的教师，更倾向于提高师资队伍的整体素质。

教师学科教学能力是教师专业能力的重要组成部分。教师应具备的基本知识主要包括以下几种：一般文化知识、学科知识、一般教学知识、教学知识和个人实践知识。它是教育基本技能的体现。教师专业能力是指教师在教育教学活动中的形成和表现，直接影响教育教学活动的有效性和质量。

当前农村语文教师学科教学能力存在明显不足。具体表现在：第一，知识结构，内容陈旧；第二，课堂组织管理能力欠缺；第三，农村培训的形式相对单一，强调形式而忽略了内容。

青年教师是学校发展的未来，其语文学科教学能力亟待提升。《丝路学坛》专刊中对青年教师存在的问题进行了比较全面的分析，结果表明，青年教师在专业上，知识、认知、科学和心理研究方面存在问题。

新时代深化师资队伍建改革迫切需要提高成都市农村地区青年语文教师的教学能力。成都高新坛罐乡九年义务教育学校的青年教师在学科教学上普遍存在以下问题：专业不兼容，学科知识体系不系统；教育理念单薄，存在传统旧教学观念，缺乏主动性和改造性；对学科教学的研究还不够深入，利用教学促进研究的深度还不够；闭门造车，忽略沟通。

学校要实施农村教师支持计划，开展教师培训工作，实现教育的可持续发展，就必须解决当前教师队伍建设领域的突出问题——青年教师学科教学能力发展。

二、研究设计

通过对相关文献的整理搜集，关于学科教学能力研究，它涉及 20 个类别，包括教学能力、学科教学能力、专业素质、教师专业发展和课程整合等。本研究主要以师范类大学研究为主，主要以国内教学能力研究的现状为主要对象，试图阐明我国学科教学能力的发展背景、学科教学能力的概念过程和结果、不同学科教学能力的发展过程以及研究意义的起源。通过对文献的初步认识，进一步认清学科教学能力研究所处的地位与方向。但是，理论上的深度和问题思考的高度显然不足，没有指出农村青年教师和其他教师群体的学科教学的特点，也没有提出针对性的应对策略，研究过于分散。普通研究通常过于广泛，而针对特定群体的实证研究通常侧重于案例分析，这些案例具有丰富的经验并且缺乏通用性，结果研究显示了整体的松散和个性化特征，并且尚未形成逻辑上严格的研究系统。

基于这样的现状，本研究把成都高新坛罐乡九年义务教育学校（以下简称"我校"）青年语文教师作为研究对象，采用问卷调查、课堂观察法、实物分析法、案例研究法和访谈法，探讨青年语文教师学科教学能力的现状及其存在的问题根源，以及提出青年教师小学语文教学能力提升的策略。

三、当前我校青年教师语文学科教学能力的现状及影响因素

（一）当前我校青年语文教师的基本状况

在本次调查中，笔者从教学设计能力、教学实施能力、教学评价能力三方面对新形势下我校教师现况进行了以下分析。

1. 教学设计能力

主要表现是分析和掌握教科书大纲的能力、分析和处理教科书的能力、对学生学习准备和个性特征的理解以及判断能力。通过问卷调查、课堂观察，我校语文学科教师的教学设计能力的不足主要表现在：大部分教师只会教教材而不会用教材；无法整合更多的教学资源来丰富和优化教学策略；在教学资源选择方面，教师总体表现较差，更多教师直接采用网络的教学资源，而自主开发设计教学资源的非常少。在设计教学评价方面，主要形式是问题设计、练习巩固、课外作业、学习任务。在实际操作中，直接使用教材和教辅中的例题、习题较多，而很少进行适当增减、改编、

再设计，开放性、探索性、实践性的问题不多。

2. 教学实施能力

通过问卷调查、课堂观察，我校语文学科教师教学实施能力的不足主要表现在：有42%的教师课堂管理经验不足；有25%的青年教师设计教学策略调动学生积极性的能力不足；有33%的青年教师语言课堂表达能力不足，课堂时间管理能力较差。

3. 教学评价能力

通过问卷调查、访谈、课堂观察，发现其问题一是理论构建多，具体目标少。在听、说、读、写等涉及语文具体教学方面，30%的教师对这类课型的教学，关联性认识不够充分，考虑评价的要素也不够深入。二是单维度评价多，多元性互动少。传统的语文教学仅停留在教师对学生的单项评价，45%的教师总是以一种权威的形象展现在课堂上，导致学生会因为担心出错受批评，而不敢积极回答问题。

（二）教学基本技能及情况分析

我们从教师课堂设计能力、学科专业技术能力、学生学习的指导能力、教师教学能力、影响教师教学能力的因素和教师教学反思分析与评价五个维度来对我校的小学语文教师教学能力进行分析，具体如下。

教师课堂设计能力的调查结果与分析。在20份实地调查中，了解了"小学语文课堂授课时间"的现状。20%的老师选择少于25分钟，大多数是低段老师；而70%的老师选择少于35分钟，是考虑到这是教学任务的需要；10%的教师会在40分钟内选择。这反映出大多数教师可以为学生留出空间，并为学生提供"独立，合作和探究"学习的机会。教师少说，让学生更加活跃。大多数教师在课堂上采取"教师少说，学生多训练"的教学方式，但有些教师仍采用"满堂灌"的教学方法。

教师学科专业技术能力的调查结果与分析。50%的教师在上课时主要参考考试大纲，这表明大多数教师把学生的学习成绩放在首位，而教师也全力以赴来提高学生的成绩。

学生学习的指导能力的调查结果与分析。大多数教师对新课程中提出的三种学习方法并不乐观。他们在意识形态上重视它们，但他们没有应用到实践中。38%的教师认为不需要独立、合作和探究式学习。认为讲授式教学是最有效的，也是最能保证学生表现的一种。42%的教师认为，尽管尚未在考试制度的限制等各种因素的影响下实施，但改变学生的主要地位和学习方式是必然趋势。

教师教学能力的调查结果与分析。从调查来看，绝大多数教师不会阅读教育著作，阅读和反思并没有成为其教学的部分。然而语文这门学科博古通今，因此，教师需要积累自己的文化底蕴。教师只有养成自由阅读的习惯，才能不断收获新的前沿思想，并传授给学生，扩展其知识面，否则，怎么能要求学生课外阅读？更无法让课堂有灵动的生成。

影响教师教学能力的因素的调查结果与分析。教师不够重视教学研究和反思。教师自身的知识储备不足，阅读量偏少。教师教学设计和思考原动力不足。

教师教学反思分析与评价的调查结果与分析。从调查结果可以看出，多数教师会教学反思，但不情愿，认为这样的方式可提取；有些迫于工作压力，只是匆忙撰写教学反思，以付为主。这样没有道理，也无法为自己的教学提供任何帮助。总体来说，教师的反思情况并不乐观。

（三）影响我校青年语文教师的学科教学能力提升的因素

教师因素。教师自身教学模式落后，教师自身发展动力不足，过于烘托教学气氛而忽视教学效果。

学校管理因素。首先缺乏整体掌握课堂教学的能力。尽管我们学校建立了小学语文教学管理研究与教学小组，但在实践中可以看出一些教师的教学实践严重不足，发现问题无法解决，难以探索有效的方法与策略。其次缺乏创新前沿意识，难以高效应对课堂变革。学校在创新思想上很难与学科知识衔接，带动不了教师在语文学科上的进一步创新设计，部分教师因循守旧，老套路和老思想在教学上形成一种不良风气，致使部分年轻人模仿照搬，无法实现语文学科的创新变化。

四、农村小学语文学科青年教师教学能力提升的对策研究

（一）提升小学语文学科青年教师教学能力提升的培训

为了全面解决我校语文青年教师教学中存在的问题，并通过调查分析，为不断提高农村小学青年教师的语文学科教学能力，提出了以下几种提高途径。

第一，理论培训。根据上级和学校要求推出校本研修活动。以更新教育观念，以新课程的教法学法指导为主，以提高创新意识和能力为主导，以教师项目式学习为主要形式，以培养教师的可持续发展能力为主要内容和基本方向。为了培养年轻教师，我们将积极提升学校小学语文教师的综合素质。具体研修如下：1.研修新课标。在讨论和交流中，可以深入学习和理解教材，解读课程标准，探索教学方法。构建科学的教学模式，指导课堂教学，理论联系教学实践，促进教师将先进理念内化为教学行为。2.研修教育教学理论。为教师的专业化成长提供内核。教师需要认真阅读《师道》《教育心理学》《一盏一盏的灯》《课堂教师工作谈话》《教学工作谈话》等书，以吸收教育教学营养并保持自己在知识发展中的位置在教学改革的最前沿，保持专业的青春，使教师的工作成为源头活水，永不会耗尽，并会不时地进行更新。3.研修教育教学能力。这是贯穿和实践教师的通识的教育教学技能，重点培养学科技能和个人综合素养方法的基本技能，应有针对性地加强对青年教师的跟踪培养计划。通过结合不同层次教师的不同特点，采用不同的研究方法，使每位教师都能扎实掌握基础教育教学技能，并具有较高的教育教学水平。4.研修教育科研能力。教师要从单一的教育教学视野中解放出来，做一名教育科研型的教师，摆脱畏难心理，挤出时间阅读教育理论书籍和文章，通过阅读获取教育改革的新信息，尽快转变教育观念，更新教育观念，提高理论水平，养成积累教学经

验的习惯。主动与外界联系，把编写教学案例、教育故事、体验论文和阅读体验作为基本工作。在通过写文章整理和提炼自己的想法之后，新的观点和理解就会产生，问题就会被发现。积极参与研究课题，确定一个主攻方向，锲而不舍，长期坚持积累，形成有用的知识体系，在教学中得以不断提高。

第二，实践培训。经过两年的实践研究逐步形成了农村小学语文学科青年教师教学能力水平的操作模式建构：一帮、二观、三研、四思。初步形成了农村小学语文学科青年教师教学能力提升的机制，即学校教师集体综合研训机制、交流促进机制、研训引导机制、奖励激励机制、校园文化宣传机制。

（二）小学语文学科青年教师教学研修活动

抓好教学工作实践，提高语文教学成绩。要认真备课，研读课程标准，把握语文学科体系结构和对学生发展的独特育人价值，认真分析教材，分析学情，了解学生的学习需要；还要认真上课，也就是认真端正教学态度，为人师表，自觉遵守规则；实施师生的平等对话和积极互动，注重引发学生的自主学习；我们还应该认真安排家庭作业，认真选择作业，严格按规定控制工作量，突出双基的巩固，增强作业的针对性和实效性；认真指导学生的学科学习方法，注重培养学生的学习兴趣，注重因材施教。

师徒结对，同伴互助促进发展。为了使年轻教师的培训更加系统和有效，学校采取"领军、同伴互助、自学"相结合的方式，充分发挥高级教师和骨干教师在传播、帮助和发展中的作用，对年轻教师进行指导和示范教学活动，要求每个人都写出自己的具体个案发展计划并签订《师徒结对协议》。

观摩学习，拓宽青年教师视野。学校经常为年轻教师提供外出学习的机会。大部分青年教师被分期分批地被送到简阳市、资阳市、成都市去学习、培训、听课。学校还组织他们赴成都市观摩"优质课评比大赛"及"文翁大讲堂"活动，那些名师独特的教学设计、生动的教学语言、课堂控制能力、恰当新颖的指导以及灵活的教学智慧，使他们获得了启发，让青年教师每次都收获颇丰。

研讨沙龙，开展相互交流活动。在课堂研讨中，进行课堂分析研讨，提高课堂效率、提高教师的能力，让教师在研讨中探寻自培的方法和途径。在集体备课中，互通思想，取长补短。在专题讨论中，活跃教师的思维，提高教师的思辨能力，丰富教师的知识，提高教师研讨的能力，让教师看到差距，查出问题，找到解决的途径和方法，营造浓郁的学习研究氛围，让教师如沐春风，形成自我内驱力的提高。

教育反思，提升专业发展水平。我们要敏锐捕捉反思的对象，主动反思，把反思养成平时的习惯，并在反思中学会归纳，对成因进行合理判断和归纳，最终成为提升自己教学水平的突破口。我们提倡对反思成果的多元化呈现。反思的结果应该广泛应用于教育、教学和专业成长中，并在学校教师之间进行沟通和共享。我们要求编写在教学过程中，实现预先设计的教学目标，并引起教学共鸣的良好实践，以及课堂教学中的临时应对措施，以达到清晰的层次和清晰的组织，对一些教学理念的渗透和应用有新的感受。即使是一次成功的教学，也难免会有疏忽。我们应该系统地回顾和梳理，进行深刻的反思和剖析，以便为今后的教学提供参考。在课堂教学中，师生之间的思维发展和情感交流是瞬间产生的智慧火花。如果我们不能利用课后反思及时捕捉它，情况就会改变。课后，我们要求教师进行课后冥想：本课程探索了哪些教学规则和教学方法的创新？教化是否得当？培训是否到位？这样我们才能扬长避短，不断改进，把教学提高到一个新的水平。

在此基础上，为提高小学语文学科青年教师教学能力，我们还在学校教学中提出"三实""三效"的课堂模式。"三实"即"朴实、扎实、厚实"。"朴实"是从上课的环境来讲，凭借现有的教学设备，实施好教育教学；从教学的形式来讲，课堂不是舞台，教学也不是文艺，不是表演。"扎实"是就学生知识的掌握、能力的形成和习惯的养成来说的。从知识的角度讲，每堂课学生应该掌握什么，掌握多少，必须明确，落到实处；就学生的思维能力而言，借助课本，训练学生某一方面的思维能力。"厚实"是指"厚"而"扎实"，是就完成课标任务和培养学生的能力、素养、习惯的高度来说的。"三效"即"有效、实效、高效"。这是针对课堂结果而言的。"有效"是针对"朴实"而言的，上朴实的课，就是要上"有效"的课，这是对课堂的基本要求。"实效"对应"扎实"，是在"有效"的基础上的提高。"实效"评价的标准是课标目标、考纲目标、学生的素养目标和习惯培养目标在课堂中的体现程度，让学生在课堂实实在在地完成这些目标任务，获得扎扎实实的知识，得到扎扎实实的训练。"高效"是课堂教学的最高要求，对应"厚实"，也是对效率和效果两个方面而言的，指在单位时间内，在本班学生学情的条件下，让学生在知识、能力、素养、习惯方面获得最大的学习效益。

五、结论

农村小学语文青年教师教学能力的发展具有明显的阶段性特征，其发展具有连续性和阶段性。每个阶段都有突出特点的知识和能力，其发展是一个在理论和实践上不断丰富和深化的过程。可归类划分为教学监控能力，语文听说读写的分析认知能力，以及合理处理教学问题的操作实践能力、然而，提高农村小学语文青年教师的教学能力，提高农村教师素质，改变农村教育现状，是一项长期而艰巨的任务。针对此项研究还需要与时俱进，针对性地挖掘新形势下中国教育公平对教师专业成长的时代要求，以及"双减"下的教育提质对农村教师的新的挑战和机遇。

以"种子教育专家工程"提升农村初中教师

——"家庭教育指导能力"的模式研究

成都东部新区三岔湖初级中学　李晓春

一、绪论

（一）选题缘由

1. 近年来，国家陆续颁布一系列政策和文件，强调开展家庭教育指导的重要性

2000 年 12 月，《中共中央办公厅 国务院办公厅关于适应新形势进一步加强和改进中小学德育工作的意见》中指出，各级党委和政府要关心支持家庭教育，各级教育行政部门要承担组织和指导家庭教育的责任。2012 年 3 月，全国妇联、教育部、中央文明办等七部门联合发布《关于指导推进家庭教育的五年规划（2011—2015 年）》，在充分肯定"十一五"期间全国家庭教育工作者成就的同时，指出了新的五年期间指导推进家庭教育工作的总体目标：构建基本覆盖城乡的家庭教育指导服务体系，推进完善基本的家庭教育公共服务，提升家庭教育科学研究和指导服务水平，建立与社会管理创新相适应的家庭教育工作机制，制定完善家庭教育相关法律政策制度，推进家庭教育工作进一步科学化、法治化、社会化。2019 年 6 月，《中共中央 国务院关于深化教育教学改革全面提高义务教育质量的意见》中再次强调要重视家庭教育，加快家庭教育立法，强化监护主体责任。加强社区家长学校、家庭教育指导服务站点建设，为家长提供公益性家庭教育指导服务。充分发挥学校主导作用，密切家校联系。家长要树立科学育儿观念，切实履行家庭教育职责，加强与孩子沟通交流，培养孩子的好思想、好品行、好习惯，理性帮助孩子确定成长目标，克服盲目攀比，防止增加孩子过重课外负担。

2. 初中阶段学生的心理、生理特点要求有适应他们的家庭教育方式

心理学研究表明，初中阶段的孩子迎来生理的巨大变化，也是人生的"心理断乳期"，是告别幼稚走向独立人生道路的转折时期。在这个时期，青少年正在经历一个生理、心理、社会等诸多方面的从不成熟到成熟、从不定型到定型的变化。这一阶段的个体内部与外界之间充满各种各样的矛盾与冲突，心理上的矛盾与冲突又在社会关系的相互作用下，经历跌宕起伏的过程，从而导致青少年出现许多心理问题，如考试焦虑、烦躁易怒、嫉妒敏感、抑郁消沉、人际关系紧张等等。许多问题的发生和发展又涉及不同的因素，一个简单的学习问题可能造成的原因多种多样，这些原因必须深入观察，仔细分析，才有可能找到症结，从而解决问题。

（二）研究的意义

1. 对学校的意义

此研究顺应当前社会发展的需要，着眼于目前初中学校亟待解决的问题，在寻求提升初中教师家庭教育指导能力的方法这条路上，是一项改革创新的探索。

2. 对教师的意义

本研究能立足于农村初中教师工作中家校结合的实际情况，为农村初中教师指导家庭教育提供具体方案，丰富学校教育教学研究的内容，加快教师家庭教育指导能力的提高，为教师专业发展提供不同的理论和方向。

3. 对家长、学生的意义

研究有利于家长家庭教育能力的提高，使学生身心得到健康发展，从而提升家庭教育生态环境。

4. 对课程改革的意义

本课题研究成果中关于农村初中教师家庭教育指导能力校本课程的开发，优化了本校课程改革，丰富了本校课改的内容。

（三）国内外研究现状

1. 国外家庭教育和教师家庭教育指导研究现状分析

发达国家对家庭教育指导的研究比较成熟，有丰富的实践经验。汪夕桢在《美国亲职教育的发展历程》（《卷宗》2018 年第 7 期）中写道，美国自 1897 年召开了具有历史意义的第一次母亲会议以来，家庭教育便成为大教育中不可或缺的一部分。其于 20 世纪末诞生了"家长教师协会（PTA）"，这是家长正式介入孩子教育的标志。PTA 在其建立之初就确定了两项宗旨：家长教育和发挥家长在改进儿童受教育条件方面的作用。2018 年 5 月，钱洁、陈汉明在《教育科学研究》中发表的题为《家庭教育指导：急需个性化和科学化》的文章中指出，日本 90% 以上的教育机构开展了家庭教育讲习班。澳大利亚维多利亚政府在 2010 年启动了"超级保姆计划"：这些保姆不会帮你"喂奶"，但是可以指导你如何才可以喂好；他们不会帮你煮饭，但是会告诉你，孩子的饮食搭配怎么样才健康；此外，保姆们还会陪孩子玩有教育功能的游戏。

发达国家的家庭教育指导培训大多已发展为政府的统一行为，多数国家有专业的家庭教育指导师培养部门，大学里有全面的家庭教育指导师培训课程，家庭教育指导不用依赖于单一的学校，教师的家庭教育指导能力也比较强。

2. 国内教师家庭教育指导研究现状分析

2010 年，华东师范大学朱乐怡在其硕士论文《初中学校家庭教育指导的现状调查与管理对策思考》中，以上海市 A 校为个案，研究了初中学校家庭教育指导工作的现状与问题，指出了教师家庭教育指导能力欠缺，教师参与家庭教育指导的积极性不高，家庭教育指导基本沦为教师的个人行为，家庭教育指导的效果不理想，学校管理不到位等问题。文中还提出相关各方要厘清认识，健全家庭教育指导工作的管理体制，细化家庭教育指导工作的过程管理，构建家庭教育指导的社会化体系等建议；2018年，北京师范大学公布了一份《全国家庭教育状况调查报告》，在第三部分政策建议中提到"重视学校在助力家庭教育中的指导作用……使学校成为提升家长家庭教育能力的重要基地"，还特别指出提高班主任队伍对家庭教育的指导能力；2019年，苏州市教育局副局长李靖娟发表了一篇名为《加强教师家庭教育能力培养》的论文，从中可以看出，苏州在培养教师家庭教育指导能力方面做了比较扎实的实践研究，编制了家庭教育课程，厘清了家庭教育指导到底需要哪些专业素养和能力，制定了《家庭教育指导师专业标准》，其基本框架涵盖了家庭教育的核心价值、家庭教育指导跨学科共同概念和家庭教育指导的科学实践三部分，通过在教师中培养家庭教育专业指导师来充分发挥教师在家庭教育中的指导作用。

综合以上文献可知，我国在学校进行家庭教育指导能力的研究主要集中于认知方面和管理方面，这些研究对上层管理有一定的意义，但对教师的实践操作缺乏方法论建议；或者如苏州教育局家庭教育指导师的培训模式那样，虽然有了实操培训，但对教师本身的文化程度、学历程度要求较高，无法应用于广大农村学校。

3. 启示

在现行的农村初中学校教育教学环境中，迫切需要有一种高质量、个性化的方式来提升农村初中教师的家庭教育指导能力。这种方式需立足于农村初中教师工作中家校结合的实际情况，对农村初中教师指导家庭教育提供具体方案，丰富学校教育教学研究的内容，为教师专业发展提供不同的理论和方向。

综上所述，本研究顺应当前社会发展的需要，着眼于目前初中学校亟待解决的问题，在寻求提升农村初中教师家庭教育指导能力的方法这条路上，是一项改革创新的探索。

（四）研究方案设计

1. 相关概念界定

（1）种子教育专家工程。在家庭教育指导能力提升中，最先接触先进理念和思想，最先参与将理论转化为教育教学实际能力的培训或研修活动，能在先进理念和实践探索推广中起到传帮带作用，能很好地把自己对新理念的理解传递给更多的人，带领大家进行新的实践的少部分精英教师通过专家的培训后，用教学和心理团辅的方式指导家长的一种新型培训模式。

种子教师培养成熟后，又作为专家培训其他教师，形成几何效应，对所有教师进行轮训。

（2）提升。提升的方式以培训为主，兼有个别指导、督促、活动和体验课等方式。

（3）农村初中教师。从事农村九年义务教育阶段初中学科教学的专业教师。

（4）家庭教育指导能力。本研究的家庭教育指导能力指初中教师对初中阶段学生的家长或监护人提供家庭教育的内容、策略的帮助与指导，以提高其家庭教育的水平和素质的能力。指导内容以如何处理孩子的心理问题和学习问题为主，其他初中生的问题暂不做研究。

2. 研究目标

（1）"种子教育专家工程"的培训模式建构和课程内容框架，为初中教师家庭教育指导能力的培养提供创新型模板。

（2）总结通过"种子教育专家工程"的培训模式来提升初中教师家庭教育指导能力及其效果等，梳理教师在课程培训中的反思与成长，探讨初中教师家庭教育指导的有效方式，促进教师发展、家长发展、学生发展。

3. 研究内容

（1）成都东部新区三岔湖初级中学教师家庭教育指导能力的现状。

（2）"种子教育专家工程"的培训模式。

（3）"种子教育专家工程"的课程设置。

（4）"种子教育专家工程"提升农村初中家庭教育指导能力的有效性。

4. 拟解决的关键问题

（1）"种子教育专家工程"的培训模式。

（2）"种子教育专家工程"的课程设置。

5. 研究方法及可行性分析

（1）文献研究法。通过查阅、分析报刊、论文、著述等资料，借鉴国内外在相关方面的研究成果，弥补在某些问题上访谈不充分的缺陷，使本研究能对症下药，更有针对性。

（2）访谈法、调查研究法。通过对学校领导、教师、家长、学生关于家庭教育指导的措施、渠道、方法等方面的访谈和调查来剖析初中学校教师家庭教育指导能力的现状，探究当前初中教师教育指导能力的培训和提升中存在的问题，并作为进一步研究的基础，为提升初中教师家庭教育指导能力的探索提供参考。

（3）行动研究法。通过行动研究法发现、探究种子教师对家长课程的教学问题，提出解决方案，在对家长的指导行动中落实并不断修正解决问题的研究方案，进行观察、反思，总结"种子教育专家工程"提升初中教师家庭教育指导能力的途径和方法。收集分析种子教师在被培训和在指导家长过程中的照片、视频、教学设计、课件、反思等实物及文字资料，来充实本研究的事实依据。

二、提升农村初中教师家庭教育指导能力面临的问题及原因

（一）样本选择

成都东部新区三岔湖初级中学的全体教师和 2019 届、2020 届、2021 届、2022 届的全体学生及其家长。

（二）问题及成因分析

2019年6月到10月，研究小组对成都东部新区三岔湖初级中学1020位家长（发出1020份，收回936份，有效866份）、1020位学生（发出1020份，收回947份，有效902份）以及92位在职教师（发出92份，收回90份，有效86份）进行了问卷调查，调查数据归纳如下。

1. 家庭教育方面

（1）调查表明，学生家长的文化水平为小学水平的约占20%，文化水平为初中的约占62%，文化水平为高中的约占16%，文化水平为本科及本科以上的约占2%。从中可以看出，初中文化水平的家长是学生家长中占比最大的人群，也是最具有代表性的学生家长。这部分家长与孩子的沟通方式大多简单粗暴，缺乏正确的方式方法。

（2）本次调查结果显示，学生大部分时间与父母一起的，占42%；学生大部分时间与母亲一起生活的，约占33%；学生大部分时间与父亲一起生活的，约占4%；学生大部分时间与爷爷奶奶一起生活的，约占21%。从中可以看出，未与父母长期待在一起的学生比例，已达到五分之一左右。家长陪伴孩子的时间偏少；而这极少的陪伴时间中，交流的内容多以学业为主，关注孩子身心健康的少之又少。

家长在指导初中阶段孩子的过程中，往往力不从心。家长希望与孩子顺畅沟通，但是孩子青春期生理和心理的矛盾又使家长与孩子的沟通出现困难。家长在家庭教育中缺乏有效指导，不仅不能解决问题，还使问题更加严重。

2. 学生方面

（1）根据学生的问卷调查结果反馈：学生家长在处理学生顶嘴的问题上，69%的学生家长都能做到等孩子平静后讲道理。但是，也有6%的学生家长选择了"当即动手，用武力制止"。在被家长打骂问题方面，5%的学生经常被家长打骂，61%的学生偶尔被家长打骂，34%的学生从来没有被家长打骂过。当学生成绩不理想或犯了错误时，学生家长会采取的手段方面，

5% 的学生家长经常动手打人，33% 的学生家长的态度为严肃批评、很少打人，11% 的学生家长的态度为说几句就算了，51% 的学生家长的态度为给学生讲道理。50% 的孩子认为家长只关心自己的学习，并不关心其他。

（2）70% 的孩子认为与家长讲道理讲不通，无法交流，孩子们渴望家长能理解自己。

3. 教师指导家庭教育方面

（1）目前，农村初中教师指导家庭教育几乎是"你说我听"形式，内容大多以学业为主，根本上起不到指导家庭教育的作用。

（2）教师缺少提升家庭教育指导能力的培训，许多教师并不知道如何去指导家长的家庭教育，只能从学生问题的表面入手，只会建议家长注意表面现象，并不能实际解决根本问题。

（3）学校对家庭教育的指导以讲座、说教为主，缺少系统化、科学化、个性化的模式，家长视这样的讲座为负担，学校也浪费了人力物力。

（4）教师表达出要提升家庭教育指导能力的迫切愿望。

三岔湖初级中学是成都市东部新区农村中学的一个缩影，由此可知，在现行的农村初中学校教育教学环境中，迫切需要有一种高质量、个性化的方式来提升农村初中教师的家庭教育指导能力。

综上所述，本研究顺应当前社会发展的需要，着眼于目前初中学校亟待解决的问题，在寻求提升农村初中教师家庭教育指导能力的方法这条路上，是一项改革创新的探索。

三、"种子教育专家工程"的培训模式研究和课程设置

（一）种子教师团队组建、种子教育专家工程启动

2019 年 11 月 4 日，成都东部新区三岔湖初级中学召开了隆重的"空港新城教育联合体——种子教育专家工程"启动仪式。学校特别邀请成都市第七中学心理健康教育专家陈艳萍老师、著名心理健康教育专家张军、

徐榕阳老师等一行六人为全体教职工做了讲座、体验式培训，还教授了一些便于迅速了解学生的社会测量工具。

仪式上，由教师报名、专家择优筛选组建成了种子教师团队。这六位专家也是"种子教育专家工程"的常驻培训专家。

（二）"种子教育专家工程"的课程设置、课程培训

"种子教育专家工程"将对种子教师的培训分为播种、深耕、发芽、生长四个阶段，融入心理健康知识，设置针对初中学生心理特征的家庭教育指导课程，兼有个别指导、督导、活动和体验课等，形式多样，参与性高，趣味性强。具体操作见下表3-6。

表3-6　第一阶段　播种阶段

	内容	备注
课程名称	"看见"家长课程——和青春期的风暴共舞	理论教授和实践操作结合
实施时间	3个月	
课程内容	播种第一阶：观念撬动及种子教育专家双选 播种第二阶：我是区域班级家庭教育专家	主动性很重要

1. 播种第一阶段：观念撬动及种子教育专家双选

（1）"教育有效性的提升"大型全体教师讲座，学校邀请专家为全体老师做落地的深度交流。

（2）区域教育专家种子团初建

通过自愿报名和学校筛选相结合的方式选出种子教师，与专家团队建立联结。

2. 播种第二阶：我是区域班级家庭教育专家

班主任班会赛课活动——我是区域班级家庭教育专家

（1）"'看见'家长课程"培训和部分议题

（2）专家团队现场指导班会课——家长会的头脑风暴

①请演讲专家对老师的讲座姿态进行调整；

②对老师的试讲内容进行指导；

③"和青春期的风暴共舞"：家长参与，教师班会赛课。

表3-7　第二阶段　深耕阶段

项目	内容	备注
课程内容	一、"激发学习内动力"家长课程及部分议题 二、教师教育有效性提升课程第一阶——师生成长 三、"1+12"教师心理健康能力提升工作坊（第一阶）	理论教授和实践操作结合
实施时间	4个月	
课程形式	工作坊体验式	

表3-8　"激发学习内动力"家长课程内容及部分议题

内容	备注
每个孩子都曾经是学霸	天性与潜能
我们的学霸如何被褪去光芒	神经语言程序学
做一个学霸父母	看见与激发
"发现"之旅	发现
"和善"之旅	温柔练习
"坚定"之旅	如何坚定

表3-9　教师教育有效性提升课程第一阶——师生成长

项目	能力提升	内容	理论支撑
开展模式	学校工作开展　能力提升	"1+12"	专业团队辅导及表达性艺术治疗
思考工具	思考模式提升	逻辑层次	NLP神经语言程序学
诀窍	个别咨询能力	看见	萨提亚家庭治疗
方法	正向积极　能力提升	转化	教练技术

表3-10　"1+12"教师心理健康能力提升工作坊（第一阶）

项目	内容	备注
课程名称	"1+12"教师心理健康能力提升工作坊（第一阶）	理论教授和实践操作结合
课程内容	表达性艺术治疗	体验式

特别说明：因为疫情影响，2020年种子教师"深耕阶段"的前半部分培训采用了专家视频培训的方式，研究小组同时邀请全校的家长一起参与。家长、种子教师、专家形成两两互动，效果显著。

表 3-11　第三阶段　发芽阶段

项目	内容	备注
课程内容	一、教师教育有效性提升课程第二阶——自我成长 二、"回归"家长课程 三、"1+12"教师心理能力提升工作坊（第二阶）	理论教授和实践操作结合
实施时间	4 个月	
课程形式	工作坊体验式、网课	

表 3-12　教师教育有效性提升课程第二阶——自我成长

主题板块	内容	书目	备注
文学	从苍白到无邪——在文学里塑造人生的最高境界	《诗经》	可用网课形式
政治	从泥泞到山顶——从理性思维到政治素养的提升	《人类简史》《送你一颗子弹》	
历史	从无知到智慧——历史观的构建对世界观的影响	《史记》《万历十五年》《潜规则》等	
戏剧	从混浊到清朗——心灵的洗礼·戏剧的力量	莎士比亚戏剧	

表 3-13　教师教育有效性提升课程第二阶——自我成长

主题板块	内容
书法	挥毫泼墨书胸臆，笔走龙蛇惊众生 ——书法中的诗意与文化
绘画	凝固的空间，写意的世界 ——绘画中的历史与文化
宏观经济	祖先的经济学头脑 ——《货殖列传》中经济学启示
微观经济	经济学原来这样的好玩！ ——生活中的经济学
东方哲学	追寻先哲的脚步 ——中国哲学小史
西方哲学	《苏菲的世界》 ——西方哲学简史
电影	好莱坞的魔力
电影	电影与文化

表3-14 "回归"家长课程

项目	内容	备注
课程名称	"回归"家长课程	理论教授和实践操作结合
课程内容	亲密关系	体验式

表3-12 "1+15"教师心理能力提升工作坊（第二阶）

项目	内容	备注
课程名称	"1+12"教师心理健康能力提升工作坊（第二阶）	理论教授和实践操作结合
课程内容	教练技术	体验式

表3-16 第四阶段 生长阶段

项目	内容	备注
课程内容	一、教师学科生涯研发课程 二、"1+12"教师心理能力提升工作坊（第三阶） 三、区域专家养成实践课程	理论教授和实践操作结合
实施时间	4个月	
课程形式	工作坊体验式	

表3-17 教师学科生涯研发课程

项目	内容	备注
课程名称	教师学科生涯研发课程	理论教授和实践操作结合
课程内容	教育研讨赛课	体验式

表3-15 "1+18"教师心理能力提升工作坊（第三阶）

项目	内容	备注
课程名称	"1+12"教师心理健康能力提升工作坊（第三阶）	理论教授和实践操作结合
课程内容	舞动治疗	体验式

表3-19 区域专家养成实践课程

项目	内容	备注
课程名称	区域专家养成实践课程	理论教授和实践操作结合
课程内容	综合实战指导——辐射到空港新城、高新东区，用我校的课程体验培训联盟学校老师及家长	体验式

（三）依托家长学校，种子教师指导家长和普通教师

1. 全校教师在线上提出有关家庭教育指导方面的问题，由家庭教育专家协助种子教师分析问题并就问题提出解决方案等线上督导活动；

2. 种子教师协助班主任开展以青春期亲子如何沟通为主题的青春家长会；

3. 寒暑假，种子教师为全体家长进行心理调适辅导，并指导家长对孩子进行假期心理疏导活动（自身心理调适、家庭亲子沟通、宅家如何有效自学等）；

4. 专家指导种子教师开展家长课堂线上讲座《学习内动力家长课程——12 ～ 18 岁暴风岁月》，其他教师旁听并参与会后讨论以初步形成自我授课思路；

5. 专家指导种子教师开展家长课堂线上讲座《学习内动力家长课程：4 种专业话态的养成》，其他教师旁听并参与会后讨论以初步形成自我授课思路；

6. 专家指导种子教师开展家长课堂线上讲座《学习内动力家长课程：4+6+9 动力模式》，其他教师旁听并参与会后讨论以初步形成自我授课思路；

7. 专家指导种子教师开展家长课堂线上讲座《学习内动力家长课程：2+4 能力模式》，其他教师旁听并参与会后讨论以初步形成自我授课思路；

8. 种子教师结合亲子沟通——换位思考和其他教师共同研讨、设计并开展"看见自己 看见孩子"的家长会。

四、"种子教育专家工程"提升农村初中教师家庭教育指导能力的有效性

（一）关于学校

此研究有利于增强各类学校对教师家庭教育指导能力培养的重视程

度，丰富提升初中教师家庭教育指导能力的实践探索，提供培养的新模式——以"种子教育专家工程"为培训模式，为解决教师家庭教育指导能力培养的困境提供"专家培训种子教师—种子教师指导家长—种子教师培训普通教师—普通教师指导家长—家长提升家庭教育的能力"的新思路。

（二）关于教师成长

1. 种子教师们在专家引领下，不只指导了家长，自己也在家庭教育能力方面迅速提升，由此加快了班级管理的改革创新。

2. 此次研究能立足于农村初中教师工作中家校结合的实际情况，对农村初中教师指导家庭教育提供具体方案，丰富学校教育教学研究的内容，为教师专业发展提供更新的理论和方向。

（三）关于家长和孩子

家长在种子教师们生动形象的活动牵引下，不知不觉中吸收了教育子女的方法，从而改变了教育孩子的方式，孩子的身心得到健康发展。

（四）关于课程改革

本研究成果中关于农村初中教师家庭教育指导能力校本课程的开发，优化了本校课程改革，丰富了本校课改的内容。

总之，此研究加快了教师家庭教育指导能力的提升、家长家庭教育能力的提升，使学生身心得到健康发展，从而优化了学校教育生态环境。

五、结论、反思和展望

（一）结论

"种子教育专家工程"的培训模式。（见图 3-5）

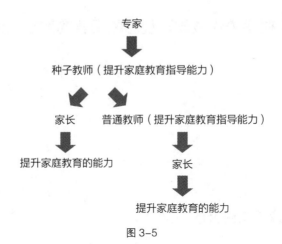

图 3-5

这就是"专家培训种子教师—种子教师指导家长、培训普通教师—普通教师指导家长—家长提升家庭教育的能力"的培训模式。

（二）反思和展望

家庭教育与社会教育、学校教育互为联系，互为补充，共同形成一个完整的教育体系。要培养适应现代社会的合格人才，单靠学校教育是不行的，家庭教育也起着十分重要的作用。由于经济、文化等方面的原因，学生家长的家庭观念、教育方法及教育评价存在较大差异。在全面实施素质教育的今天，我们越来越深刻地感受到教育不仅是学校、教师的责任，更是家庭、社会共同的责任。只有学校与家庭、教师与父母相互合作，才能塑造学生健全的人格，使他们得到全面的发展。

培养农村高中生数学直观想象素养的教学策略研究

成都东部新区三岔湖高级中学　曾春修

一、研究的背景与研究的意义

（一）研究的背景

1. 学科素养的培养是基本要求

过去几十年时间，农村基础教育逐渐形成"双基教学"的数学教学理论体系。三基教学是基础，增加"基本方法和基本思想"，是"基本活动经验"。

2. 直观想象素养在核心素养中的重要性

我国学生的素养是以培养"全面的素质学生"为核心的，因此，核心素养作为核心基础发挥着非常显著作用。

总而言之，农村应当加强学生直观想象核心素养的培育，推动提高学生的逻辑思维和数学抽象等素养。

3. 农村高中生的直观想象素养现状

在当前的农村高中数学教学中，素养和能力的培养被忽略了。突出表现在函数、立体几何等模块的教学中，"老师辛勤地教，而学生勤奋地学"的局面与"老师一方面教得辛苦与学生也学得痛苦"的双痛苦局面，效果较差，使师生都产生了挫败感。

（二）研究的意义

1. 理论意义

通过本文研究，在一定程度上，加强了基于数学直观想象素养的课堂策略，提升了学生们的空间想象能力，同时也培养学生的逻辑思维和理解能力，为培养农村中学生的核心素养打下基础。

2. 实践意义

（1）解决老师们日常教学中的函数等教学问题，并提高农村教师的教学水平与教学能力；

（2）提升农村高中学生的核心素养；

（3）老师们通过直观想象素养培养，可以提高农村高中学生数学思维能力，从而提升农村中学学校的教学质量。

二、文献综述及理论基础

通过知网检索发现，我国教育关于农村高中数学核心素养讨论如火如荼，无论是会议论坛还是期刊，农村高中"核心素养"的研究无处不在。农村高中数学核心素养的研究对引领农村未来教育改革方向，农村高中"核心素养"的发展，对促进我国教育改革具有重要理论和现实意义。

（一）概念界定

1. 数学直观

直观就是对客观事物的进行认识现象。董伟丽认为"几何直观就是由图形的作用实现的，几何直观——复杂的变得简明"，最终可以准确地估算结果。杜佩璟认为直观想象要依靠形象关系来直接感知数量关系，由直观想象更好地实现自身体验的构建。

直观想象是高中的六大核心素养的要点，也是借助几何空间想象来感知事物的变化，用图形解决数学问题的素养。

2. 数学直观想象能力

这通常涉及直观抽象思维能力数学建模能力等方面。数学直观想象能力是借助几何直观想象感知变化，并利用图形解决数学问题的能力。

（二）关于直观想象素养培养的研究内容

1. 直观想象能力素养在学生思维培养中的重要作用；
2. 当前直观想象素养在农村中学数学教学中的培养状况；
3. 加强农村中学数学教学中的直观想象能力培养。

（三）文献综述

直观想象在教学期间能起到重要作用，但是对其价值认识的缺位现象严重。当前的研究分析多是由理论来阐明其"应然价值"，并未能实际阐明直观想象的"实然价值"。唯有联系实际内容，方能展现直观想象的教育价值和影响。

直观想象在数学教学中被引入到实际环节，是对已有情况进行总结。直观想象对应的教学实际应用偏少，依托实例来展现教学应用者极为匮乏。此外，更多研究是对小学数学教学进行探究，高中阶段的研究偏少。

刘爱东明确了直观想象在数学学习期间所起的关键作用：能够让学生更加直观地理解与掌握数学对象，依靠图形的方式，将相对抽象的公式及概念等内容变得更加简明化与形象化。

（四）相关理论基础

1. 最近发展区理论

最近发展区理论认为学生的发展有两个水平阶段：一种是学生现有的水平，指学生通过以前的学习活动，已经具有的解决问题的能力水平；另一种是学生通过现在的学习以后可能达到的发展水平，这两种水平之间的差距就叫作最近发展区。

2. 学习迁移理论

学习迁移理论是一种学习对另一种学习的影响。任何与学习有关的活动都是建立在自己已有的经验上的。在情境中，一种学习会对另一种学习产生影响。农村高中数学核心素养其实是学生迁移的重要保证，也是整体学习函数知识的重要前提。

3. 认知发展理论

心理学家让·皮亚杰提出认知发展理论，指出学生在学习过程中是一个独立的个体，需要不断地参与各种活动，从而使学习新事物、解决问题时的能力提升，在认知和环境的作用中重构；不同阶段的人也不一样；而前一阶段则是达到下一阶段的所必需的前提，这是逐渐、持续的过程。

4. 构建主义学习理论

构建主义学习理论指学习是获得知识和技能的过程，一般需要借助他人的帮助来实现。在学习经验基础上，也要对原来的经验进行改造，从而形成新的经验。

三、研究设计

本文就研究问题，通过对教师进行访谈，对农村高中学生数学教学现状进行研究。根据调查问卷的情况，分析农村高中学生数学的直观想象能力。

（一）核心概念的界定

1. 几何直观
空间观念就是一种思辨能力的象征，能够在抽象的问题中给学生一定的引导。

2. 空间观念
美国《州共同核心数学标准》对空间观念有比较明确的描述，它指出

"空间观念是个体对其周围环境的直接感知，对二维和三维图形及其性质的理解，图形之间的相互关系和图形变换是空间观念的重要方面"。

3. 直观想象素养

直观想象素养是指借助几何直观和空间想象感知事物的形态与变化，利用图形理解和解决数学问题的素养。

（二）研究对象

本研究的对象为农村高中学生及农村高中数学教师。

（三）研究目标

通过本研究，在一定程度上丰富基于学生数学直观想象素养发展的课堂教学理论、教学原则和教学策略；提升学生的空间观念和空间想象能力；培养中学生对抽象数学概念的理解能力和逻辑思维；为基于中学生数学直观想象素养发展的教学设计提供参考，为培养中学生的其他核心素养目标铺平道路。

（四）研究内容

一是学生现有的直观想象核心素养是怎样的？

二是影响我校高中学生数学直观想象能力培养的因素有哪些？

三是培养我校高中学生数学直观想象核心素养途径的建议。

（五）研究方法

本文主要采用了文献研究法、问卷及测试调查法、访谈法、数据分析法、经验总结法、定量和定性相结合的研究方法。

1. 问卷及测试调查法

（1）调查目的。本研究通过对学生直观想象素养的态度、掌握程度以及发展现状进行调查分析，关注性别、学习成绩的差异带来的影响，了解学生的需求，以期指导教学。

（2）调查对象。本研究主要是对高中学生数学直观想象能力现状的调查，由于实际条件的限制，不能做到在全市或全省范围内随机地选取高中学生作为研究对象，而只是随机抽取了我校学生作为研究对象，做抽样调查。

（3）调查问卷的编制。基于调查目的，问卷的编制主要考虑两个方面的内容：①学生对于直观想象素养的态度和了解程度；②学生能接受的培养策略。其中前两道题是对学生基本信息的了解；第3、4、5题主要是为了调查学生对直观想象素养的认识和发展水平，及时了解学生认识中的薄弱环节，进行有目的的教学；第6、7、8题编制的目的是了解学生对直观想象素养的态度。

（4）问卷设计。本次问卷调查共11道题，其中有10道选择题，主要围绕数学直观想象能力展开。

（5）测试卷设计。笔者分析了高中数学教材、数学资料、数学试卷等有关数学直观想象能力的大量试题，为数学直观想象能力的每一层次设计了相应的测试题。

2. *访谈法*

（1）访谈目的与对象。教师是教学活动的主导者，教师对直观想象的态度和掌握程度会直接影响学生的发展。因此，本研究选取本人所任教的学校中的10位教师进行访谈，其中有3位青年教师、4位中年教师、3位老教师，旨在通过教师对于直观想象的态度、理解程度以及直观想象素养的教学情况，找到培养学生的直观想象素养所存在的问题和影响因素。

（2）访谈提纲编制。从访谈目的出发，查阅大量文献资料，编制了关于直观想象素养的教师访谈提纲。

（3）测试目的和对象。通过教师访谈和学生的调查问卷，已经基本了解高中生直观想象素养的发展现状和发展水平。本研究选取我校高中高二年级4个理科班230个学生进行测试，目的是通过试卷对学生的直观想象素养进行量化分析，找到薄弱环节，让老师有针对性地进行教学。

（六）研究步骤

本文研究的步骤如下所示：

第一，确定研究的学校和准备研究的学生。

第二，制作问卷和测试卷。

第三，用编制的问卷及测试卷进行预测试，检验调查问卷的合理性，并根据结果对问卷及测试卷进行适当的修改。

第四，用修改后的正式问卷及测试卷对3个学校高二年级6个平行班进行正式测试。

四、直观想象素养的现状调查

本部分主要通过教师访谈、学生问卷以及测试卷三个方面的调查，了解学生直观想象素养的现状和一线数学教师对学生直观想象素养培养的教学现状，旨在发现直观想象的培养在教学中存在的问题，并提出科学有效的教学设计与方法。

（一）调查情况

1.问卷情况

在正式发给教师、学生调查问卷前，笔者进行了以下准备：征求教师建议。将预调查的问卷发放给我校部分数学教师，征求他们的意见，结合他们的建议进行修改。

2.调查结果与结论分析

本问卷经过查阅大量的文献和已有的研究生论文，结合多位一线教师和教育专家的意见编制而成，故不再做效度分析。以下是高二年级4个班的学生问卷统计结果的数据分析。

（1）新课程标准中的数学的核心素养包括直观想象素养，你知道它的具体内容吗？（见图3-6）

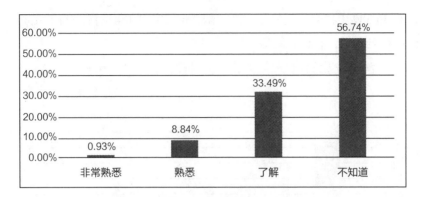

图 3-6　高中生直观想象素养内容了解情况

从上图可以知道，高中生对核心素养的了解程度并不乐观。有 0.93% 的学生非常地熟悉，有 8.84% 的学生是基本熟悉，有 33.49% 的学生是了解过，剩下的 56.4% 的学生不知道。

（2）"直观想象素养"指借助几何直观、空间想象感知形态与变化，利用空间特别是图形来解决数学问题的素养。评估自己在这方面的表现怎么样。（见图 3-7）

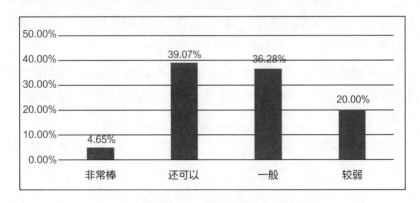

图 3-7　高中生直观想象素养能力发展评价

从上图中，有 4.65% 的农村高中学生认为自己在直观想象素养等方面发展非常棒，而有 39.07% 的学生认为自己在直观想象素养方面表现还可以，有 36.28% 的学生认为自己的一般，有 20% 的学生认为自己的较弱。从评价结果来看，整体还可以。

（3）培养自己的直观想象素养是否对理解有帮助？（见图 3-8）

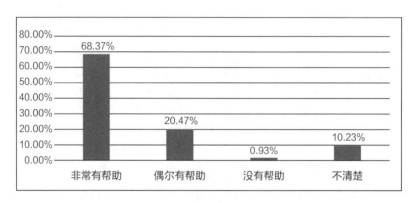

图 3-8 高中生对培养直观想象素养态度调查

从上图中可以看到，有 68.37% 的学生认为培养直观想象素养对自己理解和解决问题非常有帮助，有 20.47% 的学生认为偶尔有帮助，0.93% 的学生认为没有帮助，有 10.23% 的学生表示不清楚。从整体上看，农村学生比较认可培养直观想象素养，在解题过程中还是有帮助的。

3. 测试结果分析

据前文制定的高中学生直观想象素养测试卷进行批改与分数的统计，依据分数将每个学生划分到不同的水平等级中，统计结果见下表 3-20。

表 3-20 高中直观想象素养发展水平统计

水平划分	总分	达标值	频数	有效百分比	累计百分比
水平零	—	—	8 人	3.37%	3.72%
水平一	23 分	13.8 分	106 人	49.30%	53.02%
水平二	28 分	16.8 分	84 人	39.07%	92.09%
水平三	26 分	15.6 分	17 人	7.91%	100%

从上表中看到，直观想象素养水平零和水平一的学生约占 53.02%，达到水平二的学生约占总数的 39.07%。还有 3.37% 的学生在图形语言、符号

语言转化方面存在很大问题，在熟悉的环境中，不能借助图形数学规律抽象出几何图形。有 7.91% 的学生直观想象素养达到了水平三，在比较复杂的情境中，能够利用形、数与形的关系，理解数学联系，形成清晰明了的理论体系，进而更好地体会数学本质。

（1）空间几何问题，考查学生空间想象能力。（见表 3-21）

表 3-21　第一题评分标准

题号	水平	评分标准	得分	百分比
1	水平一	未做答或答案错误	0分	2.33%
		画出还原后的图形	1分	8.37%
		写出三组异面直线	3分	89.3%

从结果来看，89.3% 的学生得三分，8.37% 的学生得一分。学生都画出了图形，而 2.33% 的学生只找到两组异面直线，没有找全，有学生没有读懂题意，没有写出异面直线。本题为较简单的考查学生空间想象能力题。

（2）函数问题，考查学生数形结合能力。从结果来看，62.33% 的学生答案正确，37.7% 的学生未作答或答案错误。学生选择求导，还有一部分通过 $f(5)$ 的值比较而选出答案，或者通过观察图形，建立数—形之间的联系，求出结果。评分标准具体见下表 3-22：

表 3-22　第二题评分标准

题号	水平	评分标准	得分	百分比
2	水平一	未作答或答案错误	0分	37.67%
		答案正确	2分	62.33%

4. 现状总结

通过综合分析，得到以下结论：高二学生都达到水平一，说明高二都达到了学业水平测试的要求；有学生达到水平二，符合要求；还有一小部分学生已经达到水平三；一部分学生能够利用直观问题的本质，已达到了综合水平。

五、提升高中生数学直观想象素养的教学策略的探索

第一，重视对中学生直观想象能力的培养，提高农村学生的学习兴趣；

第二，适时加强直观想象，强化运用数与形结合意识；

第三，将直观想象典例进行分类归纳，加强对直观想象的指导；

第四，利用实物模型来培养空间想象能力；

第五，利用信息技术来加强直观想象。

培育小学生数学思维能力的助学式探究策略

——以玉林附小的课堂实践为例

成都玉林中学附属小学　周　婷

一、不忘初心，方得始终——研究的初衷

（一）对标教改政策，针对当下教育缺乏数学思维能力的培育策略

最近几年，党和国家围绕"促进学生思维发展"的问题，颁布了《关于深化教育体制机制改革的意见》《教师教育振兴行动计划（2018—2022 年）》等一系列文件。尤其是 2019 年 6 月 23 日《中共中央　国务院关于深化教育教学改革全面提高义务教育质量的意见》中特别强调"提升智育水平。着力培养认知能力，促进思维发展，激发创新意识。优化教学方式，坚持教学相长，注重启发式、互动式、探究式教学"。对标国家课改政策，不少教师由于教学方法和教育教学理论知识有限，缺乏符合实际情况的理论指导，导致教师缺乏对学生数学思维能力的培养策略。

（二）聚焦课堂现状，当前教学如何促进数学思维能力的良性发展

长期以来，小学数学学习被看作是在头脑中储存知识的过程，数学课堂教学被视为以传递知识为主要任务的认知过程。这种以"教"为中心的"牵引式"课堂教学导致学生缺少主动参与和自我思考的意识，造成学生数学思维培养意识"惰"化；这种以"师"为本位的"单主体"课堂教学导致课堂缺少数学思维能力训练和深度思考的机会，造成学生数学思维培养方式"僵"化；这种以"知识技能"为主的"传授型"课堂教学过于强调对知识技能的灌输与记忆，导致课堂缺少对"数学思维素养"的应有关注和定位，造成数学

思维培养目标"窄"化;学生在数学学习过程中不能真正理解和掌握基本的数学知识技能、数学思维方法,不能很好培养和发展学生数学思维能力。

综上,笔者以《培育小学生数学思维能力的助学式探究策略》为题展开研究,为教学方式优化提供路径,为思维能力培育提供支架。

二、举网以纲,千目皆张——研究的选点

(一)凝练有新意的理论主张

我们提出"'助学式'探究"的课堂教学主张和思维能力培育的行动支架,促进小学数学课堂由知识技能型课堂转向思维素养型课堂。

(二)找到可持续的训练良方

采用数学思维能力专项训练,改变当下"顺带发展式"和"蜻蜓点水式"培养数学思维能力的现状,改善和培养学生的学习方式和思维方式,把知识明线变暗,把思想暗线变明。

(三)形成有实效的推进策略

研发"学情诊断、课堂组织、学力训练"三项推进策略,持续诱发探究学习、重构探究流程、创生探究内容,将小学生数学思维能力培育落到实处。

三、千淘万漉,点石成金——研究的成果

(一)本研究的认识成果

1.抽象能力、建模能力、推理能力是体现小学生数学思维能力发展的关键能力

发展小学生数学思维能力就是在培养数学核心素养;数学思维能力也

是数学核心素养得以发展的关键体现，制约着学生数学核心素养的形成。而发展和培养学生的数学思维能力的实践要务，就是培养学生用数学眼光看，用数学思维想，用数学语言说，实质就是对应培养和发展学生的抽象、推理和建模这三大关键能力。（如图 4-1 所示）

图 4-1 "小学数学助学式探究"认识成果图

2. 学情诊断、课堂组织、学力训练是助推学生数学思维能力发展的关键力量

"小学数学助学式探究"是小学生数学思维能力培养的重要途径，学情诊断、课堂组织、学力训练是培养学生数学思维能力的关键助推力量。这三种关键力量分别去诱发探究学习、重构探究流程、创生探究内容，最终达成培养数学思维能力的目标。

（二）本研究的操作成果

1. 学情诊断策略：三维一体→诱发探究学习

为了聚焦数学课堂存在的课堂效率不高、课堂品质不佳、学习深度不够等问题，找到教师的学情诊断结论不清、学生的学习学材质量不优、实施的课堂探究时空不足等内在症结，我们运用前测数据分析、案例研究的方法，借鉴先学后教、翻转课堂等形式，确立以探究学习为基石、培育小学生数学思维能力为目标，重点研究"助学式生态学堂研究"课题中的"任务前移，学习前置"，并通过编制前置作业单、导学案来进行前置学习。

学情诊断策略：具体是指通过前置学习模块进行学情诊断，解读学生前置学习情况，精准找到教学起点，拓宽探究学习的时空，准确把握学习难点，充分激发学生的思维，积极诱发探究学习。（如图 4-2 所示）

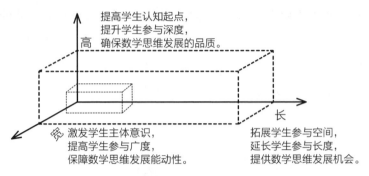

图 4-2　学情诊断策略"三维一体"示意图

我们有意改变以往的课堂学习流程，以任务前置为抓手，以学习前移为特征，以延长课堂学习中长、宽、高三维，增加数学课堂的体积和容量为目标，解决当前数学学习中探究时间仓促、探究宽度不足、探究深度不够的问题，让孩子带着对核心问题的思考进入课堂，进行精准诊断，聚焦核心问题，激活原始认识，提高课堂思维起点，诱发探究学习真正发生。（如图 4-2 所示）

案例 1：四年级下册的《四边形内角和》——三维一体学情诊断解析，我们会设计如图 4-3 的学情诊断前置学习单。

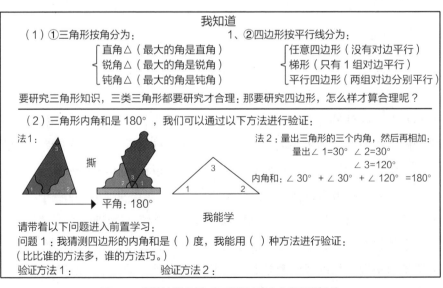

图 4-3　学情诊断案例："四边形内角和"前置学习单

首先，通过学情诊断，学生既复习了三角形内角和的知识，又能自主地学习和探究四边形的内角和知识，变学生在课堂上临阵磨枪为课前深思熟虑、诱发和激发学生的数学思维。

其次，立足学情诊断分析，让老师对教学做出正确决策。（如图 4-4 所示）

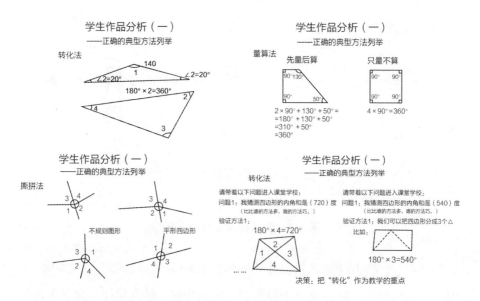

图 4-4　学情诊断案例："四边形内角和"前置学习学生作品分析

虽然有些学生在转化后能算出四边形内角和，但有的学生却不知所措，显然他们没有发现这样分割后，三角形的内角和总比原来四边形的内角和多了一些，要把这些多余的角度减去才行，因此在课堂上教师要把这块内容进行放大处理，这样更有助于我们作出正确的教学决策，让重难点更适切，让思维更聚焦。

2. 课堂组织策略：四学五环→重构探究流程

为了有效解决学生的探究路线设计、探究力度调控、探究评价实施等问题，我们梳理和总结出了"四学五环"的课堂组织模式。同时还开发和编制了《助学式探究学堂数学思维评价量表》《小学数学助学式探究学习课堂小组学习汇报效果评价表》等各种评价量表。这样就聚焦导学案编写，通过系统调研和课堂实践，形成了"四学五环"的课堂组织模式。（如图4-5所示）

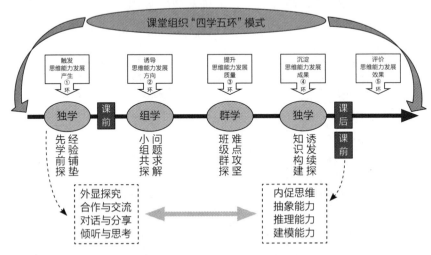

图 4-5　课堂组织策略"四学五环"

（1）"四学"指先学前探，经验铺垫（独学）—小组共探，问题求解（组学）—班级群探，难点攻坚（群学）—知识构建，诱发续探（独学）四个模块；每个阶段都以探究性学习为基石进行设计。（如图4-6所示）

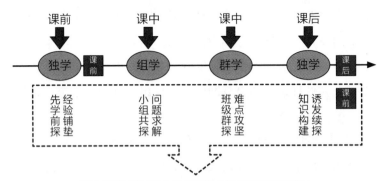

每个阶段都以探究性学习为基石进行顶层设计

图 4-6　课堂组织策略中的"四学"

（2）"五环"指在"四学"每个阶段师生对应的课堂行为和操作流程中，再加上每节课末的评价小结阶段即：整体评价、自我评判。

每个阶段都有意指向学生数学思维能力，但各有侧重。（如图4-7所示）

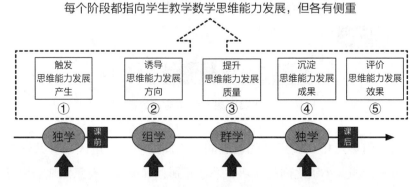

图 4-7　课堂组织策略中的"五环"

第一环：触发思维能力发展产生——先学前探，经验铺垫。（如图4-8所示）

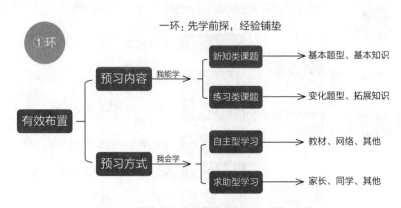

图 4-8　课堂组织策略中的"五环"之"第一环"

在任务驱动的前置学习中去触发学生思维能力的产生，使之在有挑战的任务中不自觉地发展数学思维，为培育学生思维能力提供契机。

第二环：诱导思维能力发展方向——小组共探，问题求解。（如图4-9所示）

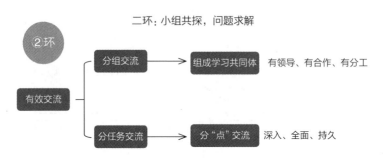

图4-9 课堂组织策略中的"五环"之"第二环"

在小组学习中，我们首先通过同桌之间的对学，解决一些共性的问题，再进行四人小组之间的学习，通过甄别，有选择、有意图地去引导学生思维能力发展的方向，确保学生思维发展择优、向好。

第三环：提升思维能力发展质量——班级群探，难点攻坚。（如图4-10所示）

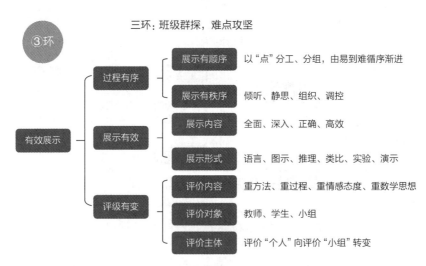

图4-10 课堂组织策略中的"五环"之"第三环"

通过小组交流和筛选，选择有价值、有借鉴的话题或者方法在班级展示，让学生在去伪存真、去粗存精中高效率地提升数学思维能力，确保数学思维能力发展的水平。

第四环：沉淀思维能力发展成果——知识构建，诱发续探。（如图4-11所示）

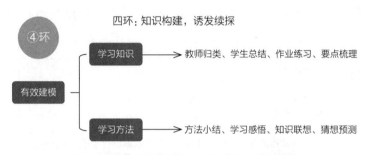

图4-11 课堂组织策略中的"五环"之"第四环"

第五环：评价思维能力发展效果——整体评价，自我评判。（如图4-12所示）

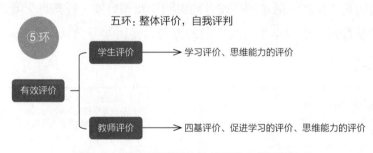

图4-12 课堂组织策略中的"五环"之"第五环"

在课末评价小结中不仅关注双基达成、四基实效，而且通过方法总结、经验分享、错因分析，有意识地把思维能力作为评价对象，积累思维发展的学习素材，经历思维发展的学习历程，丰富思维发展的学习经验。

案例2：四年级上册《路程、时间与速度》——"四学五环"课堂组织解析。

小学数学助学式探究学习中的"四学五环"教学设计是先前置独学，尝试解决"快慢"问题；再同学组学，教师进行学情诊断；接下来进行班级群学，教师进行专业预判，选择有价值的作品全部交流展示；最后同学独学，自我建构"速度"。

具体来看，首先是"独学"：独立完成任务单，进行前置学习，解决"快慢"问题，诱发学生数学思维能力的发展。（如图 4-13 所示）

1、喜羊羊从家步行上学要 2 分钟，小灰灰从家步行上学要 3 分钟，能比出他们的快慢吗？为什么？

2、喜羊羊家离学校 60 米，小灰灰家离学校 120 米，能比出他们上学的快慢吗？为什么？

3、喜羊羊从家步行上学要 2 分钟，小灰灰从家步行上学要 3 分钟，喜羊羊家离学校 60 米，   小灰灰家离学校 120 米，能比出他们上学的快慢吗？为什么？

图 4-13　案例《路程、时间和速度》"独学"任务单

其次是"组学"：通过同桌或者同组同学互相启发、补充与交流，教师进行学情诊断，引导学生思维发展的方向，促使学习向纵深发展。（如图 4-14 所示）

2、喜羊羊家离学校60米，小灰灰家离学校120米，能比出他们的快慢吗？为什么？

答：不能，因为没有告诉要多少时间。

2、喜羊羊家离学校60米，小灰灰家离学校120米，能比出他们的快慢吗？为什么？

60米＜120米

答：喜羊羊比较快，因为60米比120米短。

图 4-14　案例《路程、时间和速度》"组学"素材

再次是"群学"：教师去粗取精，在班级分享有价值的作品，采用班级群探，通过集体汇报、组间质疑、互动答辩，培养学生质疑、批判精神，提升学生归纳、演绎推理能力，更高效地提升数学思维能力。（如图 4-15 所示）

学习内容：四年级上册数学书第79页
我能学

1、喜羊羊从家步行上学要2分钟，
小灰灰从家步行上学要3分钟，
能比出他们的快慢吗？为什么？

2分钟＜3分钟

答：喜羊羊快，小灰灰慢，因为喜羊羊只要2分钟，
小灰灰要3分钟

学习内容：四年级上册数学书第79页
我能学

1、喜羊羊从家步行上学要2分钟，
小灰灰从家步行上学要3分钟，
能比出他们的快慢吗？为什么？

答：不能比出他们的快慢。
因为万一喜羊羊和小灰灰不住在同一个地方呢。

图 4-15　案例《路程、时间和速度》"群学"素材 1

教师去伪存真，相机配用课件和跟进活动，突出重点，攻克难点，使学生以多感官构建"速度"、理解"速度"含义、解读"速度"概念、建立"速度"模型，在这个过程中培养学生的建模能力、抽象能力。（如图 4-16 所示）

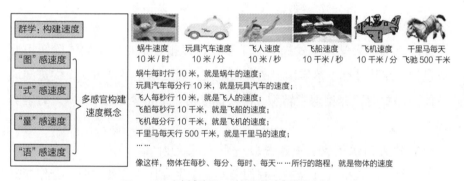

图 4-16　案例《路程、时间和速度》群学素材 2

最后是"独学"：一题多用，提高学生问题解决能力，固化课堂学习效果和思维发展成果；同时体会路程、时间和速度之间的变化规律，感悟三者之间的内在联系，以之渗透初中函数思想，诱发学生继续探究的热情。（如图 4-17 所示）

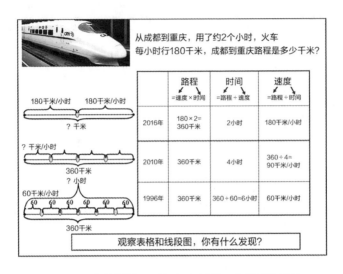

图 4-17   案例《路程、时间和速度》第二次"独学"素材

以上小学数学助学式探究教学设计可以很好地帮助学生体验知识形成过程，在其过程中落实国家的课改政策，转变课堂教学方式，促进知识技能型课堂向素养型课堂转型，落实国家对"促进学生思维发展"的现实要求。

3. 学力训练策略：一课三段→创生探究内容

在研究深入推进过程中，我们还发现学生合作探究能力弱，合作探究实效差，学生低下的数学素养无法支撑高效的探究性学习。因此，通过理论研究和案例分析法将研究视角延伸到思维发展领域的同时，提出"学力训练"这一支持性策略，确定"一课三段"，并梳理了"学力训练"的内容、类型、课型、方式等，为培养学生基础性探究能力提供强有力的支持策略，形成创生学生探究内容"一课三段"的学力训练策略。

"一课三段—学力训练"策略，始终把培养学生数学思维能力作为学力训练的重要目标。通过创生探究学习内容，开设了学力训练课，划分了低、中、高三个"阶段"，区分了学力训练"类型"，创编了丰富的学力训练"课例"，使"学力训练"成为培养数学思维能力的重要策略，丰富数学思维能力内涵的重要抓手。

（1）创设"一课三段"课程。提出数学思维能力不要顺带发展，要专门发展的主张；开展"一课三段"学力专项培养，创生探究内容，直指向学生数学思维能力培养和提升。一课："学力训练课"。三段：是指根据学生年龄特点以及心理特征，分低、中、高三个年段。分别制定不同年段的思维能力培养的内容和重点，并配上相应的课例。

表4-1 "小学数学助学式探究策略"研究中的学力训练策略"一课三段"

学习阶段	学力训练课内容	学力训练课重点	学力训练课课例
低段	以"思想意识"为突破	指引正确的"思维方向"	1年级:《加法的秘密》
中段	以"思维训练"为抓手	习得实用的"思维方法"	4年级:《画图真好》
高段	以"思辨精神"为诉求	培养良好的"思维方式"	5、6年级《异中求同》系列课

（2）划分学力训练类型。按照学力训练课的时机和内容分成片段式训练课、专题式训练课。（如图4-18所示）

图 4-18 学力训练课的类型

片段式训练课：就是在平时常态课中链接和挖掘"数学思维能力"或者"探究学习能力"，把这些目标融合进平时的教学中，也就是在日常教学中渗透培养数学思维能力。

如：

北师大版小学数学教材四年级下册

适合"助学式探究培养数学思维能力"的内容清单

一单元：小数加减法　　　　　　p14《购物小票》

二单元：三角形内角和　　　　　　p27《探索与发现（一）》

实践活动：四边形内角和   p29 实践活动

二单元：三角形边的关系   p30《探索与发现（二）》

实践活动：数图形中的学问   p36

三单元：小数点移动规律   p40 小数点搬家

三单元：小数乘法笔算   p44 包装

三单元：小数混合运算   p48 手拉手

四单元：小数除以整数笔算   p61 精打细算

四单元：小数除以小数笔算   p65 谁打电话的时间长

六单元：游戏公平   p79 谁先走

实践活动：用字母表示数   p100 图形中的规律

专题式训练课：就是对重点数学思维、重点数学方法、重点探究策略进行内容创生，单独授课，开展专题训练。（如表 4-2 所示）

表 4-2

项目	能力	内容
低段	探究能力	《听与说》
低段	探究能力	《如何进行同桌交流》
低段	探究能力	《对同学发言的评价要全面》
中段	抽象思维	《画图真好》
中段	抽象思维	《画图策略》
中段	抽象思维	《数图形的学问》
中段	抽象思维	《等积变形》
高段	建模思维	《数学好玩　数学不难》
高段	建模思维	《数学好学》
高段	建模思维	《异中求和》
高段	建模思维	《聚合思维训练》

（3）创编学力训练课例。通过开展"学力训练"课，我们将不同的思维内容创编成不同训练的思维课例，并在这个过程中不断深入解读数学思维能力，不断细分数学思维能力，不断具象化数学思维能力，落实国家对

"促进数学思维"的现实要求。（如图 4-19 所示）

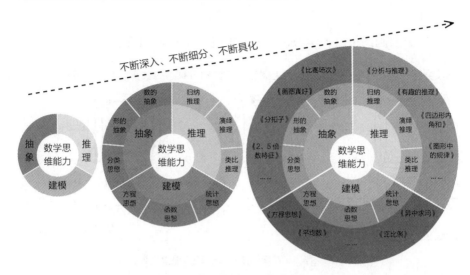

图 4-19　创编学力训练课例

以小学阶段适宜发展的思维类型为重点，形成训练典型思维类型的教学设计、反思文本、课例课件等资源，形成聚焦数学思维的《学力训练课》案例库。让数学思维培养过程化隐为显，实现"可视化"；让数学思维培养素材化散为整，实现"结构化"。

案例 3：四年级《画图真好》——"一课三段"学力训练解析（专题式训练课）

A. 初感画图策略，对比发现画图优势

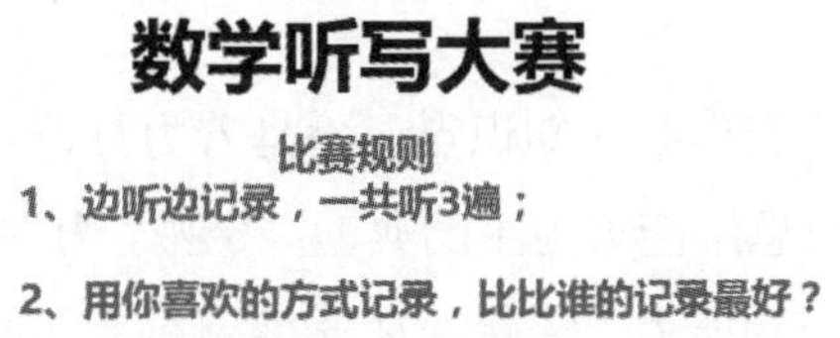

数学听写大赛

比赛规则
1、边听边记录，一共听3遍；

2、用你喜欢的方式记录，比比谁的记录最好？

图 4-20　学力训练案例课《画图真好》课堂环节（一）

意图：通过用文字、图形这两种课堂现场生成的记录方式，展示学生学习策略的真实状况，准确找到学生学习策略的最近发展区，体会画图的必要性。

B.夯实画图策略，学习领会画图规范（如图4-21所示）

学校要给一块正方形操场的四边栽上树苗，每边种5棵，一共需要种多少棵树？

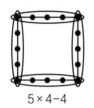 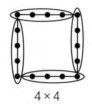

图形......

5×4-4   4×4   3×4+4   算式......

> 数缺形时少直观，形少数时难入微；数形结合百般好，隔离分家万事休。
>
> ——华罗庚

图4-21 学力训练案例课《画图真好》课堂环节（二）

意图：让学生明确画图是一件具有科学性、符合规范性的行为，画图有技巧；落实学生画图技能培养，完成其从画图意识到画图行为的转变。

C.运用画图策略，科学认识画图价值（如图4-22所示）

①小红家、小明家、学校在同一直线上，小红家到学校的距离是500米，小明家到学校的距离是400米，小红到小明家的距离可能是多少米？

②劳动小组有男生5人，女生3人，小组一共有多少人？

请用合适的方式解决上面的问题

图4-22 学力训练案例课《画图真好》课堂环节（三）

此案例并非为了突出某一知识点，而是着力打造一节以画图策略解决问题进而培养以抽象思维能力为主的典型"专题学力训练课"。此课例着力培养学生的画图意识和能力，聚焦于要学生习得实用画图策略，定位在要学生培养高阶数学能力。整个教学设计让学生体验用图形直观描述、逻辑推理、模型解释直至解决问题的过程，进而培育学生数学思维能力，落实学生数学学科素养培养目标。

四、小荷才露，暗香盈动——研究的效果

（一）学生思维能力明显提高

玉林中学附属小学有近一半学生属于随迁子女，大部分学习基础比较薄弱，但经过十几年的实践，学生自主探究能力明显提升，数学思维能力得到显著提高。在多次的课堂展示、实践活动中，玉林中学附属小学学生在发散思维、聚合思维、批判思维等高阶思维能力上表现出极高的素养，得到所有到校观摩交流的领导、专家和老师的高度赞扬。

（二）教师专业素养显著提档

参研教师撰写的论文有 24 项获奖或发表。其中有 4 篇发表在《四川教育》《教育科学论坛》；有 10 篇获区级一等及以上奖次。参研教师有 21 节课例在各种平台获奖或展示。周婷的课例"以简驭繁"获得高新区教师技能比赛一等奖、成都市教师技能比赛一等奖；以周波等为导师，以周婷、肖雪梅等为成员参加高新区小学数学教师技能大赛连续两次获得区级一等奖的第一名。

在一次次学习、实践、研讨、改进的过程中，我们经历了各种酸甜苦辣，也沉淀了些许成绩。同时也很清醒地认识到，我们仍面临许多的困难和问题。比如对"小学数学思维能力"研究的理论学习还不够，理论研究还不深；对投放的"三维一体学情诊断""四学五环课堂组织""一课三段学力训练"这三项助推策略与"数学思维能力"发展之间的相互关系还缺乏科学性论证等等。不管研究的道路有多么艰难，笔者也会矢志不渝地走下去。

九年一贯　课程一体　无缝衔接
——小初课程整合路径研究

成都市石室天府中学　彭　博

　　"整合"一词，百度百科表述为通过整顿、协调重新组合。现有教材小学、初中分开编制，原有的初中和小学教师异校而教，几乎不可能在一起进行教学研讨；而在九义校，大家一起教研，自然会发现在目标、内容及其编排等方面与九义校的一贯制发展不适应。如教学内容的重叠交叉点较多，碎片化知识的重复出现、教学目标一贯不够紧密；重点知识板块缺失与断层；等等。"课程一体化"强调同学科课程的纵向立体发展，以九年一贯思维发展为序，基于习惯思想和方法的有机整合，是对国家课程校本化的一种探索路径。

一、重教材、实管理、明计划是课程整合的重要基础

（一）深度研究教材是课程整合的根本

　　研究教材是课程整合的着力点，以学生发展为中心，在义务教育 2011 版课程标准指导下，以校情、学情为基础，遵循符合新课程标准 2011 版的要求，依据并遵循现有教材内在规律，关注学科核心素养和育人目标，遵循学生的认知规律，体现"九年一体，平稳过渡；学段贯通，无缝衔接"的原则，调整部分年段学科教学进程；调整教材中的部分教学内容，通过"移前、挪后、增加、删减、拓展、改编"等策略，优化教学的内容体系，让教学内容更具有科学性、紧密性、层级性，实现九年一贯制学校学生的持续发展。

288

（二）效度实施管理是课程整合的保障

管理上九年贯通：将六年级纳入初中教学管理，与七、八、九年级作为一个整体管理。主要从作息时间、教学常规、教师配备、教室安排、教研活动等方面整体管理。

教学内容上贯通：学习目标调整，立足学科后续学习基本习惯与能力发展；学习内容调整，以板块结构为主，纵向整体推进；学习策略调整，规范强化学习习惯，快速适应初中要求。

教学策略上贯通：目前主要以语文、数学、英语三个学科为主，通过这三个学科的研究带动其他学科的逐步推进。

（三）精度课时计划是课程整合的前提

经过课程调整，九年一贯制学校会比普通初中多一年的时间计划，而这一年更容易习惯初中语文、数学、英语的教学方式，相比一般初中教学计划多一年的习惯调整，有利于加强基础，严格施行教学计划。各科课时计划处理如下。

语文：六年级、七年级每学期各上完一册课本，另增每周2课时的阅读；八年级全年上第五册，九年级全学年上第六册，多余的课时进行写作系列专项训练和安排专题复习。

数学、英语：一方面由于六年级已经适应初中教学方式和学习方式，有利于初中教学的高效落实；另一方面对平时教学中的重点、难点问题，进度可以放慢，练习可以加强，从而有利于牢固掌握、稳扎稳打，加强基础，缩小分化。英语课在六年级、七年级尽量使学生音标过关，以初步掌握拼读能力，给后来的学习提供拐杖。

二、明思路、精做法、重效果是课程整合的具体路径

基于九年一贯制学校的办学优势，把小学、初中各学科教材以九年为

一个整体，从学习目标、学习内容、教与学的方式等进行整合，内容上呈流畅螺旋上升，以减少重复学习和学习断层带来的浪费，提高学生学习效率。我们以"九年一体，平稳过渡；学段贯通，无缝衔接"作为六、七年级课程整合的总体目标。

（一）语文学科

1.总体思路

（1）增加：一是学习内容增加，每册安排 10 首古诗词，6 篇短小的文言文阅读，2 篇精美的现代记叙文，2 部名著阅读，2 次作文指导；二是课时调整，将原有小学语文课时分出每周 1 至 2 节的专门阅读课时，以充分加强阅读积累训练。

（2）前移：将部分后续学习重点适当前移。如以六年级语文课文结构为主，适当将初中阶段的人物描写、文言副词等融入课时学习中。

（3）重组：以语文教材的一个单元为教学单元，或将几个相同（如体裁相同，或题材相同，或结构相同，等等）的单元整合在一起的大单元教学策略，增大教学容量，延伸教学深度，提高教学实效。

（4）拓展：传统的语文教学只讲单篇课文的完整性，重视字词句的训练、中心思想、写作特点等，而基于大单元的教学有利于找准各篇文章之间的联系，找准文章的共同点和差异处，精选突出点对比分析，练字练句，深度拓展延伸，有利于深度生成。

2.具体做法

整合教学内容——大单元教学、大概念教学；

整合教学着力点——比较教学、小组合作学习；

整合学习方式——学生自学、测试促学、引导助学、深化自学。

3.知识层面

六年级上学期完成北师大版六年级上册课本所有篇章的教学内容，七年级上学期《世说新语二则》《论语十二章》的全文教学，以及《春》《从百草园到三味书屋》《猫》等篇章的部分内容。

平时教学以中考语文能力训练为方向，以小学字词为基础，反复听写，反复训练。

4. 整合效果

（1）基础方面：基础知识夯实效果显著，知识的应用迁移还不够，强化训练还有空间。

（2）阅读能力：

概括能力已经有了一定的提高，掌握了文章内容概括的基本方法和思路，有些能力较强的学生已经能够准确地解决概括问题。而一些能力稍差的学生也能大致明白概括的思路，只是还不能灵活地运用，主要是语言的运用上还不够简练。

手法分析：绝大部分同学都能准确判断基本的修辞手法，大部分的同学能理解修辞手法的作用和效果，并且能有比较完整的思路。但是，中下水平的同学还不能用比较完整的语言表述出来。

情感理解：由于六年级学生的生活阅历有限，在情感的体验上还十分有限，部分学生甚至对生活缺乏关注。

（3）文言文阅读：

文言实词：积累有限，虽然补充了两篇文言文，但由于学生是初次接触文言文，要求不能太高，只能用反复听写的办法帮助学生积累记忆。

文言虚词：学生基本上能明白虚词的含义，并知道主要的几个虚词，但对虚词的用法显然比较陌生。

句子翻译：虽然小学阶段的文言文还是以意译为主，但我们现在已经在按照直译来要求，并详细地讲解了直译的方法和技巧。即便如此，学生还是对文言文有畏难情绪，心不够静，不能沉着冷静地思考并解决问题。

（二）数学学科

1. 总体思路

（1）前移：以板块为结构，纵向整合，充分体现各知识板块之间的完整性、系统性。

（2）挪后：将部分相对目标结构比例较小的内容且与后续在内容上联系较大，在思维要求上跨度较小的知识挪后到后续学习。

（3）增加：梳理学生解题策略和思维结构，形成问题解决的基本策略。

（4）拓展：借助计算题、公式与方程、问题解决的策略三大知识板块培养学生的数感、运算能力、符号意识、应用意识和创新能力。

（5）强化：从知识的完整性和结构化、能力的系统性与协调性、习惯的规范性和连贯性方面进行强化。

2. 具体做法

（1）原有教材内容的整合。重视知识的过渡，六年级下册的《圆柱和圆锥》铺垫圆扇形知识，实现二维到三维的过渡，初步建立由平面到立体的能力建构。比较求圆的面积和圆柱的体积推导的割补法，促进思维的一惯性。

《分数的混合运算》《百分数》《百分数的应用》形成一个整体。从分母100的分数衍生出百分数，比较两者的相同点表示分率，建立联系，实现两者知识的正向迁移，对比差异迁移运用。

六年级上册和六年级下册的知识性板块《观察物体》《图形运动》与七年级上册的第一章"丰富多彩的世界"在知识上有很大的关联性与重复性，因此，考虑到知识结构的建立与学生的知识遗忘，尤其要加强两者之间的衔接上升。

（2）核心能力及教学时间整合。六年级下学期前六周主要分板块巩固小学六年所学的内容，提高学生应对初中学习必备的数感、运算能力、符号意识、知识应用能力与创新意识。借此对学生审题、转化、正向思维、逆向思维进行较为系统、综合的训练。

（3）校本研修方式的整合。为了更好地顺应学生情况，课题组立足教材，研读教参和课程标准，将其精神内核落实到题型设置中，提前编制导学案，接着六年级与初中衔接点经初中数学教研组反复讨论，形成更加适合学生的问题设置和教学方式。由于数学能力建构的系统性、连贯性、阶梯性和阶段性，针对小学阶段比较薄弱的计算题和解方程问题，督促学生每日练习，夯实基础。

3. 实施效果

（1）在六年级上学期的学习中，学生基本达到小学课标要求，而以初中知识能力要求为比对，则缺乏一定的深度，形成片面的"广而不深"，较难利用整体思想充分整合运用所学选择恰当的问题解决策略。

（2）六年级下学期强化初中学习方法。强化数的运算，对于常见的技巧题，大部分同学能够掌握；对于技巧变形题，一部分同学有思维策略，能够从较为优化的角度思考。强化式与方程，学生能掌握基本的方程解法，对于难度大的方程容易出现计算错误，思路错位全对的情况很少。强化方程应用，绝大部分学生能运用方程思想解题，少部分学生仍然习惯以小学的方式解决问题，找不准方程的等量关系。强化问题解决策略，学生普遍能够掌握枚举法、列表法（包括画树状图），借助线段图逆推模型解决问题；对于总数不确定的题型容易算错或者答题不规范。

（三）英语学科：

1. 总体思路

删减六年级难度内容，前移初中教学的基础点，增加后期学习的易错点，挪后时态及情态动词等，融合话题教学思想。

2. 具体做法

整合知识，拓展语音音标等，渗透升降调等语调教学，融合冠词、代词、be 动词、名词、介词、数词、实义动词、助动词以及连词和疑问词。解决冠词（a/an/the）的用法，介词（in/on/under）的初步学习，连词（and/but/or）以及介词（at/with/for）的用法，总结疑问词（what/when/where/who/why）。从陈述句（肯定与否定）到一般疑问句再到特殊疑问句，以及祈使句和感叹句都将之在各个单元呈现出来，围绕着 be 动词的陈述句、一般疑问句的学习，不断总结、渗透，确保学生建立一个完整清晰的句型系统。

（1）融入学科核心素养

语言能力：尽可能使用全英文进行教学，逐步培养学生适应全英文的环境。英语课堂上，特别是新授课，要鼓励孩子们多用完整的英语句子表达，使之逐步养成使用英文表达的习惯，提升学生的英语语言能力。

学习能力：要在平时的教学中融入各种英语学习的技能技巧，逐步渗透听说读写等各方面的英语学习策略，并鼓励学生主动运用工具书或者其他资源，主动地去解决学习中遇到的困难。通过考试来分析各种题型的解法，让学生提前熟悉中考题型并适应中考题型，建立起一个系统的英语学习策略系统，主动地运用这些学习策略来进行英语的学习。

思维品质：在英语课堂上不要局限于教材的内容，要大胆地延伸，特别是对于一些可以深入的话题，不要害怕去问出 why。教师作为引导者和支持者，要尽可能地去延伸和启发学生的思维，发展学生的思维品质，让学生逐步学会用英语来做事，而不仅仅局限于语言的学习。

文化品质：在教学过程中，根据每个单元的话题适当地给学生渗透一些文化背景，并鼓励学生去思考和发现中西方文化的不同，在学习英语的同时也能够了解到英语背后的文化，同时通过与中国文化的对比，让学生能够重新来注意我们的传统文化，从而达到学习语言的真正目的。

（2）英语学习习惯的培养：

①听读、跟读、朗读、默读习惯的培养。

②背诵、默写习惯的培养。

③书写、订正习惯的培养。

④题型及解题策略的培养（听力、单选、完形填空、阅读理解、补充对话、选词填空、作文）。

3. 整合效果

成功之处：激发了学生的学习兴趣。学科引起了学生和家长的重视；学生对学习的态度发生了明显转变，在习惯培养上取得了明显进步（记单词、背诵短文及朗读习惯），对中考题型有了提前的熟悉并逐渐适应。

不足之处：规范书写还需培养，两极分化严重。受学生年龄及心理成长所限，在知识转化上比较困难。

三、课程整合有效促进学校高质量发展

九年一贯制学校学生在学校就读九年，年龄跨度极大，学生处于学习习惯、知识体系等形成的关键期，学校通过教材整合的方式，抓好课程建设，促进学生的持续性发展。六、七年级的课程衔接整合是九年一贯制学校课程内容建设的重要组成部分，其教学内容直接指向课程教学目标的达成。课程整合是国家课程校本化实施的必由之路，通过课程整合，课程内容更紧密、更成体系、更有递进性、更能适应学生的成长需要。课程整合借助整合教学内容助力学生发展。实施课程整合，多维度助推教师专业发展：一是帮助教师对专业发展方向进行重新定位；二是加强教师对课标、教材、教法的研究；三是建立了科学合理的新型教研活动体系。

1. 切合"双减"背景，减轻学生过重的学业负担，学生就有了参加课外活动的时间，这有利于发展学生的兴趣、爱好和个性特长。

2. 分散安排七年级的教学难点，这有利于缩小落后面，大面积提高教育教学质量，使各类学习水平的学生都能在各自的基础上受到良好的初中教育。

3. 营造了良好研究氛围，提升教师对衔接课程整合的兴趣。教师主动参加平时各学校教研组开展的整合研究活动，并主动展示教研成果。教研组连续多次开展专题化、序列化的研究活动，形成了良好的研究氛围。

4. 教师教学业务水平和专业水平在课题研究中得到提升。随着课程整合研究的不断深入，教学成果初显，学生学业水平持续提升，教师的教学业务能力和专业化水平得到更大的提升，促进了学校的良性循环和快速发展，扩大了学校在社会的正面影响力。

自主学习方式在高中生物教学中的应用

四川省成都市玉林中学 孙 栋

学习是一项人类与生俱来的本能，它的本质其实是对自然、社会和人类自身的一种认识途径，时代不同，学习的内容和目的也会发生相应的改变。而学习方式作为学生认识理解知识的独特途径的外在表现形式，也随着时代的变迁及人民生活水平、国家经济实力的改变而改变。我国召开了全国教育工作会议，会议强调要以推动高质量发展为主题，以改革创新为根本动力，提高教育信息化程度和教学质量，因此如何在新时代背景下，通过学习方式的转型帮助学生高效学习，推进教育高质量快速发展，成为了教育研究和实践领域的热点话题。

许多学者认为，教师教学过程中要注重引导学生在实践中学习，改变过去教学中学生对教材、对教师的过分依赖，改变单纯的被动接受的学习方式，转化为以自主、合作、探究为主的学习方式，即自主学习方式。

一、自主学习方式应用优势

（一）适应生物学课程内容特点

生物学课程作为中外教育阶段的一门重要核心课程，具有一定的综合性与复杂性。同时它也是一门自然学科，其课程内容的设置丰富多彩。中学生物学教材几乎涵盖了生物科学研究领域的所有内容。生物学课程的内容能为学生的自主学习能力的培养和自主学习方式的应用提供科学合理的素材。

（二）适应生物学课程实践特点

生物学课程是一门理科课程，其基本性质还包括科学性和技术性。在生物学教学过程中，不仅有大量的实验，例如显色类的实验，包括还原糖、蛋白质和脂肪的鉴定，DNA、RNA 以及染色体的染色，等等。这些教学实践活动都是以学生为主体，要求学生在体验的过程中，加深对学习的领悟，提高动手能力。而自主学习方式可以良好地融入这些实践的每一个过程中，让学生将所学的理论知识充分地展现出来，从而提升生物学教学质量与效率。

（三）适应"终身学习"理念

《普通高中生物学课程标准（2017 年版）》提出，要以发展学生生物学学科核心素养为宗旨，遵循课程内容聚焦大概念、教学过程重实践和学业评价促发展的教学理念，引导学生自主参与学习过程，在探究过程中即细心观察并提出问题、查阅资料并作出假设、进行实验寻找证据、检验假设得出结论、发现规律总结经验等过程中学习生物学知识，养成理性思维的习惯，形成积极的科学态度，从而深化学生的"终身学习"理念和提升"终身学习"能力。

二、自主学习方式应用现状

（一）调查方法

为了解自主学习方式在中学生物学教学中的应用情况，研究者在自己的工作单位开展了包括生物教师和学生在内的随机访谈。

（二）调查结果

根据一段时间的调查，研究者梳理了自主学习方式在中学生物学教学中的一些现状，具体如下。

1. 学生方面

笔者对 162 名在校高中生进行了访谈，访谈内容主要包括：学生对生物学学科的兴趣、学生的课外阅读、学生的自主学习情况，例如自主探究学习的程度、小组成员间的合作情况以及学生对课堂、对教师的期望等，得出的结论如下：

（1）其中 117 名学生对生物学课程具有良好的兴趣，仅有 12 名学生感到生物课本枯燥无味。

（2）通过了解其中一个班级 52 名学生学习过程中的自我监控表现，可以发现 39 名学生有较为独立的思维逻辑和习惯，他们可以有意识地对自己学习过程中出现的一些情况进行控制和调整，具有一定的自主学习能力；但仍有 13 名学生依赖教师的课堂教学与其提出的课程要求，学生进行生物学课程自主学习的意识相对比较淡薄。

（3）对于一些课外生物活动，学生的参与率普遍偏低。

（4）在受访的 162 名学生中，只有 84 名学生可以主动地、有计划地复习已经学习过的知识内容或者主动做一些课堂外的实践任务，而其余学生对生物课程的学习则是被动的，是迫于学习任务或者教师的强硬要求而"不得已"的行为，缺乏主动学习生物学知识的意识。

（5）在受访的 162 名学生中，有 106 名学生对生物学教学中出现的自主学习环节持赞成和期望状态；但也有 33 名学生表示在某些自主学习的过程中找不到任务或者方法，觉得无意义。

2. 教师方面

笔者针对 12 名教师进行了访谈，访谈内容主要包括教师对于自主学习方式的了解情况，教师在上课时有无引导学生自主学习的意识，等等，得出的结论如下。

（1）其中 10 名教师表示对自主学习方式有一定的了解，但缺乏深入理解。

（2）8 名教师表示自己会在课堂中有意识地安排学生的自主学习环节；而其余 4 名教师表示为了保证教学进度，自己不会经常设置学生的自主学习环节，仍然以讲授的教学方法为主。

（三）调查结果分析

1. 学生的学习动机

学习动机是指在自我调节作用下，个体将自我的内部要求与学习行为的外部诱因相互作用、协调，从而激发和维持学习行为，并引导学习活动朝向某一目标前进的内在动力。正确的学习动机可以提高学生学习效率，有利于学生在课堂的自主学习环节中保持良好的参与度。

2. 教学模式单一，脱离生活实际

以往的教学，主要是以课堂教学为主，采取教师在台上讲，学生在下面听的"填鸭式"教学。这种教学方式忽略了学生的主观能动性，容易导致学生在学习过程中逐渐失去对生物学课程的学习兴趣，一定程度上阻碍了学生自主学习方式的应用及自我学习能力的发展。

3. 学业压力

虽然国家和社会都在倡导给学生减负，但实际上学生的学业压力仍然没有得到真正意义上的减轻。部分同学反映，虽然各科目的学业任务都不是很多，但合在一起仍旧占据了课余生活的大部分时间，从而没有更多精力进行单个学科的自主学习。

4. 未充分挖掘教学资源

除了教材资源，学校的一些设施及学校所在地区的资源都可以成为生物学课程自主学习探究的良好条件，但是真实的情况是很少有教师或者学生会主动去挖掘并利用生活中的资源。调查结果显示大部分学生的学习都比较局限于书本上的内容，不利于自主学习的拓展实施。

三、教学策略及建议

针对以上自主学习方式在生物学教学中应用不良的原因，研究者通过文献调查，结合自己的工作经验和高中生物学科特点，围绕如何让学生在自主探究中学习，提高学生对生物学科的学习兴趣，提升学生的课堂参与度，等等问题，笔者分别从课前、课中以及课后三个方面提出了如下建议和策略。

（一）课前预习，确定目标

生物学作为一门研究生命现象和生命活动规律的科学课程，在学习过程中存在知识点过多、抽象以及零散等问题，学生难以形成系统的知识体系。课前预习是整个生物学学习过程的重要环节，课前预习可以激发学生的学习兴趣。学生可以通过课前预习进行自主探究，能够培养学生的自主学习能力。

1. 中学生物学预习现状分析

现有的课前自主预习没有充分发挥课前预习应有的作用。从对学生的指导方面来看，大部分教师给予学生的指导有限或者仅局限于教材的陈述，没有引导学生结合生活中的现象或者问题。学生课前预习效率不高，积极性和自主性不强；教师对于学生的课前预习也没有给予相应的奖励和惩罚措施，并且教师对学生的课前预习重视程度不够高。

2. 学生课前预习和生物学习之间的关系

经过查阅文献和访谈一些一线教师，有预习习惯并且经常预习的学生成绩较好，对生物学的学习兴趣较高。经常不预习或者几乎不预习的学生对生物学的学习兴趣较低，这一类学生学习主动性较差，常常是迫于各种压力而"被迫"学习的。经常在课前预习的学生，能够提高自主学习的能力，能够根据预习的内容，有针对性地听老师讲课，高效率地学习。

3. 课前预习的有效途径

（1）激发兴趣，提高学生的学习动机。微课采用多种先进的多媒体教学方式，将抽象的知识形象化，非常直观地给学生展示将要学习的材料。教师通过微课可以把奇妙的生物世界生动地呈现在学生面前，不仅拉近了学生与生物学知识之间的距离，而且有效地激发了学生的学习兴趣。

（2）组织课前讨论活动，深化思维，启迪智慧。微课也适合个性化学习和自主学习。微课在预习环节赋予学生更清晰的学习思路，提供了更丰富的知识容量。微课在预习过程中的指导和加强作用，优化了教学效果，促进生物学核心素养的培养，在高中生物教学中具有较高的实践价值。

（二）课中让教师成为引导者，让学生成为探究的实施者

1. 在课堂中培养学生自主学习能力的价值

（1）能促进教师角色的转变。在传统教学中，教学过程就是教师教授知识，学生记住知识，这种机械的教学模式。课堂以教师为中心，学生只是被动地接受知识，而不是主动地探究知识，学生扮演的角色也只是一个接收者，而不是一个探究者。直到今天，非常多先进的教学模式和生物学核心素养的提出，使我们的理论教学方式丰富多样。如果在课堂中能够培养学生的自主学习能力，帮助学生提高个人的探究能力和自主学习能力，教师就能够真正地实现角色的转变。

（2）能够促进和谐活跃的课堂氛围。高中生通常学业压力重大，睡眠时间不足，在课堂学习过程中，经常容易打瞌睡，导致教师一个人唱独角戏。如果在课堂中培养学生的自主学习和探究能力，让学生和教师形成合作者、探究者和引导者的关系，使学生成为课堂的中心，主动的去探究知识，那么即使在睡眠不足的情况下，也将很少会有打瞌睡的情况。这样的探究合作过程，使整个课堂的氛围非常和谐与活跃。这样的课堂氛围能够收到较好的教学效果。

2. 在课堂中培养学生自主学习能力的策略

（1）适当正确的课堂提问，能够促进学生思考，培养学生自主学习能力。课堂提问从广义上来说，是以激发学生学习兴趣和引导学生思考为目的的一系列行为。它包括教师的课堂提问和学生的课堂提问。课堂提问的主要目的是引起学生的注意，引导学生思考，激发学生的学习积极性。

（2）提高授课内容与实际相结合的程度，促进学生自主学习。如某中学生物学科教师的《DNA分子的结构》教学设计中开头创设情景中设置了如下问题：所谓"一个人感动一座城，一座城送别一个人"，用这句话来形容 4 月 5 日这一天，数十万南充市民聚集在街道两旁，为我们南充籍救火烈士蒋飞飞送别的场景再合适不过了。在这场救火事件中，像烈士蒋飞飞一样不畏艰险、冲锋在前的，还有与他并肩作战的二十多位战友！可以说，正是有了他们的负重前行，才换来了我们的静好岁月。而我们能做的，或许就是在第一时间内尽快确定出这样的一份名单，以争取早日送他们"回家"。由于是在大火中遇难，因此，要想通过外貌特征来辨认遗体的身份，这无疑是非常困难的。你觉得有没有其他更为科学准确的方法，可以帮助我们确定烈士遗体的身份呢？为什么这样做就可以确认烈士们的身份？这些问题既符合学科内容的教学特点，具有精当性；又联系了生活实际、热点事件，具有真实性，并能激发学生探究的兴趣，符合自主学习课堂教学设计的要求。

另外，可以采用幽默的教学方式来提高学生的学习兴趣，从而提高学生的自主学习能力。在学习减数第一次分裂过程时，学生初步接触减数分裂，大部分学生学习后仍然"云里雾里"。此时教师运用幽默的语言，生动形象地把这个过程，编成一个有趣的故事：一对同源染色体可以比喻为两个同班好朋友，年龄、兴趣爱好大致相同（同源染色体形态、大小相同），来自不同的地方（同源染色体一条来自父方，一条来自母方）。刚开始彼此并不认识（间期），后来分到同一个班级并且成为了同桌（联会），在相互交流过程中发现兴趣相投，成为了好朋友，并且相互送礼物（交叉互换）（前期），并决定假期一起去赤道（赤道板）旅游（中期），在旅游的过程中，发生了一些激烈争执，然后就分道扬镳了（同源染色体分离）（后期），最后双方各回各的家（分到两个子细胞中）（末期）。通过这种幽默教学方式，提高学生对减数分裂过程的学习兴趣，从而引导学生自主学习减数分裂的整个过程，培养学生的自主学习能力。

（3）教学形式多样，能够促进学生自主学习。任务驱动型教学：它是一种以建构主义理论为基础的新型教学方式，它以学生内在的求知欲望和需求为推动力，将学生置于一定的学习任务情境中，教师采用引导、鼓励、一定程度上的帮助等手段，来确保学生在学习任务情境中能够完成教师预设的学习任务，并在这个过程中学习理解知识，并能够灵活运用这些知识。

合作学习的教学形式：合作学习是近几年出现的现代化教学形式，是适应社会发展的一种新颖的教学形式。教师根据教学内容和教学目标，以及学生的学习能力和知识掌握情况等多方面的因素，进行有明确责任分工的互助性学习。它强调学生之间合作性的人际互动，强调学生在教学过程中通过相互之间的合作来达到学习目标，完成学习任务。合作学习鼓励学生为个人和集体的利益一起工作，在完成共同任务的过程中实现自己的理想。

3.在课堂中培养学生自主学习能力的案例

（1）导入与任务分组。通过多媒体展示放在阳台上的植物总是向光生长，教师提出问题："导致阳台上的植物向光生长的原因是什么？"引起学生注意并引导学生思考。随后将班上同学进行分组，并以这个问题为中心进行探究，并提前规定好奖励措施。通过课前预习，同学们得出结论：植物具有向光性。

（2）自主实验。教师再次抛出问题："植物为什么具有向光性，向光性与什么因素有关？"并且教师准备实验材料，注意准备的材料要多于需要的材料，让学生在小组合作学习中能够辨别使用哪种材料，并且还能够激发学生的创造性。在学生选择了错误材料导致实验失败之后，教师组织学生反思，总结实验失败的原因。在这个过程中学生能更深刻地理解这一知识点。

（三）课后自主梳理与归纳，懂得举一反三

1.自主构建思维导图，增强课后学习效果

以必修二《遗传与进化》中"基因"这一知识点为例，学生在进行自主构建思维导图的过程中，会向外延伸出许多内容。比如，基因的概念，基因控制蛋白质的合成，基因对性状的控制，中心法则，基因和染色体的关系，基因的本质，基因突变以及基因工程等内容，这些不同的知识点再向下一层次进行延伸，最终形成一个完整的逻辑结构。

除了梳理知识逻辑以外，在课后习题的自主完成过程中，思维导图同样能够帮助学生自主性地将出现错误的习题进行整理与归纳，并使之将课后习题所对应的知识点进行深度挖掘、学会反思。

2. 妙用课后创意课堂，激发学生自主学习与创新能力

生物学是一门相当生动形象的学科，学生在课堂中学习的相关生物学知识可以在课后以创意课堂的形式，让学生自主进行小组合作，选择相关内容进行知识的深度挖掘，最终以短剧、舞蹈、歌曲、相声等多种丰富多彩的形式来演绎重现在课堂中展示的生物学过程或者原理性知识。

3. 充分利用互联网 + 微课，促进课后自主学习

互联网的普及，使学生学习交流的场所突破了教室课堂的限制。不少班级通过建立 QQ 群、微信群，以及使用腾讯会议等视频聊天软件，在课后进行师生间的交流。同时，学生在课后独立自主完成学习能检验其学习效果。而班级网络群的建立，则可以让学生课后分享自己的习题答案；同时多个同学能够同时在线讨论题目，进行交流。

综上所述，学习方式本身没有好坏优劣之分，但是学习方式要根据时代的需要不断进行优化与转型。以自主、合作、探究为主的学习方式，即自主学习方式，是对我国长期以来存在的学习方式弊端的精准改进，有利于学生学习积极性的发挥，增加学生对生物学学科的兴趣，提高生物学教育教学效果。

作为教师，要引导和鼓励学生对自主学习方式多加运用。课前，教师可以利用多种方式引导学生学会预习、搜集素材并整理问题。在课堂上，教师要成为学生学习的引导者和协助者，让学生成为探究的实施者。在课后，引导学生学会自主梳理与归纳，懂得举一反三，教师引导学生根据自己在课堂上充分运用的自主思维模式和探究步骤归纳出科学探究的方法，并帮助学生培养严谨的逻辑思维能力，让学生学会运用理论联系实际解决身边的生物学问题，通过完善知识体系用自己已有的知识和新知识来提高学生的认知水平。

普通高中劳动教育实施路径与策略研究

——以成都高新区实验中学为例

四川省成都高新实验中学　　刘　楠

一、绪论

（一）问题的提出

普通高完中学校包含义务教育阶段和高中阶段教育，既要承担提高人口素质，促进个人全面发展的重任，又要培养能够担当建设中国特色社会主义大业的接班人，应当探索出一条适合中学生的劳动教育实施路径，完善劳动教育实践策略。

（二）国外研究的现状

当前国际上关于劳动教育的研究和活动较为成熟，尤其是欧美国家、日本等已经在中小学劳动教育领域形成了较为完善的理念和课程内容。但是，适应中国特色社会主义制度、本国国情和新时代特征的劳动教育课程体系尚无较为成熟的研究。目前国外相关研究情况如下。

1. 德国

强调生活教育，体会劳动意义连通学校与现代社会生活的桥梁。以实践性为特征的劳动教育作为德国中小学课程的重要组成部分，不仅需向中小学生传授基础的科学技术知识和手工实践技能，还十分重视塑造学生的劳动观念和劳动意识，并为其提供最新的职业信息和职业评估。

2. 芬兰

关注生存教育，培养劳动精神。劳动教育注重教育、生活和社会需求的有机结合，课程体系较为完备，不仅设置劳动教育相关课程，也会在其他一些学科的课程设置中贯穿劳动实践内容。

3. 美国

特色生计教育，认识劳动价值。美国社会的劳动教育主要通过校内与校外相结合的方式进行。校内劳动教育让学生通过生计课程的学习，了解并接触社会形形色色的职业，以保证每个人都能根据自身兴趣、资质与特长，学习到一种或多种职业技能。

4. 日本

教学生像成人一样自理和劳动。按照生活技能、在校劳动等进行细致的设计与落实，建立家政、午餐、田地等劳动教育课程。让劳动教育融入校园和家庭生活，是日本劳动课程体系最值得学习的地方。

（三）核心概念的界定

劳动，是马克思用以分析人类历史发展的核心范畴之一。马克思认为，人类历史是以人的物质劳动作为载体的历史，劳动在整个人类社会和历史的发展中处于关键性地位，这使得劳动不仅是把握历史唯物主义的钥匙，更是历史唯物主义得以建构的根本出发点和落脚点之一。

劳动与劳动教育是两类性质不同的人类实践活动。前者主要以直接的物质财富和精神财富的创造为首要目的，而后者则以学生劳动素养的培养为活动目标。劳动教育作为全面发展教育的重要组成部分，正受到各级各类学校的高度重视。但在实践中，劳动与劳动教育的关系并未得到有效澄清，从而不可避免地带来了劳动教育的诸多实践误区。

（四）研究意义

1. 理论意义

本课题的研究，有利于深化劳动实践课程的学校实施，形成劳动实践理论的实践支持，将学校发展、教师提升、学生成长有机融合，使学校的特色化、素质化办学探索新的方向与路径，为学生的综合素质培养提供更有效的途径。

2. 实践价值

本课题的研究，有利于完善高完中学校劳动教育课程体系，探索学校在劳动实践课程开发与实施过程中的保障机制，为劳动实践课程在校内的顺利实施制定运行规范，发展老师教学与研究能力，提升学生的综合素养，为学校的特色化教学发展助力。

（五）研究的目标及内容

1. 总体研究目标

总结通用的、可迁移的方式方法，归纳一套可行的劳动实践课程标准与实施流程，构建三位一体协同育人的课程体系。

2. 总体研究内容

劳动实践课程教学的标准化流程；劳动实践课程的体系架构；劳动实践课程的评价体系；劳动实践课程的保障与支持。

二、中学生劳动教育的现状分析及存在问题

（一）中学生劳动教育的现状

1. 家庭劳动教育

一些家长轻视孩子的劳动教育，认为劳动是负担，家务劳动耽误孩子的学习时间。家长不放手，使得孩子缺少劳动机会和劳动意识，挫伤孩子劳动的积极性，剥夺了孩子在劳动中成长的机会。

2. 学校劳动教育

由于未能深入理解和有效把握劳动教育的地位、作用和实施途径，一些学校的劳动教育形同虚设。这表现在缺乏专门的课程设置和师资力量，无相应的教学大纲、教材、教研活动和考核细则。

3. 社会劳动教育

学生与社会实践联系密切，其思想观念受到社会劳动教育环境的影响

较多。现实社会中客观存在的社会劳动分工以及城乡差距、贫富差距在一定程度上会影响社会大众、家长、教师和学生对劳动、劳动者和劳动教育的认知。社会劳动教育与家庭劳动教育、学校劳动教育还未形成强大的教育合力。

（二）高新实验中学劳动教育存在的问题

近些年来，学校积极开展各类劳动实践教育活动，在实际的教学过程中，我们发现学校尚有一些不足，主要体现在以下几个方面。

1. 对前期劳动和劳动教育的关系辨析及认知不足

学校前期开展的劳动教育，对劳动教育的认识存在一定的偏差，将劳动教育更多定位于具体技能的学习，未能提升到劳动价值观的高度，将直接参与的劳动代替了劳动教育的设计，将劳动成果取代了劳动教育的效果。

2. 劳动教育课程体系有待构建

学校开展的劳动课程，更多偏重于日常的生活劳动，对生产性劳动及服务性劳动关注较少，欠缺整体的劳动教育课程体系。

3. 劳动教育课程评价机制不健全

对学生劳动技能、劳动观念、劳动精神等方面关注不足，相应的评价机制不够健全，不能全面反映学校的劳动教育成果。

4. 劳动教育课程管理不足

在前期的劳动教育过程中，因未将劳动教育提升到"五育并举"的层次，导致学校劳动教育的课时不足，专业教师资源匮乏，对劳动教育的课程资源开发较少。

三、研究策略及实践

（一）统筹协同配合，建立劳动教育的保障机制

学校加强对劳动教育的领导，设立学校劳动教育组织机构；明确劳动教育责任主体和负责部门，成立劳动教育教研组，确立各职能部门责任

（如德育处负责组织动员（学生、家长）常规劳动教育实施，协助特色劳动教育实施；教务处负责课程及课时的安排，校内通识性劳动教育课程的监督管理；教科室负责劳动教育课程的开发，劳动教育成果的收集与整理，组织教研组及教师在学科中加强劳动教育等）；学校成立家、校、社、企协同教育中心，整合资源，以家、校、社、企"四维联动"共建学生劳动教育基地，以进园区、进高校、进社区、进企业"四进"活动丰富学生综合实践活动和劳动体验，充分发挥成都高新区内高科技企业园区的育人功能，创新高新实验中学劳动教育模式。

（二）劳动教育课程实施路径与策略

1. 探讨课题研究实施路径（简要流程图如下图 4-23）

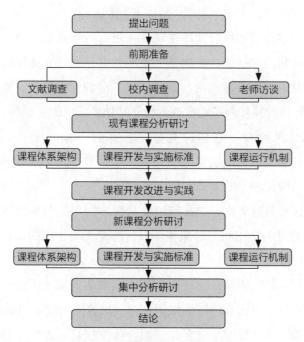

图 4-23　劳动教育课题研究实施路径流程

2.明确课程导向，制定劳动教育实施方案

学校根据已有的劳动及综合实践活动，结合前期调研，制定了《成都高新实验中学劳动教育和综合实践活动实施方案》。使成都高新实验中学劳动教育通过常规劳动教育、特色劳动教育两大板块来实施家庭劳动、学校劳动及社会劳动。

常规劳动教育（含劳动教育行为和意识）：分为学校常规劳动教育（如寝室卫生、教室卫生、校园劳动、值周班级劳动服务等），家庭常规劳动教育（如拖地、洗碗、做菜、给父母洗脚或剪指甲、洗衣服、整理家务等），社区常规劳动教育（如社区卫生、社区公益服务等）。

特色劳动教育：以学校劳动教育课程为主，结合学校四轮驱动人才培养模式，建设符合学校特色的劳动教育课程：从高新区的高新企业优势出发，建设劳动教育体验课程；从职业教育出发，建立学校与职业院校的联动；从艺术、飞行特色出发，利用成都航空职业学院、广汉飞行学院、成都双流机场等地点，让学生发展"艺体飞"特长。

学校把劳动教育和综合实践活动课程进行统筹规划，结合学校办学理念、特色、可利用的资源，依据学生发展状况，系统安排课内外和校内外劳动教育的时间，以丰富的活动方式完成劳动教育的教学目标。从学校到家庭，再到社区，从校内基地打造到校外基地体验，相互配合，形成合力。

3. 依据学龄规律，科学设置劳动教育的内容

学校抓住劳动教育的关键环节，根据学生身心发育规律和年龄结构特点，设置不同阶段学生的劳动主题清单。

初一年级：天府文化。选择四川最具代表的手工与非物质文化遗产文化，让学生通过多样化的主题课程体验，感受天府之国的文化魅力，以身为四川人而自豪。

初二年级：家国情怀。通过回顾新中国艰辛的发展历史，见证国家当代建设成果，树立突破与创新的探索精神，培养爱国爱家的情怀。

高一年级：生涯规划。整合各式职业体验项目，为学生提供了解当今各行各业的机会。让学生发现自己的兴趣方向，发展自身优势，为高二年级选择高考科目确定方向。

高二年级：技能提升。针对不同选科的学生，提供与各类高校师生、

科研专家、专业工匠学习交流的机会，利用科学思维与工作方法，帮助自身能力提升，并且为未来接受高等教育与走入社会打下基础。

我们在每个年级设定了不同大主题下的多类型小主题活动。学生根据自己的兴趣爱好和需求，网上自主选择课题，进行分课题的集中统一的通识性培训和小组讨论，完成开题报告、校外基地实践，形成结题报告，形成有价值有目的融综合实践课程开展的主题式特色劳动小课题。

4. 明确规范，制定劳动教育流程标准

劳动教育是有目标、有计划、有系统、有独立内容和方式的教育课程，在开设前必须具备与其他学科相同的课程目标、课程计划、课程内容、授课时间和课程评价，深刻理解劳动教育课程的要求和内涵，组织各种形式的研究课、观摩课、教学设计评选等教学研究活动，提高教师自身实施课程的能力。

（1）学校特色劳动教育实施流程。（如图 4-24 所示）

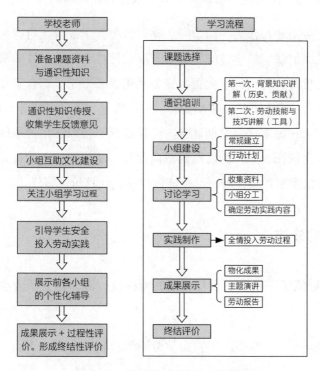

图 4-24　学校特色劳动教育实施流程

（2）课程时间保障

常规劳动：学校常规劳动每日实施；家庭常规劳动每月实施，并做好过程记录；每学期一至二次社区常规劳动。

特色劳动教育：在每学期第3学月，学校特色劳动教育月实施。根据学校教学计划，对特色劳动教育做具体的课时安排如下：通识性学习4课时；小组讨论2课时；实践6课时；成果展览4课时。

（三）充分利用资源，打造学校劳动教育环境

学校充分利用校园壁画、黑板报、广播等积极宣传劳动教育，营造劳动氛围。本学期学校还打造了校内劳动教育和综合实践体验基地。学校结合已开设课程申报的创意加工坊（劳动技术实验室）也将在下学期完成建设，为学校劳动教育提供更完善的硬件设施。

（四）针对不同层面，尝试建立劳动教育的评价体系

学校把劳动教育作为一门学科，将其课程教学评价（对课时计划、备课教案、成绩记载、教学技能等要素开展的评价）纳入学校学科教学统一评价中，由教务处与教科室负责。充分利用成都市学生综合素质评价将学生个人评价（以劳动态度、劳动技能、劳动质量、劳动习惯等为评价内容）做成写实记录，每期进行学期评价。评价过程坚持以学生为主体、教师为指导、社区为依托、家长为后援的双向评价。此项评价由德育处负责。另外，学校还组织形式多样的劳动技能挑战赛，让评价更多样化。

四、研究的成效

（一）形成了学校劳动教育实施的流程及标准，建立了劳动教育的保障机制

学校制定了《成都高新实验中学劳动教育和综合实践活动实施方案》，

明确了劳动教育在学校的实施路径，初步建立了劳动教育保障机制及劳动实践课程评价方法，对其他高完中学校对劳动教育的研究和实施有一定的参考和借鉴价值。

（二）探索开发了中学劳动实践的一系列校本课程，丰富了劳动教育的课程内涵

学校根据自身特点开发了综合实践和劳动教育基地体验课程、通用技术实验室劳动体验课程、学生科创中心劳动制作体验课程、陶艺工作坊体验课程等校本特色课程。除此以外，学校还在固定的时间开展农民丰收节、志愿者日、植树节等活动，多方式为学生参与生产劳动和服务劳动搭建平台。

（三）提高了学生的劳动品质，增强了学生的综合素质

一方面，学生通过劳动教育掌握了一些基本的生活生产技能，形成动手实践的能力和初步的职业意识；另一方面，通过劳动教育进一步培养了学生热爱劳动、尊重劳动、踏实肯干、团结协作等优秀品质。

（四）提升了教师的专业化能力，促进了教师的成长

在劳动教育实施的探索过程中，学校教师的研究能力、课程开发能力、教学技能进一步提高。2020 年 11 月，高新实验中学由党海燕老师指导学生完成的"成都本土文化在城市规划中的传承与发展"劳动实践课题，在成都市第二届劳动实践活动成果展评活动中获得"特等奖"；2021 年，高新实验中学劳动实践课题小组案例再次获得高新区优秀案例第一名的好成绩。

五、困境及下阶段研究方向

（一）面临的困境

缺乏劳动教育理论研究，与其他学科理论相比较，对于劳动教育领域的研究不多、不深、不全，没有提升到应有的高度，使学校在实施劳动教育过程中严重缺乏理论依据与实践参考，难以达到既定目标。主要表现在：理论体系不完整；理论研究中劳动教育往往被劳动技术教育所取代；学术界对劳动教育的成果不多。

（二）下阶段研究方向

在学校课程体系下建立学校特色的劳动教育课程体系。劳动教育课程是劳动教育内容的载体，必须依托校内外劳动教育资源，构建系统、完整的劳动教育课程体系，打通校内和校外的劳动教育资源通道，提升劳动教育效果。

小学内生型德育课程体系建构研究

——以新光小学为例

成都高新区新光小学　　陈　燕

学校教育的核心指向以人的发展为本，以强化人的能力与道德素养培育为核心，着力于完整的人的培养。

一、研究缘起

通过长期德育实践探索，发现新光小学德育存在四个问题。

一是校本德育课程碎片化。学校的德育课程的划分没有一个明确分类标准，因而没有形成一个体系。

二是原有的德育课程实效性较差。原有德育课程旨在培养品格高尚、乐学善创、阳光生活、幸福成长的人，在课程实施过程中面面俱到。

三是学生主体地位缺失。新光小学的德育课程与实施路径的系统化与全方位覆盖还有很长的路要走。

四是德育评价存在短板。德育评价是当前很多学校的瓶颈问题与薄弱地带。其评价内容未能实现叩问本质的体系构建；评价方式多为外驱性评价；学生的评价主体地位与家长参与的体现度不高；德育评价弱化或缺失过程性、发展性的评价，呈现出随意性、浅表性、混乱性的评价，而发现性、激发性、增值性评价较少。

新光小学自独立成校以来德育实践探索大致可以分为两个阶段：一是管理式德育阶段；二是点上着力的德育课程建设阶段。校本德育实践探索的视野打开后，暴露出的多年来的校本德育的实践问题，让我们越来越清

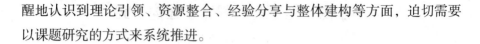

醒地认识到理论引领、资源整合、经验分享与整体建构等方面，迫切需要以课题研究的方式来系统推进。

（一）研究意义和价值

从理论角度看，本研究有利于丰富学校德育的研究视角。在国内学校德育研究与实践中，没有相对系统的、理论与实践相结合的建构。一旦进行校本突破，将会带来德育革命性改革和全新的活力与样态气象。研究试图以专家引领下的一线教师共同着力，以实践研究的方式初步破解这一育根铸魂的德育难题。

从实践角度看，本研究有利于转变学校的德育理念。从以实践体验为主渠道的途径和生态成长环境，小学生的道德动力、道德素养、道德生长力的发展，小学生对生命意义的探索、精神世界的构建和道德行为的修炼多个层面进行自主建构，并把"自主建构"作为"内生型"德育的指导思想，在以实践体验为主的道德行动中，逐步自我完善、自我发展，形成道德素养。

（二）核心概念界定

内生：指教师引导的、有阶段的，学生全员参与的，以体验为核心，以情感为基础，以"行动"为特征，能引导学生自主建构的一种状态。

内生型德育：源于生命主体自觉的道德素养自主发展的德育。其本质是在道德认知的基础上，以实践体验为主渠道，进一步唤起道德动力觉醒、道德素养自主建构的学校德育。它既是学生道德素养形成的培育模式，也是学校德育发展的模式。

二、文献综述

多年以来，学者从小学德育校本课程的开发、德育开展模式、探索德育动力及道德生长力的研究等角度入手开展研究，取得了不少成果，也获得了一些相关研究的借鉴与启示。

一是要重视受教育者的自主性，力求教育和自我教育相结合。

二是内生型德育研究薄弱，力求构建全新的内生型德育体系。

三是对生命素养的研究还比较欠缺。

基于此，《小学内生型课程活动体系建构研究》以学生自主性道德素养为宗旨，以家、校、社融通的环境课程为载体，以文本世界与生活实践世界融通的实践体验为桥梁，积极探索内生型德育校本实践策略与途径，发掘释放学校德育动力与活力，实现学生道德素养有质量与效能地、充满生机与活力地自主生长这一研究就显得尤为必要和迫切。

三、研究措施

研究行动一：进一步完善、优化顶层设计。学习了《柯尔伯格的道德发展阶段论》和《皮亚杰儿童道德发展阶段论》以及相关书籍后，笔者挖掘了内生型德育中体验教育、实践教育、道德认知、道德素养等相关理论，进一步厘清了内生型德育的几个关系，形成了理论与实践认识。

研究行动二：开展调查研究，形成调查报告。通过设置教师、学生、家长的调查问卷，开展了研究前的数据收集、统计和分析。

研究行动三：拆分课题阶段，有序开展探索。一是挖掘内生型德育理论支撑，内涵探索；二是拟定子课题菜单，有序开展"小学道德认知调查研究""基于契约精神优化班级管理的实践研究""应用表现性评价促进小学生品格内生发展的实践研究"来推进研究。

研究行动四：尝试开展内生型德育活动系列构建。基本原则是尊重儿童心理，以体验为核，学生积极参与、强化老师开展的生活道德德育。任务驱动式活动体验，构建内生型德育课程体系。探索课程体系：所有学科课堂，生长点为全学科育人理念；德育学科课程；综合实践课程；环境熏陶课程。

研究行动五：组织开展国家课程系列活动。研读《中小学德育工作指南》，实践创生《道德与法治》课程系列活动、《生活、生命与安全》课程系列活动，形成了德育基础性、拓展性和探究性梯度课程体系。

四、研究结果及讨论

（一）结果与分析

教师问卷调研结果统计显示，100%的老师觉得德育非常重要，能育根铸魂，促进学生道德生长。在最佳德育途径排序中，55%的老师将社会实践和自主岗位体验活动排在第一位；同时，80%的老师认为学校德育教育工作需要依靠所有学科教师共同执行。（见图4-25）

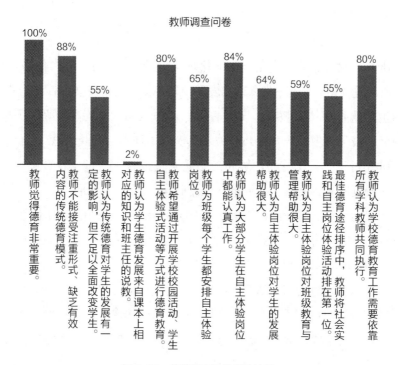

图 4-25　教师调查问卷统计结果

学生问卷调研结果统计显示，38%的学生认为老师说什么都可以，对

老师说的话唯命是从，没有自己的独立思想。（见图4-26）自主体验岗位
中，大部分学生能认真工作，有做事态度认真的好习惯，但也有小部分学
生不能做到。自主体验岗位的评价和指导不够，课程化管理不够。

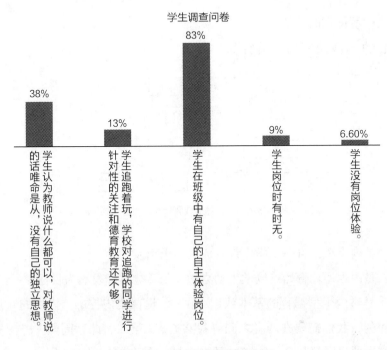

图 4-26　学生调查问卷统计结果

（二）成因分析

根据教师问卷调研结果来看，教师均能认同"立德树人""德育为先"
的教育理念。但根据目前学生发展的情况来看，老师们普遍认为学生"知行
不一"的现象是"灌输式德育""强制式德育"等传统的、外驱式德育无法有
效解决的；他们认为传统的德育模式重认知、轻实践、重灌输、轻内化、缺
少内驱动力，容易导致学生知行脱节、言行不一，虽能从学生的口中知道
正确的认知，但学生往往无法自觉地产生相应的正确行为。而且传统德育
的评价手段单一，缺乏系统性和学生的自我评价过程，多为共性评价。

五、结论

（一）研究发现

内生型德育的特征与特点

1. 内生型德育的实质特征

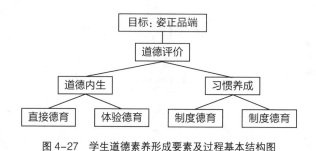

图 4-27　学生道德素养形成要素及过程基本结构图

一是内生型德育是从学生终身成长需求出发的。

二是内生型德育始终以学生动力激发与道德素养发展为目标。

三是对内生型德育的基本认识：第一，道德是内控的、内生的，规则是外控的，我们需要在两者之间寻找共通点；第二，课程同整——国家课程与校本课程同整起来，才能加深学生人格的形成和规则的认识。

四是内生型德育的关键点：需求导向、情感融入、生活中心、体验为核、评价激励。

五是确定了内生型的要素：课程建构，体系建构；动力机制，评价体系；实践策略支撑（实践策略支撑：顶层建构策略，德育目标性质系列体系建构；课程体系策略；文化滋养策略；评价激扬策略；典型培育策略；教师观念转变和能力提升策略；力量聚生策略，有效力量整合）。

2. 内生型德育课程体系的特点

文化引领：以朗润文化为主线，串联内生型德育体系。

目标一致：强调功能合力型，突出显性与隐性相结合。

要素分配：结构要素构成合理，资源要素分配得当。

（二）内生型德育课程体系

1. 教育哲学

内生型德育课程在新光小学朗润教育的引领下构建而成，朗润教育哲学是内生型德育课程所信奉的教育思想，是结合学校真实情境所确定的学校独特发展方向。内生型德育是直达个性的儿童教育，是阳光普照的有声教育，是浸润心灵的无声教育。

2. 课程理念

第一，聚焦综合德育，落地价值育人。

第二，聚焦学生差异，落地适性育人。

第三，聚焦情境拓展，落地同整育人。

第四，聚焦活动设计，落地实践育人。

3. 课程目标

表4-3　小学内生德育课程目标

年级	基础课程	拓展课程			探究课程		
		活动课程	仪式课程	岗位体验	环境熏陶	家校共育	社企合作
一年级	《道德与法治》《生活、生命与安全》国家课程标准	专注	爱国有序	有序实践	友爱	感恩	感恩
二年级		守时	爱国有序	有序实践	友爱	宽容	友善
三年级		诚实	爱国责任	主动实践	友爱	热情	真诚
四年级		诚实	爱国责任	坚持实践	友爱	节俭	勤奋
五年级		创意	爱国担当	守信实践	热情	宽容	创意
六年级		勇敢	爱国担当	勇敢实践	热情	勇敢	创意

4. 课程建构

第一，课程结构。（见图4-28）

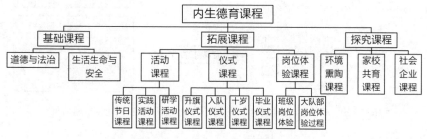

图4-28　小学内生型德育课程结构

第二，课程设置。（见表 4-4）

表 4-4　小学内生型德育课程设置

年级	基础课程	拓展课程			探究课程		
		活动课程	仪式课程	岗位体验	环境熏陶	家校共育	社企合作
一年级	《道德与法治》《生活、生命与安全》国家课程标准	专注	爱国有序	有序实践	友爱	感恩	感恩
二年级		守时	爱国有序	有序实践	友爱	宽容	友善
三年级		诚实	爱国责任	主动实践	友爱	热情	真诚
四年级		诚实	爱国责任	坚持实践	友爱	节俭	勤奋
五年级		创意	爱国担当	守信实践	热情	宽容	创意
六年级		勇敢	爱国担当	勇敢实践	热情	勇敢	创意

（1）内生型德育基础课程：《道德与法治》《生活、生命与安全》课程的实践创生课程（见图 4-29、表 4-5）；研读《中小学德育工作指南》，实践创生《道德与法治》课程系列活动、《生活、生命与安全》课程系列活动。

一年级上册

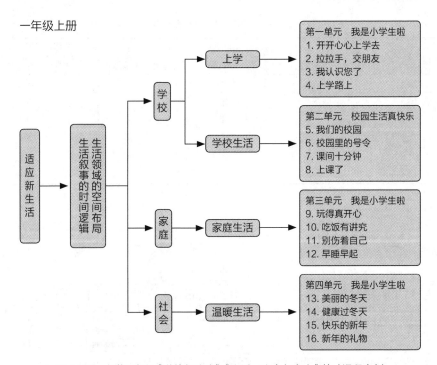

图 4-29　小学一年级《道德与法治》《生活、生命与安全》基础课程实例

表4-5　小学四年级《道德与法制》《生活、生命与安全》基础课程实例

年级	主题	基础课程	拓展课程			探究课程		
			活动课程	仪式课程	岗位体验	环境熏陶	家校共育	社企合作
一年级	专注有序	《道德与法治》《生活、生命与安全》国家课程标准	节日课程	入队课程	班级岗位体验	校园认识课程	一日生活常规	社区实践课程
二年级	友善守时	《道德与法治》《生活、生命与安全》国家课程标准	节日课程	队员课程	班级岗位体验	楼层认识课程	整理课程	社区实践课程
三年级	坚持主动	《道德与法治》《生活、生命与安全》国家课程标准	实践课程	升起课程	班级岗位体验	环境认识课程	家长课程	敬老爱老课程
四年级	真诚宽容	《道德与法治》《生活、生命与安全》国家课程标准	实践课程	十岁课程	班级岗位体验	校园介绍课程	家长课程	企业实践课程
五年级	勤奋创意	《道德与法治》《生活、生命与安全》国家课程标准	研学课程	升起课程	队、部岗位体验	校园介绍课程	家长课程	企业实践课程
六年级	守信勇敢	《道德与法治》《生活、生命与安全》国家课程标准	研学课程	毕业课程	队、部岗位体验	校园介绍课程	家长课程	企业实践课程

（2）建构内生型德育拓展课程

依据《中小学德育活动指南》制定的主题式活动体验，如节日活动体验课程、研学活动体验课程等；活动类课程包括传统活动课程和实践专题类课程；仪式课程包括入队仪式教育、十岁生日会、毕业季活动；岗位体验课程包括大队部岗位体验和班级学生岗位体验。

第一，活动类课程。

传统活动课程：学校在近10年的教育发展过程中沉淀出来的大量"新光"元素，如已经固化了的"新光奖""新光大舞台"等传统活动成了构建新光课程的生动元素。

1个展示舞台——新光大舞台：培养各中队学生的凝聚力、表现力，

提升孩子的综合素养;"秀上舞台,亮出精彩",让每一个孩子的特殊才能和个性才能得到展示和释放。

2个评比机制——"品格的力量"新光奖:塑造新光人的精神偶像,用先进人物、先进集体的先进事迹感动师生及家长。培养学生积极乐观的生活学习态度,养成良好的行为习惯,塑造健全、美好的人格,促进儿童良好品格的形成。

3个传统节日——"运动新光,活力新光人"体育节:通过春季田径运动会、秋季特色项目运动会,开发学生运动潜能,发展学生个性特色,激发释放学生生命,培养、提升学生体育精神。

"用艺术浸润童年,用艺术感染人生"艺术节:通过每年一次的艺术节展示,让更多的学生接受艺术的熏陶,开发学生艺术潜能,发展学生个性特色,激发释放生命,提升学生艺术修养。

"劳动创造美,分享传递爱"美食节:通过"我的小饺印""美食节"等体验活动,开发个性潜能,发展个性特色,激发学生爱劳动、乐创造、会分享的优秀品质。

第二,仪式类课程。

仪式类课程包括入队仪式教育、十岁生日会、毕业季活动。

例如具有仪式感的一年级入队仪式。每年的一年级,在经过少先队知识的学习,一批学生考核合格后,经过庄重的少先队入队仪式,成为一名光荣的少先队员。

十岁集体生日会:亮丽特色之"感恩于心,责任于行"。小学生进入四年级后大多会迎来十岁生日,所以生日会是为四年级的孩子量身打造的,这在他们小学六年的生活中具有承上启下的作用。

六年级毕业典礼:亮丽特色之"梦想在这里起飞"。小学毕业是孩子人生的第一个转折点,通过"毕业思源,情系母校""种下心愿,放飞梦想"等环节引导学生回味幸福的小学生活,感受毕业的喜悦与庄严。

第三,岗位体验课程。

岗位体验课程包括大队部岗位体验和班级学生岗位体验。学校成立少先队大队部，四、五、六年级的学生通过竞选成为大队部成员，承担学校日常管理工作；每个班级设置了班级管理岗位，学生通过参与班级管理，培养责任感，增强主人翁意识。

（3）建构内生型德育探究课程

第一，环境熏陶建设课程。

投身班级、校园、家庭环境的建设，包括座位环境、小组、班级、校园、家庭学习环境的建设等，唤起带动建设。

发掘式学科德育课程，即内生式阅读课程，根据《中小学德育活动指南》精神，我们可以开展如下活动：艺术启迪体验活动、体育精神体验活动课程、岗位角色体验活动课程、评价激励体验活动课程、德育课堂体验活动课程、仪式体验活动课程、环境建设课程、自主管理式活动课程、任务驱使活动体验等等。

第二，家校共育课程。

"三级联动"家校共育课程整合学校、家庭、社会资源，通融、健全全时空育人时间与空间。充分整合资源，通过亲子活动、亲子课堂、新生家长培训会、毕业班家长培训会、分班家长培训课程、家访、家长沙龙、家长志愿者服务等形式为德育课程保驾护航。

5.课程实施

（1）调整课程设置

国家课程校本化之后，课程结构发生重大变化，课程形态更加丰富，而学生在校学习的时空又有限，这就要求必须对课程设置进行科学调整，让每门课程都有实施时空和教学力量。

①调整课程时间，大课与小课相结合。

②积累课程时间，零散与整体结合。

③整合课程类别，不同课堂样态相结合。

（2）课程的实施形式

第一，采用拓展延伸的方式。拓展延伸课程是从国家课程出发经过拓展性开发形成的新的课程形态，如语文拓展课程、数学拓展课程。它能使学生知识和能力更为宽厚，获得积极健康的生活实践的知识性素养、能力性素养、情感性素养。道德与法治（社会）学科：延伸拓展出了养生与健康、美食文化、世界文化风俗、心灵游戏等课程。全员参与的内生型德育校本课程拓展了学生的成长空间，激发了学生的生命活力，让每一个孩子的个性和才能得到释放与和谐发展。

第二，采用跨界整合的方式。新光小学一直开设国学经典课程，但在引导学生进行经典诵读的方式上，仍然显得比较单一。结合音乐课程、未成年人思想道德建设系列活动中"传承非物质文化遗产文化"活动，开设"少儿曲艺"课程，让学生了解经典、传承经典，让国学与曲艺这些古老的、独特的艺术在新时代校园散发强劲的生命力。

（三）探索朗润课堂样态

课堂是实施素质教育、核心素养培育落地的主阵地，也是推进课程改革和促进教师发展的主要途径。本课题研究创设出十大基本样态、三个突出表现。

基本样态：自主学习、集体思维、差异发展、成功体验、目标明晰、团结有序、方法适宜、当堂反馈。

学生得到全面参与度、个性差异发展、活泼融通样态。

1. 评价标准

该课题立足当下社会热点，立足学校德育实际情况，符合学校的发展需要。该课题组成员多为一线班主任老师，与学生接触时间多，充分了解学生的成长需要。同时该课题成员既有青年教师，又有中老年教师，既有研究生，又有教科室成员，能有效推动课题的发展。

在遵循"针对性、层次性"的原则下，我们在实践过程中积极探索简单、易操作的个性化评价，以儿童喜欢的方式评价。（如表4-6）

表4-6　新光小学内生德育课程1—6年级阶段性评价

评价内容	评价要点	综合评价			
		自评	同学评	家长评	老师评
专注	1. 与人交流，我总是会放下手中的事务，会用双眼看着讲课的老师、发言的同学、讲话的家人，坚持做到仔细听他人说话。 2. 听他人讲话时，我都会以微笑、点头表示感兴趣或赞同。 3. 我尽量不打断他人的发言，实在需要打断时，我能用上文明语："对不起""打扰了""可以吗"。 4. 在图书馆、电影院、博物馆中，我都能专注地阅读、观看，尽量不发出影响他人的声音。				
有序	1. 能将当堂课要用的书本文具摆放在桌子的指定位置。能将其他不需要的物品放进书包原来的位置。 2. 能随时注意对齐桌椅，离开座位时将凳子放到桌子下。 3. 我能回到家里，进门先跟家里人问好，然后放下书包，再将书包、鞋子放回到固定位置。 4. 我能做作业时先喝水、上厕所，然后及时完成作业。				
友善	1. 主动地向别人问候，向别人展开善意的微笑。 2. 别人需要帮助的时候，能用语言和行动传递自己的友善；发现别人身上友善的行为，欣赏和赞美他们。 3. 为父母做力所能及的事情。 4. 影响和打扰别人的时候及时向别人表达歉意并马上改正。				
感恩	1、能做到爱惜自己的学习用品，爱护公共财物。 2、当得到别人帮助时，我都能表示感激，将"谢谢""麻烦了""打扰了"等词语常挂嘴边。 3、遇到不高兴的事，我能想想身边让自己高兴的人和事，珍惜所拥有的一切。 4、我会将家中的垃圾分类处理，爱护社区卫生，保护城市环境。				

评价说明：

评价等级为"优"的用"☆"表示；评价等级为"良"的用"△"表示；评价等级为"合格"的用"√"表示；评价等级为"待合格"的用"？"提醒。

2. 启示及展望

（1）自律要建立在一定的自尊水平上，自信是自尊的重要构成部分。如果将低、中、高段的培养目标调整为自信、自律、自强可能更符合学生的成长特点及规律。

（2）加大了评价研究，构建具有"内生型"特质的评价体系，以评价为导向，帮助学生从"他律"走向"自律""自省""自觉"，促进学生"自我教育"体系的建立，激发学生作为"能动的道德主体"的"内生"教育力量，切实提高德育实效，切实为学生成长赋能。

3. 局限性

本课题研究的哲学基础仍需进一步研究与挖掘，应深入了解建构主义与情境学习理论以支撑课题研究内涵。需进一步厘清内生型德育的特点，与外控型德育进行区分，并意识到内生型德育与外控型德育相辅相成的关系。

落实学科育人的学校课程综合化实施

——以成都高新区尚阳小学为例

成都高新区尚阳小学   陈   敏

为落实立德树人的根本任务，全面提高教育质量，我国当前课程教学改革逐渐从"学科教学"转向"学科育人"，而学科育人功能的发挥离不开学科课程体系的建构与有效实施。学科育人价值得以有效发挥的前提在于对育人价值的充分挖掘。为深化学科的育人价值，实现学科的育人功能，学校应立足学科本身，深度挖掘学科知识背后所潜藏的育人价值。同时，加强各学科课程的统整力度，寻找学科育人价值间的统整点，以达到整体育人的效果。

一、总体思路与方法

总体思路：回归与升华，指向学科育人价值双线互动式课程实践。

回归指回归学科本质，进行学科育人价值的深度挖掘。在此过程中，学校通过对国家课标进行校本化解读、"大单元教学"实施、"一点三力"课堂评价、三段式校本研修的方式夯实学科基础，充分挖掘学科育人价值。升华指课程的不断拓展与综合，即在原有课程的基础上通过学校课程的校本化建构与综合化实施，不断拓展、综合、调试、反馈，反向提升学科价值的过程。在具体操作中，则是在目标价值的分解与整合、课程内容的建构与调试、课程实施的分步与串联中，形成"三维双线"的互动式课程实践。

（一）分解与整合

对目标与价值进行分解与统整。根据国家课程标准和人才培养需求，整体设计学校课程体系，分解各学科课程目标，确定各个学科的育人目标与价值体系。同时，以学校"培养人格健全、个性鲜明、生命和谐的七彩少年"的育人总目标来统整不同学科的育人目标，再次优化学校课程体系。强调各学科育人目标与学校总体育人目标的有机融合，从而实现育人目标的不断分解与整合。

（二）建构与调试

对课程内容进行建构与调试。学校改变课程的一般建构模式，形成"顶层设计—本质回归—课程创生"的开发流程。同时，根据实际情况总结经验，调整课程顶层设计，又通过课程的综合化建构与实施，再回归到基础课程的挖掘与延伸，以及实时动态的、持续不断的逆向式双向优化课程综合化建构与实施。

（三）分步与串联

对课程实施进行分步与串联。在课程实施过程中，通过"单元块"深化基础课程重组与建构，通过"课程链"加强拓展课程衔接与升华，通过"主题群"建构探究课程综合与统整。最后再将以学科育人为导向的课程评价进行串联，反向调试课程建构，提高课程评价，不断指向学科育人价值的终极目标。

二、课程综合化实施的探索

（一）形成学校课程建构的三大基本主张

1. 学科育人是实现立德树人的主渠道

落实立德树人根本任务的具体载体和有效抓手必然在学科育人。学科是专业知识的基础和载体，学科教学的核心是育人。学科育人要凝练学科核心素养，从而达到培养人的目的。学科核心素养基于学科特质，将知识与能力、过程与方法、情感态度与价值观整合起来，在真实、丰富的情景中，通过学习活动，实现学科育人的目的。

2. 学科育人的关键在于学科课程的深度建构

从学科谈育人，其溯源点和出发点应聚焦课程，而课程的深度建构则是学科育人效能发挥的关键。学科育人效能的提升在于是否基于教材结构对课程进行全面、深度、科学的建构，即教材内容和体系的建构、实施策略和方式的建构、教学评价和资源的建构，以此促进教师树立科学的课程观，增强教师课程意识，提升课程建设与实施能力。

3. "一前提，两关键，三步走"是学科课程深度建构的基本途径

如何实现课程的深度建构？需要把握一个前提，抓住两个关键，走好三个步骤，即以深入学科本质挖掘学科育人价值为前提，以课程内容的综合化、实施方式的实践化为关键，走好单元块、课程链、主题群三个步骤。课程深度建构从何而来？学科本质是出发点，学科育人价值是目的地，课程综合化是方法论，方式实践化是调节杆，通过单元块、课程链、主题群的课程综合化探索与实践，体现课程综合育人功能，促进学生全面而有个性地发展。

（二）确立学科育人的价值内涵

1. 学科育人价值的挖掘

如何挖掘学科育人价值？学校从课程内容出发挖掘每个学科在知识体系、研究方法、发展历史、学科精神、未知领域、前沿问题等方面的育人价值，开拓更广阔的学习领域，打通线上与线下、课前与课后的学习空间，促进学生人生态度、人格素养、挑战能力和创造能力的养成，形成学科育人的价值追求。以语文学科为例，学校语文课程以国家课程为基础，关注学生的基础学科能力，旨在培养语感，发展思维，掌握学习语文的方法，养成良好的学习习惯；以学校设置的语文课程为主，开拓学生的视野，

增强学生活动体验，拓展学生的学科能力，旨在培养学生语文学科的核心素养，初步形成"趣、思、享、用，芸香童年生活"的语文芸香课程的育人追求。促使数学学科形成"会认知，会合作，会问题解决"的数学融创课程育人追求，英语学科形成"善于沟通交流，善于探究合作，善于领悟钻研，善于包容批判"的育人追求，美术特色学科形成"立足儿童天真，学习民间艺术，美育孩子心灵"的育人追求，信息技术学科形成了"善于思考、善用信息技术、善于实践、自觉学习"的育人追求。

2. 学科育人价值的统整

学校以"基于学科、高于学科、聚焦育人"的课程开发原则，从课程学科化走向课程综合化，探索出了以课程综合化统整各学科的育人价值的实施路径。从育人功能出发，基于国家培养目标和核心素养，课程育人价值指向学生个体精神发展的全部，即培养身心健康、社会需要、有文化自信的人。因此，学校形成了课程育人目标——培养人格健全、个性鲜明、生命和谐的七彩少年。依据课程育人目标形成了"1+4+4"的课程育人体系，即在学校"生长"课程体系统领下的"芸香语文、融创数学、OPEN展望英语、悦动体育"四大基础课程，以及"双非物质文化遗产美育课程、'未来青城山—碳中和'STEAM课程、智赋行课程、木笛课程"四大特色课程，基于学科目标走向学校育人目标，同时构建学科综合化育人评价机制，在评价中促进学科育人价值的落实。

（三）学科育人价值的实现

1. 建构育人导向的综合化课程体系

基于对学科育人价值的挖掘，围绕"立德树人、五育并举"的价值追求，学校搭建了学科育人导向的"生长"课程体系。学校课程体系主要由以"单元块"为实施途径的基础课程、以"课程链"为主要实施路径的拓展课程、以"主题群"为主要途径的探究课程组成。基础课程由国家课程和地方课程构成。依据育人功能的不同，学校将其划分为语言课程、思探融合、悦动体育等八大类，旨在培养学生适应未来社会的能力，奠定终身发展的基础。拓展课程是对国家课程和地方课程的补充，以满足学生的个性化学习需求，开发学生的潜能，培育学生的特长为重点。探究课程是对基础课程的实践升华，旨在打破学科界限，汲取各学科的养分，采撷研究类和兴趣特长类课程的精华，促进学生在融会贯通中提升综合素养。（如图4-30所示）

学校在课程建构的同时，尝试评价先行，从"五育"维度，采用过程评价与结果评价、综合评价与增值评价相结合的方式，进行"1+4"学生学业评价和七彩少年的综合素养评价；开展"任务驱动式"的课程评价，通过"一点三力"课堂评价优化课程，发挥课堂主阵地作用。

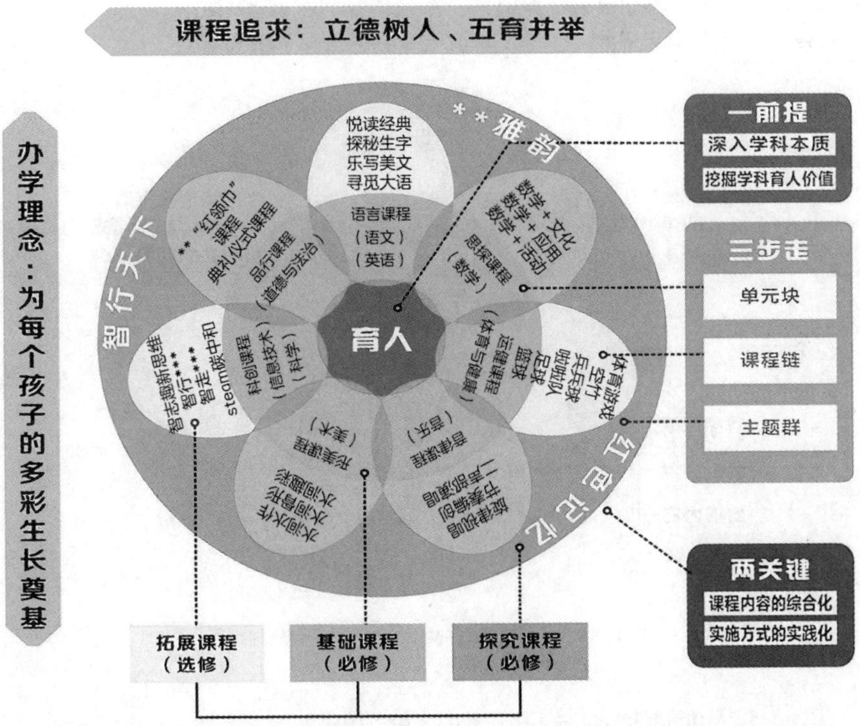

图 4-30　学科育人导向的课程结构图

2. 学科育人导向的综合化课程实施

学校立足于立德树人的根本任务以及学生核心素养发展的现实目标，以课程综合化思想为指导，以课程标准深度解读为前提，不断探寻学科育人导向的综合化课程实施路径。学校从立德树人与学生核心素养发展的大处着眼，强调实施评价先行策略，以课程综合化思想为指导，以课程标准深度解读为前提，以课程综合化路径策略探寻为重点，开展课程综合化实施的行动研究。课程综合化实施路径主要体现在学科内的"单元块"、学科"+"的"课程链"以及学科间的"主题群"三个维度，如图 4-31 所示。

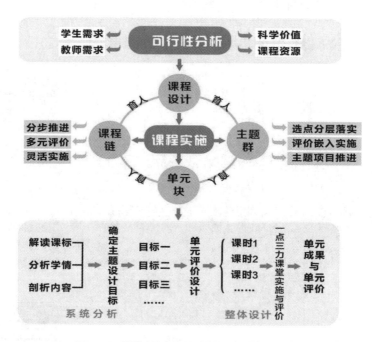

图 4-31　学科育人导向的综合化课程实施路径图

（1）育人价值的夯实——学科内"单元块"

"单元块"是以单元为模块，将具有内在联系和共同主题的内容进行有计划的、有目的的整体备课与教学组织。"单元块"学科教学过程有利于明晰知识间的内在联系，有利于学科思维的渗透与拓展。"单元块"建立在自然、横向、纵向单元内容组合基础上，以落实学科标准、提升综合素养为目标，实现学科内育人价值的夯实。"单元块"的重组与建构主要包括以下三个步骤：

校本化解读，撰写纲要。"单元块"的重组与构建需要进行学科课程标准的校本化解读。若忽视对课程标准的深度解读和学科价值的把握，就没有实现学科育人价值的基础。基于引导教师建立"见木见林"的整体性课程思维，学校组织各学科教师深入解读课程标准，从基本理念、课程目标、课程体系、课程内容、课程学习方式、课程评价等方面深入解读，把握学科育人的方向，在总体解读教材的基础上，构建教材各单元模块的教学目标，形成"教—学—评"一体化的学科课程纲要。

以语文学科为例，学校语文课程组依据课程内容，根据《小学语文课程标准》对课程目标进行归纳和整理。同时，借助布鲁姆教育目标分类法，形成"记忆""理解""应用"的低阶思维目标和"分析""评价""创造"的高阶思维目标。在充分结合学生的身心发展特点基础上，制定《语文习作操作指南》，为习作教学的实施指明了方向。（如图 4-32 所示）

**** 小学语文习作教学操作指南
二年级（上）册

一、课标年段总要求
1. 对写话有兴趣，留心周围事物，写自己想说的话，写想象中的事物。
2. 在写话中乐于运用阅读和生活中学到的词语，学习清楚连贯地表达自己的意思。
3. 根据表达的需要，学习使用逗号、句号、问号、感叹号。

二、教材呈现

用词造句	句式写话	看图写话	话题写话
1. 用动词写一句完整句子。披、鼓、露、甩、落、打、飘。（P4、P7）	1. 照样子写句子，要用上这些词语：（1）有时候……有时候……（2）在……在……在……P12《语文园地一》字词句运用。	1. 自选一张照片或图画，仿照课文说说上面有些什么。（P17 识字《场景歌》）要用上恰当的数量词描述某一场景。	1. 只要肯动脑筋，坏事也能变成好事。联系生活例子说体会。（p32《玲玲的话》）

图 4-32　语文习作教学操作指南

构建体系，单元推进。学校各学科组对学科核心素养和学科课程标准的内涵进行充分讨论和解读，结合教材，推进以大观念为统领、大问题为驱动、大任务为载体的大单元整体设计理念与实操。通过单元整体教学设计，对单元内容进行重构，聚焦学科核心素养，提炼形成新的"单元块"学习主题，围绕本主题重新建构单元学习目标，分解单元学习任务，设计单元学习活动，开发可持续的学习评价，配置单元学习作业和学习资源，从而形成"教—学—评"一体化的学科课程实施策略。通过"单元块"整体教学的实施，发展学生整体性思维、结构性思维、逆向思维和创新思维，实现深度学习，让学习真实发生。（图4-33所示）

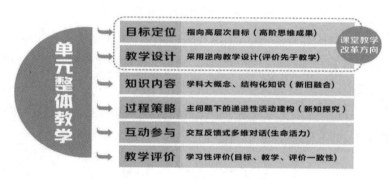

图4-33 "单元块"教学实施策略

四维评价，反馈调试。"单元块"教学强调"教—学—评"一体化。为保障教学目标的达成，学校积极开展课堂教学评价的研究。"一点三力"是学校课堂评价的四个维度，即兴趣点、思考力、合作力、表达力。通过"一点三力"课堂实施与评价，结合课程多方评价动态反馈，在课堂研究中分别从课堂教学目标、课堂教学方案、课堂教学过程、课堂教学成果四个具体阶段进行效果评价，从课堂的真实需要和评价反馈指导课程建设与实施出发，力求打造让深度学习发生的真实课堂。

（2）育人价值的延伸——学科 + "课程链"

当前碎片化、大杂烩的课程改革现象尚存，很难发挥整体育人的效果，而采用"课程链"思路能有效解决这一问题。"课程链"不是课程的简单叠加，而是以特定的素养结构为目标，由若干门性质相关或相近的单门课程组成的一个结构合理、层次清晰、彼此连接、相互配合、深度呼应的连环式"课程链"。

因此，学校课程开发小组延展学校教学活动空间和活动内容，引导学生在生活中学习，在实践中学习，在应用中学习，主动地参与社会生活并服务于社会。学校制定了八大学科拓展"课程链"，以课程方案的形式进行具体呈现，步步落实。目前，学校已经形成了统筹规划、关联整合—聚焦目标、延伸补充—"三化"推进、实施评价的"课程链"开发实施流程。通过教学与活动结合、课内与课外结合、线上与线下结合等实践体验发展学生综合实践能力。

统筹规划、关联整合。通过对不同课程内容进行深入分析，寻找相互之间的内在联系，寻找将不同课程联系在一起的主题，将多项有内在联系的课程进行整合，以满足学生的学习需求为出发点，合理构建"课程链"。

聚焦目标、延伸补充。学校坚持以核心素养为导向，立足学生潜能和特长，依托"课程链"，为学生核心素养的全面建构提供延伸和补充。学科核心素养的培育，要实现知识从"理解"到"应用"过渡，再向"创新"提升，学科课程建设要关注学科核心素养的落地。

"三化"推进、实施评价。课时搭配弹性化。学校采取常规课时、长短课组成的弹性课时体系。根据课程内容特点和差异，设置40分钟的标准课，1小时及以上的长课，20分钟或10分钟的短课。学校还把课堂间隙的时间利用起来，开发"三分钟好书推介""古诗词诵读"等微课程。实施过程立体化。课程实施不应局限于教室，不应限制于常态授课形式，而应采用实践、对话、互动、体验、活动等多种灵活的方式，不断扩充和丰富学生的经验和见识，使学习过程精彩纷呈，达到情智共生。课程评价多样化。"课程链"形式多样、内容丰富，决定了其评价形式的多元化。在具体评价方法上，采取过程与结果相结合，评价设计与学习目标相匹配，评价任务嵌入教学活动。评价还应是多元性的，根据不同学科性质，学校采取口头表达、才艺展示、实践应用等考核手段，采用档案袋评价、星级认定等方式表现评价结果。

（3）育人价值的统整——学科间"主题群"

学校立足学生学习需要，以"主题"为课程单位，以"实践"为基本路径，以各学科融合教学为实施方向，构建以学科育人为根本目的的学科间主题课程群。指向学科与生活、学科与地域文化、学科与技术的深度链接，全方位解决教育与生活脱节、知识与生活分离的问题，引导学生从教室回归到儿童完整的真实生活，跨越学科边界，从教室小课堂到学校中课堂，再到社会大课堂，学以致用，实现知行合一。

学校基于课程综合化思维，以"主题"为综合的主线，通过"三管齐下，五育并举""主题推进，分层落实""选点实施，多科融合"三种途径，将课内课外、校内校外、学科内学科外的教学内容进行串联、集合、统整，形成课程综合化的"主题群"，以加强学科之间的横向联系。

三管齐下，五育并举。根据时代需求，结合学校地域优势和文化建设，确定三大主题文化，三管齐下，为每个学生的多彩生长奠基。学生要做社会主义接班人，通过"红领巾"宣讲、"寻访3·16"等实践活动弘扬革命传统，形成独特的"红色记忆"探究课程。学生要成为文化传承人，借助扬雄故居、望丛祠，"蜀风雅韵"探究课程孕育而生。学生要做科技创新人，通过科普活动、科创课程，依托区域地理优势，确定"智行天下"探究课程。课程资源的统整形成了学校独具特色的三大课程，各学科的探究课程将围绕三大主题特色课程构建课程群落。

主题推进，分层落实。以一科为主，多科相邻知识整合路径；以一个命题，同一个班级同一课时先后授课路径；以一个班级，两个不同学科教师分别上课路径，通过"双师同堂"的形式将多个学科有机地融合到一起，让学生在多领域的自主体验学习过程中学会触类旁通。

选点实施，多科融合。各学科围绕三大主题合作开展实践活动，从不同学科的角度深度挖掘三大主题的育人价值，选点推进主题教育，以主题活动、主题节日、主题微课程等多种课堂形态进行课堂实践，营造"主题群"课程实施阵地，整合三大主题课程，培养学生适应未来社会的能力，奠定终身发展的基础。

通过"单元块"进行育人价值的夯实，使用"课程链"进行育人价值的延伸，最后以"主题群"统整育人价值，打破学科壁垒，体现了强调扎实基础、注重相互整合、加强内外拓展，并辅以相应的实践策略与活动方式，保证学科教学质量的提升、学生综合能力的培养、课程价值的彰显。

小学推进 STEM 教育中跨界课程的实践研究

——以锦晖小学校本跨界课程实践研究为例

成都高新区锦晖小学　许　静

一、选题缘由

（一）未来教育发展的方向——STEM 教育

STEM 教育能实现教育过程的优化，其重要性是不言而喻的。国际经验表明，STEM 教育有助于培养学生的科学探究能力、批判性思维、创新意识和信息技术能力等适应未来的关键能力，并有可能在学生未来的生活和工作中持续发挥作用。在《中国学生发展核心素养》中，提出了学生应具备的、能够适应终身发展和社会发展需要的必备品格和关键能力，包括三个方面、六个素养和十八个基本点。其中科学精神、责任担当、实践创新所涵盖的问题解决、技术应用、社会责任等学生素养的培养，都与小学STEM 课程相关。

（二）新时代背景下教师和学生发展对 STEM 教学实践有更高要求

未来社会我们所面临的情境，以及解决问题都需要创新型人才。在培养创新型人才时，以 STEM 为入口而改变学习方式，以 STEM 为抓手而带动课程改革，以 STEM 为载体而重塑学生的思维模式，具有十分积极的意义。

教师方面：一是要打破学科间的壁垒，进行学科内部的整合；二是营造和谐的教学氛围，使教学从"传递中心"走向"对话中心"；三是创新教学方法，注重分层和分类指导等；四是教会学生学习，做一个启发引导学生的教师。

学生方面；一是要突出学生的主体地位；二是要发挥学生的创新精神；三是要提升学生的实践能力。学生在学习过程中自己发现问题、提出问题、质疑问题，通过探讨交流，从不懂到懂得，从不会到学会，再从认知走向实践，真正做到知行合一。

（三）STEM 教学实践对小学生的全面发展支撑还应更充分

成都高新区锦晖小学早在建校之初，就将科创教育作为重点来抓，让每一个学生参与科创体验的过程。2017 年锦晖小学科技教育从"重赛事、比荣誉"走向"重参与，比素养"。学校的科技教育进入常态化，形成贯通三到六年级的成体系的体验课程。

在过去实践基础上，笔者发现，尽管学生很喜欢科创活动，乐于参加各级各类互动比赛，但是科创教育过于重视验证实验结论、探究的因素单一化的缺点也尤为明显。在探究活动中，时有发现学生会主观臆断地往正确的答案上靠拢；在活动中，学生思维活跃，能够提出创新的解决问题的方法，但是却不能够完整、简练、逻辑清晰地表达出来。且学生发明的作品"实用性"太强，"美观性"却不尽如人意。

基于这样的现状，本研究以成都高新区锦晖小学校本跨界课程实践研究为例，采用文献研究法、行动研究法、观察法、调查法等展开研究，探讨推进 STEM 教育跨界课程问题表征及成因分析，尝试提出相应的实施策略。

二、推进 STEM 教育跨界课程问题表征及成因分析

（一）推进 STEM 教育跨界课程问题表征

通过研究，笔者发现锦晖小学推进 STEM 教育跨界课程有三点问题。

1. 缺乏跨学科教学的深入探索

锦晖小学 STEM 教育主要以三种形式开展：一是融于科学教学之中，以科学课堂为 STEM 教育主要阵地；二是辅以开展与 STEM 教育相关的社团活动，如机器人、航模、编程等；三是依托科技创新开展竞赛活动。学生的科学素养在学习态度、行动及技能等方面有待提高。

2. 缺少系统的校本跨界课程

推进课题前，锦晖小学没有开发配套的跨界校本课程标准、资源、实施办法等，主要依靠具备一定的 STEM 教育理论基础的科学老师推进。

3. 缺少跨学科教师资源

课题研究初，推进锦晖小学 STEM 教育课程的教师主要是科学、信息教师，两类教师具备一定的 STEM 教育的理论基础，但仍然缺乏专业性，基于学生身心发展规律设计构建 STEM 教育课程资源体系和相关教学的实践并不充分。其他学科教师的科学素养也急需提升，教师间跨学科协作意识、合作能力等同样有待在实践中不断提升。

（二）推进 STEM 教育跨界课程的成因分析

目前，国内小学 STEM 教育尚未形成学科体系，学校也主要以科学课堂为主阵地，未对跨学科教学展开进一步研究，形成跨学科教学课程体系。校园中有很多学生熟悉的活动场所可以成为 STEM 教育的场景，然而，由于教育部门没有制定统一的 STEM 校本教材开发课程标准，更没有配套教材，校本课程开发不够。

学校方面，学校在课程的安排、上课的组织，以及课后评价等环节，没有形成系统。教师仅关注本学科，而跨学科教学意识不够，科学素养得不到提升，导致各学科教师的跨学科教学意识薄弱，学科间协同配合无深入探索。

三、锦晖小学"四象限模式"课程体系

锦晖小学采用"四象限模式"课程体系推进小学 STEM 教育在学校的具体实施，确保 100% 的学生感受 STEM 教育与科学课、信息技术课等学科的差异，体验 STEM 教育的创新性、趣味性、设计性和情境性。（如图 4-34 所示）

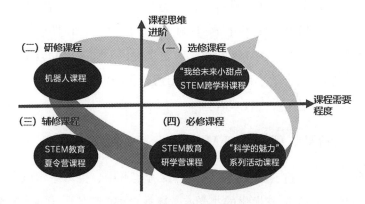

图 4-34 "四象限模式"课程框架

必修课程（第四象限）：指以小学科学为基础的 STEM 课程；

选修课程（第一象限）：指"我给未来小甜点"的 STEM 教育跨学科课程；

研修课程（第二象限）：指"解决大挑战"的竞赛类科创课程；

辅修课程（第三象限）：指走出校园的 STEM 教育夏令营等课程。

四、推进 STEM 教育跨界课程的六大实施策略

（一）创新实验室课程，普化 STEM 教育

为提高学生的参与度，真正将 STEM 教育惠及更多的学生，增加 STEM 教育的公平性和包容性，同时帮助 STEM 教师尽快熟悉 STEM 课程

项目式、问题解决为导向的课程组织方式。锦晖小学采取引进 STEM 创新实验室的做法，在专业指导团队的带领下，初步开展 STEM 课程教育。

STEM 创新实验室课程让全体学生分层分级参与 STEM 课程学习，将 STEM 教育安排到教学课表当中。在课程内容的选择上，结合学生的科学学科基础和学生感兴趣的科技内容，为学生选定"智能模块""创意纸电路""编程机器人""终极机器人"等主题。在课程教学方面，与工物科云公司合作，应用购买的系列课程，以实验教学班的形式，借助创新实验室的器材，在四年级和五年级开展 STEM 教育。每次上课由两名教师共同进行组织和授课，进行 STEM 课堂教学。要求授课教师在实际教学中研读现有的课程内容，结合学生认知实际大胆地进行课程的二次开发，不断进行改进和完善，甚至是重构教学内容。

（二）活动课程，强化 STEM 教育

在研究小学推进 STEM 教育的跨界课程实践中，锦晖小学以全校学生为实施对象，建立系统优化的小学 STEM 教育的"四象限模式"校本化课程体系。作为其中"基础课程"的一个重要组成部分，锦晖小学开展"科学的魅力"系列活动课程，从科普阅读展示和校内科创活动两方面来普及科普知识，提高学生的科创能力。

1. 阅读展示活动课程

以制定适应小学生发展的阅读课程为目标，根据一至六年级学生认知特点及科普基础知识水平的不同，联合各年级班主任及科任老师，制定分年级的科普阅读主题，让学生在阅读中有一个渐进的发展，使之开阔视野、活跃思维。

2. 科创系列活动课程

以制定培养学生创新能力的科创活动课程为目标，根据一至六年级学生动手能力和创新能力水平的不同，科学老师组织学校科创系列活动，让学生在科创活动中有一个渐进的发展，使之开阔视野、活跃思维、提升创新能力。

通过阅读展示活动课程和科创系列活动课程的开展，改善了原有的课堂面貌，推动了教师观念与教学行为的转变，激发了学生热爱科学的兴趣，培养了钻研科学的精神。

（三）"我给未来小甜点"跨学科课程，整合 STEM 教育

"我给未来小甜点" STEM 跨学科课程为众多孤立学科建立了一座桥梁，为学生提供了整体认识世界的机会，通过把这四个学科领域内的知识和技能整合教学，使零碎的知识成为相互联系的统一整体，有效消除传统教学中各学科知识割裂、不利于学生综合各方面知识解决实际问题的障碍。这是一种跨学科的学习方法，也是 STEM 教育的精髓。

1. 数学 + 科学（智慧果园课程）

智慧果园是融入数学、科学、技术、工程等多学科的课程，是推进学生全面发展的路径之一。课题四个象限课程群中，第二象限研修课程就被纳入了跨界课程，其中包括了智慧果园课程。智慧果园课程在复杂的现实情境下，鼓励学生运用科学、数学、技术与工程的知识并通过实地考察、实地测量、采集数据构思设计图，促进了学生的深入学习，使之深入思考；探究式和项目式教学也使得师生互动和生生互动更加深入。通过任务驱动，引导学生设计一套节水的自动灌溉系统，培养学生可持续发展的理念，通过开源硬件，让学生体验自动化灌溉的过程，促进学生将创意和方案转化为有形物品从而提升动手能力。

2. 科学 + 数学 + 艺术（未来之城课程）

"未来之城"是一个典型的 STEM 学习项目，同时也是一个能帮助学生关注身边的人和事、思考城市问题、聚焦社会热点的真正实用的项目。

"未来之城"为学生团队提供一个完整的项目机会，让学生经历明确任务、调查研究、头脑风暴、设计、建造、改进、再设计、展示的全过程。在城市建造过程中，学生们能体会到要将想法转为现实，需要不断坚持的毅力和团队合作的精神。未来之城项目涉及科学、艺术、数学等多学科内容，能充分考验学生各学科的综合能力，锻炼学生的学科融合思维，

使他们能更积极地去发现、思考、学习各学科的知识，并更好地将知识应用到实际生活中。未来之城项目重点培养学生的问题解决能力、团队合作能力、项目管理能力等，对于培养学生 21 世纪核心素养、帮助学生认识学科价值、增强学生自信心、培育世界公民意识等方面具有深远的教育意义。

3. 科学＋工程＋写作（变"废"为宝课例）

"科学＋工程＋写作"注重学生在进行科学知识的学习过程中，培养学生的写作能力。变"废"为宝课程中，学生需要了解不同材料的特性，通过对不同材料的应用组合来创作自己的作品，增长科学知识，锻炼动手能力。学生将整个制作过程、使用到的材料、产品用途等用图文形式进行记录，提高了自身的科学表达能力和写作能力。

（四）社团活动，"趣化"STEM 教育

锦晖小学开设 3D 打印、植物生态、机器人等社团。通过社团活动实施 STEM 教育，激发学生学习兴趣及创新精神。

其中，机器人课程从依图搭建到想象创作，从遥控操作到程序开发，结合儿童的思想和行为能力的自然规律循序渐进，包含专注力培养、动作与情绪控制、动手能力训练、想象力与创造力训练、竞争观的树立、团队配合能力、科技竞赛与兴趣的培养等多样性的成长要素，全方位、多角度、分阶段、成序列地融入学生的快乐教学之中。

（五）以赛促教，以赛促学，优化 STEM 教育

1. 教师层面

专家引领。为更好地激发教师参与 STEM 教育的热情，请专家到校指导，开展 STEM 专题讲座，鼓励教师在自己的学科教学中融入 STEM 教育理念，进行 STEM 教育尝试，总结 STEM 教育经验。

平台搭建。提供机会，搭建平台，积极组织教师参加各级 STEM 培训和课例展示活动，助力教师的专业成长。如组织教师参加 STEM 教育教学

论文评选活动，鼓励教师积极参加区级 STEM 课例评比活动和 STEM 说课比赛，邀请电视台对锦晖小学 STEM 教育进行宣传报道。

2. 学生层面

基础课程培训和发展课程与兴趣课程的培优。基础课程培训为全校普惠性课程，发展课程与兴趣课程的目的是培优激发部分学生的特长与兴趣。

课余集训参赛。组织 STEM 成绩优异且有特长的学生进行课后集训，参加国家、省、市级比赛，如机器人、电子模型制作、知识竞赛、科幻画、航空模型、航海模型、车辆模型、建筑模型、科技论文、科技发明、科学 DV 等项目。

校内科技竞赛。以年级为单位，分主题开展，定期组织与 STEM 相关的科技节、阅读节等。让学生在比赛中增强荣誉感，促进"四象限模式"课程体系基础课程和发展课程的推进。

（六）建构 STEM 教育共同体，立体化 STEM 教育

锦晖小学整合校内外优质资源，积极构建教师、学生、家长、社区、公众的创新教育共同体。

1. 落实校园内跨学科教师的 STEM 教育共同体建设

积极组织科学、数学等学科教师在校内建立 STEM 教育、STEM 课程共同体，以教研组、教研中心等组织化形式呈现，以共同备课、课程共建、教学共商等方式实施，进而推广到更为广泛的多学科融合式教学。结合锦晖小学全科阅读课题的研究，形成更为开放性的 STEM 学科共同体，开展多维度的教育教学实践活动和研究。

2. 加快校内外学科教师的 STEM 教育共同体建设

学校之间既有个体的差异，也有共同的问题，需要互通有无，资源互补，共同攻关。

联合区内、区外多所学校，以搭建联盟的方式进行学校之间的 STEM 教育的学术共同体建设。

组织教师参加 STEM 公司联合教研，聆听外校 STEM 种子教师讲座和课例，邀请区内外学校教师到校开展共同教研，搭建与不同学校之间的 STEM 教育共同体联盟。

3. 推进跨校跨界的 STEM 教育共同体建设

充分挖掘家长有效资源，采取"家长进课堂"的方式邀请家长为学生提供各领域的知识讲座，从立体角度丰富校内 STEM 课程内容。邀请友邻单位为学生们现身说法，弥补校内资源的不足。通过家、校、社共同开展活动，增加学生与外界的沟通和交流，为学生创设与现实情境联通的桥梁。组织学生集体参观展览馆、规划馆。形象直观的实地考察，符合小学生形象思维为主的学习特点，在增强学生学习兴趣、激发学生学习内驱力、开阔学生视野等方面有着积极作用。

通过在锦晖小学推进 STEM 教育中跨界课程的实践研究，笔者发现优势有三。

一是学生科学素养在学习态度、行动及技能等方面显著提高，学生对科技创新更感兴趣了，学生的综合素养有了一定的提升，乐于并主动开展项目研究，师生关系和谐。STEM 教育能够促进学生关键因素的培养，为建设高质量教育保驾护航。

二是"四象限模式"课程体系落地实施，科技活动覆盖率和学生参与度增效明显。学校以"四象限模式"课程体系为指导，加强基础课程和兴趣课程建设，组织开展一系列的校内外科技活动、分年级主题科学阅读，以此指导学生科普阅读的方法，鼓励学生以小报、视频、小制作、演讲等多种形式进行展示汇报。另外，结合校外实践活动和假期实践活动，组织学生进行科学探索实践，扎实开展第三象限兴趣课程。

三是提供教师发展平台，助力 STEM 教师成长。组织教师积极参与 STEM 教育培训和教学实践，鼓励教师结合自身学科特点，进行教学理念的整理和反思，围绕 STEM 教育理念，撰写并发表论文、案例、感悟等。

小学数学课堂培养学生审辩式思维的教学策略实践研究
——以成都墨池书院小学为例

成都墨池书院小学 何 清

审辩式思维是一项能够被习得并且能通过训练和运用提高的能力，学校教育和课程教学是培养审辩式思维的重要途径。成都墨池书院小学的童韵课堂是尊重儿童主体性和个性，儿童能自主学习、创造的课堂，而培养审辩式思维是发展创新能力和创造力的关键。审辩式思维内涵中的不懈质疑、思想的独立性、寻求真理性等特质又与童韵课堂中强调的学生主体性和个性化不谋而合。教学有必要通过一定的思维路径强化学生独立思考的习惯，在不懈质疑中发扬审辩式思维。

一、培养学生审辩式思维的意蕴与阐发

当下，国际教育界已经形成共识，教育最重要任务之一是发展学生的思维，审辩式思维是"21世纪技能"改革重要内容，数学课程发展的必然趋势是提升学生的思维品质，但当前小学数学课堂教育中，学生审辩式思维存在缺位发展的现实问题。

（一）培养审辩式思维是全球的共识

世界经济论坛认为"21世纪技能"包含审辩式思维和问题解决技能，在《上海市中小学数学课程标准（试行稿）》中提道："逐步增强研习能力、批判思维能力（也即审辩式思维能力）、自我调控能力、交流与合作能力、运用信息科技能力。"

（二）培养审辩式思维回应了时代的必然需要

在当今信息爆炸和大数据时代，知识呈几何级数增长，面对大量信息，我们应该相信什么？什么是真的，什么是假的？怎样能让我们在爆炸式的信息中保持清醒的头脑，对信息进行辨别和区分？怎样对信息进行分析，做出合理的判断，不至于轻信和盲从他人而失去自我？这些都需要我们具有审辩式思维。

（三）培养审辩式思维是发展创新能力的关键

世界国与国之间的竞争越来越激烈，怎样才能在竞争中立于不败之地呢？梁启超老先生的《少年中国说》给我们指明了道路——那就是培养出大批创新型人才，让创新型人才服务于我们的国家，让我们的国家在世界竞争中占有一席之地。国家要想培养出高素质的创新型人才，就必须培养具备审辩式思维能力与创造能力的人，培养审辩式思维是发展创新能力的关键。

（四）培养审辩式思维是小学数学课堂的必然要求

小学数学童韵课堂下，就是以儿童为本，唤醒思维的灵动，给予思维自由舒展的空间，引导学生聚焦问题，自主学习、创造的课堂，而培养审辩式思维是发展创新能力和创造力的关键。审辩式思维内涵中的不懈质疑、思想的独立性、寻求真理性等特质又与童韵课堂中强调的学生主体性和个性化不谋而合。

二、培养学生审辩式思维的挑战与变革

（一）国外研究现状

早在20世纪初，美国社会学家萨姆纳就认为，审辩式思维能力是培养好公民最佳的教育方式。杜威赞同其观点，并系统地论述了审辩式思维

（被称为反省思维），他认为反省思维使人们的行动具有自觉的目的，可以促进知识创新的形成，可以更好地理解事物的意义和价值，因而具有重大的社会价值。他把概念、分析、综合、判断、理解、推理、假设、检验作为反省思维的基本要素，把反省思维看作一个解决问题的过程。

到了 20 世纪 80 年代，审辩式思维运动在西方逐步制度化和课程化。在教育的各个阶段，西方国家都开始注意到对学生审辩式思维的培养，许多发达国家在高中和大学都开设了有关审辩式思维的课程。美国把培养学生基本的审辩式思维的意识和技能作为中小学教材编写的核心目标之一。在美国、加拿大、澳大利亚、新西兰等很多国家的大学课程设计中，审辩式思维课程被列为各专业学生的公修课程，将提高审辩式思维能力作为个人成长和教育的核心目标之一。

（二）国内研究现状

相较而言，国内对审辩式思维研究的起步较晚。20 世纪 80 年代末，我国学者开始关注审辩式思维，这时期的学者在对国外著作《审辩式思维》《走出思维的误区》等翻译的基础上，对其理论进行分析与归纳，给国内研究者以借鉴和启迪。

20 世纪 90 年代以来，审辩式思维对教育的意义才被部分学者重视。其中刘儒德等在《当代教育心理学》一书中就提出"审辩式思维在日新月异的信息社会里具有重要的意义"，"我们在强调培养学生解决问题的能力、学习能力、创造性以及信息处理能力的同时，还应将审辩式思维置于一定的重要地位"。2000 年以后，各种杂志、教育期刊上出现了许多关于审辩式思维及其教育的文章，如华东师范大学终身教授钟启泉的《"审辩式思维"及其教学》是其中最典型的代表。近年来，许多一线教师结合自己的教学实践对审辩式思维的认识和培养也提出了自己的观点。

（三）研究与实施启示

一是审辩式思维对个人成长和教育价值的重要性在国内外已达成一

致共识；二是学校教育和课程教学是培养审辩式思维的重要途径；三是探索数学课堂审辩式思维培养的实践策略，把学校做成可借鉴的实践经验样本。

我国不少研究人员，其中包括专业学者、一线教师，已经开始在小学数学教学中实践探究审辩式思维的培养。於慧敏谈到培养的三策略：借助问题情境，激活审辩式思维意识；引导学生质疑，形成审辩式思维习惯；组织数学探究，提升审辩式思维能力。胡歧强通过实例谈到教师要呵护审辩式思维意识的萌芽，助力审辩式思维能力的增长，激励学生形成审辩式思维的精神和品德。赵慧娟等人补充说明在小学数学中培养审辩式思维还应进行科学、客观的评价，以加强审辩式思维培养的动力。另外，于丽红总结道：在小学数学教学中培养审辩式思维，和谐的师生关系是保障，富有挑战精神是基础，掌握方法是保证。通过学习总结前辈们的经验，本研究立足于审辩式思维的意识激活、方法引导、习惯培养、能力提升四大方面，展开在小学数学课堂教学中进行审辩式思维培养的实践与研究。

三、培养学生审辩式思维的路径

（一）调研先行，找准问题

审辩式思维在小学数学中的教学现状。为促进本课题的校本化研究，课题组围绕情感态度和技能内涵两个维度对审辩式思维态度测试工具《加利福尼亚审辩式思维倾向问卷》（CCTDI）进行改造，主要以选择题的形式组织全校一至五年级学生进行线上问卷前测，并选取普遍性的问题进行个别访谈，全面客观地了解小学生的审辩式思维水平现状。在教师方面通过访谈、观察各备课组 1 至 2 名数学学科教师代表，了解到目前教师对审辩式思维培养的认识及方法。

调查结果显示，近 85% 的学生同意"面对争论时，要从同学不同的意见中选择一个正确的答案，是困难的"，近 70% 的学生同意"数学家说的话就是真的"，可见大部分学生在判断、分析、好问等方面的表现不够理想，审辩的意识和倾向不太强，且学生间的差异较大。学生在审辩式思维方面存在的问题，显然与教师在这方面培养着力不够、策略缺失有关。另外，教师普遍缺乏关于审辩式思维的知识，所以难以对学生进行教学，但是教师可以从学习知识的情境中理解审辩式思维的过程，以自身学习的经验培养小学生的审辩式思维能力。

数学教学有必要通过一定的思维路径强化小学生独立思考的习惯，在质疑反驳中发扬审辩式思维。只有通过专项的课题研究，增强教师培养学生审辩式思维的意识和能力，促进相关教学策略与经验的探索，才能有效解决上述问题。

（二）解读政策，锚定方向

秉承边研究边反思的理念，在本课题研究过程中，我们对时下相关教育政策与方针进行了全程化解读，以更精准地把握研究方向，为研究提供源源不断的动力。

2020年6月30日中央全面深化改革委员会第十四次会议审议通过《深化新时代教育评价改革总体方案》，会议强调：改进结果评价，强化过程评价，探索增值评价，健全综合评价，建立科学的符合时代要求的教育评价制度和机制。本课题不仅关注到小学数学教育中对学生思维上的增值性评价，并在一线教学中进行着深入探索。

教育部印发的《国家义务教育质量监测方案（2021年修订版）》提出，要落实立德树人根本任务，突出"五育并举"，拓展监测学科领域，构建全面覆盖德智体美劳教育质量的监测指标体系。数学教育中的德育渗透不可忽视，学生在理智美德方面的发展不容小觑，以理性为核心的审辩式思维恰是对此的深刻回应。

以本课题为切入口，从小学数学课堂教学出发，不仅用校本实践研究落实响应了国家重点政策，更明晰了研究前景，坚定了研究信心，在不断回叩研究重心的过程中为整个课题研究增效赋能。

（三）分解课题，理清思路

此课题虽具有鲜明的学科特性和普遍适应性，但研究容易务虚。为增强研究的实效性，在谢治国校长的带领下，组织数学教研大组全员参与，拟定文献研究、路径探索、行动研究、评价导向四个子课题组，进一步分解研究内容。在"人人参与，共研共享"的机制下，根据年段特点及个人研究需求，采用"2＋N"的子课题研究形式，保障课题稳步、扎实推进。

（四）校内推进，积累成果

为了发挥校内名优教师在课题方面的辐射引领作用，确立了以备课组为单位的课题研究项目研究小组，围绕课题延伸出本阶段本学期的小课题研究，校内名优教师分别承担小课题的项目组组长，形成了"个人研究—备课组研究—教研组研究的研究模式，以开放的思路和研究情景，由形式到内容开展学校之间的相互协作、资源共享，追求研究效益的最大化。

四、培养学生审辩式思维的教学策略

（一）顶层构建学科审辩式思维能力课程规划

基于国家课程标准的顶层指导，结合学校育人理念和课程理念，立足对教材的深度解读，提出并建构以儿童为本、体现数学思维之韵的"童韵数学"课程体系（见图4-36）。"思韵"是其核心理念，其旨意在搭建思维的舞台，促使学生数学思维起舞，一展风韵。本课程设置"一主两辅"体系，"一主"指基础性"童本课程"，"二辅"指拓展性"童拓课程"（见图4-35）和发展性"童趣课程"。

图 4-35 "童韵数学"课程体系中的童拓课程结果图

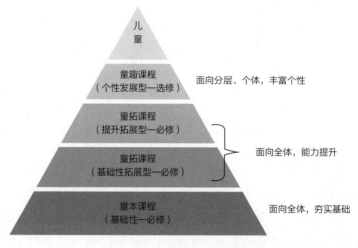

图 4-36 "童韵数学"课程元素图

　　围绕"思韵"展开课程建设与实践,从上至下树立共同的课程价值观,坚持把"育人"作为首要目标,充分发挥课程领导力作用,提升课程品质,提高教师的专业素养,最终实现学生思维能力发展。"童韵数学"以儿童为本位,着眼于学生数学学科核心素养的发展,以师生学习活动为载体,实现"和、悦、动、美"的师生共生状态,从教师和学生层面体现课程的双育价值。

　　学校尤其注重学生思维能力的培养。数学是思维的体操,我校在培养学生审辨式思维的区级课题的导向下,精准设定教学目标,精心设计每课中的"关键性问题",在教学中引导学生"理解、解释、评价、质疑、替代、决策",从而发展学生的审辨式思维能力。

（二）科学制定学生审辨式思维能力学段发展目标

1. 启思阶段（1—2年级），扶植学生审辨式思维的幼苗。

2. 明思阶段（3—4年级），培养学生审辨式思维的习惯。

3. 辩思阶段（5—6年级），提升学生审辨式思维的层次。

如数学课程目标要从知识技能、数学思考、问题解决和情绪态度这四个方面加以阐述（见表4-7）。

表4-7 数学学习的四个发展方向

项目	内容
知识技能	• 经历数与代数的抽象、运算与建模等过程，掌握数与代数的基础知识和基本技能。 • 经历图形的抽象、分类、性质探讨、运动、位置确定等过程，掌握图形与几何的基础知识和基本技能。 • 经历在实际问题中收集和处理数据、利用数据分析问题、获取信息的过程，掌握统计与概率的基础知识和基本技能。 • 参与综合实践活动，积累综合运用数学知识、技能和方法等解决简单问题的数学活动经验。
数学思考	• 建立数感、符号意识和空间观念，初步形成几何直观和运算能力，发展形象思维与抽象思维。 • 体会统计方法的意义，发展数据分析观念，感受随机现象。 • 在参与观察、实验、猜想、证明、综合实践等数学活动中，发展合情推理和演绎推理能力，清晰地表达自己的想法。 • 学会独立思考，体会数学的基本思想和思维方式。 • 能从全面综合的、变化发展的角度思考问题，具有一定的审辨式思维能力。
问题解决	• 初步学会从数学的角度发现问题和提出问题，综合运用数学知识解决简单的实际问题，增强应用意识，提高实践能力。 • 获得分析问题和解决问题的一些基本方法，体验解决问题方法的多样性，发展创新意识。 • 学会与他人合作交流。 • 初步形成评价与反思的意识。

续表

项目		内容
情感态度与价值观	应用意识	• 体会数学的特点，了解数学的价值。 • 形成坚持真理、修正错误、严谨求实的科学态度。 • 注重数学文化渗透，使学生成为一个通晓文理的人。（学校特色）
	创新意识	• 获得分析问题和解决问题的一些基本方法，体验解决问题方法的多样性，发展创新意识。 • 学会用归纳、概括得到猜想和规律，并加以验证。
	学习品格	• 积极参与数学活动，对数学有好奇心和求知欲。 • 在数学学习过程中，体验获得成功的乐趣。 • 锻炼克服困难的意志，建立自信心。 • 养成认真勤奋、独立思考、合作交流、反思质疑等学习习惯。 • 培养学生对数学的审美意识，体会数学之美——对称美、简洁美、奇异美、和谐美。（学校特色）

（三）梳理小学数学课堂中培养学生审辩式思维的内容体系

该体系以表格形式呈现（见表 4-8）。

表 4-8　小学数学课堂中培养学生审辩式思维的内容体系

维度	基本点	数学学习中的具体表征
审辩式思维倾向	怀疑精神	能自觉地审视别人的数学观点和方法的正确性，不由自主地想甄别信息的真伪。保持对观点、方法发生错误的警惕性。
	反思精神	能自觉地对自己或他人过往的思考进行"再思考"，从中总结经验和教训。
	理性精神	客观、公正、有理有据的进行判断、决策，不受情绪和偏好的影响。
	挑战权威	能不盲从和迷信书本、教师和优秀学生，勇于挑战已有结论。
	自觉改进	能在反思基础上勇于接受更有意义的数学观点和更好的数学方法，能在对他人或自我反思的基础上勇于探索更好的方法。
审辩式思维技能	理解	能快速概括他人的数学观点和方法，知道并理解他人的主要观点、关键问题，能找到他人观点背后的理由。
	论证	能清楚、准确的阐明自己或他人的数学观点和方法的依据，选择合理的方法进行推理和证明。
	质疑	能从数学知识、事实、方法、论证等角度提出疑问。
	评价	能综合多种信息，对多种观点、方法的真伪、优劣、可接受性等进行评估、判断。
	替代	能在反思基础上寻找新方法、发展新观点。
	决策	能选择合适的数学观点和方法，形成解决问题的新策略。

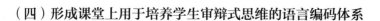

（四）形成课堂上用于培养学生审辩式思维的语言编码体系

该体系以表格形式呈现（见表4-9）。

表4-9　课堂上用于培养学生审辩式思维的语言编码体系

维度	编码类别	含义描述	举例
技能内涵	理解	学生能快速地概括观点和方法，理解关键问题和信息。	你刚说的……是指什么意思？ 可以用自己的话总结一下吗？ 可以给出一个例子吗？ ……
	解释	请学生澄清或解释自己或他人的观点。	谁听懂他的想法了？ 能用自己的语言再说一说吗？ 能举例说明吗？ ……
	质疑	请学生再次思考观点或方法的正确性，从数学知识、方法、事实、论证四个角度进行质疑。	真的是这样的吗？ 这样做可不可以？ 有没有理由反对这个观点？ ……
	评价	对各种观点和方法的真伪优劣、可接受性进行评估，请学生给出理由或证据。	为什么你会这样认为呢？ 你接受他的观点吗？为什么？ 还有什么建议？ ……
	替代	反思基础上寻找新的方法和新的观念。	谁还有别的方法？ 你有不同的思路吗？ 你还有更好的方法吗？ ……
	决策	经过整合分析和统筹考虑，选择合理的观点或者方法形成新的策略。	你得出什么经验？ 你更喜欢哪一种方法？为什么？ 你得出什么结论？ ……

续表

维度	编码类别	含义描述	举例
情感态度	容错	欣赏错误的积极面。	我们不怕说错，说错可以纠正。 我们从这个错误中得到了什么宝贵经验？ ……
	求异	鼓励求异思维，耐心倾听，包容不同观点。	我喜欢听到大家有不同的意见。 其他人怎么想？有不同意见吗？ XX 和 XXX 的想法有哪些相似之处、不同之处？ ……
	理性	鼓励争辩出真理、否定出进步；鼓励用证据支持观点。	争论过程没有对错，有理有据就好。 同意和反对都要给出理由。 我们有足够的理由支持这种想法吗？ ……
……			

（五）构建小学数学课堂培养学生审辩式思维的教学模式

培养审辩式思维必须创建一种"思维对撞"的机会，使孩子们能够质疑、评析、论证和反思。因此，我们在实践中构建"互动、对话性教学"，使之成为我们课堂模式的核心理念，并通过"长课＋短课"相结合的形式探索审辩式思维视角下的"示例—论证"教学模式。

"示例—论证"教学模式。（见图 4-37）

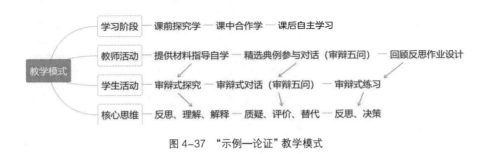

图 4-37 "示例—论证"教学模式

在审辩式思维课堂模式中特别注重学生与自我、案例、他人的互动，强调学生深度的对话参与，强调技能与人格的双重培养，突出体现审辩式思维的六大核心技能。通过"审辩五问"不断引领学生进行审辩式思维。

"审辩五问"实际上是在与自我对话、与他人对话、与案例对话的过程中对自己的连续诘问，即一问"是什么"，要求学生理解思维对象是什么，明白主要方法、主要观点等，这里指向了审辩式思维中的概括、解释、澄清意义等技能要素的培养；二问"是对的吗"，要求学生分析观点、方法的真伪，主动提出自己的疑问，评估已有的证据，寻求最好的解释和理由，这里指向了审辩式思维中理论、质疑、论证等技能要素的培养；三问"是最好（优）的吗"，要求学生比较观点、方法的优劣、可接受性等，这里指向了审辩式思维中评价等技能要素的培养；四问"还可以怎样"，要求学生主动反思，在已有思维的启发下能否实现新的发现和创造，这里指向了审辩式思维中替代、创造等技能要素的培养；五问"我接受或执行什么"，要求学生通过审辩式思维相信或接受某个观点或方法，从而确定自己的行动，这里指向了审辩式思维中决策等技能要素的培养。"审辩五问"实际上是一个逻辑连贯、逐步深入的思维过程。构建了指向小学生审辩式思维发展的教学效果评价体系。

课程融合下小学博物馆课程教学实践

成都七中初中附属小学　祁小山

　　成都七中初中附属小学（以下简称"七初附小"）为深入贯彻中共中央、国务院印发的《关于深化教育教学改革全面提高义务教育质量的意见》提出的"坚持'五育'并举，全面发展素质教育"的教育方针，落实全国教育工作会议提出的教育"十四五"规划，落实《成都高新区关于推动教育高质量发展的实施意见》，落实"五个行动计划"，基于学校办学理念和育人目标，探索出"奠基知识能力，融合创新创造"的课程理念，构建集国家、地方基础课程、学科拓展课程和学科融合课程为一体的"启智融创"课程体系。根据《成都高新区中小学幼儿园课程建设三年行动计划》中关于"推进学科课程综合化实施"的要求，学校应以"学科基础课程—学科拓展课程—跨学科综合课程"为主要线索，推进学科课程综合化实施。为了培养适应新时代发展需要的创新型人才和综合型人才，一系列教育改革均围绕"应用、融合、素养、减负"展开。因此，我们迫切需要实施学科融合课程，对学科知识相通点、联结点进行整合与重组，统整为整体性知识，优化学科课程结构，建立学科之间多层、全方位的有机融合，培养学生深度学习的能力。基于学校的育人目标"做有修养的人、做有担当的人、做有能力的人"。做有修养的人就是做具有文化底蕴、科学精神、国际视野的人。做有担当的人就是做具有正义感、责任心、民族情怀的人。做有能力的人就是做具有学科知识、探究意识、创新能力的人。七初附小积极探索多学科课程融合的育人模式，建设学科融合学习课程群。成都是四川省的经济文化中心，是历史文化名城，拥有众多博物馆、展览馆、名人故居、园林公园等，蕴含着丰富的学科知识和育人要素，为教育教学活动提供了丰富的教育资源和实践机会。学校充分利用这一地域资源，开发博物馆研学课程，作为一项学科融合课程进行实施。

小学生认识事物的方式是整体的；近代课程分科过细过繁，导致学科之间相互封闭或交叉重复，无法反映人与自然、社会之间的联系，导致学生认识和态度上的狭隘，不利于小学生的全面发展。长久以来，学校教育实行分科学习，帮助学生领悟各科学问的精髓。分科学习的确有效地强调了各个学科的重点，加强了学生必备的知识与技能，但各学科知识之间缺乏沟通，学生没有机会通过自己的观察发现主动对知识进行整合。每个学生的学习能力不同，素质好的、自发性强的学生可以融会贯通，但是需要老师提点的学生就缺乏整合学习的机会，于是学生之间的学习落差越来越大。实施融合课程，符合小学生的认知特点，能够满足他们的学习需求，促进学生全面而有个性地发展；实施融合课程，有利于优化义务教育课程设置，加强学科课程之间的联系，提高课堂教学效益，切实减轻学生的课业负担，实现国家课程的校本化。博物馆课程能统整多学科知识，帮助学生从多元角度和观点来整体理解一个议题，引导学生评估、规划、运用所学知识，有效地解决问题，促进学生批判思考、分析综合能力及价值观的健全发展。

本文以开发博物馆课程，探索多学科课程融合学习为核心问题，深入探究博物馆资源与学科课程怎样衔接，课程内容怎样渗透学科核心素养，课程活动怎样体现学生学习能力的提升，如何设计学习方式、实施流程和实施措施保证课程的开展，等等问题。

一、探索课程开发路径

（一）基于学生核心素养，统筹课程内容资源

我们在课程实施中以中国学生发展核心素养为指导思想，以培养"全

面发展的人"为目标。结合年龄、学科等要素统筹博物馆课程资源，渗透人文底蕴、科学精神、学会学习、健康生活、责任担当、实践创新6大素养，具体落实人文积淀、人文情怀、审美情趣、理性思维、批判质疑、勇于探究、乐学善学、勤于反思、信息意识、珍爱生命、健全人格、自我管理、社会责任、国家认同、国际理解、劳动意识、问题解决、技术运用18个学生核心素养基本要点。

（二）基于学科融合学习，制定课程实施方案

以博物馆研学形式，实施学科融合学习，编制研学手册，设计研学成果形式，着力在课程主题、课程内容、课程活动、课程成果等环节中，实现学生综合素养提升。坚持以学生自主学习和实际收获为出发点的学本理念，整个课程设计基于学生主体，确定学生在课程实施中的核心地位，使任务驱动模式贯穿于课程的全过程。老师作为组织者、指导者助力学生学习，充分发挥学生学习的主观能动性，在教与学方式转变上进行有益的探索。

（三）基于核心素养培养，建设综合评价机制

我们针对中国学生发展核心素养的18个基本要点，组织课程内容，同时制定相应的课程评价方案，采用过程评价和结果评价相结合的评价体系。不同的博物馆课程落实的核心素养基本要点各有侧重，我们制定与之相应的评价标准与评价量表，针对每个学生进行科学系统的评价，以评价指导教师完善课程实施，以评价促进学生优化学习方式方法，全面提升综合素养。

二、更新课程设计理念

（一）立足学生核心素养，挖掘博物馆教育资源

博物馆研学课程立足于每个博物馆的特点及其所蕴含的教育资源，把

培养学生爱国主义、生态环保、传统文化、合作学习、科学探究、审美鉴赏、语言表达等作为培养目标，体现了课程改革的要求。学生在亲身经历和充分参与中，获得个人的感悟和经验，建构知识、提升认识、发展能力。

（二）建设项目式研学活动，实现学科交叉融合教育

学校的教育教学活动被局限于校园和课堂之内，没有得到拓展和延伸；学生的真实体验和感知受到制约，视野得不到扩展。博物馆研学课程的开发，意在架起学生校内外、课本内外学习的桥梁，通过项目式研学活动，建立学科间的交叉融合、互补互生的生态关系，为学生提供多元化视角，拓展其整体思维能力，实现学生综合素质提升。

（三）设计导学任务手册，突出学生的主体实践性

我们将博物馆研学课程定位为学生实践课程，突出学生在课程学习中的实践体验，充分发挥学生的主体地位。在课程设计中，教师以学生已有知识和能力为基础，以导学任务手册为工具，通过任务驱动的方式，引导学生去观察、思考、查阅资料、动手操作，去发现问题、探究问题、解决问题、总结归纳、成果交流展示。实践中，教师会按照不同学段、不同学科、不同时段、不同场景在任务单中设置不同的学习任务，使学生的实践活动充分贯穿于课程学习整个过程中，使学习始于课堂和课本并在实践中得到证明、充实和拓展，培养学生思维能力，最终使学习回归于课堂和课本，形成学习的闭环。

三、确立课程目标原则

（一）统整学科知识

通过查阅资料、阅读教材、阅读相关书籍、实地观摩等形式，了解所走进的馆园的相关知识，实现课本知识在课堂外的延伸拓展，达到开阔视

野、培养兴趣、积累巩固、学用结合的目标。

（二）培养核心素养

通过参观博物馆并完成课程任务单的学习任务，培养学生观察思考、综合运用知识解决问题、跨学科重构、自主学习、合作学习、读图读表、语言表达、写作、绘画、逻辑思维等方面能力，促进中学生关键能力、综合能力的提升，为其全面成长和终身学习逐步打下基础。

（三）树立理想信念

通过博物馆课程，培养学生文明参观的良好习惯和公德意识，培养学生努力学习、立志成才的坚定信念和使命感，培养学生热爱祖国的美好情感和民族自豪感，培养学生铭记历史、振兴中华的历史责任感，培养学生学习和传承祖国优秀传统文化的自信心，培养学生胸怀祖国、放眼世界的国际视野，培育和践行社会主义核心价值观。

四、创新课程实施模式

（一）开创研究学习方式

博物馆研学课程分为三个阶段：第一节阶段导入课；第二阶段实践课；第三阶段总结提升课。第一阶段导入课，根据博物馆的特点，安排不同学科的教师实施课程。教师根据博物馆的历史背景、人物背景、相关知识等内容设置导入课程，让学生对博物馆有初步了解，明确第二阶段研学课的目的、内容和方法。第二阶段实践课，学生自由组成学习小组，在家长的陪同下，根据研学手册的内容，开展现场研学活动。第三阶段总结提升课，教师组织学生对研学手册的内容进行梳理和总结，反馈学生在研学活动中的收获，并形成多种形式的研学成果，如研学报告、武侯祠讲解员大赛、木偶皮影剧、中外钱币博览会、文创作品展等。

（二）优化课程实施流程

课程实施分为三个阶段：第一阶段课程设计；第二阶段课程实施；第三阶段课程总结评价。第一阶段课程设计，由学校课程部收集整理各个博物馆的资料信息，统筹安排各年级的课程内容和课程小组人员。各年级课程小组人员领取任务后，进行课程开发的前期调研，收集整理课程资源，制定课程实施方案。然后，将收集到的课程资源与学科教学进行融合，设计课程活动，制定课程评价方案，同时预设课程成果形式，汇编成研学手册。第二阶段课程实施，各年级课程小组成员分工实施导入课、研学课和总结汇报课，组织学生以多种形式汇报课程成果。第三阶段课程总结评价，根据课程评价方案对每个学生参与课程的过程进行综合评价，同时针对课程实施过程中发现的问题，进行及时总结和调整，优化完善课程方案。

五、完善课程评价方式

博物馆课程是综合实践性课程，课程评价是保证课程效果的重要环节。为此，学校对课程从不同维度开展评价，最终把关注点落脚于课程目标的达成与学生的实际获得上。

（一）落实过程评价

自我评价：每次课程结束后，学生对照活动准备、活动过程、小组合作、任务达成、学习收获等方面开展自我评价，目的是使学生自己总结经验，反思不足，提出改进设想，为以后的学习提供更好的借鉴。

教师评价：课程结束后，由各年级课程小组教师对每个学生的整个课程实施情况进行评价，拓展延伸、成果展示、总结得失、表扬先进，使课程效果最大化，为学生以后的学习提供更好的借鉴。

（二）丰富结果评价

课程结束后，对课程实施情况、学习目标达成情况进行整体评估，收集学习成果，展示交流，进行小组间评比，固化学习成果，为以后的学习提供更好的借鉴。

六、教学实践研究成效

（一）学生核心素养得到提升

新一轮课程改革以培育学生核心素养为指向，强调学生关键能力的培养。博物馆课程将学生的阅读能力、从复杂情境中提取关键信息的能力、读图读表能力、观察能力、语言沟通表达能力、实践能力、绘画能力、分析比较概括能力、小组合作能力、发现和解决问题能力等能力培养贯穿于课程实施过程，通过一个个任务的完成来达成能力目标，体现出课程改革的原则和指向。

（二）教师专业素质得到提高

教育教学改革的目标是师生"双赢"、共同成长。博物馆课程在课程设计与实施过程中，打破学科边界，实现跨学科整合，充分调动多学科教师以不同角色、不同任务、协作配合完成课程的开发与落实，这对转变教师教育观念、提升学科素养、提高教学驾驭能力都起到了课堂教学无法替代的作用。博物馆课程为教师在课程建设与实践、教育教学研究等方面的成长提供了一块独特而丰厚的土壤，并以此为契机促进了教师专业素质的提升。

（三）发掘区域资源创新课程

博物馆课程充分发掘了身边的课程资源，拓展了课堂教学时空，实现了学科课程的整合与拓展，打通了国家课程、地方课程、校本课程的界限。

探索项目式学习新模式。博物馆课程引导学生主动探索现实世界的问题和挑战，使之在这个过程中领会到更深刻的知识和技能。同时锻炼学生的创造力、团队合作和领导力、动手能力、计划以及执行项目的能力，使之探索社会化学习新路径。博物馆课程将课堂教学延伸到社会环境，开展校外实践学习，在整合课堂教学和实践活动各自优势方面进行了探索。

（四）形成研究成果利于推广

本课题研究形成的博物馆课程方案（重在课程内容、课程实施、课程评价等方面）、博物馆课程校本教材等，有利于学科整合学习的系统化，各学校可以借鉴，操作性强，利于区内外学校的推广。课题研究有利于各学科之间的沟通与融合，促进教师形成多层次、全方位的育人观，指导学生从课内向课外延伸，从知识学习向实践探究延伸，为学生终身发展服务。

小学"乐群学堂"教学实践研究

成都高新区锦城小学　吴秋菊

一、解决的主要问题

（一）促进儿童全人发展的需要

社会的变革和发展需求引发了教育的革新。联合国教科文组织早就提出了教育的四大支柱目标：学会求知、学会做事、学会合作以及学会生存与发展。2016年《中国学生发展核心素养》的发布，充分呈现现代社会对人的需求特征。2019年，在《关于深化教育教学改革全面提高义务教育质量的意见》中明确指出要强化课堂主阵地作用，切实提高课堂教学质量，优化教学方式。可见，培养社会需要的新时代人才，很大程度上得通过教育的功能来达成。这要求教师提高课堂教学效率；学生转变学习方式，主动愉悦地参与学习，形成较强的合作能力、思辨能力等，满足社会竞争，推动时代的发展。

（二）推动学校高品质发展的需要

"成都，一座来了就不想走的城市。"锦城小学地处成都核心区域——高新区。我们坚定地认为，学校和城市之间有着不可分割的血肉联系，锦城小学结合"中小学生核心素养"和城市发展规划，在"儿童是教育的唯一中心"办学理念的指引下，推进"乐群教育"。2013年至今，学校对"乐群教育"理念指导下的课堂教学进行聚点研究，变"课堂"为"学堂"，彰显学生主体地位。"优美和乐·共同协作"是乐群教育精神所在，彰显了"生态宜居、和谐共生"的城市发展理念。这也是学校品质发展的切实需要。

（三）改善锦城小学课堂教学现状的需要

自主、合作、探究的学习方式在课程改革中深入人心，但回归课堂教学现状，我们发现目前的课堂教学还存在如下问题，需继续进行深入而全面的研究：一是快乐学习表面化。教师在课堂上更注重学生外显性的愉悦感受，缺乏对隐性的学习成就感和实现价值感的关注，学生对学习的内生性热爱不足。二是合作学习形式化。很多时候小组合作学习往往停留在表面的热闹形式上，只是为合作而合作，合作的目标不够精准，对重难点的指向不明确。三是思维培养浅层化。在小学课堂中，老师们往往对比较高阶的分析、梳理、整合等思辨能力的培养较少，这对学生的思维培养具有局限性。四是教学变革单一化。课堂教学是一个有机整体，研究者们往往注重教学方式、策略的变革或课程内容的建构，表现为对课堂教学的单一性研究，缺乏对四要素的整体建构。

二、研究思路与方法

（一）行动路线图

如图 4-38 所示。

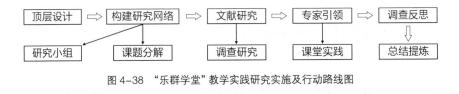

图 4-38 "乐群学堂"教学实践研究实施及行动路线图

（二）研究的思路和方法

从 2013 年以来，学校在"乐群教育"理念指导下，进行课堂改革，始终坚持在传承中创新，在创新中发展，不断吸纳现代教育思想，聚焦课堂变革，在探索与实践中持续为"乐群教育"下的课堂实践注入新的活力，在不同时期，呈现不同的课堂生态。

1. 以微型课题为抓手，以课例研究为阵地，进行选点实验

2013—2016 年，学校首先以语文学科为研究探索试点学科，以校级微型课题为抓手展开课堂教学改革，逐渐形成以"自主、合作、探究"为主要学习方式的课堂形态，理论研究结合实践研讨，促进了学生积极主动地学习，健康快乐地成长。

2. 以展示活动为契机，以学科推广为途径，扩大研究领域

2017—2018 年 8 月，学校一方面将语文学科试点研究的先进经验总结提升；另一方面将先进的经验推广到数学学科，让更多的老师主动加入课堂教学改革的洪流中，优化了教学方式，提高了教学效能。

3. 以课堂特征的确立为方向，以"内容·形式·评价"体系建构为策略，实施整体教改

2018 年 9 月至今，对"乐群教育"下的课堂教学进行聚点研究、整体推进，从语文、数学科辐射到所有学科，变"课堂"为"学堂"，突显学生主体地位，实现了课堂教学从知识本位到育人本位的转变。这一时期的研究取得了丰硕的成果，焕发出蓬勃生机。

三、研究的主要成果

（一）认识性成果

1. "乐群教育"的内涵

"乐群教育"是尊重生命个体的多样性，充分发挥集群优势，以愉悦的学习氛围为基础，以合作的学习方式为载体，实现生命个体与群体共同发展的教育。

乐：乐观、乐和、乐享。群：群学、群思、群长。

"乐群教育"的精神是"优美和乐·共同协作"。

2. "乐群学堂"的内涵

"乐群学堂"是指以乐群教育理念为导向，国家学科课程为主干，学科课堂学习为基础，形成以"群"为主要特征的课堂一体化实践模式。

"乐"，是较于"苦"而言的。学习的最高境界就是乐。"乐"就强调了学习是学生和教师共同幸福成长的发展过程；让学生成为课堂的主人，在民主平等、自由愉悦的氛围中充分享受学习数学的快乐，在乐中学，乐中练，变苦学为乐学，真正做到乐而好学。

"群"，是较于"独"而言的。"乐群学堂"的"群"是一种综合视野下的思维方式，不仅是指学生根据学习任务建立的学习共同体，更是指以"群"的方式对学习内容进行链接和融合，同时以"群"的方式对评价方式进行补充和完善。

"乐群学堂"一切以学生为主，教师的角色转变为学习活动的设计者和学生有效学习的服务者，学生的学习方式转变为自主学习、合作学习及探究学习，教学过程成了生本互动（独学）、生生互动（合学）、师生互动（共学）、内外联动（拓学）的过程。

3. "乐群学堂"基本主张

（1）思想主张：乐于群，群中乐，成于乐。

（2）乐群品质："悦身心""会合作""善思辨"。

（3）培养目标：培养具有乐群品质的社会主义事业建设者和接班人。

（4）实践特质：以"学科+"为内容基本样态，以"四环节"为形式基本样态，构建主动参与、协作建构、深度互动、成功体验的学堂。

（二）操作性成果

1. 以课堂实践为抓手，提炼"乐群学堂"课堂特征

（1）营造"悦身心"的学习氛围。体现在课堂有"笑声""掌声"和"辩论声"。

（2）培养"会合作"的交往能力。以"群落"的形式，让课堂"丰实"（生成多元），让课堂充实（效率提高），让课堂扎实（思考深入）。

（3）训练"善思辨"的思维品质。强调三个关注：关注思维方式的培养，关注课堂的开放程度，关注知识建构的立体建构。

简化如下图 4-39 所示：

有笑声
有掌声
有辩论声

悦身心

乐群学堂

"丰实"：有生成
充实：有效率
扎实：有深度

会合作

善思辩

关注思维方式的培养
关注课堂的开放程度
关注知识的立体建构

图 4-39　小学"乐群学堂"课堂特征

2. 以"学科 +"为内容基本样态，构建"乐群学堂"内容体系

"乐群学堂"在"互联网 +"的启发下，以国家基础课程为基础，夯实学生知识，增强学生能力；以"学科 +"的形式对基础课程进行延伸、补充、拓展和整合，打通学科间壁垒，整合社会生活，开阔学生视野，丰富学生个性，共同建构多元立体的"乐群学堂"内容体系。（如图 4-40 所示）

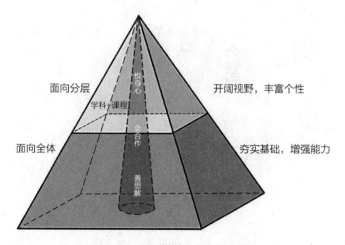

面向分层

悦身心

学科+课程

开阔视野，丰富个性

会合作

面向全体

善思辩

夯实基础，增强能力

图 4-40　"乐群学堂"内容体系建构

（1）语文学科的"乐群学堂"内容体系。锦城小学语文学科通过学科的纵向内在结构、逻辑体系、概念关联统整形成大单元整合教学，开发了"语文＋主题""语文＋生活""语文＋天府文化"等校本化课程或体验拓展课程。（如表4-10所示）

表4-10　"语文＋"课程内容表

年级	"语文＋主题"	"语文＋生活"	"语文＋天府文化"
一年级	十二生肖	儿歌串烧	成都童谣
二年级	花草世界	我是纠错小能手	成都民歌
三年级	成都特产	对对联	美食文化
四年级	祖国山河	广告小达人	市井文化
五年级	水的世界	民间艺术	古镇文化
六年级	探寻古迹	民风民俗	博物馆文化

（2）美术学科的"乐群学堂"内容体系。锦城小学美术学科立足素质教育，以锦城小学青铜文化特色课程为切入口，将美术课与其他学科有机整合，使学生在"美术＋"的"乐群学堂"中感受美、创造美。（如图4-41所示）

图4-41　"美术＋"课程内容体系图

（3）数学学科的"乐群学堂"内容体系。锦城小学数学学科的"乐群学堂"内容以国家基础课程为主导，同时开展了"数学+"的4大类拓展性课程，具体共分为24门。这些课程有不同层级，学生可根据不同学习水平以及学习兴趣来选择参加。（如图4-42所示）

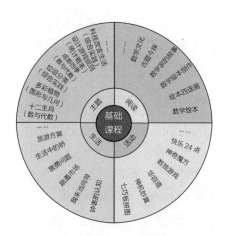

图4-42 "数学+"课程内容体系图

（4）体育学科的"乐群学堂"内容体系。锦城小学体育学科教师充分利用各学科资源，创设有效的情境，建立体育与其他学科之间的桥梁，开发了"体育+语文""体育+音乐""体育+英语"等课程内容体系，促进学生综合素质的发展。（如图4-43所示）

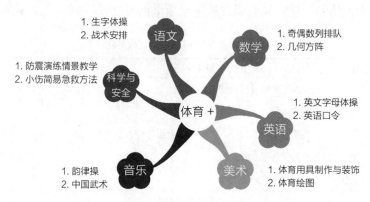

图4-43 "体育+"课程内容体系图

（5）英语学科的"乐群学堂"内容体系

锦城小学英语学科强调儿童是学习的主体，根据学生年段特点，分单元分主题，融合了"英语＋数学""英语＋美术""英语＋科学"等课程内容体系，有效促进了学生英语综合能力的培养。（如表4-11所示）

表4-11 "英语＋"课程内容体系表

单元	主题					
	一年级	二年级	三年级	四年级	五年级	六年级
一单元	School	People and	Myself	Sports and	Describe the People	City and Country
二单元	Face	Boys and Girls	My Body	Activities on	Describe the	Around the World
三单元	Animal	My Friends	Food	Transpor-tation	My Favourite Animals	Animals
四单元	Numbers	In the Community	Pets	Helping Each Other	People's Wish and Shopping	Emoutions
五单元	Color	In the Park	Clothes	Safty	Sports and Shows	Eventions
六单元	Fruit	Happy Holidays	Birthdays	Jobs	Do the Things	Vacation and Traveling

（6）科学学科的"乐群学堂"内容体系。小学科学以学科内容为基础，通过开展学生实验劳动、项目劳动、企社劳动和特色劳动活动，提升学生劳动能力，培养学生劳动意识，促进学生全面发展。（如表4-12所示）

表4-12 "科学＋"课程内容体系表

"科学＋创造"	"科学＋劳动"	"科学＋生活"
认识调味品	1. 对农具的起源进行讲解	缝纫课程
营养要均衡	2. 讲解植物的一生	烹饪课程
养蚕	3. 实践观察植物的种子，思考讨论看到的种子形态与触感	木工课程
变废为宝	4. 讲述种子与果实的关系	茶艺课程
观察植物细胞	5. 讲述植物生长需要的条件	
制作天气瓶	6. 学生小组合作，开心农场实地训练播种技能	

"科学+创造"	"科学+劳动"	"科学+生活"
	7. 观察植物的生长情况，学生使用尺子等工具对植物高度进行测量	
	8. 总结归纳撰写报告，填写植株的高度，将测量数据填入科学实验报告	
	9. 在家里与家人一起种植一种植物	

3. 以"四环节"为形式基本样态，构建"乐群学堂"形式体系

形成以"个体独学、小组合学、师生共学、总结拓学"四环节为主的基本教学样态。（如图 4-44 所示）

图 4-44 "乐群学堂"基本教学样态

（1）个体独学。没有充分独立的思考，就没有平等有效的交流。学生用自己喜欢的方式进行自主学习，初步形成具有个体特色的认知观点，为"小组合学"做好准备。个体独学环节要做到以下三个方面：A.问题清晰；B.情绪安静；C.环节灵活。

（2）小组合学。没有和谐平等的对话，就没有灵动高效的生成。在学生个体独学的基础上，小学"乐群学堂"根据学生年段特征和内容目标，指导学生分组交流，在"组内异质，组间同质"的前提下，引导学生自愿组成小组，再加之以自主项目群，丰富课堂学习方式。小组合学环节要做到以下五个方面：A.分组要合理；B.目标要明确；C.任务要适当；D.技能要培养；E.角色要转变。

（3）师生共学。"乐群学堂"的"共学"主要表现在学生的"享学"和教师的"助学"上。小组分享完后，下面的同学将从学习效果、汇报形式、

参与态度等方面对该学习"群落"进行"1+1"的评价，最后共同提升。师生共学环节要做到的三个方面：A.懂进退；B.会对话；C.善指导。

（4）总结拓学。总结拓学环节要做到以下两个方面：A.设置悬念（由浅及深）；B.拓展延伸（课内—课外）。小学"乐群学堂"教学模式恰到好处地进行"总结拓学"，不仅能让整节数学课的教学结构完整，也能起到画龙点睛的作用，拓展学生的知识面，带给学生有益的启迪。

4.以"四环节"为基本样态，构建"乐群学堂"创新样态

小学"乐群学堂"在实践应用中，以"四环节"为基本样态，根据不同年级、不同课型、不同文体细化创新，构建不同的操作流程体系，在此基础上，还衍生出小学"乐群学堂"基本样态下的创新形式和多样方法，主要包括基本操作流程（如图4-45所示）和灵活操作流程。

（1）基本操作流程

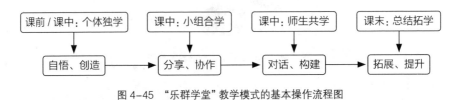

图4-45 "乐群学堂"教学模式的基本操作流程图

（2）灵活操作流程

①增添式。根据教学内容的需要，可以在基本操作模式上进行增添和循环，并将学习时间从课堂向课前、课后增添。如三年级习作片段指导课，我们在课前、课后做了前置学习和拓展学习。（如图4-46所示）

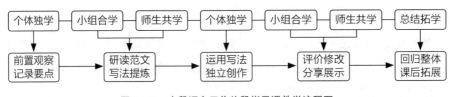

图4-46 中段语文习作片段指导课教学流程图

②删减式。根据课型和教学内容的需要，在基本操作模式的基础上，

可以做一些环节的删减，如低段数学课中的绘本教学。因为学生在课前已经自主进行了绘本阅读，在课堂上"个体独学"环节可以取消，直接进行后面环节。（如图 4-47 所示）

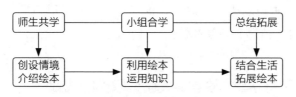

图 4-47 低段数学绘本课教学流程图

③结合式。每节课的流程不必都按照基本操作模式，不必分得过于清楚，可以有机结合地进行。比如，低段音乐创编活动教学中，个体独学、师生共学可以整合在一起，这样做比较自然，又灵活机动。（如图 4-48 所示）

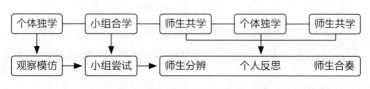

图 4-48 低段音乐创编活动教学流程图

5. 以"低中高"为评价三级梯度，建构"乐群品质"评价体系

《数学课程标准》中提到："评价是为了考查学生的学习情况，激励学生学习，促进教师反思以及改进教学的。""乐群学堂"从一个崭新的理念高度，帮助学生认识自我、建立信心，采用评价主体多元化、评价内容多维化、评价方式多样化的评价体系。

（1）评价主体多元化。课堂评价要从"单一化"走向"多元化"，要充分关注课堂教学过程中师生多元化的体会和感受，使评价成为学生和教师认识自我、发展自我、管理自我、激励自我的一种方式和手段。开展自我评价，促进自主发展；提倡生生互评，增强学习动力；倡导师生互评，保持学习张力。

（2）评价内容多维化。课堂评价必须考虑学生的全面发展，学生的优势智能要给予肯定，而要鼓励和带动学生去开发弱势智能，使每个学生都能获得成功的体验；通过自主、合作和反思的过程，让学生逐步掌握数学学习的基本技能和方法。评价内容包含知识评价、能力评价、过程评价、学习方法评价、情感、态度和价值观评价。

四、小学"乐群学堂"教学实践研究取得的成效

（一）让学生改变了什么

小学"乐群学堂"教学模式的实施，让学生"进"了。从根源上让学生"被动学习"的状况得到改善，调整了传统课内的学生角色，使学生的学习方法得到了优化，使学生的学习能力得到发展、学业成绩得到提高。让学生在更开放的空间，以更自由的学习方式最大地发挥自己的潜能；让学生主动地参与进课堂中来，主动承担学习的任务，学习的主动性、自觉性更强了，参与数学学习的兴趣浓厚，让我们看到了一种理想的学习风貌。

（二）让教师改变了什么

小学"乐群学堂"教学模式的实施，让教师"退"了。实践让我们发现传统课上如此烦冗的讲解并不是最好的教学方式。我们过去为了完成教材上既定的知识传授让学生一味地听，做到滴水不漏，教师过于强势，学生必须回答我们提的所有问题，这样的课堂不是主动参与、协作建构、深度互动、成功体验的课堂。在"乐群学堂"中，教师的角色被重新定义了，教师教学的指向正确了，课堂教学方式回归了正道，教师的幸福指数提高了。

（三）让课堂改变了什么

小学"乐群学堂"教学模式的实施，让课堂"美"了。课堂上我们看到

了一种简约而深刻的教学风貌，课堂的"美"不是体现在传统课堂的行云流水、复杂的教学流程上，而是体现在"乐群学堂"教学的主体美、课堂的结构美、学生的思维美……课堂上呈现学习成果动态生成并逐步上升完善的美，课堂是大气的，给人以整体感和震撼感，这不仅让我们看到了充满了生长力的课堂，更看到了我们一直追求的课堂上的"美"。

　　总之，"乐群学堂"是主动参与与协作建构的学堂；"乐群学堂"是情感交融与思维碰撞的学堂；"乐群学堂"是分享成果与体验成功的学堂。

"为学生成长评价"体系构建策略研究

——小学生综合素质评价校本化指标体系科学构建策略研究

成都市泡桐树小学（天府校区） 廖 敏

2013 年，教育部印发了《教育部关于推进中小学教育质量综合评价改革的意见》；2019 年 2 月 23 日，中共中央、国务院印发了《中国教育现代化 2035》；2020 年 10 月，中共中央 国务院印发《深化新时代教育评价改革总体方案》；2021 年 3 月，教育部等六部门印发《义务教育质量评价指南》要求坚持正确方向，坚持育人为本，坚持问题导向，坚持以评促建。

成都市泡桐树小学（天府校区）（以下简称"我校"）基于成都高新区的"高质量发展"的区域背景，基于多年来在综合素质评价方面的探索，以国家标准为导向，进行校本化解读和实施，提出"为学生成长评价"的体系构想，不断完善综合素质评价标准的顶层设计，提升校本评价标准与国家总体要求的契合度，展开校本化实施的策略研究。

一、指标体系构建的问题与成因分析

在研究中，课题小组一再进入"空置状态"，即不知道怎么办，既不敢冒进，也担心停滞不前。没有任何标准可以明确地告诉我们，这样做是对的。

（一）国家标准如何用

2021 年 3 月，教育部、中组部等六部门印发的《义务教育质量评价指南》（以下简称《指南》）包括县域、学校、学生三个层面，我校对标的是

《学生发展质量评价》，主要包括学生品德发展、学业发展、身心发展、审美素养、劳动与社会实践等五个方面重点内容。我们的最初困惑是：每个学科是从 5 个重点内容全方位评价的，还是每个重点内容侧重于某一学科而展开？

产生这一问题的成因包括：一是《指南》具体怎么用，没有明确的指导；二是受学科育人的影响，认为学生的品德发展与所有学科相关。其中包括对劳动教育的理解。当把智力劳动划为劳动范畴之后，劳动与社会实践也可以与所有学科挂上钩。由此，就会产生新的问题：每个维度如何评价与占比？这使得我们陷入怪圈而不得出。

解决这一重大麻烦问题的契机来自暴生君教授的一句话："达成学科核心素养就达成了学科育人。"这像一盏强有力的导航灯，明确了前行的方向。现在想来，之前的纠结多么的可笑又可贵。

（二）评价标准模糊，科学性不足

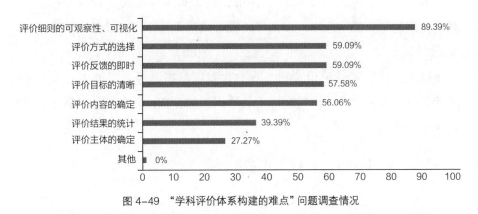

图 4-49 "学科评价体系构建的难点"问题调查情况

在对"学科评价体系构建的难点"（见图 4-49）选择中，全校学术团队 66 人中，共有 59 人选择了"评价细则的可观察性、可视化"，占比最高，约占 89.39%。通过对老师的访谈，4 位老师提道："梳理可观察的评价细则，具有可视化的行为指标是一大难点。因为老师与学生都是独立的个体，具有个体特殊性，很难找到统一的评价细则来对学生进行综合素质评价。"

分析我校已有评价中，不少学科的评价标准指向模糊。如数学组对于"创新能力"的评价指标，是这样描述的：能用操作、画图、文字等方法有序思考并准确地表达自己的想法，经常想出与他人不同的方法。上述提到的"经常想出"，多少次为经常？其界定是模糊的。再如"合作交流能力"的评价指标是这样描述的：乐于和同桌一起合作，有序完成老师布置的任务，乐于分享，认真倾听，并能对同桌或他人的方法和表达进行简单评价、提出建议。上述提到的"乐于"更多是从情感的角度，并没有从完成任务情况的角度设定标准。

评价科学性的不足主要有以下方面的影响因素。

第一，很难将评价内容有机转换为兼具科学性、人文性和可行性的评价指标。评价指标建构本是政策性与人文性非常强的一项创新型工作，具有很强的挑战性、复杂性，这就导致很多老师在学生综合素质评价指标体系的建构中等待、观望，或者在运用上处于应付状态。

第二，缺乏基于证据的科学评价，缺乏对学生成长全程的观察、考察及其问题与成果的收集，以至于阶段性或结果性评价中缺乏真实有力的支持。

第三，评价者的评价意识、观念、态度、能力等方面的专业素养不足，即使是对标评价，也常常由于这些因素的存在，导致评价容易走偏或者处于浅薄状态。

（三）评价内容单一，缺乏全面性

1. 教师对学科组评价量表具有很强信任度

通过此次问卷调查，约占 93.94% 的老师使用了学科组评价量表进行评价（见图 4-50），体现对学科组研究出的量表认可度与执行度。但同时，也需要确定相对更科学、合理的小学生综合素质评价内容。

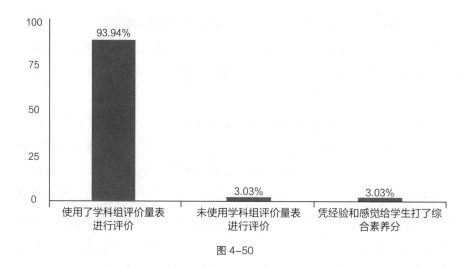

图 4-50

2. 评价内容学科本位较强，对学生情况、国家政策关注相对较少

问卷中关于"您希望的评价内容是根据什么进行设置的？"结果显示，依据"学科核心素养"确定、设置评价内容的占比最大，为 92.42%；依据课程设置，占比 87.88；依据学科组统一要求，占比 81.82%；依据学生真实情况，74.24%；依据教育部的评价要求，占比 57.58%；依据校规班规和年级组统一要求，占比 45.45%。（见图 4-51）

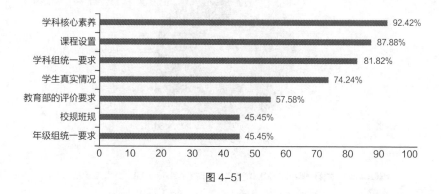

图 4-51

进一步分析上述数据，我们可以发现以下问题。

第一，老师们对小学生综合素质评价确定内容的学科本位较强，也就

是说，评价内容绝大多数来源于学科核心素养和课程标准，评价内容缺少对学生生命素质发展的本质叩问与充分表达，缺少对国家评价政策全面透彻的遵循，缺乏适应本校学生特点的内容渗透，难以全面引导学生综合素质发展。

第二，要将学科核心素养转化为学生综合素质评价的具体内容，难度很大。学生综合素质评价既要充分反映学生学科素养的发展水平，又要重视各方面素养的评价，而且这些素养在现实中往往交融并存。再加上现实中学校还存在学科中心主义的影响，这就使得基于学科素养的综合素质评价操作起来十分复杂，实施难度高。正如访谈时，一位老师提到"因为现在没有相应的指南、文件指导我们学科综合素质评价，所以在我们学科综合素质评价内容体系的构建中，评价内容体系的确定就显得尤为困难。我是以国家评价文件为基本框架，辅以学科核心素养，还是以学科核心素养为基本框架，辅以国家评价政策文件呢？"

3.评价方式较为传统，评价效率不高

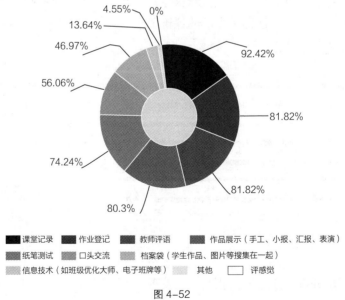

图 4-52

通过对评价方式的进一步分析，研究者发现评价方式虽然呈现多样化特征。（见图4-52）但是评价方式中还是存在如下问题。

第一，评价方式还是比较传统，综合素质评价效率较低。如老师们使用频率比较高的课堂记录（92.42%）、作业登记（81.82%），都是比较传统的评价方式。这类评价缺少智能统整工具，缺少信息化技术手段的即时收集、整理，将导致教师在对学生综合素质评价时的效率较低。正如调查数据显示，能够借助信息技术方式进行评价的老师不多，只占13.64%。

第二，档案袋评价方式使用较少，约占46.97%，不利于对学生整体性、连续性的观察评价。档案袋评价是一种有效、持续的评价模式，对于挖掘学生的潜力，形成学生自我反思的能力以及促进学生个性的发展有非常重要的作用，在实践中起到了很好的效果。

4. 评价反馈不及时，评价时效性较差

在被问及"评价反馈周期"时，做到每天反馈的占比为34.85%，做到每周反馈的老师占比为62.12%，做到每月反馈的老师占比为60.61%，做到每学期反馈的老师为75.76%，做到每学年进行评价反馈的老师为13.64%。（见图4-53）

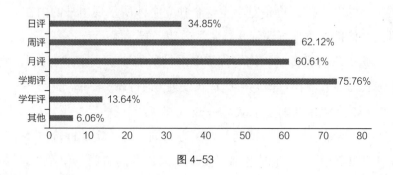

图 4-53

分析以上数据，不难发现，只有少部分教师能够每天对学生进行评价反馈，相比之下，其他教师评价的时效性就不足了。通过日常观察及访谈，分析这一现象的影响因素：①部分老师课堂时间把握不好，自己讲完课后，没有多余的时间用于对学生的综合素质进行评价反馈；②教师的即

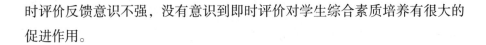

时评价反馈意识不强，没有意识到即时评价对学生综合素质培养有很大的促进作用。

二、指标体系构建策略

整个研究的过程，也是学校工作不断推进的过程。基于学校办学理念，提出总体思路，构建"我校学生发展质量评价方案"。

（一）学生发展质量评价的五个转变

总结我校近十年的实践探索经验，管窥综合素质评价的重难点，坚持公平优质取向，坚持全面可持续成长，关注教育过程的学生综合素质评价发展内涵，拟实现五个转变。

1. 价值取向转变：从"育分"迈向"育人"

目前对学生的评价大多用分数呈现，这是导致部分学生、家长、教师"唯分数论""唯升学论"的主要因素。部分学生、家长、教师甚至牺牲全面发展的机会和时间过于追求"高分"，致使学生综合素质提升不明显。

学生综合素质评价是对学生这个独立个体所呈现出来的内在、有机、互融的整体性素质进行评价 d，它涵盖德、智、体、美、劳等多方面的发展。因此，我们要转变评价的价值取向，从"育分"走向"育人"，要"为学生成长而评"，而不是"对学生成长发展"进行评价。

2. 评价主体的转变：从单一迈向多元

评价小组的成员应坚持利益相关方共同参与，实现评价主体多元化。评价小组由班主任、任课老师、同学、家长共同组成，使学生从不同角度、层次了解自己的综合素质发展状况。

3. 评价内容的转变：由校本构建走向校本化实施

《深化新时代教育评价改革总体方案》以及《义务教育质量评价指南》等具有指南意义的政策，为学校层面对学生综合素质的评价指明了方向，并进一步明确：学科核心素养的达成就是在学科育人。学校经过十来年的探索，评价内容应从校本构建走向校本实施。

4. 评价方式的转变：从传统结果性评价走向大数据的过程性评价

我校以前的评价方式往往由三部分组成：期末纸笔测试、学生在校表现赋分、总结性的评语。在校表现赋分：有的利用证据进行评价（如平时作业、课堂表现、阶段性测评等），有的凭借印象、主观意象进行——但都没有做到特别规范，比如同一年级组出现的标准可能不同。因此，为进一步体现以评促建，为学生的成长而评价，学校将进一步规范评价方式，走向大数据的过程性评价。通过过程性的大数据统计提升了结果的信度、效度。

5. 评价结果的呈现：从量化迈向质性评价

以往学生综合素养评价中，各学科将评价项目分解为若干指标，用分数量化方式评定学生的发展状况。这种"精确"的数字化记录方式确实可以反映学生的某些特质，但存在明显的简单化和表面化倾向。学生发展的生动活泼和丰富性、学生的努力和增值被淹没在一组组抽象的数据和等级中，丢失了教育中最有意义、最根本的内容。

为了进一步体现"用实践育人、在实践中育人"的理念，学校将更充分地运用成长档案袋的质性评价，进行定性的描述，突显学生多方面的闪光点，记录学生的成长过程，淡化定量评价。档案袋包含内容：学生的作品、学生活动过程中的记录（凡参与就记录）、儿童自我评价的记录、教师对学生的指导与评价的记录、家长对学生成长的过程性记录、结果性的学业水平和评语。档案袋也分为电子档案记录与纸质档案记录。

（二）学生发展质量评价基本思路

1. 战略规划

所谓战略规划，指的是要明确学生综合素养评价的方向。

第一，学生综合素养评价的价值取向立足于服务学生，为提升学生发展质量而评价。

第二，学生综合素养评价内容领域指向学生德智体美劳五大方面，即品德发展、学业水平、身心健康、审美素养、劳动与社会实践。评价中注意区分年段特征，应呈现上升进步的趋势。

第三，强化学生综合素养评价中的纪实评价，客观展现学生发展过程，加强对学生活动和学习过程的写实性记录。

第四，增加电子档案袋记录的比例。

2. 系统整合

所谓系统整合主要体现在 4 个方面。

第一，整合评价目标。以评促学、以评促教，促进师生共长。

第二，整合评价相关主体对学生综合素质发展进行评价，做到师评、自评、生评、家长评价的有机结合。

第三，整合评价内容。评价内容以教育部印发的《指南》为依托，以 5 个重点内容、12 个关键指标与 23 个考查要点为基本评价内容，并通过评价相关主体的讨论，进一步确定具体可观察的行为指标。

第四，整合评价方式。做到过程性评价与终结性评价的有机统一，做到量化评价（分数、等级评价）与质性评价（描"素"性评价、纪实性评价相结合）。

3. 个性强化

在遵循国家评价《指南》要求的同时，立足校情、学情，创造性地增减细则。由评价相关参与者共同研讨，慎重决策，转化为可视化行为，从而从观察中获取证据，再进行推理，让校本化评价指标体系具有公信力。学生综合素质评价中的个性强化需要做到三个突出：一是突出校本特色；二是突出学生发展的个性化追求；三是突出证据推理。

4. 规范运作

规范运作是指运行的评价机制和评价制度建设一定要规范科学。学校层面应确定学生发展质量评价的顶层设计，学科组、备课组在充分研讨下，确定评价要点的可观察指标，并进一步确定评价方式，提高学生综合素质评价的科学性和有效性。

三、指标体系校本化实施策略

（一）评价指标完善策略

为体现评价的科学性，学校须紧扣政策前沿信息，深挖已有的研究成果进行借鉴，力使每一个指标有出处，有依据。

以《数学学业发展质量评价细则》为例。数学组总方案中的一级指标有三个：学习习惯、创新精神、学业水平。（参考教育部《指南》）

"学习习惯"的二级指标：听说、练习、操作、预习复习。（参考上海教育界对过程性评价的实践经验总结）

"创新精神"的二级指标：问题提出、方法创新、合作交流、评价反思。（参考我校的市级课题研究"小学生数学问题解决能力评估研究"）如问题提出的三个层级要求：

1. 提出聚焦任务中心的问题。

2. 提出启发深度思考、开放性问题。

3. 提出非常规性问题。

以"方法创新"为例：SOLO 分类理论（见图 4-54）

1. 用基本方法解决问题。

2. 用多种方法、灵活方法解决问题。

3. 寻找到方法间的联系、能优化方法。

4. 进一步迁移、运用方法，解决其他相关问题。

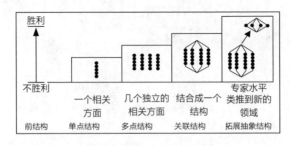

图 4-54 SOLO 分类理论的五种思维层次图

"学业水平"的二级指标：数感、量感、符号意识、运算能力、空间观念、几何直观、推理意识、数据意识、模型意识。（参考课程标准对于"小学数学核心素养"的最新定义）

各水平划分均根据北京教育科学研究院《学科能力标准与教学指南（小学数学）》。

表 4-13

核心素养	单元/版块	水平一	水平二	水平三
运算能力	整体	根据运算法则正确地运算	在理解算理的基础上，根据运算律正确地进行运算	寻求合理、简洁的运算途径解决问题
	《三位数乘、除两位数》	能正确计算三位数乘除两位数	能理解三位数乘除两位数的算理及不同方法间的联系	能用简洁的运算策略解决问题（估算、巧算、计算器）

（二）证据化评价策略

只有基于证据的评价，才能落实评价的科学性。这就需要基于证据推理理论培养证据建设意识，保存评价过程性资料，为评价提供确切依据。

1. 成长册记录

以美术组为例，为体现学生过程性学习，将学生的作品用"美术成长册"的方式，形成学生的过程性评价。（见图 4-55、4-56）

图 4-55　我校六年级 4 班某学生美术成长册

图 4-56　我校二年级 8 班某孩子的美术成长册

2. 活动写实记录

如我校《劳动技能登记表》，要求学生填写自己所做的劳动，并进行阶段性的总结和评价。（见图 4-57）

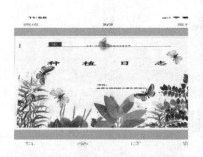

图 4-57　职场体验记录表

（三）自主化评价策略

学生真实完整地经历评价的过程，才能在综合素质评价中优质成长。这一思想的核心是自主评价，也就是学生在教师指导和专家引领下全程参与评价，充分发挥自己在评价中的主体性，从而唤起成长信心，激发成长动能，优化成长路径。

如劳动中，记录收获的自我评价。（见图4-58）

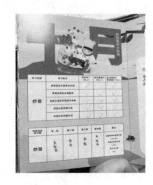

图4-58

如开展班级活动，以时间为线，展开自评、师评、总评。（见表4-14）

表4-14　我校少先队"向国旗致敬"四（9）中队学生活动评价

学号	姓名	活动前		活动中		活动后		总评
		自评	师评	自评	师评	自评	师评	
01	陈泰杨	A	A	A	A	A	A	优秀
02	陈姿诺	A	A	A	A	A	A	优秀
03	杜欣蔓	A	A	A	B	A	A	优秀
04	范煜辰	A	A	A	A	A	A	优秀
05	付塬浦	A	A	B	A	A	A	优秀
06	樊子嘉	A	A	A	A	A	A	优秀

如美术组，在期末总评中，学生不仅要呈现自己一学期的美术作品，还要挑选最满意的作品进行展览，再通过学习态度、课堂参与、创意实践、审美感知、文化理解、艺术表现展开自评、互评与师评。（见表4-15）

表4-15 "桐趣致美"课程架构之基础型课程评价表

_____ 年级 _____ 班

序号	姓名	学习态度 (★★)			课堂参与 (★★)			创意实践 (★★)			审美感知 (★★)			文化理解 (★★)			艺术表现 (★★)		
		自评	互评	师评	自评	互评	师评	自评	互评	师评	自评	互评	师评	自评	互评	师评	自评	互评	师评

（四）融通化评价策略

评价内容、主体、场域充分融通，是满足评价指标及其评价过程完整性的内在要求。应将学科评价与实践评价相融合，校内与家庭、社会评价相联系，实现教师、家长和社区对学生全面真实的评价。融通化评价策略的核心是相关利益方参与评价。

如前面所列举的一样，学生参加国旗下活动，评价主体会由学生、同学、教师、德育部门共同组成，形成评价结果。其结果呈现以写实性记录为准，即发生了什么，记录什么。

职业体验评价主体会有职场提供方、学生、小组同学、家长领队等。

（五）个性化评价策略

适时进行评价结果的个性化反馈与指导，有助于彰显评价的育人功能。这就要求我们科学分析评价结果，适当地向学生反馈，并进行个性化指导，以进一步帮助学生发现自己、激发自己、纠正自己，实现可持续的优化发展。

1.纸质反馈评价

如学科类的作业评价、试卷评价，美术作品的星级评价等。这类评价经常发生。

在研究过程中，产生了新的纸质反馈评价，如给孩子一句悄悄话、给孩子一封信。期末，每位学科老师的总结性评价均通过这类方式进行反馈。

2. 面批式评价

与前面的纸质评价的不同在于，面批式是当面进行批改，并即时用言语等方式指出学生需要改进的地方。这种评价的即时反馈，能迅速捕捉评价者的情绪，即时调整评价语言，及时有效地帮助评价者提升。

3. 面聊式评价

与面批式评价的不同在于，此类评价反馈会根据阶段或在参加活动过程中展开。如学校会要求在半期结束，对学习能力提升度不大的孩子展开谈话。

总之，"为学生成长评价"的体系建构，不以等级、不以分数定位学生成长状态，而是以真实记录学生成长过程为目标，通过见证学生成长，促进学生的自主生长。

国际合作办学背景下小学中华文化传播的课程化实践研究
——以成都蒙彼利埃小学为例

成都蒙彼利埃小学　　唐治国

一、问题的提出

《国家中长期教育改革和发展规划纲要（2010—2020 年）》第五十条明确提出，加强中小学对外交流与合作，推动跨文化交流，增进学生对不同国家、不同文化的认识和理解。加强教育研究领域和教育创新实践活动的国际交流与合作。从国家政策层面强调了国际合作办学中教育研究创新的必要性和重要性。

2019 年 2 月 23 日，我国发布了第一个以教育现代化为主题的中长期战略规划《中国教育现代化 2035》和《加快推进教育现代化实施方案（2018—2022 年）》。教育部负责人就《中国教育现代化 2035》和《实施方案》答记者问中明确提出：我国有独特的历史、文化和国情，有近三千年教育史，积累了丰富的教育经验和智慧。推进教育现代化，必须扎根中国、融通中外、立足时代、面向未来，从我国优秀教育传统中汲取营养，积极吸收借鉴国际先进经验，以新的发展理念和教育思想指导教育现代化。强调了教育的现代化要立足于中国五千年的优秀文化。

2012 年，为了进一步加快四川成都高新区基础教育国际化、现代化、均衡化进程，成都市与友城法国蒙彼利埃市为深化双方的国际交流合作而达成意向，在成都高新区兴建一所小学，为孩子和家长提供优质的教育公共服务，"成都蒙彼利埃小学"（下文简称"蒙小"）应运而生。为了加强文化交流，蒙小开设有法语、英语等课程；经常有国外小朋友到蒙小访问，蒙小学生也经常到国外"研学"。不管是迎进来还是走出去的交流方式，都会涉及一个核心困境：如何立足于中国五千年的优秀文化在交流中传播中国文化，树立文化自信。

蒙小面临的困境只是众多中外合作办学学校文化传播中的一个缩影。近年来随着中国经济的不断壮大，中国文化的不断输出，我们的文化，尤其是传统文化得到越来越多国外友人的认可和喜欢，跨文化的交流也越来越多。欧美一些国家，如美国、法国等对中华文化的重视逐渐加强，越来越多的中小学开设中文课程。中文教学形式、教材使用、师资队伍、学生情况等方面都在逐年提升。不过在中文教学中也存在一些问题，如缺乏优质的中文教材，缺少优秀的师资力量，有的国家甚至还存在学习中文的学生流失情况比较严重等问题。

借用SWOT工具对蒙小的办学现状进行分析，结合相关文献检索发现类蒙小困境的根源有三。（见表4-16）

表4-16　成都蒙彼利埃小学中华文化传播SWOT分析

S – 优势	W – 劣势
1.对外传播优势：与法国、美国、加拿大多个国家的城市建立了稳定、长期的研学互动关系。 2.课程优势：学校设置对外文化传播课程。 3.师资优势：学校教师队伍比较年轻，学历高，第二外语涵盖法语、日语、英语、西班牙语、韩语。 4.学生：基础好，家庭教育环境好。	1.小学中华文化传播课程较为零散，不成系统，各学科各年级没有贯通。 2.课程实施空间不足，国家课程、地方课程开足开齐开好后，校本课程空间不足。
O – 机会	T – 威胁
加强和改进中外人文交流工作，坚定中国特色社会主义道路自信、理论自信、制度自信、文化自信	对外合作学校的不稳定性。

第一，在中外合作办学过程中，对外国学生到我国联谊学校访学、交换、交流期间，中华文化输出不足。无论是高校还是中小学，多是借鉴他国经验，把他国的课程介绍到国内，供国内学生使用，私立学校甚至把课

程高价卖给家长，使中外合作学校成为他国课程在国内推销的"桥梁"。

第二，在中外合作办学过程中，我国本校学生在与外国学生交流过程中有意识地输出中国文化缺乏系统的课程支撑。在中小学国际合作办学过程中，中方儿童以学习对方文化为主，缺失了对中国传统文化的传播优势，儿童缺乏文化自信。

第三，我国中外合作办的小学目前还没有系统地传播中华文化的课程。我国小学生缺乏向外国小朋友自觉传播中华文化的优势，源于缺乏直接向国内外小学生传播我国文化的系统性课程。

简而言之，基于我国当前中华文化教学传播的现状，针对中国小学生，开发符合他们心理特点的给外国小学生推介中华文化的课程，教会他们如何把中华文化传播给外国小朋友（来校交流、考察、访问的外国小学生）迫在眉睫。

二、小学中华文化传播课程的系统构建

小学中华文化传播课程的系统构建，一方面不仅要考虑我国的历史、文化、国情，也还要考虑地方的优秀文化、历史、风土人情；另一方面，课程的构建还要从学校课程系统出发。

蒙小在构建小学中华传统文化传播课程体系时，考虑了学校原有"蒙·享"课程体系，但不是在原有课程体系上做加法，而是在原有体系上做整理，考虑到国家优秀传统文化和地方优秀传统文化因素，沿着构建小学中华传统文化传播的核心素，对内容进行重构、多维实施，最后立体评价的路径，构建了蒙小国际合作办学背景下小学中华传统文化传播的"蒙·享"课程体系，包括"'蒙·享'课程'5C'素养导向目标体系"、"蒙·享"课程——"R–S–E"内容体系、"'蒙·享'课程'SSP–CR–M'实施体系及"蒙·享课程'SSP–CR–M''5C'素养评价体系"。（见图4-59）

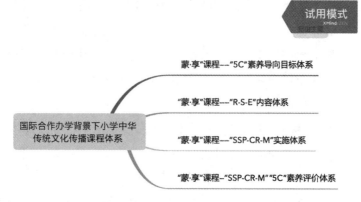

图 4-59 蒙小国际合作办学背景下小学中华传统文化传播课程体系

（一）"蒙·享"课程——"5C"素养导向目标体系

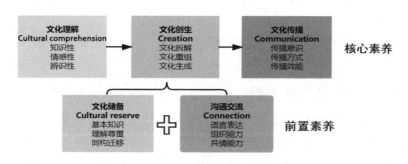

图 4-60 "蒙·享"课程——"5C"素养导向目标体系

中国传统文化传播的"5C"学生素养导向目标体系中分为前置素养和核心素养两大部分。（见图 4-60）

前置素养是指学生在学习中华传统文化课程之前就具备的综合素养，它包括文化储备素养和沟通交流素养。文化储备素养是指学生对国内外文化有一定基础的知识性认知和了解，并能包容和理解其文化差异，能理解和尊重不同文化背景的风俗、行为习惯，并能对文化性现象举一反三、找出共同点，完成思维的"同构迁移"。沟通交流素养是指学生初步具备与他域人员交流的语言能力，并在与其交流时，有良好的组织能力，能进行结构化的表达，最后要能满足沟通之需要，实现共情。

核心素养主要指学生在进行中华传统文化传播时需要具备的素养，它包括文化理解素养、文化创生素养和文化传播素养。文化理解素养是指学生通过对相关中华传统文化的学习，在知识上有认知的提升，并在其学习过程中积极主动、愿意并乐于了解传统文化，最后还能通过学习对所学达到一定程度的辨识理解。文化创生素养是指学生能合理拆解新习得的中华优秀文化，并根据相关主题使之进行重组、生成个性化的文化传播新样态。文化传播素养是指学生要能将创生后形成的文化传播新样态有意识地进行对外传播，并能选择恰当的传播方式进行有效传播。

其素养导向目标模型是课程实施全过程对学生素养培养的目标，亦是其后学生素养增值性评价的标的。

（二）"蒙·享"课程——"R-S-E"内容体系

见图 4-61。

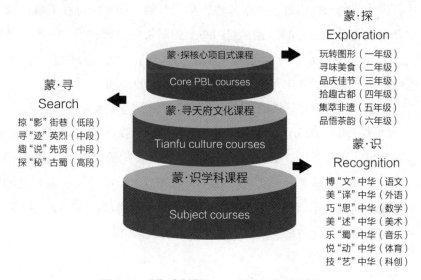

图 4-61 "蒙·享"课程——"R-S-E"内容体系

"蒙·识"学科课程（Recognition-Subject courses）在国家课程校本化的内容体系中，由教师提炼梳理该学科国家课程中的中华优秀文化要素，从学科角度梳理文化传承要素，形成以学科为主线的文化的认知。按相关学科主题形成"蒙·识"学科课程，分别涵盖了语文、外语、数学、美术、音乐、体育、科创七个学科，以拓展学习学科课程中的中华文化为目标，由教师随班、随课开展教学。

"蒙·寻"天府文化课程（Search-Tianfu culture courses）立足寻迹地方文化，以博物馆、老街小巷、历史先贤、红色文化四个主题探寻川蜀文化精髓，完成"蒙·寻"系列课程群：掠"影"街巷、寻"迹"英烈、趣"说"先贤、探"秘"古蜀。根据年龄段按梯度安排推进，将课程与学生生活融通，从四个维度完成对川蜀文化的立体画像，完善对川蜀文化的认知。

"蒙·探"核心项目式课程（Exploration-Core PBL courses）是遵循学生的身心特点开发的项目式课程体系，强调"项目式学习"，尝试全域开放"家校社企"联动，学习周期一般为一个学年，按月推进，属于核心长线课程。我校完成了1-6年级项目制"蒙·探"系列课程群：玩转图形、寻味美食、品庆佳节、拾趣古都、集萃非遗、品悟茶韵。按年级设置主题，以学科整合完成项目式课程的设置，利用一个相对长的时间从驱动问题、项目背景、项目过程（实施）、项目展示四个环节开展学习。帮助学生在探究过程中对该主题下的文化元素形成一个比较全面的认知。

"蒙·识"学科课程是基础，该课程依托国家课程校本化进行文化拓展，随班、随课开展；"蒙·寻"天府文化课程属于进阶课程，使学习与生活融通，通过短期内的活动性课程的开展完成对家乡文化的立体画像；"蒙·探"核心项目式课程是核心长线课程，须在全域开放之下完善该主题下文化的认知。我校通过三个课程群帮助师生形成对中华优秀传统文化的立体多维认知，实现筑基文化自信、讲好中国故事的初衷。

（三）"蒙·享"课程——"SSP-CR-M"实施体系

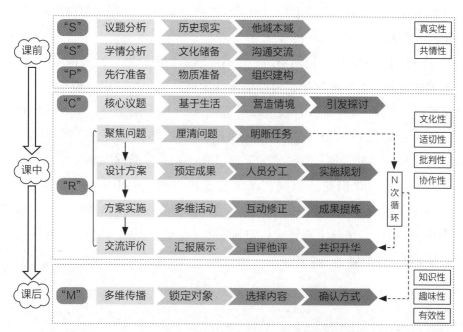

图 4-62 "蒙·享"课程——"SSP-CR-M"实施体系

"SSP-CR-M"实施体系（见图 4-62）指向小学中华优秀传统文化传播的"5C"学生素养，基于学生生活中所发现的中华优秀传统文化中的真问题，以问题解决、思维加工、知识迁移、评价创新、组织协同的循环探究为活动实施过程，坚持知识有新的拓展、技能技法上有新的提升、情感上有新的体验、价值上有新的认同的教学设计模式。

"SSP-CR-M"教学实施体系的特点有：跨时空、生成性、做中学、广传播、立体性、动态性等。课前准备阶段，第一个"S"（subject）是指对议题的分析，即从四个维度——历史之维、现实之维、本域之维（本校、本国情况）、他域之维（他校、他国情况）进行分析，对议题进行全面细致的分析梳理，寻找该议题可以进行中华优秀传统文化传播的突破口。第二个"S"（student）是对学生的分析，指对学生进行已有知识、身心情况等方面的了解和分析、判断。"P"（preparation）是教学准备和教学先行组织的建构，包括物质上的准备，如资料发放与预习，学生小组的组建，等等，以此保障课程的顺利实施。

教学过程中，核心议题"C"（core problem）是来源于学生生活，与传统文化紧密相关的真问题，遵循生活性原则、文化性原则、挑战性（可探究性）原则。教师抛出核心议题，营造解决问题的情境，引导学生进行思考和讨论。"R"（recycle research revise）指多次循环"聚焦问题—设计方案—方案实施—交流评价"的探究过程，遵循问题解决原则、思维加工原则、知识迁移原则、评价与创新原则、组织协同原则。"M"（multidimensional communication）指多维传播，该过程中坚持知识上拓展（知识性原则）、情感上有新的认识与认同（价值性原则）、技能技法上有拓展（技能性原则）三个原则。

（四）"蒙·享"课程 — "SSP-CR-M" "5C" 素养评价体系

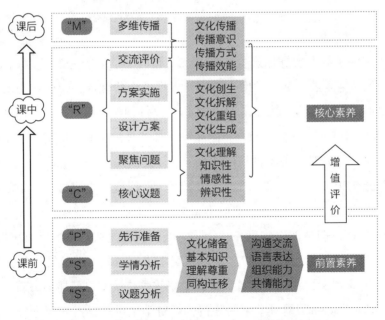

图 4-63　"蒙·享"课程— "SSP-CR-M" "5C" 素养评价体系

"蒙·享"课程——"SSP-CR-M""5C"素养评价体系（见图 4-63）是基于素养导向目标，贯穿整个课程实施过程的评价体系。

前置素养评价：课前的学情分析会针对学生的文化储备及沟通交流素养，通过诊断性评价的方式对学生进行前置素养的摸底。

核心素养评价：是围绕前置素养做的增值培养，围绕文化理解素养和文化创生素养、文化传播素养三个维度开展。课中的核心议题、聚焦问题、设计方案及方案实施阶段重点关注学生的文化理解素养；聚焦问题、设计方案、方案实施及交流评价阶段重点考查学生的文化创生素养。这两个素养的考查主要通过表现性评价的方式进行评价。交流评价及课后的多维传播阶段重点考查学生的传播素养。在该过程中，通过表现性评价与总结性评价相结合的方式考查其语言表达、组织能力、共情能力是否有提升，传播意愿有没有明确增强，传播方式有没有优化，传播效能有没有提升。

前置素养评价是基础，核心素养评价是对文化储备、沟通交流素养进行的一个提升、增值，主要考查学生在对基本知识的认知上面，其知识性、情感性和辨识性是否有所提升；在同构迁移上面，其文化创生的拆解、生成有没有提升。此外，整个过程中会对学生的情况进行记录，形成过程性评价证据链。

基于"核心素养—内容重构—多维实施—立体评价"的课程建构主线，蒙小各年级各学科已开发和打磨出相关主题的小学中华文化传播精品课例群，形成蒙小国际合作办学背景下最主要的小学中华传统文化传播资源包。

三、问题和讨论

蒙小构建的小学中华文化传播课程在实践研究的过程中，还有些许问题待解决，主要体现在课程内容的选择、课程设置课时的协调安排、课程实施过程中参与人员的规培、评价及成果呈现几个方面。

（一）课程内容的科学性和严谨性还需要研讨

中华文化课程内容的建构是否科学、优质关乎育人目标及文化传播能否得以实现的向度。目前蒙小开发的中华文化课程群主要由核心项目式课程、天府文化课程及学科课程构成，课程内容选材的来源涵盖领域广而丰富，但课程内容建设存在各年级课程内容的衔接不够严谨，课程内容呈现重合样态，课程内容表征简单化、单一化，等等问题。因此需要更科学严谨地从全校层面对中华文化课程进行整体规划，增强各个课程、各个年级、各个学科间课程内容构建衔接的系统性，需要立足当下、更新范式，突出课程内容阐发的时代性，拓展其内容表征的生成性，从而提升中华文化课程内容构建的质量，促进学生素养的提升及文化传播的广度与深度。

（二）课程设置在时空上与国家课程的协调

蒙小开设中华文化课程的重要性及目标性极为明确，但由于时空的限制及国家课程的规划设置，中华文化课程设置的满意度则一般。课程设置的合理与否一般涵盖四方面因素：能否反映学校的培养目标；是否有系统的规划，并随时予以更新；是否平衡发展；能否适应个体差异。因此，我们需要发挥学校教育的主导性，以国家课程为依托，充分发掘地方社会资源，以校本、综合实践课程为载体，以构建学术交流平台，助推课程设置的规范化和合理化。

小学数学分层作业设计的策略研究

成都高新区新城学校　潘雪梅

一、研究背景

2019 年备受关注的《关于深化教育教学改革全面提高义务教育质量的意见》（以下简称《意见》）正式发布，《意见》明确指出：深化教育教学改革、全面提高义务教育质量，要面向全体学生，坚持'五育'并举，为学生终身发展奠基。《意见》中强调了教师在教学过程中要面向全体学生，注重学生的个性化发展，因材施教。2011 版《全日制义务教育·数学课程标准》中也明确提出："义务教育阶段，数学课程的基本理念是要面向全体学生，致力于实现'人人都能获得良好的数学教育，不同的人在数学上得到不同的发展'的培养目标。"这也指明教师在教学中要面向全体学生，重视差异，实现全体学生的发展。

作业作为教学工作的延续，是教师教学工作的重要环节之一。好的作业设计对学生课后巩固知识、培养能力起着至关重要的作用。教育部早在 2000 年就规定小学一、二年级不留书面作业，中高年级倡导丰富作业类型。但现实中教师布置的作业却仍存在诸多问题，主要表现在：实践少、创新少、选择少。这样的作业设计，限制了学生个性化与全面发展，对教育教学质量的提高有极大的负面影响。

基于以上思考，本研究以目前小学数学作业设计中存在的问题为抓手，探索小学数学分层作业设计策略，以期给教学工作者设计作业提供一点启发。

二、小学数学作业设计存在的问题

为了解目前小学数学教师在作业设计中存在的问题，笔者访谈了成都高新新城学校不同教龄的 10 位数学教师，从作业的布置方式、作业的来源及类型、分层作业设计的意义、分层作业设计的策略、分层作业设计的问题等方面进行分析。

（一）访谈结果分析

见表 4-17

表 4-17

访谈主题	访谈问题	访谈结果
作业的布置方式	1. 您在布置作业时采取的方式是什么？您认为目前的作业布置方式是否会影响学生的发展？	8 位教师采用了"同一"作业的布置方式；2 位教师偶尔根据学生的综合表现、测试情况等，分类布置作业。10 位教师都认为"一刀切"的方式不利于学生的个性化发展，尤其是"两极"的学生。
作业的来源及类型	2. 您布置的数学作业主要来源于哪里？类型有哪些？	6 位教师采用课本及配套练习册的作业；3 位教师还会从教辅资料中筛选一些思维拓展题；1 位教师会根据内容，结合生活实际，灵活设计与布置作业。
分层作业设计的意义	3. 您认为有必要对作业进行设计吗？分层作业对学生学习是否有帮助？	10 位教师都认识到分层作业的重要作用及其对学生学习的助力。
分层作业设计的策略	4. 如果设计分层作业，您主要会考虑哪些方面？	1. 根据学生的综合测试成绩对学生分层。 2. 根据作业难度、作业量设计分层作业。
分层作业设计的问题	5. 在分层作业的实施过程中，您觉得遇到的最大问题或者阻力是什么？您觉得可以怎样解决？	1. 学生分层标准不确定； 2. 从哪些方面进行作业分层； 3. 作业的不一致性，导致评讲难度大； 4. 缺乏操作经验。

（二）小学数学分层作业设计中存在的问题

根据访谈分析结果，结合笔者小学数学的从教经历，总结小学数学分层作业设计主要存在的问题集中在以下几方面。

1. 教师有想法，无行动

教师能认识到"传统作业方式不适合学生的发展，有必要分层设计作业"，但迫于时间等因素影响，很少精研作业、设计作业。

2. 作业类型单一，来源固化

大多数教师的作业仅仅局限于教材及配套的练习册。然而这类习题多偏于巩固新知，少拓展思维，类型单一。

3. 分层标准不清

无论是学生分层，还是作业分层，教师都带有一定的主观因素影响，缺乏一些"分层"的理论指导。

4. 学生管理困难

学生分层后，必定要对学生进行分层管理。如何更好地照顾他们心理，也是教师必须要思考的问题。

5. 作业讲评困难

分层作业，必定要分层讲评，没有可操作的作业评讲模式作业的评价方式可供借鉴。

三、小学数学分层作业设计的策略探究

结合小学数学教师在分层作业设计中存在的具体问题，笔者主要从学生、作业以及讲评三个方面对小学数学分层作业设计的策略进行探究。

（一）关于学生

1. 动态分层

学生个体间的差异性决定了学生的分层不能采取"一刀切"的方式，而是要采用灵活、动态的方式。分层的标准将直接导致分层的结果。本文主要从学习成绩、学习能力、学习态度三个维度对学生进行分层考量。

（1）学习成绩分层：单元测试某种程度上可以为学生分层提供参考。

因此，可多进行几次测试，综合几次测试情况进行总体考量，将学生按照优、中、差三级分层。

（2）学习能力分层：每个学生对新知识的接受能力是有所不同的，因此可以按照学生的学习能力进行分层，分为能灵活运用知识解决问题、能理解掌握知识、不能理解基础知识三个层次。

（3）学习态度分层：学习态度一般由情感、认知和行为意向三个方面构成。可以根据学生的学习态度进行分层，分为学习态度主动型、学习态度消极型、无所谓型三个层次。

通过一段时间对学生学习状态的观察、学习能力初判，结合几次针对性的测试，综合考量，将学生分为A、B、C三层。其中C层次的学生基础比较薄弱，理解能力差，态度消极；B层次的学生基础不错，能够理解基础知识，但是思维发展性较差，不能灵活运用知识解决简单问题；A层次的学生基础比较好，接受能力很强，学习主动，思维比较跳跃，能够灵活运用知识解决复杂问题。

另外，确定好分层后，要考虑其动态性。一方面，学生的发展存在阶段性，即便同一年级，其发展也可能不同；另一方面，每个学生对每个知识的理解水平也不尽相同。因此，在对学生进行综合素质分层后，要定期对A、B、C三类学生的人员进行再评估，调整分层结果。

2. 异质分组

不同层次学生作业的不一致性，无疑给教师评讲作业增加了难度，若仅仅靠教师讲评，显然不太实际。因此教学中，可将学生进行"异质"分组，此处的"异质"主要以学生的分层为标准，即同一组内的学生必须包含A、B、C三个层次的学生，发挥学生"小老师"的作用。实践中，根据班级座位安排（小学阶段一般2人一桌），同时考虑到学生参与度（尽量人人参与）等情况，可采取4人一组的分组模式，其中A、B、C层次的学生比例为1：2：1。

（二）关于作业

1. 整合知识

小学数学教材（北京师范大学出版社教材，下文简称"BS版"）中，每册的知识基本都包含了数与代数、图形与几何、概率统计、数学好玩四个板块的内容。根据学生的认知发展规律，每个知识分散在不同的年龄段，每个单元知识都根据最低水平进行了课时分布，甄选相应的课时作业，便于所有学生的理解与掌握。但对不同层次的学生而言，其需求的教学课时不同，相对应的课时作业也有所不同。比如，小学数学五年级上册的小数除法，教参给出了6个参考学时，对应6课时的作业设计。这样的课时作业设计能够满足所有学生对基础知识的理解与掌握（基础线），但对A层次的学生而言，可能会出现"吃不饱"的现象。

为此，教学前，教师要深入研究教材单元知识体系，了解知识之间的前后联系及练习的意图，适当对部分单元知识进行整合。比如，小数除法单元，C层次学生可设6课时作业（基础），B层次学生可整合设5课时作业，A层次学生整合设4课时作业，B、A层次学生的多余课时则适当拓展一些思维题或者有助于下一课知识学习的作业，使A层次学生有所发展，C层次学生能够巩固所学。

2. 丰富类型

传统的作业重在对课本知识的巩固练习，对学生发散思维、批判性思维、缜密思维等发展的帮助相对较弱。多元智力理论启示我们，每个学生都拥有8种不同的能力，而每种能力的发展水平也各不相同，这也决定了不同学生对不同类型的知识的理解层的不一致性。因此教师在设计数学作业时，需要根据学生智力水平的不同，选取不同类型的作业，让学生在不同类型的作业中获得智力的发展。

比如，教师在设计数学作业时，可以根据小学数学教材内容适当考虑下列作业类型：生活类作业（制作圆柱形笔筒、绘制自家平面图、去超市了解物品的容积与体积等）、阅读类作业（阅读数学绘本、数学文化、数学名人故事、有趣的数学问题等）、探究类作业（如何推导三角形的面积计算公式、探究圆柱体积与圆锥体积的关系等）、反思类作业（写数学小论文、数学日记、绘制单元知识的思维导图等）、操作类作业（设计美丽的图案，录制分享视频、制作数学小模型等）、开放性作业（制作方案调查小区花圃的面积）……。通过完成不同类型的作业，让学生的不同智力得到发展。

3. 分类处理

（1）基础知识，数量分层。小学阶段，大部分数学知识比较注重对基础知识的理解，从教材编排或者试卷设置来看，都有明显体现。对于基础知识，不同层次的学生的学习要求基本是一致的，重在理解掌握。但不同层次的学生对基础知识的熟练度、完成率等却存在极大差异，因此不能用统一标准要求所有学生。为了让不同层次的学生充分练习和自由发展，教师在设计基础知识的作业时，可以进行量化分层。比如，计算类作业可以设计 20 道题目，相同时间要求 C 层次学生至少完成 14 道，B 层次学生至少完成 17 道，A 层次学生全部完成，最后通过各层次的规定标准，核算正确率，分层量化考核，从而达到提升学生计算能力的目标。

（2）同类知识，难度分层。不同层次的学生，对同类知识（区别于基础知识，主要指重难点知识）的理解层必然存在差异。因此，教师必须重视这个客观事实，找准学生的最近发展区，设计难易层级不同的作业。针对学生的三级分层，对应的作业可以设计基础型作业、巩固型作业和拓展型作业。比如，求圆柱体的体积或表面积的作业，根据难易程度可以进行如下设计。

C 层：计算下面圆柱（见图 4-64）的体积。主要巩固圆柱体积公式，加深理解。

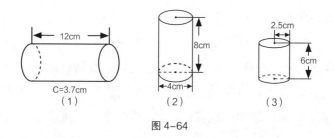

图 4-64

B层：一根圆柱形木头长1.8cm，现将它沿着垂直于高的方向锯成三小段，且每段长0.6cm。它的表面积增加了25.12cm²。求这根圆木的表面积和体积。主要理解公式之间的关联性，解决简单的实际问题

A层：某种圆柱形（不包括瓶颈）的红酒瓶，它的容积是5L，其中装有一些红酒。当它正着放时，红酒的高度为30cm；当它倒着放时，空余部分的高度为6cm（见图4-65）。请问瓶内现有红酒多少升？主要在于整体把握公式，灵活运用公式解决复杂问题。

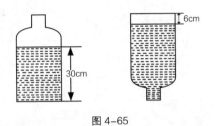

图4-65

（3）开放问题，类型分层。由于家庭环境、教育等因素的不同，每个学生的智力发展存在不同，因此他们对各个领域的知识存在认知水平的差异。因此，可以根据不同层次学生对不同类型知识的熟练掌握进行不同类别的作业分层设计。C层次作业主要以实操性为主，B层次作业主要以逻辑分析为主，A层次作业主要以推理、综合概述为主。比如，绘制校园平面图，可以进行如下要求：

C层：挑选合适工具，对校园各建筑进行实际测量，收集数据。

B层：选用合适图表，整理数据，并进行初始分析，初绘平面图。

A层：选择适宜比例尺，处理数据，并进行数据合理化分析，修正平面图。

4. 作业分层

笔者选取了小学数学六年级下册"圆柱与圆锥"单元内容，对BS版和人民教育出版社教材（下文简称"人教版"）的相关单元习题进行了简易对比，并根据分层作业的理解，进行"圆柱与圆锥"单元作业设计。以下是本单元习题的比较（见表4-18）。

表 4-18

内容	知识点	习题		训练意图	训练目的
		BS 版	人教版		
图形的认识	1. "点线面体"之间的关系	P3(1) P4(6)	P18(2) P35(2)	"面与体关系"了解圆柱圆锥	掌握简单平面图形"旋转"结果
	2. 圆柱与圆锥的特点	P3(2) P4(3)	P35(1)	了解圆柱与圆锥的特征	正确描述圆柱与圆锥的特征
	3. 圆柱与圆锥各部分的名称	P4(4) P4(5)	P18(1) P32(1)	了解圆柱圆锥各部分的名称	正确认识圆柱圆锥各部分的名称
圆柱的表面积	1. 圆柱侧面展开图及侧面积	P6(1) P7(8)	P22(2) P23(12,13)	理解展开图与圆柱的对应关系	掌握圆柱侧面积的计算方法
	2. 表面积公式的直接应用	P6(2)	P23(1，6)	掌握圆柱表面积的计算方法	巩固圆柱表面积的计算方法
	3. 实际问题求圆柱表面积	P6(3-5)	P21(1) P22(2) P23(2-5,7) P24(8-11，13)	正确理解表面积的含义并灵活应用	根据实际，体会圆柱表面积的多种变化
	4. 实践问题	P7(7)	无	根据实际，收集测量数据，制作模型	进一步理解圆柱特征、表面积等
圆柱的体积	1. 圆柱体积公式的直接应用	P9(1-3)	P28(1,6)	掌握圆柱体积的计算方法	巩固圆柱体积公式的计算方法
	2. 实际问题求圆柱体积	P10(4-7)	P25(1-2) P26(1-2) P27(1) P28(2-5) P29(7-14)	运用转化、类比等思想解决问题	运用圆柱体积公式解决实际问题
	3. 实践问题	P10(8-9)	P30(15)	经历活动，发展空间观念	提高估计能力和动手实践能力

内容	知识点	习题		训练意图	训练目的
		BS 版	人教版		
圆锥的体积	1. 圆柱与圆锥体积的关系	P12(1) P12(6)	P35(4-5) P36(9-10)	了解不同情境下某一元素的倍比关系	进一步理解圆柱体与圆锥体积之间的关系
	2. 圆锥体积公式的直接应用	P12(2)	无	掌握圆锥体积的计算方法	巩固圆锥体积公式的计算方法
	3. 实际问题求圆锥体积	P12(3-5)	P34(1-2) P35(6-8)	灵活运用圆锥体积公式解决问题	加强对圆锥体积公式的理解
	4. 实践问题	无	P36(11)	经历活动过程，会数学与生活联系	认识圆柱类容器，初步会用

通过对 BS 版教材和人教版教材"圆柱与圆锥"单元习题的对比，发现两个版本习题主要存在以下特点。

（1）关注每一个学生基本学习目标的达成。每小节内容结束会涉及一两个带"？"或带"*"的习题，对部分学生有一定难度。

（2）两个版本习题很有针对性，根据每个知识点设计了相应的习题。在量上，人教版习题相对更多。

（3）注重对公式的直接使用，两个版本的习题都涉及到了"识图"求圆柱、圆锥表面积和体积的习题，关注学生的"图文"识别能力。

（4）关注学生对公式的理解应用，比如计算通风管、商标纸、帽子等表面积，计算杯子容积，计算蜂窝煤、石块、空心钢管等体积，测降雨量等。两个版本都涉及较多解决实际问题的习题，相对而言，人教版习题量更大、内容更广。

（5）注重学生动手实践能力的培养，每个内容结束基本都有实践问题，基本与测量计算有关。

（6）两版本的大多数习题是"一题一问"，很少习题是"一题多问""多梯度"。

结合单元教学内容和教材习题的特点，笔者认为本单元分层作业可从计算、运用、实践等方面设计，具体方案如下。

　　①加强公式的直接应用，从量上分层，规定时间内完成一定量的习题，不同层次的学生目标量不同。可参照设计圆柱及圆锥的体积公式的直接应用（见图 4-66）。

计算圆柱的表面积

1. 求圆柱的表面积

（1）r=1cm，h=3cm，求 $S_表$　（2）r=2cm，h=5cm，求 $S_表$　（3）r=3cm，h=9cm，求 $S_表$

（4）d=10cm，h=7cm，求 $S_表$　（5）d=7cm，h=5cm，求 $S_表$　（6）d=36cm，h=20cm，求 $S_表$

（7）c=6.28cm，h=10cm，求 $S_表$　　　　（8）c=15.7cm，h=6cm，求 $S_表$

（9）c=25.12cm，h=15cm，求 $S_表$　　　（10）c=314cm，h=25cm，求 $S_表$

2. 求立体图形的表面积

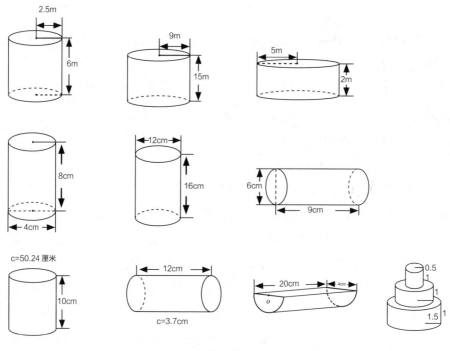

图 4-66

　　②设计具有梯度性的问题，让不同层次的学生都有思考，得到发展。

圆柱的体积（二）

1. 求圆柱的体积
（1）把一个棱长为 8cm 的立方体木块削成一个最大的圆柱，求圆柱的体积。
（2）把一个长 6cm、宽 6cm、高 10cm 的长方体木块，削成一个最大的圆柱，求圆柱的体积。
（3）把一个长 6cm、宽 8cm、高 10cm 的长方体木块，削成一个最大的圆柱，求圆柱的体积。

2. 一根圆柱形原木长 1 米，底面直径是 4 分米
（1）这根原木的体积和表面积是多少？
（2）若把原木锯成 4 段，表面积增加多少？
（3）若在原木中间锯一个底面直径 1 分米的洞，现在原木的体积是多少？

3. 一个圆柱形的容器从里面测得底面直径是 4 分米，高 7 分米，现在其中盛有一些水，水高 5 分米。
（1）若将一个石块浸没入水中，水面提高 2 分米，求石块的体积。
（2）若将一个球的五分之四浸入水中，水面提高 1 分米，求这个球的体积。
（3）若将一个边长是 3 分米的正方体放入木中，是否有水溢出？若溢出，溢出多少？若没溢出，此时距离容器口多少分米？

4. 探究面积相等的长方形纸，卷成圆柱，哪种情况下圆柱的体积最大？哪种情况下圆柱的体积最小？(举例)

③设计开放性、合作性的实践问题，让不同层次的学生有不同任务，得到共同的发展。(见图 4-67)

实践活动（三）

1. 在下列问题中，选一个进行操作。
（1）找一个圆柱形的物品，计算出它的体积。
（2）设计一个方案，测量一枚五角（一角）硬币的体积。
（3）设计一个方案，测量一块石头的体积。

2. 生活中，我们经常能看到各种模型。我们在可爱思维校园已经生活了 6 年了，在毕业前夕，给母校留一张大家亲手制作的校园模型吧。
任务要求：小组合作，设计方案，分工明确。

图 4-67

（三）关于讲评

1. 组内交流互评

每四人小组中，轮流讲评自己的作业：A 层次同学给 B、C 层次同学讲，B 层次同学给 C 层次同学讲。经过一轮组内交流后，如果还存在问题，学生可以进行组与组的交流，将学习交还给学生，教师负责答疑解惑。小

组交流的过程中，不同层次的学生轮流充当"小老师"的角色，在各自擅长的知识领域帮助同组其他同学，从而达到面批面讲、面批面改的效果，让学生进一步理解知识、掌握知识、内化知识。

2. 教师全面审查

教师是学生学习的引领者、监管员，适当时候要给予学生必要的指导，因此必须清楚了解每个学生的学习状况。学生组内或组组之间进行交流后，并不意味着教师评改作业的结束，而是开始。课后，教师可以分层次收齐每个学生的作业，全面审查 A、B、C 每个层次学生的作业情况。一方面，掌握不同层次学生对知识的学习理解情况，及时调整教学计划；另一方面，了解学生的学习态度、学习能力等，做好相应的学习成长记录，方便后期更加准确地更新学生的分层。

3. 分层多元评价

作业进行了分层设计，相应的作业评价也应进行分类的处理，即不同层次的学生根据学习目标的不同用不同标准来评价。比如，培养计算能力时，规定时间内要求学生完成 20 道计算题。对于思维比较敏捷的学生而言，评价标准可以是 20 道题的正确率；对于基础较差、反应较慢的学生而言，评价标准就要降低，比如 14 道题的正确率。

除了分层分类评价外，教师还要考虑评价的多元性，规避只看一个数据或者符号而下定论的倾向，而是要采取多元评价相结合的方式，发挥教育评价的激励性功能。

（1）定性评价与定量评价相结合。即对学生的评价既要有数据的量化评价，又要结合实际，有对学习态度、学习进度、学习行为等的描述性的语言评价。

（2）绝对评价与相对评价相结合。即对每个学生的评价，既要有学生的自我审视的评价，也要有同层次内的相互性评价。

四、小学数学分层作业设计中应注意的问题

（一）学生的心理变化

埃里克森的个体心理发展理论将人的心理发展分为 8 个阶段，其中第 4 阶段，即学龄期（6—12 岁）。这一阶段学生发展的主要任务是获得勤奋感和克服自卑感，这两者的并存也构成了本阶段学生学习的危机。而学生分层的具体化、可视化，也将触发学生学习的危机。如 C 层次的部分学生，由于长期处于较低层次而产生自卑感，B 层次的部分学生因勤奋无进步而产生挫败感，A 层次的部分学生因一直领先而产生优越感。但是无论何种心理变化，这都将对学生克服学习危机、获得个人发展产生不利的影响。因此，在确定好学生的分层后，教师必须特别关注学生的心理变化和情绪——尤其平时就有心理负担的学生，引导他们正确认识自己所在的层次，鼓励他们，让动态的分层方法成为激励他们前进地动力。

（二）教师的分层教学

教师的教学工作一般由备课、上课、作业、课外辅导以及学生评价 5 个基本环节组成。各个环节都是按先后顺序，前后环连、有机组合的，任一环节的调整，必将引起其他环节的"统调"。作业的设计与布置仅仅是教师教学工作中的某一个环节，对作业进行分层设计与分层实施，必然引起其前后环节的连锁反应，做出各环节的相应调整。因此教师分层设计作业时，应从总体上考虑分层设计，即分层备课、分层教学（分层提问、分组互动、分层练习……）、分层作业、分层辅导、分层评价，从而让不同层次的学生都能够达到"跳一跳就能勾着果实"的成就感，实现个体的全面发展。

（三）知识的分段设置

数学是图形与数量关系的总和，其具有高度的概括性、抽象性，也因

此导致了学生学习它的困难性。基于小学生的身心发展规律和数学知识的特点，小学阶段，很多知识的学习都进行了分段组合学习，比如分数、比赛场次。不同阶段的学习，对学生所要求达到的学习目标也是各不相同的，即相同知识在不同的学习阶段已经存在了层次化的学习要求。因此教学前，教师必须从大局出发，精心研究小学1—6年级12册数学书中每个知识点所要求达到的学习目标，再针对阶段学习目标，进行阶段层次化设计。

课程视阈下"教师三力"发展的专业发展校本研究

成都教育科学研究院附属学校　岳国忠

引　言

"九义校"在本区域一度被"另眼相看"。我校于 2017 年 9 月开办便顶着巨大的"问号"。要实现办学突围，压力巨大。难以沿用或套用"九义校"的传统办学模式和办学理念，必须在制度顶层设计、学校育人方式上蹚出新路探索变革。受政策限制，教师来源、层次、专业水平存在较大差异。要承担学校办学使命革故鼎新，在教师专业发展上必须找新路，辟新径，勇变革。

我们尤为重视学校顶层设计，整体构架了"三层六类课程"体系，在此指引下建构了以"智达学力课程"和"德馨品德课程"为支柱的"立人课程"体系，将学生成长、教师发展整体融入，设计开发相关课程内容。经不懈努力，我校确立了"九义校"发展新样态，办学规模扩张近 10 倍，已成长为百姓心目中信赖的家门口的好学校。

一、课程赋能激发教师发展新活力

（一）赋还两类"新"教师发展的"新活力"

如何焕发新入校、有经验的成熟教师的专业生机？如何引领初入职大学生准教师入格并促进其快速而专业地发展，以胜任学校教育教学之需？经反复研究，我校聚焦"课程视阈"发展教师专业，通过有序建构校本课程，选择代表性学科试点整合融通，引领这些学科教师边学习边实践，边总结边提升，于行动中发展其专业素养，获取专业发展之必备能力，促进专业素养发展有高标。

有效实施学校课程离不开教师的专业化成长与发展，教师专业化成长与发展又会反哺学校课程的整体实施。而区域教师专业发展常态常模中，对新入职教师的培训多聚焦中观甚至宏观层面，多强调作为区域教师的职业身份的"通识"，解读区域教育的定位与发展目标与国家教育方针政策，规划描摹教师职业愿景，指引教师入职后的区域发展定位，等等，鲜少关注教师专业成长路径的微观、个性化层面的定位。

查阅文献发现，对新教师专业成长，就基本意识、基本环节、专业意识的觉醒、有效途径、创新校本培训模式、校本进修的实施策略，以及新教师专业发展的思考较多；或立足于某一具体学科或某些教师成长的个案探讨引领新教师专业成长的较多；将新教师专业成长置于课程视域，从教师校本培训角度探究成长路径、精炼成长校本策略的研究整体上偏少，新教师专业成长中的"课程意识"与时代发展适切度不强，有值得探讨的空间。

（二）新教师专业成长过程中普遍存在"一重三轻"

1. 重新入职教师教学基本业务意识而轻课程意识

作为专业技术人员，重视教师专业素养天经地义。但在培训学科教学方面，大多重方法介绍、策略操练，多强调学科课堂教学方法策略，重精熟所教学科教材内容，重传授学科知识、指导学科方法、考试技巧、作业布置、批阅讲评，等等。缺乏课程意识整体牵引，较少以结构化的课程意识引领教师打破学科专业壁垒，追求学科视阈内的学科教学融合，难以站在课程视野高位宏观体认所教学科在整个课程框架体系内的育人效能。学科教学多注重所教学科本位、学科知识甚至得分意识，缺乏对所教学科在促进学生综合素养形成过程中的学科价值的宏观观照，缺乏与周延学科、关联学科育人效力的有机整合，只见树木，鲜见或难见森林。

2. 重习得教学之"术"，轻探寻"课程"之"道"

培训虽有理论渗透，但日常更重习练学科教学之"术"而忽略追寻学科教学之"道"。实践"教什么"和"怎么教"较多，探寻"为何教""为何这样教""这样教的效果怎样"等意义价值较少，不能于课程整体设计中去挖掘并系统建构学科教学在整个课程育人文化体系中的价值，学科教师缺乏整体一盘棋的系统合作。

3. 重校本研培训模式的实施策略，轻"课程建构"对新教师专业发展的专业引领

查阅文献发现，教师专业成长、发展基本"要素"常式如下表4-19：

表4-19　教师专业成长、发展基本"要素"常式

发展方式	价值意义
终身学习	教师专业发展的前提保证
行动研究	教师专业发展的基本途径
教学反思	教师专业成长的必经之路
同伴互助	教师专业成长的有效方法
专业引领	教师专业成长的重要条件
课题研究	教师专业成长的有效载体

（三）新教师专业成长中的"课程意识"与时代发展适切度不强

时代语境中，教师作为实施变革主体，理应由立足具体学科发展其学科专业专项转向立足课程视域，通过课程建构发展专业素养之全域，强化教师专业发展之专业动因。

（四）夯实课程建设，引领学科专业发展，追求"教"有全局

建构顺应时代新需求的发展路径。教师为专业技术人员，专业之人应担专业之责，专业之人应谋专业之事。立足课程视阈，通过课程建构这一专业的方式发展教师专业素养，需系统设计整体推进。需立足校情实际的

校本课程建设，于过程中不断建构（新）教师专业成长路径，总结并精炼培养策略，顺应时代发展下新的人才观对育人方式大变革的崭新要求。

二、教师专业成长必须立足课程视野，着眼专业发展

（一）体认教师专业发展基本内涵

教师的专业成长与发展是指教师作为专业人员，在专业思想、专业知识、专业能力等方面不断发展和完善的过程。"教师的专业成长与发展，首先已经将教师定位为'专业人员'，其成长与发展是专业的；教师的专业成长与发展，强调了教师是潜力无穷、持续发展的个体；教师的专业成长与发展，要求教师成为学习者、研究者和合作者；教师的专业成长与发展，要求教师具有成长的自觉性与发展的自主性。"教师作为专业技术人员，理应遵循专业技术人员的成长路线专业地成长。

而扎根校本课程建设实现教师个人或团队专业成长，更是聚焦其职业生命的本真内核的内涵式发展。教师对专业的自觉成长与自主发展，是对其专业负责的体现，更是对其职业生命负责的体现。应发展教师个体的个性和特长使其潜质得以充分发挥，成长为具有独特气质和个性特点的成熟、成功教师。

新教师专业成长是从新手型教师向合格甚至专家型教师跃进的过程；是新教师上岗后从"学生角色"向"教师角色"转变，由"学习者"向"教育者"转变的必然要求；也是虽成熟但到新环境的"老教师"面对新岗位挑战所要做出的转型的必然要求。

（二）摸底学校教师专业发展短板，思考突围方向

通过问卷、座谈、观课等系列活动了解全体新进教师专业发展实际水平，问诊短板，引领其专业突围方向。发现绝大多数教师对如何体认新学校的办学理念和育人追求，如何在保持既有专业个性特色基础上，更好地

接纳并焕发适应新学校需求的专业水平等专业发展问题上存在问题——对新学校所倡导的以"课程"建构引领专业成长的理解和体认严重缺失；专业认知有局限，对"课程"认知、课程建设、课程实施、课程评价等方面的认知不够清晰，急需学习相关知识；专业理解有缺陷，对所教"学科"和"课程"之间的关系梳理不清，对立足自身学科开发、建构课程无所适从，对课程实施无章可循，对课程实施评价更是随意率性。

教育的时代发展需求催促新教师主动顺应，积极适应，主动改变育人观念，转变育人方式，立足课程视域，在课程视域中实现专业成长。

（三）赋还教师作为课程载体之专业职能，规划专业成长路径

高效实施课程离不开教师。教师作为课程最主要的开发者、实施者和评价者，本身已成为课程一部分；其课程开发、实施和评价等能力已成为"课程"中不可或缺的一部分。作为专业技术人员的教师，只有在课程实施中成长才会使成长更加具体，才能使自身更加专业。只有从单纯的"学科"育人走向"课程"的综合实施育人，才能真正实现教师个人专业综合成长，而非仅仅是积累教育教学经验、提高学科教学水平。

我校探索规划教师专业成长路径，追求"课程"意识牵引下教师教书育人的全局观，立足课程视阈着力强化新教师所普遍缺乏的三种能力：课程理解与建构力、课程开发与实施力、课程评价与再生力。（见图4-68）

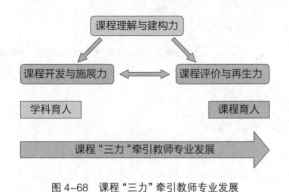

图4-68 课程"三力"牵引教师专业发展

三、培育教师"三力"，追求教有高位优品

（一）教师"三力"的学校理解与校本表达

教师"三力"指"课程理解与建构力、课程开发与实施力、课程评价与再生力"。以教师"三力"培育撬动学校课程建设，促进教师专业发展向上，生命成长向善向美；学生学业发展向上，生命成长向光致远。

通过国家课程的校本化实施不断优化教师尤其是新教师的教师专业学习方式结构，以具有教师专业发展内在品质的研究性学习为基础，带动教师接受习得性学习，促进教师专业良好发展；开展丰富而有层次的校本课程建设主题活动，校内学科组、备课组、年级组展开日常教学研究，广泛借助外力资源开展互访互动，依托各级教科院、学科名师工作室等机构和平台，采用"跟岗跟训""师带徒""项目式研究""1+X"互助组等发展等方式，内开源自立、外借力启智，积极推进校本课程建设，增强课程意识，丰富课程思想和育人体认，发展新教师的专业。

（二）追求教师"三力"发展的校本意义

1. 促进教师角色转变

以国家教师专业标准为导向，通过校本化解读和实施，探索学校新教师专业成长的校本化实施路径。

2. 引领专业发展对标

确保教师专业"入格"并逐级"升格"。为评价新教师成长提供评价指南与样态标准，引领新教师对标课改实际和课程建设要求，使之专业成长有品质、专业发展有品相。

3. 不断精炼培育机制

不断提炼并完善学校新教师专业素质评价指标，探索立足课程视阈发展新教师专业素养的校本研培机制，为学校育人文化的内生提供有力支撑。

四、学科融合 探索新模式

（一）学科融合，探寻课程建构新路

依托《基于学科融合的研学旅行校本课程开发与实施研究》这一项目开展跨学科学习，于语、政、史、地、生、信等学科之间求学科思维、方法、核心能力、实践方式等方面之"异同"；学科教师于学科组内深度研究，打破不同学科组之间的壁垒，开展聚焦课程教育目标，适切学生年段、紧扣研学场域教育特质的主题研学，开展"跨学科"学习设计和课程建构，促进教师课程开发能力提升，有序培育并提升教师的课程执行能力。参与研究三年，教师促进了课程理解与建构力、课程开发与实施力、课程评价与再生力的提升；学校初步建构了立足课程视阈，依托课程建构，促进教师专业素养发展的基本模式。

（二）转变教师观念，挖掘课程要素，实现学科课程的大融合

实际上，教师"三力"普遍缺乏：学科教师对渗透学科知识、育人素养等核心要素于研学过程之中的相关前置学习不力，对研学场域的教学价值挖掘不够，对教学场域的教学情景考虑不周，对研学全过程各环节的育人目标聚焦不准，导致"研""学""行"三者难以有机协调、互促共生。为此，我们尽可能创造从课内到课外的教学情境，引导各学科教师深研课程标准，挖掘学科核心素养，据研学所选线路各游历点的人文习俗、历史内涵、自然环境、交通设施、水文地貌、生物种群等等基础条件，结合各学科核心知识、能力，挖掘相关场域中的育人内涵，开发场域课程，选择适切活动场域的教学活动的形式和载体，将课堂从"静态"时空的传统教室搬到大自然、博物馆、科技馆、动植物园、名胜古迹等空间之中，让学生于游历体验中且行且学、且学且行、思行合一、学思结合，实现其"脑动、手动、情动"，将课程知识融会贯通于游历体验实践。

（三）转变教学方式，增进教师的课程评价与再生力

转变教学方式，追求教学的知识积累与能力培育互动，在研学课程开发、实施过程中增进教师课程评价与再生力，既为学生提供学科本位知识，也为学生在实际情境中运用学科知识解决实际问题提供载体和机会，引导学生将有意义的接受学习与自主学习、合作学习、探究性学习有机结合，促进学生学习活动的真实发生。

教师在教学过程中不断修订学习评价标准、考核指标，发掘新的课程资源、课程内容、课程实施方式，不断积累建构研学课程群的理性认识和操作经验；完善研学课程的研制标准，调整研学内容，优化评价的信度和效度；提升自身基于问题情境解决问题的能力，达成"在做中学"的目标。

（四）课程建构专业驱动，促进师生向好发展

形成旨在促进中小学生"四力"发展且较为系统的中小学研学旅行的课程群；促进聚焦学生"四力"发展的研学旅行行动步骤、课程模块、课程群的框架研究；教师专业不断发展，学生学习能力不断提升。（见图4-69、图4-70、图4-71）

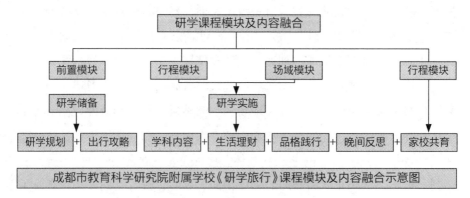

图 4-69　研学课程模块及内容融合

《促进"四力"发展的中小学研学旅行校本课程开发与实践研究》行动步骤

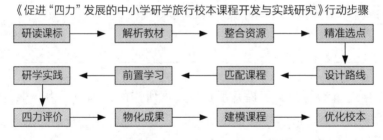

图 4-70 促进"四力"发展的中小学研学旅行校本课程开发与实践研究

图 4-71 成都教科院附属学校《研学旅行课程》结构图

围绕"研""学""行"三者关系，对标研究小学初中不同学段学生在"学科整合力""实践表现力""审美创新力""人际协作力"等学生"四力"的培育指向，开展学生"四力"水平层级、维度表现，各课程群的教学目标及测评研究。（见表 4-20）

表 4-20 研学场域载体中的学生发展素养与学生"四力"指向对应表

场域类别	素养类别	学生核心素养	"四力"指向	素养
博物馆	文化基础	人文底蕴	审美创新力 人际协作力	人文积淀 人文情怀 审美情趣
	社会参与	责任担当	人际协作力	社会责任 国家认同 国际理解
科技馆	文化基础	科学精神	人际协作力 学科整合力	理性思维 批判质疑 勇于探究
			实践表现力 审美创新力	实践创新 信息意识
	文化基础	人文底蕴	审美创新力	人文积淀 人文情怀 审美情趣
革命圣地	文化基础	科学精神	实践表现力 审美创新力	理性思维 批判质疑 勇于探究
	社会参与	责任担当	人际协作力	社会责任、国家认同
世界遗产	文化基础	人文底蕴	审美创新力	人文积淀 人文情怀 审美情趣

续表

场域类别	素养类别	学生核心素养	"四力"指向	素养
山水自然	文化基础	人文底蕴	审美创新力	人文积淀 人文情怀 审美情趣
	自主发展	健康生活	人际协作力	珍爱生命 健全人格 自我管理

　　学生通过参与该课程提升了自身发展所需的人际协作力、学科整合力、实践表现力、审美创新力等"四力"，教师通过该课程的开发与实施，提升了课程理解与建构力、课程开发与实施力、课程评价与再生力。教师"三力"提升牵引撬动学生"四力"发展。这既体现研学课程实践性特点，落实"知行合一、行中创思、活学乐学"教育价值观，也促进了学生"四力"发展，并让学生将之带回到课堂学习生活之中。（见图 4-72）

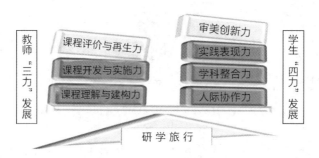

图 4-72　研学旅行：教师"三力"发展促进学生"四力"发展

五、教有高效 学有优品

（一）立足课程视阈发展教师专业，追求"教有高效"的教学样态

　　教师更新了教育教学观念，改变了教育教学行为，加强了学科教师之间以及跨学科教师之间的学科专业融合，初步具备以"课程的视阈教学科，以'生本'的视阈育学子，以专业的行为教书育人"的行为表征，增强了全体教师体认"促进学校场域中每一个生命都能向光成长"的教育目的，增强了教师对自身专业的认识——专业要"专业"发展，个体与团队教育生

命的成长必须有专业给养、专业收获，呈现专业气质，绽放专业魅力，才能收获专业幸福感和成就感。学生成长样态呈现健康、阳光、快乐、自信、自律、向善、向上的鲜明时代气息。教师立足课程视阈发展学科教学，促进专业发展，追求并达成"教有高效"的教学样态。

（二）立足课程视阈发展教师专业，保障"学有优品"的教学样态实现

立足课程视阈发展教师专业不只是教师自身的专业发展目标，更是师生生命同频发展的必要手段。我们基于课程视域，通过课程建构发展教师专业，把学校建设成课程综合实施的学习型组织，让学校的课程实施最终成为教师教育和教师专业发展的动力源和实践园，为教师的专业发展提供有力的支持。以教师的高位优品发展促使每一学生的潜能都得以充分发展；以学生的向上向善向光发展，促进学校的持续高位品质发展。

六、讨论

第一，如何更好地贯彻实施"课程理念"，推动学科教师立足本专业发展专业，追求跨学科的专业融通发展？

第二，如何形成"课程化视阈下的教师专业发展评价"机制？

第三，如何形成"兼顾团队与个人，尊重个性和差异"的教师专业发展指导机制？

第四，在公办校绩效水平相当的前提下，如何形成科学高效，兼顾个体与团队发展效能的长效激励机制？

草池小学花式跳绳特色课程开发研究

成都东部新区草池小学校　陈　勇

一、绪论

（一）课题研究的缘起

1. 国家政策要求

近年来，我国青少年身体素质普遍下降，为此，自 2013 年开始，中共中央办公厅、国务院办公厅以及教育部陆续出台和印发了一系列政策文件，都关注了孩子的健康问题。少年儿童经常跳绳，可以增强体质，促进身体发育；可以有效地发展他们的弹跳力、协调性、灵敏和速度等素质，促进下肢肌肉、关节、心血管系统、呼吸系统及内脏机能的发展，提高他们中枢神经系统对全身的调节支配能力。

因此，将花式跳绳作为特色课程开发并在中小学校开展很有必要。

2. 草池小学特色课程开发需要

学校有特色，学生有特长，已成为基础教育改革发展的一大趋势。随着课程改革的持续深入，学校充分利用自身的传统底蕴和资源优势，针对学生的兴趣和爱好，努力创造和挖掘各种校本课程资源。

作为"全国实施体育锻炼标准先进单位""四川省篮球、田径项目传统学校"和"四川省跳绳示范校"，草池小学在狠抓常规管理，落实"立德树人"根本任务的同时，特别重视课程的开发，把花式跳绳作为特色课程进行开发，鼓励学生积极参与，使其身心健康同步发展。

（二）国内外研究现状

1. 国外研究现状分析

美国著名健身专家里奇·桑旦勒认为，持续跳绳 10 分钟，与慢跑 30 分钟或跳健身舞 20 分钟相差无几，可谓耗时少、耗能大的需氧运动。

近年来，跳绳运动在世界各国全面开花。从建立国际跳绳联盟到国家跳绳俱乐部，从政府主导到民间自发，从组织比赛到研究、宣传、指导和管理跳绳运动，使跳绳运动迅速发展并呈现出了组织化、规范化和普及化的特点。

2. 国内研究现状分析

（1）从跳绳的发展历史来看，跳绳在中国已有数千年的历史。唐朝称"透索"、宋称"跳索"、明称"白索"、清称"绳飞"，民国以后才称"跳绳"。

1957 年西安高中创编了"跳绳舞"；1959 年，陕西师范大学举办了中国第一个"跳绳培训班"；1981 年 4 月 3 日，中国体育报发表了胡安民老师"论跳绳"的部分内容《跳绳的分类和方法》，随之全国各地响应国家体育运动委员会号召，开展了"三跳"比赛，自此，各级各类的跳绳比赛如雨后春笋般出现在大众的日常体育锻炼的生活中，成为老少皆宜的体育运动方式。

政府部门与行业协会通过一系列措施推动了跳绳运动的普及与发展。2012 年，国家体育总局颁布了《跳绳大众锻炼标准（花样六级标定套路）》《跳绳教练员、裁判员等级制度》，制定并实施了跳绳教练员、裁判员的培训计划，为跳绳运动的规范化、科学化发展创造了条件。2007 年，全国跳绳公开赛正式创立，并于 2011 年由两年一次缩短为一年两次，比赛热度持续升温。

（2）从跳绳设计为课程来看，花式跳绳以体育校本课程的形式进入校园教育体系，顺应了国家《基础教育课程改革纲要》的具体要求，为学校因地制宜地开发课程项目、整合教育资源提供了良好切入点。目前，跳绳已成为《国家学生体质健康标准（2014年修订）》的测试项目，并纳入学生体质健康评价的指标体系，跳绳教学在校园体育中的地位进一步凸显。2007年花式跳绳正式成为"亿万学生阳光体育运动"的推广项目，也为在基础教育阶段开设花式跳绳课程提供了依据与支撑。许多地区与学校对跳绳课程给予了足够重视与持续支持，部分中小学校将跳绳作为很多运动项目的辅助训练手段，在让学生进行弹跳力练习的同时，兼顾学生身心素质的整体提升。

（3）目前学者们对花式跳绳的研究主要集中在以下几个方面：一是将花式跳绳对身心健康与综合素质的影响进行研究，如张栾《花式跳绳对上海市初中生身体自尊影响的研究》、凌昆的《从中医角度探讨 跳绳的健身作用》、杨小凤的《花式跳绳对培养中学生团队精神的研究》等。这类研究往往将研究对象聚焦于某一人群，或者从某一具体因素切入，展开小切口研究。研究内容要素涉及花式跳绳对速度、力量、形体、柔韧性、协调性、反应能力等身体素质，也涵盖对团队意识、合作共享、意志品质等综合素质的讨论。二是对花式跳绳创作与编排进行研究。如许珍斐的《绳之韵—创意花式跳绳编排及训练初探》、王宜贤的《我国花式跳绳"双人车轮跳"成套动作编排的现状及对策研究》等。这类研究多将花式跳绳的技巧性、审美性与艺术性作为研究重点，往往与体操、舞蹈、音乐等艺术形式结合起来，对动作编排、技能训练等方面进行交叉研究。三是对花式跳绳运动推广与校园实践进行研究，如廖晓玲的《花式跳绳在阳光体育运动中开展现状与对策研究》、徐鲲鹏的《上海市五角场地区部分中学花式跳绳开展现状及推广策略研究》等。这类研究视角主要集中在花式跳绳的普及推广、可行性论证、活动开展分析、受众调研、赛事组织等方面，弱化动作编排、身心影响等层面的探讨，展开基础教育培训、活动组织实施、配套资源优化等问题的研究。

3. 简单评述

综合目前国内外有关花式跳绳的研究和开发现状，结合学校实际，草池小学侧重于研究个体和整体的联系，进而推广至整个学校校本化课程，构建学校的特色校本化课程；侧重于研究课堂和活动的整合，将花式跳绳特色课程放在具体的活动中体现出它的特色；侧重于研究各种资源的有效利用，把互联网等现代技术手段用于线上的花式跳绳特色课程开发，把家庭和社会中有利于适合孩子们开展花式跳绳的区域用于弥补和丰富学校花式跳绳特色课程施行的运动区域。

（三）研究目的和意义

1. 研究目的

（1）弥补运动场地不足短板，进一步开发以花式跳绳为特色的校本化课程。

（2）改革花式跳绳特色课程的教学模式，进而改革体育课程的教学，促使体育校本化课程落地，助力教师的专业化成长。

（3）开展形式多样的花式跳绳活动，激发学生积极主动参加体育锻炼的兴趣、爱好，利于学生的身体健康。

（4）构建校本化特色课程体系，持续推进学校特色课程的开发与建设。

2. 研究意义

探索符合校本化课程实施背景下将花式跳绳作为草池小学的特色课程开发路径，提升花式跳绳特色课程开发研究的理论水平，构建、完善和推广不同学段的花式教学框架和操作策略，从而推进草池小学花式跳绳特色课程的开发和建设。

（四）研究方法

1. 文献资料法

通过互联网查阅有关花式跳绳及校本课程开发方面的论文，上网查阅有关著作。

2. 问卷调查法

对全校师生开展问卷调查，了解师生对花式跳绳特色课程的总体认识，了解花式跳绳特色课程在目前学校课程开发中遇到的实际问题，为研究草池小学花式跳绳特色课程的开发提供依据和资料。

3. 行动研究法

深入到学生中去，全面观察和分析学生对花式跳绳特色课程的参与兴趣、参与方式及实际需求；深入到课堂中去，观摩和了解教师对花式跳绳特色课程的教学设计、教学实施及教学反思等情况；深入到学校校本课程的整体建构和开发中去，找出草池小学在花式跳绳特色课程开发中的问题点和关键点，力求寻找到利于解决问题的方法和途径，促进草池小学花式跳绳特色课程的常态化开展。

（五）核心概念界定

1. 花式跳绳

花式跳绳融入了舞蹈、跳绳、音乐等众多元素，处于舞蹈与体育竞技之间，是一种在环摆的绳索中做各种跳跃动作的体育游戏。跳跃时还可按不同情况编排各种花样动作，也可用节奏与旋律适宜的歌谣伴唱。

2. 特色课程

花式跳绳特色课程是体育校本课程的一类，是一项既有体育性，又兼备娱乐性和表演性的运动，是以增进学生健康和对中国传统文化了解为主要目的的校本课程。它具有鲜明的特色性、实践性、适切性，是学校课程体系重要的组成部分。

3. 课程开发

课程的开发不是孤立存在的，它必定是立足当下学校课程开发的现状，符合教育的一般规律，满足学校推行课改和实现学生全面发展的需要的。对课程的开发进行研究，就是为了解决课程开发中对课程的构建认识，并掌握大致的研究框架和策略，为特色课程开发和研究，提供可参考和借鉴的蓝本，对构建特色体育运动有一定的推广价值。

二、草池小学概述及其花式跳绳特色课程开发现状

（一）草池小学概述

草池小学是一所建校已有 84 年历史的农村公办小学，秉承"五育并举、全面发展"的办学思想，践行"崇德明礼、情知合一"的校训，以"聚合内力、科学发展、全面育人、争创一流"为办学目标，着眼于为学生的全面发展、终身发展奠基。曾先后获得"全国实施体育锻炼标准先进单位""全国零犯罪学校""四川省篮球、田径项目传统学校""四川省无烟单位""资阳市、简阳市校风示范校"等荣誉。目前学校占地面积 9585.64 平方米，在校学生 1116 名。

（二）课程开发现状

目前，草池小学的花式跳绳特色课程主要依托学校的第二课堂开展，参与者也仅为体育教师和全校选出的跳绳队员，参与人数不足 100 名。而作为特色课程在全校推广也局限于体育课中的某一节，随意性太大，缺乏必要的监督和评价体系。同时，体育教师在进行"花式跳绳"这门课程教学时，大多只按照提高学生动作技能，达到比赛要求，取得好的名次这一单一目标进行教学，学生则在教师的要求下被动地学习。

三、花式跳绳特色课程开发中的主要问题及成因

（一）运动场地受限

草池小学为老旧学校，班额大，人员多，运动场地不够，生均体育面积严重不达标，完全不能适应甚至不能解决当前在花式跳绳特色课程开发过程中所遇到的实际困难。

（二）教师专业基础不强

学校缺乏专业的跳绳教练，虽然花式跳绳对于动作要求不高，但由于花式跳绳的动作较多、分解较为烦琐，因此，老师对于花式跳绳的教学要领掌握不牢，在一定程度上导致学生练习花式跳绳动作时不够规范，缺乏美感，这也影响了花式跳绳特色课程的质量。

（三）推广普及率不高

学校的花式跳绳特色课程仅局限于从全校选拔的跳绳队员中的专业训练，而对于更多的孩子而言，他们对花式跳绳的态度仅仅停留在兴趣和意愿参与上面，其参与率不足 10%。

（四）开展形式单一

学校的花式跳绳特色课程开设之初是为了比赛而进行训练的，对于全校的推广还只是停留在一般的体育课和第二课堂上，其余的诸如大课间活动时间和重要节日均未开展；而对于课程实施的情况而言，教师只是采用传统的教师讲、学生练的模式，学生的主动性和合作意识没有被调动起来。

（五）未能形成体系

缺乏实施过程的监督和实施效果的评价，未能形成完整的、系统的一套体系，不利于草池小学校本课程开发和体系的建构。

四、花式跳绳特色课程开发的改进策略

（一）进行宣传和推广

依托组织跳绳队参加跳绳比赛的契机，将花式跳绳特色课程作为体育组的重头戏进行宣传，同时利用大课间、艺术节、家长开放日等重要的时

间让跳绳队员在全校师生前展示花式跳绳变化多端的跳法，把优美的姿势展现给全体师生。

（二）优化课程设计，弥补短板

采用学校和家庭相结合、线上和线下相结合的方式进行花式跳绳特色课程开发的改进。每个学生在家的活动区域各有不同，其活动面积远远大于学校的运动区域，可以满足学生们进行花式跳绳活动的需要。同时，为了弥补师资不足的情况，草池小学采用体育课上老师示范动作，线上进行指导的方式教；学生在家坚持练习，通过互联网进行展示成果的方式练。弥补短板，推广花式跳绳。

（三）实行分层次进行梯度的培养

在目标上，一、二年级学生以培养花式跳绳的兴趣为主，三至六年级学生以花式跳绳技术、技能的培养为主。在层次上，一梯队为跳绳队成员，主要侧重于参加各种跳绳比赛；二梯队为从各班选拔出来的"苗子"，宜对其进行常规的花式跳绳训练，使之作为跳绳队队员的补充；三梯队为各班的学生，以培养他们花式跳绳的兴趣为主。

（四）对教师进行培训

采用"请进来、派出去"的教师培养模式，定期、轮流派出骨干教师参加花式跳绳方面的培训。同时，邀请成都市跳绳协会的专家到草池小学进行现场指导，保证每名教师都清楚花式跳绳，懂花式跳绳，会教授花式跳绳，从而尽最大可能补齐师资力量严重不足的短板，为学校花式跳绳课程的开发奠定坚实的基础。

（五）依托课堂教学，保证花式跳绳特色课程的推行

把体育学科的课堂教学作为主阵地。每周每个班级拿出一节体育课进行专门的花式跳绳教学。体育教师扎实教好花式跳绳的每个基本动作，所

教动作要求学生人人过关。

（六）利用好大课间，巩固花式跳绳的练习技能

重新调整大课间活动内容。待广播操结束后，立即进行花式跳绳。每班学生分为 A、B 组，集中进行两组练习和各班自由练习相结合，时间控制在 25 ～ 30 分钟，要求全班学生参加，进行练习。这样既能提高学生的跳绳能力，也能激发学生的兴趣。

（七）以竞赛促发展

学校搭建多种竞赛平台供学生分享与展示跳绳技能，来促进学生的跳绳水平，从而满足学生发展的需要。

1. 元旦、六一的跳绳活动
以班级跳绳为主，检验班级的跳绳水平。

2. 每学期的跳绳比赛
为了满足不同水平和不同跳法的学生的展示需要，举行跳绳比赛活动，挑战项目有个人单跳、双人合作跳、多人跳长绳等。

3. 参加省、市、区的各类跳绳比赛
充分展现学生的跳绳水平，也能检验学校花式跳绳特色课程开展的成效。

五、取得的成效

（一）形成良好的常态化的花式跳绳活动氛围
（二）师生参与意识提高，采用花式跳绳进行运动的习惯得到培养
（三）形成一套花式跳绳有效开展的特色体系

1. 形成梯队培养模式（全员参与＋社团学习＋特长训练）。从一、二年级开始，学生跳绳兴趣得到培养；在三至六年级期间，学生花样跳绳技

术、技能得到提高。(见图 4-73)

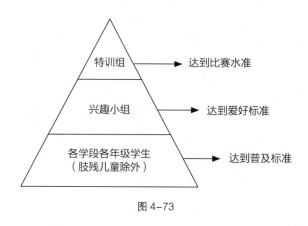

图 4-73

2. 进行学科融合，将舞蹈与花样跳绳进行融合，形成草池小学特色的花式跳绳课程。

3. 整合和优化课程：将少年宫社团活动中的跳绳活动与学校的特色跳绳项目进行整合，既可以将之常规锻炼，也可以让学生参与各级各类比赛。

（四）取得了一些不俗的成绩

自 2018 年开始，学校花式跳绳项目参加了各类各级别的比赛，曾荣获过四川省团体一等奖，连续几年荣获"运动成都·绳彩飞扬"系列活动的成都市和高新区的多个奖项。目前，学校已被四川省跳绳协会授予"四川省跳绳示范校"荣誉。

小学低段绘本阅读的策略研究

成都东部新区石板凳学校　应俊英

一、绪论

（一）研究背景

一直以来，学生的阅读学习是老师们头痛的事：怎样进行有效的阅读，如何提高阅读效果，如何让学生和老师能在一个轻松、愉悦的环境下学习工作？我们想到了低段的"绘本阅读"。

绘本是一种图文并茂的图书形式。有时候，其图片的占比甚至比文字还高。一些著名的绘画课本甚至只有一张图片而没有任何文字（比如《鼠小弟系列》）。这些绘本中的图片大多是用来讲述典型故事的，它们不仅具有鲜明的故事视觉效果，而且具有象征性、典型性以及神采飞扬的人文想象。这些绘本的图片、文字简洁活泼，符合小学生的认知水平。同时，它们还可以帮助小学生有效提升语文理解和想象能力。

（二）研究问题

1. 阅读主题不够丰富。2. 教师的认知能力、引导能力不强。3. 学生之间互动性不强。4. 忽视开放性的阅读提问。5. 家长的配合度不高。6. 学校绘本阅读教学开展频率较低。7. 缺乏对绘本选材的培训和实地观摩的经历。

（三）研究意义

绘本直观、生动，符合现代儿童的逻辑审美心理需求和文化心理特点。在孩子阅读绘本一段时间后，可以充分提高孩子的阅读、学习兴趣，发展儿童的逻辑思维、语言、审美等能力，所以说绘本阅读也是我们对孩子综合文化素质的一种训练。研究人员发现，3～8岁是阅读发展的关键时期。如果在这个时期，能培养孩子浓厚的阅读兴趣，形成一种自主参与阅读的习惯，对孩子的健康可持续发展会产生极其重要的积极影响。

新《纲要》中明确指出："幼儿早期阅读能力的发展已被纳入幼儿园语言教育的目标。"幼儿绘本阅读是我国儿童早期语文阅读的一种重要形式。绘本以其出色的创造力和幽默的表达方式深受儿童的喜爱。绘本课程教学目前作为一门基础课程，在我国幼儿园逐渐兴起。孩子们通过不同的教学形式和不同载体活动来逐渐熟悉和学习儿童绘本。同时，教师也希望学生能充分感受到儿童绘本的独特魅力。中国儿童文学理论家认为，经典儿童绘画教学应该是儿童的"人生第一本书"绘本，以绚丽的自然色彩、美丽的人物画面、神奇的心理想象、简单的语言文字，给孩子巨大的视觉、精神、文化享受，让孩子们享受无穷的阅读乐趣。提高阅读绘本能力对儿童阅读表达能力的培养，乃至人格成长和社会发展都有着不可估量的重要作用。

（四）研究思路与方法

1. 文献使用法

本课题研究将广泛使用绘本相关的参考文献，主要内容涉及了解儿童阅读绘本策略和儿童图书阅读的基本心理过程。

2. 问卷调查法

通过问卷调查，了解我国低年级学生绘本阅读的发展现状，并及时撰写问卷调查报告。

3. 行动实践研究法

将我国低年级的绘本阅读的理论实践与教学研究活动相结合，在实践中研究，在研究中实践，不断提升我国低年级学生绘本阅读的质量。

二、文献综述

（一）国外相关研究

绘本，又称"图画书"。从中文字面的意义上来看，"绘"指的是一种儿童图画，"本"指的是一种儿童文字，是一种图文并茂的儿童文学作品类型，是儿童文字的重要语言表现手段，以讲述图画故事为主，图画之间隐藏着一定的绘本叙事情节逻辑，为了充分引导儿童对绘本故事的正确理解，通过图画结合对故事情节进行全面的叙述，所以在具体和抽象、表意和深层寓意的矛盾统一中蕴含丰富的意义。绘本的开放性和互动性，也会给读者带来无限的想象和回味。绘本被认为是适合小学低年级儿童的优秀文学阅读类型，也是本文研究的对象。

国外对传统绘本的教学艺术理论原创性、作品技术设计、开发和绘本艺术教学技术研究，要比我国早100年左右。加拿大学者佩里·诺德曼所著的《阅读儿童文学的乐趣》，日本松居直的《我的图画书论》等绘本学术著作对我国传统绘本的艺术创作起源、发展及其创作流程和研究具有重要的学术研究价值，做出了较为系统的科学研究性和分析，对我国的绘本艺术研究方向有一定的科学研究和指导意义。

（二）国内相关研究

绘本阅读在国内虽然起步较晚，相关的教学研究成果和教学实践经验并不充足，但是对于学生绘本阅读的能力需求却锐不可当。《义务教育语文课程标准》提出："在阅读的过程中积累词语，可借助读物中的图画阅读。"虽然没有明确地直接提出它是绘本阅读的基础概念，但也充分表明了利用图画与语言文字的绘本阅读能力和学习技能要求。绘本的文字浅显易懂，图画生动有趣。以这种图文相结合的形式反映儿童的学习生活、人际交往、情感等，与小学低年级儿童的阅读趣味和需要相适应，有益于激发儿童阅读的兴趣。由此，绘本被认为是小学低年级儿童进行有效阅读的载体，是落实新课标中"图画阅读"的有效途径。

国内关于绘本阅读的课程研究主要分两个方面：一是国内绘本阅读教学课程体系管理开发。其中又大致分为两种，一种是以深圳南山区后海小学为主要教育典型及其代表的快乐而有生活型的绘本阅读，另一种是健康而有生命力的绘本阅读教育。二是国内绘本阅读教学已基本形成比较成熟的课程制度体系。

三、小学低段绘本阅读现状

（一）小学低段绘本阅读学生现状

1. 不良的阅读习惯

在绘本阅读的发展过程中，孩子的绘本阅读行为习惯也比较差。通常存在以下几种情况：一本书经常都是倒着或微微倾斜着的；很多时候，不按照阅读顺序一页页地翻看；还有就是比较喜欢挤在一起互相抢书。有的学龄孩子甚至一次性拿几本书，这本书先看几页，那本书再看几页；有的学龄孩子喜欢边坐着看书边跟周围的成年人聊天；不爱护书本，阅读姿势不良。

2. 阅读范围选择小

绘本的设计色彩艳丽、美观，质量和色彩往往能直接影响孩子们的课外阅读兴趣、学习活动兴趣。色彩鲜艳且阅读效果好的图书很受孩子们的欢迎。那些设计质量差、图案少、颜色陈旧的图书往往不受孩子们欢迎。

3. 缺乏良好的阅读环境

有些时候孩子的性格比较活跃，很难安静下来，而开展阅读活动需要一种平静的学习心态，所以幼儿园应特别注重孩子阅读活动区域的整体空间布局设置和氛围营造。但由于幼儿园的阅读活动区往往与其他活动区域相邻，受到的外界环境干扰较大，孩子们可能会因为受到外界干扰而逐渐失去阅读兴趣。

（二）小学低段绘本阅读教学现状

1. 对绘本及绘本阅读教学的认识

在教学资源缺乏的农村学校，80%的教师和学生对绘本的认知停留在绘本就是图画书，以前叫"小人书"，是课余之外填补阅读视野的读物，它能让孩子们紧张的学习之余，舒缓内心的紧张，可有可无，不必强求的阶段，认为过多地关注绘本阅读教学就是在浪费教学时间。

2. 农村学校绘本教学资源

农村学校也有图书室，也开设了阅读课，但是图书室90%以上的图书都是工具书、教学辅助书、国内外经典名著，绘本书屈指可数。学校也缺乏对绘本的资源共享，没有途径获取对绘本的分类管理和资源整合，因此绘本教学也就是在有限的资源下做有限的教育。

3. 农村学校绘本教学材料的选择标准

农村学校对绘本教学材料的选择标准是：一是从统编教材图书目录中获取；二是在地方课程要求阅读书目中选择；三是在教研组研究需求中选择；四是教师根据考试大纲要求学生自选绘本材料。

四、小学低段绘本阅读的主要问题和成因分析

（一）教师方面的问题表征和成因分析

1. 教师对绘本的理解不够深入

根据调查结果，虽然大部分教师都接触过绘本，并且非常喜爱阅读绘本，但是从绘本的阅读情况来看，阅读绘本的教师数量远远不够。调查结果显示，近65%的教师阅读数量在15本以下，这说明教师在日常生活中较少阅读绘本。教师对绘本的阅读范围有限，导致阅读教学和对图画的理解存在局限性。

2.教师知行不合一

调查结果显示，大多数教师都听说过绘本，并且非常喜欢。可以看出，小学低年级教师对绘本的偏好程度较高，但实际阅读量并不十分乐观，约有30%的教师阅读量在10本以下。另一方面，从绘本教学的使用率来看，几乎没有使用和使用频率在一学期或一学年的教师占比近65%。从数据上可以看出，在绘本阅读教学的过程中，教师的教学意识和行动不统一。

（二）学生方面的问题表征和成因分析

1.留守学生对课本以外的读物接触较少

调查结果显示，只有15%的学生读过不超过10本的绘本，虽然他们非常喜爱这类"图画书"，但是没有时间、机会去接触这类绘本。原因：一是课外时间都用于处理家庭作业，或帮助家里爷爷奶奶或外公外婆干家务，更多的是从老辈口中听到的口述故事；二是在农村，教育教学资源匮乏，学校没有意识也没从绘本这个渠道去培养孩子的阅读习惯，75%以上的孩子都没有接触过课本以外的读物。

2.农村学生对绘本的需求受限

通过访谈获知，只有30%的学生有能力从网络上、城市图书馆获取绘本。60%以上的孩子只是通过学校图书室、教师教学、家长口述中获得绘本知识。

（三）家长方面的问题表征和成因分析

留守家长对绘本阅读的认识程度不高。调查结果表明，80%左右的家长不知道绘本阅读，15%的留守家长知道这种图文并茂的图书。30%的留守家长认为，学校开展绘本阅读课是不务正业，是在浪费学生的学习时间。这都源于思想陈旧、保守、自我封闭、不愿意接受新事物，所以学校在试行小学低段绘本阅读课程的时候遇到来自家长的阻力比教师的知行不合一造成的麻烦更大。

（四）学校方面的问题表征和成因分析

学校缺乏对绘本阅读的课程开发与评价。由于学校的历史原因，对新生教学方式虽然有极高的热情，想走在学区的前列，但是缺乏对绘本课程的考察、研究，一味地借鉴其他区域的课程体系，却不知硬件设施、师资力量、学生接收能力都不足。调查结果表明，80%的教师认为学校绘本阅读教学开展频率较低；75%的教师缺乏对绘本选择和实地观摩培训。

五、小学低段绘本阅读的策略研究

（一）小学低段绘本阅读策略的有效性研究

1.怎样借助绘本打开小学低段学生的阅读之门

（1）课内阅读指导策略。①精彩演读，整体感知。在小学绘本故事阅读教学中，教师首先应该让学生充分投入感情主动读懂故事，用人物动作、神态等辅助故事语言来生动演绎故事，用生动、夸张的表现形式来呈现精彩故事，用生动预告精彩故事片段内容来吸引中小学生。②抓住细节，激发想象。教师想要带领学生一起进行绘本阅读时一定先要积极地进行阅读引导，让学生通过仔细地查看或观察这些绘本中的画面，关注他们阅读过程的细节。③联系生活，情感体验。

（2）课外阅读指导策略。①精准推荐。绘本的选择应符合学生的认知特点，以激发阅读兴趣和资源整合为基本准则，综合考虑绘本的主题、情节、语言和画面等因素，从而达到使绘本在阅读活动中发挥最大作用的目的。②亲子共读。我们鼓励家长每天花一些时间和孩子一起，享受和孩子一起阅读的乐趣。③建立评比监督机制。培养学生的良好绘本阅读习惯不是一朝一夕的事，如果没有强有力的老师监督，容易半途而废。为了充分激发学生持久的阅读兴趣，提高学生阅读质量，每学期语文课上老师都会有几次定期或不定期的学生阅读经验交流与学习评价。

2.如何发挥绘本的最大价值，促进学生的想象力、创造力等多元能力发展

（1）儿童绘本中的阅读综合能力可促进孩子肢体语言表达能力的发展。儿童心理学研究表明：在 6 岁左右，儿童的肢体语言表达综合能力与一般成人非常接近，他们急切需要比成人口语更严谨、更简洁、更加富有条理逻辑的一种书面语言形式来进一步磨炼他们的肢体语言和文字表达能力。美国著名阅读研究专家崔利斯曾说："让孩子大声背诵朗读，这是最便宜、最简单、最古老的教学技术手段。"

（2）开展绘本阅读活动有利于促进孩子观察力、想象力、创造力的培养：课内绘本活动给予孩子一座细致用心观察、发现实际问题的沟通桥梁；课外绘本活动给予孩子一条结合情景与具体想象的协同思维交流通道。

（3）提高绘本中的阅读创作能力可提升孩子的审美创造力，释放儿童的快乐心情。六岁之前，孩子的绘本艺术文化可塑性是最大的，给予适当的绘本艺术熏陶课的教育是非常重要的。如果我们的每个孩子能够从小时候开始体会得到绘本中的艺术，今后的人生也必将更加精彩与充满艺术自信。

（4）绘本阅读有助于孩子理解真善美，使之学会如何分享、合作并能更好地与他人建立交往。这种绘本通过讲述孩子喜欢的生活情景和小故事，自然地把真善美直接传达给孩子，帮助孩子更好地与人交往。

（二）小学低段绘本阅读的策略探究

1.引导敏锐性的观察，清晰深入地理解绘本阅读

（1）精选绘本。①选择对低年级学生有吸引力的绘本。只有画面优美、文字恰当的绘本，才能使绘本像磁铁一样牢牢地吸引学生进入绘本阅读。②选择教学内容正确清晰的绘本。只有提供正确清晰的教学内容，学生在阅读了绘本之后才不会有思维偏差。③选择适合低段学生思想的绘本。对于识字水平低的学生，图画书在难以理解的文字中不能发挥其最佳

作用。所以，我们应该选择适合低段学生的内容，让他们感受到语文就在我们身边。

（2）读绘本。①低段绘本阅读图片、文字研究。有些学生阅读故事材料只依靠图片的话，会导致理解上的障碍，如果加上一些文字表达，学生就可以通过阅读快速理解一个故事，产生各种各样具有中国儿童文学特色的丰富想象力。②低段绘本阅读情感主题研究。绘本中的一些童话故事会直接地影响小学生的生活情绪，应该让他们尽情沉浸在这个充满美好的绘本世界里，和绘本童话故事情节中的人物一起欢笑、一起悲伤。让小学生在感受绘本故事中的乐趣的同时，也从童话绘本中汲取丰富的精神文化营养。③低段绘本阅读提问技巧研究。在小学绘本阅读教学中，提问的准确有效性无疑是一门教学艺术。有提问技巧的孩子能帮助引导其他孩子愿意听和说、敢说、喜欢听和说，能对所说的话积极做出回应。④低段绘本阅读拓展延伸研究。学生除了可以结合当前绘本的内容主动进行读、写、画的学习外，还可以通过开展更多的向内拓展和向外延伸学习活动，让更多学生深刻地感受绘本的独特魅力，激发师生学习的热情和活动参与性。

（3）玩绘本

爱玩绘本是每个小孩子的一种自然生长天性。在小学绘本课程教学中，教师通常根据孩子玩绘本的一个具体内容和插图，让每个孩子自己装扮成绘本的一个小小主角，来训练学生的表达能力，增加学生对绘本的阅读兴趣。

2.课堂内外活用绘本，彰显绘本的魅力

做绘本。让学生自己创作或共同创作，让学生进一步了解绘本，培养他们的语言、思维及创造能力。

（1）根据语文学习的结果，继续看绘本，让学生在继续复习中旧习新用。

（2）根据中国的教学实践，遵循全体学生爱涂爱画爱模仿的特点，鼓励全体学生认真学习油画绘本，创作自己的油画绘本。

六、结论

通过开展丰富的主题活动，探索绘本阅读的魅力，让学生会阅读、能阅读、用阅读。主题一：《孩子的眼睛，大人的眼睛》——老师带领每位孩子从不同角度深刻感悟亲子绘本的神奇魅力。亲子主题二：《如何选取适合小学低段学生阅读的绘本作品》。亲子主题三：《确定适合小学低段的推荐绘本阅读作品》。主题四：《开启原创绘本之路》——如何帮助孩子自己制作绘本。主题五：《探讨绘本作品中的人物刻画》。主题六：《制作选取新冠状病毒的科普绘本及探讨活动如何开展》。通过主题活动，教师形成了一些行之有效的策略和感悟，这正是我们研究的最终目的。我们正在向绘本阅读序列化研究方向迈进。

小组合作学习在农村小学数学教学中的应用研究

——以先锋小学为例

成都东部新区先锋小学　鄢小煜

一、绪论

（一）研究缘起

国家新《数学课程标准》中明确提出："学生学习应当是一个生动活泼的、主动的和富有个性的过程。除接受学习外，动手实践、自主探索与合作交流同样是学习数学的重要方式。"由此可见合作交流能力对于学生来说是多么的重要。小组合作学习是培养学生合作交流能力的重要途径。先锋小学为了改变学校教学质量不理想，学生学习不主动的现状，推行小组合作学习的教学模式。如何在小学数学教学中推行现有的小组合作学习的相关研究成果并在此方面进一步地进行探究，达到优化学校数学课堂教学的目的？

（二）国内外研究现状

许多国家普遍采用的一种富有创意的策略和教学理论就是小组合作学习。20世纪初期的美国开始研究小组合作学习，到20世纪七八十年代美国研究小组合作学习已很普遍。我国于20世纪80年代末开始小组合作学习的研究，90年代初得到了全面的发展，如上海市的"分组研究"、浙江大学教育系开展的"合作学习小组教学实验"、江苏省的"合作教学操作初探"，为课题研究提供了新的思路和经验。

（三）研究目的和意义

第一，提高学生解决实际问题的能力，让每个学生真正得到发展。

第二，数学课堂教学通过小组学习，调动学生的学习兴趣，激发他们对数学科目的热情，进一步提高数学教学质量。

第三，有利于学生团队精神、沟通交流能力的培养，互助互学习惯的养成。

第四，学校教师的教学科研能力得到全面提高。

二、先锋小学数学教学应用小组合作学习现状

先锋小学数学教师比较认同小组合作学习这一教学模式，但不愿意去尝试、摸索，怕会对自己的数学教学起反作用，达不到自己的教学目的。少数年轻数学老师在应用小组合作学习模式时，合作内容不恰当，并且只是进行了小组讨论式的合作学习，导致学生对知识学习得模糊不清。合作学习中还存在教师分组不科学，不指导实施的情况，导致学生两极分化的现象越来越严重。在小组合作学习时，每个组完成学习任务的时间相差太大，没有养成交流互动的好习惯；部分学生没有真正参与到小组合作过程中，出现偷懒、不思考或去影响其他同学的不良现象。

三、先锋小学小组合作学习应用中存在的主要问题及成因

（一）教师方面

1. 问题表征

（1）对小组合作学习认识肤浅。小组合作学习模式开展以来，大部分教师还处于一种观察尝试阶段，再加上教师平时忙于备课、上课、批改作业等工作，没有时间深入了解、学习小组合作学习理论，只有浅层次、表

面的认识。在课堂上象征性地让 4 个同学围在一起交流、讨论的"伪合作学习",严重影响了学生小组合作学习的积极性。这都是教师教学理念陈旧,受传统教育影响较大,对小组合作学习的认识肤浅导致的。

(2)没有进行科学分组。通过课堂观察发现,大部分合作学习小组是前后桌随意拼凑在一起的,小组差异较大。同时一些班级不同科目的小组又不同,导致小组成员间缺乏归属感。这样的小组成员间无法取长补短,这样的小组合作学习效果欠佳。

(3)对小组合作学习内容选择不恰当,滥用小组合作学习。学校部分数学教师为了响应学校的号召,盲目地使用小组合作学习,对小组合作学习的内容没有进行精心准备和策划,往往忽视了教学内容的难易程度,不论什么问题都要求学生分组讨论,对过程的安排实施也很随意。简单问题花较多时间去讨论,会严重浪费课堂时间;对于难度过高、不尊重学生认知规律的问题,学生无从下手,这类讨论对于学生来说收效也是微乎其微的。

(4)对小组合作学习缺少适时指导和调控。有的教师为了在教学中凸显学生的主体地位,对学生的合作学习过程完全放手、不闻不问。有的教师也只是象征性地来到学生中巡视、探讨,没有进行适时的指导和帮助。小学生由于自控能力差,会在讨论时出现主题偏离、学习陷困、思想越轨的现象,这样的合作学习会流于形式,不能真正发挥其作用,既浪费课堂时间,又不能取得预计的效果。

(5)对小组合作学习的评价流于形式,不规范、不全面。有些数学老师认为课堂评价环节比较浪费时间,常常用"很好""不错"等简单、直接的语言来评价学生,这样的评价是流于形式、不规范的,显得比较随意,缺乏引导性和启发性。教师只对问题结果进行评价,缺乏对小组合作效果、合作状况等的分析,不全面的评价会降低学生学习的成就感,影响了学生之后参与学习的心态,也不利于小组合作学习的持续有效的开展。

2. 成因分析

（1）教师没有对小组合作学习理论掌握清楚。通过谈话了解，发现大部分教师对小组合作学习理论一知半解，没有真正理解其内涵。比如，小组建设不科学、评价不规范全面、教师设计的合作内容无价值、合作过程不参与指导等现象的出现都是与教师对小组合作学习理论掌握不清楚息息相关的。所以，对于农村小学数学教师来说，必须摒弃传统的教学方式，转变教学观念，深入学习关于小组合作学习的相关理论。

（2）受学校教师考评方案的影响。由于学校对教师的考评主要是看学生的成绩，不看学生的能力发展，因此一部分教师不愿意尝试小组合作学习模式，怕在课堂上使用小组合作学习模式影响学生的成绩。

（3）小组合作学习缺乏指导。致使教师不能对小组合作学习进行有效指导的根本原因是教师自身对小组合作学习的理论一知半解或模糊不清。在开展小组合作学习时，教师要积极参与进来，掌握学生合作学习的方向，使学生的合作学习不偏离轨道。教师在学生合作学习时应在组间察看、参与和巡查，不应袖手旁观或准备下一环节的教学工作，要对各小组合作的情况做到心中有数，才能正确评价。

（二）学生方面

1. 问题表征

（1）学生的参与度不均衡。小组合作学习虽然增加了学生的参与机会，但实际情况是机会不均衡，主要是优生参与；差生仅是听众，没有独立自主思考的机会。小组长未履行职责，教师只关注小组学习结果，不关注合作学习过程和个体的学习情况等都导致了学生不均衡的参与度，学生两极分化现象也呈越来越严重的趋势。

（2）学生间的合作不够主动。通过课堂观察发现，在小组进行新知识的探讨时，差生无预习新课的习惯，独立思考能力差，致使这部分学生不主动参与合作学习；反而优生因为基础好，反应迅速，为了让自己小组得分，常常不顾学习差的小组成员是否已经学会所探讨的问题，就匆忙结束小组合作学习：这样的小组根本就没有进行合作，更谈不上主动合作学习了。

2.成因分析

（1）没有真正理解小组合作学习。在学生意识里，小组合作学习就是简单地讨论一下教师提出的问题，他们不明白怎样才是真正的小组合作学习，甚至觉得有难度的问题该交给好学生来解决，自己只要听一下就好了。

（2）对合作内容要求不清或者缺乏兴趣。由于教师对小组合作学习的内容和任务要求并没有解释清楚，导致一些学生在开始合作时还云里雾里，根本不知道要做什么，自然也无法参与到合作中去。还有一些学生对教师所组织的小组合作学习内容缺乏兴趣，不会参与，反而影响其他同学，或老师不让其参与小组合作学习。

（3）缺乏良好的合作学习习惯。每一个小组成员都能主动地、踊跃地发表自己的见解才是真正的小组合作学习。然而由于这些农村学生受生活环境的影响，依赖性太过强烈，一遇到不会做的题，不去独立思考，就想靠同伴或靠老师解决。还出现不完整听同伴的思路就打断说话的现象。还有一些学生语言表达能力也存在问题，不能很好地表达自己的想法，让同伴一时难以明白，导致合作任务不能及时完成。仔细倾听、独立思考的合作学习习惯的缺乏严重阻碍了小组合作学习的有效实施。

四、先锋小学小组合作学习在数学教学中应用的改进策略

（一）科学合理组建合作学习小组

1.确定小组人数

一、二年级，因学生以自我为中心，不善于与人交流，更不善于关注别人，学习习惯和能力正在培养和训练，因此小组人数以 2～3 人为宜，

侧重同桌 2 人合作。三至六年级，学生有了一定的学习习惯，初步具备了一定的学习能力，小组人数以 4～6 人为宜，侧重前后桌 4 人合作学习。

2. 合理搭配小组成员

合作小组成员间应取长补短，这就需要他们彼此间有一定的差异性和互补性，要依据学生的性格特征、学习能力、兴趣爱好、学习成绩等进行好中差搭配小组成员。小组成员并不是原封不动的，教师应随时了解、观察各小组成员的情况，与同班教师探讨，进行不定期的组员调整，为小组合作学习有效、顺利的进行提供保障。

3. 科学合理地分工

对学生进行合理地分工是小组合作学习必备条件，但分工并不是一成不变的，教师要在一定周期后，调换小组成员的角色，让每个学生都有机会去了解、承担、胜任各个角色。分工主要包括组长（负责组织合作与讨论）、操作员（负责本组活动的具体操作）、记录员（负责整理本组合作或讨论的成果）、汇报员（负责将小组合作的情况在全班作汇报）等。操作、记录、汇报、总结等由不同的学生承担，使每个学生在小组学习中都有自己的任务，各尽其责，教师就不用担心学生无事可做了。

（二）培养学生合作意识和技能

1. 培养学生会倾听、会表达的合作技能

合作技能会直接影响合作学习成功与否。倾听、表达的技能是合作技能中非常重要的两项，对合作学习具有举足轻重的作用。教师要从低年级开始培养学生的倾听技能，引导学生在课堂上或生活中做到专心倾听老师、同学、伙伴或家长等的讲话。合作需要交流，交流就需要表述自己的观点，而因为有些学生表达能力的缺乏，导致不能准确表达自己的观点，导致合作时间的延长，不能在短时间内完成合作任务，从而影响合作效果。会倾听和准确表达的能力不是一朝一夕就能形成的，需要教师重视并在平时教学实践中不断培养和提升。

2. 为小组合作学习创设良好的环境

纵观农村小学数学课堂，不难发现课堂气氛大多数比较沉闷，整个数学课死气沉沉，没有活力。教师应千方百计调动学生的学习主动性和积极性，激发学生学习数学的兴趣，培养学生学习数学的想象力，创设活跃的课堂气氛。比如，在预习新知时，教师可采用小组间的互问互答式活动提高学生的学习兴趣；在探索新知时，教师可通过设计小组竞赛环节提高学生的学习主动性；在练习巩固时，可在小组中采用互帮互学的师徒模式进行，以此让小组共同巩固所学的知识。

3. 给学生提供充足的探究时间和空间

教师在教学中要留给学生充足的时间去观察、思考、切磋和探究，这样学生对问题的认识与理解才会更加深入和透彻，要让学生自己去尝试、去发现问题、去获得结论。例如，在教学"认识人民币"的第 2 课时，笔者让学生 4 人小组合作，用面额为 5 角、2 角、1 角的模拟人民币去思考怎么换成 1 元的人民币？有几种换法？在充裕的时间里，很多小组想出了一个又一个办法，发出了一阵阵欢呼声。开开心心地与笔者兑换面额为 1 元的真人民币。笔者接着乘胜追击让学生思考如何换 2 元的人民币，学生们一个个争先恐后地去回答新问题。学生肯定很乐意这样主动地进行探索人民币的兑换，不会喜欢教师枯燥乏味的课堂讲授，这样的课堂难道不能轻松达成让学生学会兑换人民币的重难点吗？

（三）正确选择小组合作学习内容，把握合作时机

小组合作是一种开放性较强的学习形式，所以教师要对合作学习的内容进行精心设计，不能让"合作学习"成为"合坐学习"。数学教师在确定合作学习内容时，应突出趣味性和创新性，设计一些具有挑战性的问题，确保学生经过小组合作能够获得最终结果，这样才能调动他们的探究欲望。但要注意准确把握问题难度，不能太难，否则学生会对小组合作学习会产生厌恶情绪。

在教学过程中，教师要注意把握课堂教学节奏，对学生在课堂上的状态心中有数，不失时机地提出具有讨论价值的、学生感兴趣的问题，以确保更好地发挥合作学习的价值。

（四）完善小组合作学习评价机制

在进行合作学习评价时，既要对各小组成员进行个人评价，更要对合作集体进行小组评价。这就需要对合作小组的评分机制进行完善，这评分机制包括小组各成员间的评比和小组间的评比，同时要注意评分机制要由学生自己讨论决定，不能由教师"一言堂"。在小组合作结束时，数学老师既要对小组合作的问题进行总结分析，同时还要对表现好的合作小组予以表扬，并根据评分机制进行奖励，以提升小组凝聚力，激励其他组继续努力、迎头奋进。学校为了让学生积极参与小组合作学习，制作"先锋币"，各班根据自己班级小组合作学习情况制定"先锋币"兑换办法，学校每月与班级进行结算，学生拿自己的"先锋币"到学校教导处进行奖品兑换。学校使用"先锋币"，促进各班小组合作学习评价落到实处，大大提高了学生参与小组合作学习的积极性。

五、研究取得的效益

（一）学校层面

1. 方便了数学教学的管理

先锋小学实行小组合作学习方式后，学校在数学教学方面的管理变得简单了。管理主体由以前管理单一的教师，变为管理教研组，由教研组去管理各个年级组，起到了事半功倍的作用。

2. 提升了学校的数学教学质量

学校在数学学科实行小组合作学习方式后，数学成绩有了明显的提升，学生乐于学习数学，学校呈现一片积极向上的数学教学氛围。

（二）教师层面

1. 教师及时、准确获取反馈信息

学生先通过自己主动预习，找到独自不能解决的疑难问题，然后再通过小组合作互相解决疑难，最后各组把无法解决的问题反馈给教师；教师根据反馈的学情信息，及时调整课堂教学内容，对学生的问题进行针对性的辅导，大大提高了课堂效率。

2. 建立了和谐平等的师生关系

小组合作学习让教师和学生之间的关系比以往更加亲密、和谐，学生由原来被动参与学习逐步向主动参与学习转变，从而营造师生和谐、平等的数学课堂教学氛围。

3. 减轻了教师工作强度，提高了学生学习效率

数学合作小组的成员间相互管理、监督、检查、讲解，缩短了教师工作时间，提高了学生学习数学效率。如背诵数学概念、公式等的检查，由原来的教师检查每个学生背诵，变成教师检查组长，组长检查组员，教师的工作量只是原来的四分之一。

（三）家长层面

由于农村隔代抚养和单亲、离异家庭较多，这类学生的学习存在较大的困难，小组合作学习解决了这部分学生的学习困难，做到了家校共育；同时小组合作学习能让家长更好地掌握孩子各方面的学习情况，增强了家长的责任感，增进了孩子与家长间感情。

（四）学生层面

1. 掌握小组合作学习的要领

数学教师在布置任务时，要及时告知学生考核评价评比方案，让每个学生掌握合作学习的要领，让他们明确自己的任务、角色定位及学习目标，使学生做到有的放矢并在学习和合作中带着目的性，这样合作效果和

课堂效率就会提高。

2. 调节了数学课堂学习氛围，提高了教学效率

在有评价参与的数学小组合作学习课堂中，学生的积极性会得到极大的调动，使课堂中或课后都是你追我赶的积极状态，解决了之前课堂中经常出现的枯燥乏味的问题，学生数学学习成绩也逐步提高。

3. 提高了学生人际交往能力，增强了团队意识和集体荣誉感

小组合作学习既有明确分工又有团队合作。合作中，学生格局打开，学着处理简单的人际关系，逐步锻炼沟通能力，同时也增强了学生的团队意识和集体荣誉感，这样有助于他们以后更好地适应社会。

4. 增强了自信，提升自我成就感

较全面的评价，能让学生正确地认识自己，选择适合自己的学习方法，增强自我管理、自我约束和鞭策的能力；也在一定程度上激发了学生的竞争意识和参与意识，有利于发掘学生多方面的潜能，建立其自信心，使其各方面能力都得到提升。

在新一轮的课程改革中，要把"小组合作学习"作为一种有效的学习方式引入农村小学数学课堂，就需要教师真正理解小组合作学习的本质，善于反思自己的教学过程，及时发现学生在合作学习中出现的各种问题，并立足实际采取有效的措施来优化学生的小组合作形式与过程，从而使该模式最大程度地发挥功能，促进学生知识、技能和思维的全面发展，使小组合作学习真正应用到数学课堂中，并推广到其他学科教学中去。

第五篇

教育大数据

基于大数据精准教学管理系统下的精准化
教学管理与应用研究

——以成都市第七中学初中学校为例

四川省成都市第七中学初中学校　郑　刚

教育部印发的《教育信息化 2.0 行动计划》提出：依托网络学习空间逐步实现对学生日常学习情况的大数据采集和分析，优化教学模式，以"人人通"的广泛、深度应用，进一步体现"校校通""班班通"的综合效能。培养教师利用信息技术开展学情分析、个性化教学的能力。成都市第七中学初中学校申请加入了四川省教育科学研究院开展的《大数据时代的极课教育创新研究》总课题的研究，成为了子课题单位。在该课题的引领下，学校引进了大数据精准教学管理系统。成都市第七中学初中学校借助大数据精准教学系统来采集、分析教育数据，充分发挥和利用数据的智慧性，变革教学质量管理的理念、手段和方法，建构基于智能数据的精准化教学质量管理体系，实现了教育管理的高效决策、教师针对性教学、学生个性化学习和家校的有效互动。

一、主要问题

在"双减"背景下，如何实现提质增效，在"只有分数过不了明天，没有分数过不了今天"的情况下，我们的传统教育主要存在如下问题。

（一）传统教育的教学管理不高效不科学

传统的学校管理主要是经验式和有限数据的处理分析。由于技术手段的局限性，学生诊断测评的很多数据主要采取人工导入、人工统计分析等，这样的模式费时、费力、低效。另外，传统的数据处理模式分析指标有限，很难全程动态跟踪分析，学校不能全程全方位整体把握教与学情况，教育教学管理具有一定片面性，决策低效。因此，学校教育教学管理需要能及时精准、高效分析、全面统筹的教育教学管理平台。

（二）传统教学手段不能满足学科精准化教学需要

传统学业诊断方法主要是单元和阶段评价，评阅的方式主要是人工批改、人工统计、人工分析，这样的方式要耗费教师大量的时间，工作效率低下；教师要保留庞杂的诊断数据十分困难，随着教师讲评后数据的丢失，教师对学生的认知停留在短时记忆层面，缺乏对学生个体的跟踪分析；这一次次诊断数据碎片呈现，评价之间是孤立的，没有构建起数据之间的联系，很难挖掘和利用前后数据中隐藏的信息。另外，除了学业诊断，平时教学过程中产生的数据无法进行存储和统计，教师对学生的教学基本凭感觉和经验，缺乏教学针对性。因此，要提高学科教学有效性，学校学科教学需要及时、精准、减负、增效的教学诊断平台。

（三）传统教学手段不能满足学生个性化学习需求

在我国教育体系内，学校班级多，每个班级的学生人数也较多，师资力量与庞大的学生数量相比显得捉襟见肘，师资力量相对薄弱，不能很好满足学生的个性化学习需求。教师在备课、课堂教学、课后辅导、学业诊断方面只能做到针对相对整体，很难精准把握学生个体的学业情况，更难精准掌握学生个体连贯的学业发展变化。因此，教学中急需先进的信息技术平台对学生进行针对性的指导，帮助学生实现真正意义上的个性化学习。

（四）传统的教育教学模式不利于家校间沟通互动

家校互动、共同教育是学校教育教学的重要组成部分。传统的家校沟通主要是老师和家长联系，家长到校交流，或通过电话、QQ、微信等进行交流，家长所能了解到的较多是孩子最近大致的学习状态，并且时间往往有所滞后；由于教学任务重，平时教师也不能及时全面反馈每个学生的学习情况。家长对于孩子的学习情况，不能及时、直观、准确地进行了解和掌握。因此，在进行家校沟通交流和对子女进行教育辅导时，缺乏及时性、针对性、发展性。为促进家校互动，实现家校共育，需要利用更先进、更有效的教育教学技术平台。

在"双减"背景下，要进一步提升教学质量和提高学生学业成绩，借助教育信息化平台才是实现教师精准化教学、学生个性化学习的唯一路径。

二、基于大数据精准教学管理系统的精准化教学管理与应用

（一）基于大数据精准教学管理系统的常态化学业数据采集

成都市第七中学初中学校引进的大数据精准教学管理系统——学业大数据采集分为考试网阅模式和作业手阅模式。考试网阅模式一般为年级统一考试、学校统一考试，它先把试卷或答题卡扫描进管理平台，在扫描时对客观题进行自动识别和判断，主观题自动切图，然后由教师在线批改主观题，最后进行成绩分析。作业手阅模式一般是平时作业练习、随堂作业等，教师先进行批阅，然后使用扫描仪扫描试卷，扫描的同时识别客观题进行自动批阅，同时识别主观题分数（由教师批阅后标记在特定位置），这样也可以进行成绩分析。（见图5-1）

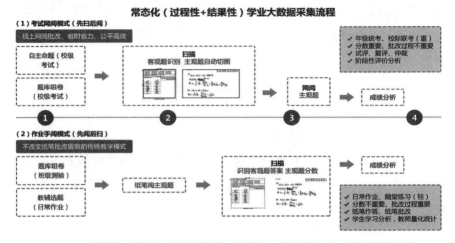

图 5-1 大数据精准教学管理平台常态化（过程性 + 结果性）学业大数据采集流程

成都市第七中学初中学校在引进大数据精准教学管理平台后，现在的管理非常方便高效，日常所有的考试、练习在不改变老师传统线下批改的方式，通过大数据精准教学管理系统在很短时间内扫描获取考试或练习数据，所有的统分及数据分析由系统自动完成。这样极大地减轻了教师负担，提高了教学效率和针对性。同时答题卡上保留老师的批阅痕迹，让学生和老师有了直接的交流，有利于学生订正和反思。通过常态化的数据采集和分析，成都市第七中学初中学校教师的教学负担得到减轻，教学效率得到提高，学生的个性化辅导教学得到实现，同时学生的学习效率也得到明显的提高。

（二）基于大数据精准教学管理系统下的精细化教学管理

大数据精准教学管理系统为学校教学管理提供了丰富的数据，学校可以依靠系统提供的数据分析进行精细化的教学管理。

依托考试综述报告整体把握年级学生学业总体情况、学科教学效果总体情况。每次考试完后，大数据精准教学管理系统会自动生成考试综述报告，包括年级成绩概况、年级历次考试"四率"（优秀率、良好率、合格率、低分率）趋势图、命题质量分析、成绩分析、上线情况、分数分布情况、各科"四率"情况分析、各科单双上线统计、年级学生考情动态表等数据。通过命题质量分析，学校可以指导命题质量不太好的学科教师在命题上做对应的调整。如某次年级集中测试，从区分度上来说，本次考试英语、物理学科区分各个层级考生能力较好；数学学科区分各个层级考生的能力一般；语文学科区分各个层级水平考生的结果较差（见表5-1）。根据这个汇报，学校要求语文备课组调查考试的各个环节，找出影响结果的原因，及时改进。

表5-1　某次考试各学科命题质量指标统计表

科学	卷面分	难度	难：中：易	信度	区分度
语文	150	0.69	2：14：11	0.77	0.18
数学	150	0.81	0：5：16	0.85	0.26
英语	150	0.76	1：10：65	0.91	0.37
物理	70	0.71	2：7：20	0.86	0.38

　　综述报告会从成绩分析角度给出本次考试总分合格率较低的班级、低分率最高的班级。对于合格率较低的班级，学校会根据报告敦促该班任课教师进行分层补强教学，通过系统个性化提升手册加强学生个性错题重做、巩固和提升；对于低分率最高的班级，学校会要求该班任课教师加强学生基础知识的巩固训练，切实提高教师教学效率和学生学习效率。综述报告还会根据各科"四率"情况分析，直接指出合格率最低的学科、低分率最高的学科，并给出相应的教学整改建议。如某次考试各科"四率"情况分析（见图5-2），指出累计合格率最低的学科为物理，建议该学科任课老师进行分层补强教学，通过系统个性化提升手册加强学生个性错题重做、巩固和提升。同时分析报告也指出低分率最高的学科为物理，建议该学科任课老师加强学生基础知识的巩固。学校会根据报告的提示督促该班教师落实教学计划和调整方法。

● 各科"四率"情况分析

● 由图可见优秀率最高的学科为数学,累计良好率最高学科为数学,累计合格率最高是数学,继续保持。

● 累计合格率最低的学科为物理,建议该学科下任课老师进行分层补强教学,通过极课 AI 个性化提升手册加强学生个性错题重做、巩固和提升。

● 低分率最高的学科为物理,建议该学科下任课老师加强学生基础知识的巩固。

下图为各学科四率统计图

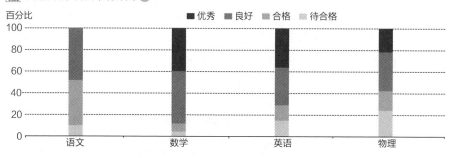

图 5-2 某次考试各科"四率"情况分析

大数据精准化教学管理系统还会给出年级报告。通过年级报告,年级分管教学行政可以快速地掌握全年级各班学生考试情况,也可以快速掌握全年级各学科教学效果情况。各班班主任和学科教师还可以根据班级报告快速掌握全班学生考试情况。在班级报告中会提供高频共性错题以及高频失分知识点等分析报告,这有利于学科教师针对性调整教学计划、实施精准教学。

(三)基于大数据精准教学管理系统下的高效性与精准化教学

在传统的教学和测试中由于缺乏数据的支撑,教学往往没有针对性,学业数据分析不全面,也不灵活、方便。学校在引入大数据精准教学管理系统后,在系统数据支撑下,学科教师的教学、每次的测试变得更有针对性,学生在学业数据的支撑下也实现了个性化的学习。

大数据精准教学管理系统下的考试流程更加高效。成都市第七中学初中学校教师通过系统提供的题库资源,使每次考试命题组卷更加方便灵活、有针对性。选题可按章节知识点选题,也可按年级、班级共性错题学情选题;可按校本题库选题,也可以是精品题库选题。题目更新快,方便下载。通过系统命题，考题质量变得更高，针对性更强。

　　大数据精准教学管理系统下的试卷评讲更加精准和高效。试卷讲评课是一种重要的课型，但传统的讲评课由于受限于技术条件，考试试卷中很多重要信息无法进行存储和统计分析，教师对教学过程无法做到心中有数，对学生个体也无法定量分析，以至于讲评课教师要么平均用力，重难点不突出；要么一讲到底，包办代替；要么就题讲题，不加拓展。这样的讲评课针对性不强，学生兴致不高，课堂效率低下。借力大数据精准教学管理系统极速采集、极致分析、即时响应的系统特点，能很好实现试卷讲评课的时效性和针对性。教师要利用系统的极致分析特点，能全面细致地了解班级学生的成绩情况和答题情况，做到心中有数，进行重点备课。对于错误率较高的试题，要对症下药；对于错误率较低题目，则只需点到为止或课后个别辅导，这样既保证了讲评的有效性，课堂教学效率也会更高。（见图 5-3）

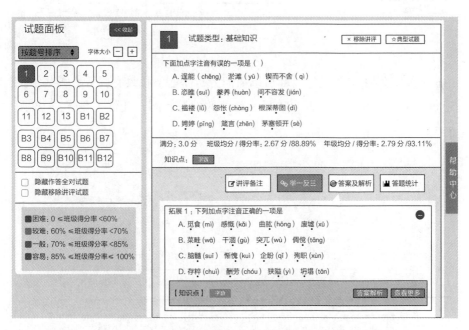

图 5-3　利用大数据精准教学管理系统针对高频错题进行讲评

（四）基于大数据精准化教学管理系统的教与学的个性化实现

大数据精准教学管理系统的实践和应用，实现了教学从群体向个体的转变，加强了教与学的针对性，真正实现了学生个性化学习。大数据精准教学管理系统除了能提供大样本数据，还可以自动分析动态、跟踪到每一个学生的学习情况，提供学生学习的个体样本数据。根据系统的这一优势，教师可为学生量身定制培优辅差措施，使分层教学更具针对性。（见图5-4）

学情动态 □					参数设置✱
前十名	李汶珈	131 分	第 1 名	◉ 查看原卷	📄 单科报告
后十名	唐悦凯	131 分	第 1 名	◉ 查看原卷	📄 单科报告
大幅进步	陈玟洁	130 分	第 3 名	◉ 查看原卷	📄 单科报告
大幅退步	曹乐同	129 分	第 4 名	◉ 查看原卷	📄 单科报告
优秀临界生	成雨俊	129 分	第 4 名	◉ 查看原卷	📄 单科报告
及格临界生	李瑞	128 分	第 6 名	◉ 查看原卷	📄 单科报告
近期波动生	王潇玙	128 分	第 6 名	◉ 查看原卷	📄 单科报告
	孙启航	127 分	第 8 名	◉ 查看原卷	📄 单科报告
	崔婧怡	126 分	第 9 名	◉ 查看原卷	📄 单科报告

图 5-4　分层教学，量身定制

比如，对于班级优生，既可以横向分析哪些学科具有优势，哪些学科还可提升；也可纵向分析调整每一阶段的学习状态，让优生更优。（见图5-5）

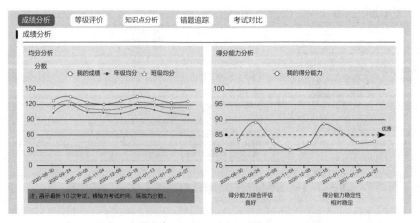

图 5-5　培优辅差，动态跟踪

对于重点踩线生，除了横向纵向分析，还可以设置系统自动锁定。每次学业诊断出来，教师就能尽快发现这部分学生的变化，从而及时关注和指导。对于学困生，除了横向纵向分析，系统可分析到这部分学生是哪些知识点没有掌握，是哪些能力不具备，从而帮助学生及时补救，实现整体学习提升。（见图5-6、图5-7、图5-8）

通过大数据精准教学管理系统，学生能充分掌握自己历次作业和考试的信息，包括考试位次、进退步和答题情况，以在复习时清楚自己的学习目标，使学习效率得到很大提升。

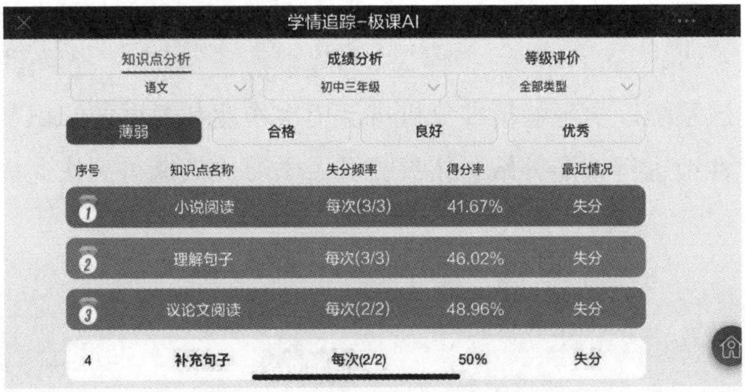

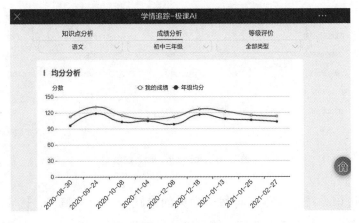

图 5-6　厘清知识，分析得失

图 5-7　动态追踪，把握过程

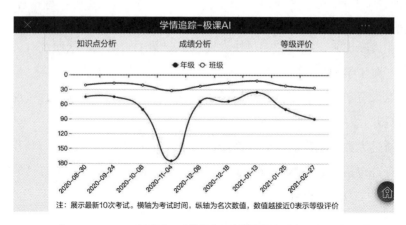

图 5-8　明晰自我，达成目标

通过该系统，学生能精准分析自己历次作业和考试的知识掌握情况，从而针对性地进行查漏补缺、拓展提升，学习成效能得到快速提升。（见图 5-9）

知识点	考频	失分频率	得分率	最近情况
文史常识	1	每次	25%	失分
理解句子	5	每次	47.1%	失分
表达方式	1	每次	47.92%	失分
语言表达及应用	2	每次	50%	失分
正确使用词语	1	每次	50%	失分
议论文阅读	2	每次	51.05%	失分
解释词义、字义	3	每次	51.74%	失分
现代文阅读	1	每次	54.17%	失分
论点	2	每次	54.17%	失分

图 5-9　精准分析，提高效率

通过该系统，学生能将每个学科的错题进行归类整理，打印错题重做，或者按系统自适应匹配的练习进行针对性自主强化训练，从而告别题

海战术，只做该做的题，达到减负增效的效果。（见图 5–10）

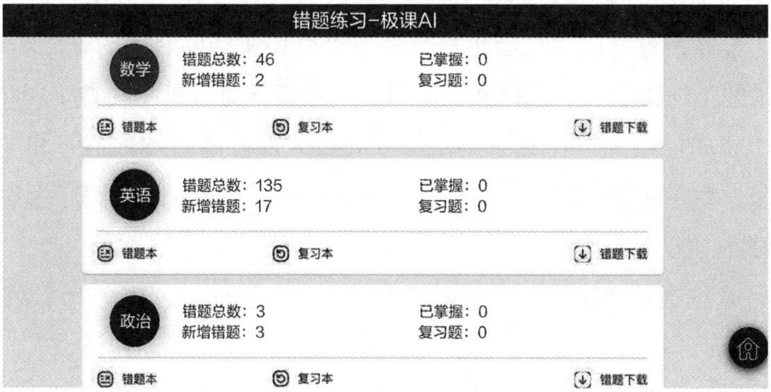

图 5–10　错题练习，减负增效

总之，该系统为每一位同学建立了自己的学习档案。根据学生个人的学习档案，教师可以对学生进行个性化的分层教学设计，学生能个性化地自主学习，真正实现教和学的个性化。

（五）基于大数据精准教学管理系统的家校沟通的高效性

家庭教育是学校教育的基础，也是家庭教育的延伸，家校间良好互动，更有利于学生成长成人成才。苏霍姆林斯基说："教育的效果取决于学校和家庭的教育影响的一致性。"要教育好一个学生，不能只靠学校教育，要调动一切可调动的力量，形成教育合力。

1. 通过大数据精准教学管理系统的应用，能让家长及时精准掌握孩子学习信息

该系统的即时响应功能，能让家长手机 App 上常态化接收到孩子的学业诊断信息，使家长及时了解孩子的发展动态，精准把握孩子学习情况。另一方面，家长在和老师、孩子沟通时，能明确从哪些环节入手进行学习内容和学习方法的交流，从而有效地配合老师调整学生学习状态，使家校沟通更加明确具体。

2.通过大数据精准教学管理系统的应用，能提升家长对孩子的指导和督促水平

通过该系统的应用，给予家长一个可以切实帮助孩子的方法和途径，比如错题集的生成，家长督促孩子对错题进行及时订正、归类整理和定期再做，完成推送题，观看小视频，帮助孩子及时调整学习策略和学习状态。家长参与到孩子的学习中，孩子的学习会更有效果，提高了家庭辅导的针对性和实效性。

3.通过大数据精准教学管理系统的应用，能全面提升家校沟通效率

系统的信息及时推送，以数据和事实说话，能很好地弥合以往家校沟通上的问题，比如家校隔空喊话沟通不畅，家长向老师了解孩子学习情况的担心，学生向家长隐瞒学习情况，关乎学习的亲子矛盾，等等。教师、学生、家长三方都能心平气和地科学对待学生在学业方面存在的问题，全面提升了家校沟通效率。

三、对大数据精准教学管理系统应用与完善的反思

从以上的实践和应用中我们可以看出，大数据精准教学管理系统是一款优质的大数据智能采集系统、大数据精准教学系统、大数据学情追踪系统，它的极速采集、极致分析、极便响应在教育教学中有充分的优势和应用，能很好达成教学的"即时、精准、减负、增效"。但由于主客观条件目前还未能完全具备，该系统的潜能还没有被充分发挥，还需进一步应用、思考和完善。

第一，要发挥大数据精准化教学管理系统的高效作用还需要进一步加强常态化的应用。目前成都市第七中学初中学校应用该系统的主要环节还是在阶段测试和统一测试中，学业测试的样本数据还是偏少，按照大数据的特点，这样的数据还是不能发挥大数据在教学中的应有作用。如果我们

能将每天的作业数据化、常态化，对于教育来说，样本才更多，数据才更全面，也才是真正的大数据。这样教师对学生的指导会更加细微和精准，学生在进行错题、收集改错和自适应训练方面才更加具体。

第二，教育大数据的采集范围如果能更加广泛，更能发挥大数据的优势。如果能在测试中采集学生的非结构性数据，如答题时间等，将会更有利于实现学生的个性化教育。

第三，学生学业数据的采集方式要多样化才有利于学生学业大数据的形成。目前该系统数据的采集只能靠专业的扫描仪才能完成，虽然扫描速度很快，但是还不能实现随时随地的数据采集工作。如果能实现教师用智能终端拍照上传或者是使用智能笔等方式采集数据将更有利于学业大数据的收集。

中职学校学生生源状况分析与中职学校人才培养模式研究

——以成都市中和职业中学为例

成都市中和职业中学　罗应莉

一、中和职业中学生源状况

通过对中和职业中学 2019 年和 2020 年 2 678 名新生进行问卷调查分析，问卷内容主要有选择中和职业中学的原因、学生的学业情况、学生个人素养，以及学生家庭情况等方面，做如下分析。

（一）选择就读原因——整体分析家长对孩子学习的支持力度

随着经济的发展，家庭经济条件的提升，家长和学生的升学愿望更加强烈。中和职业中学为学生搭建了出国留学、高考、对口单招、"3+2"大专及就业等成长通道，在问卷中选择就读原因排名前三的分别是"提供的出路多""学校口碑好"和"有自己喜欢的专业"，分别占比 87.33%、76.67% 和 72.59%，这三项是我们的核心影响力。中和职业中学专业方向设置更加多元化，专业方向更加前沿、高大上，更符合 2000 年后出生的新生代的口味。中和职业中学家长素质提升，更加尊重孩子兴趣、爱好，为学校的人才培养路径和人才模式的探索，提供了坚强的后盾。

（二）学生学业成绩分析——了解生源，明晰关键

通过问卷调查数据，近年每年中和职业中学生源中考成绩分布如下：440 分以上 219 人；400 ～ 440 分 213 人；350 ～ 400 分 396 人；300 ～ 350 分 259 人；250 ～ 300 分 235 人；200 ～ 250 分 110 人，其他 35 人。学生

单科成绩弱，语、数、外三科成绩低，尤其是数学和英语，二者平均分在40～60分左右。从生源区域结构来看，高新南区、西区、天府新区、双流区以及成都市其他区域学生入口情况较好，偏远地区的学生可能因为地域差异、基础较薄弱，中考分数段大多集中在200～320分之间。通过分析历年学生毕业出口情况，并结合中和职业中学学生学业成绩、学生个人兴趣和专业特长，以及不同分数段，为他们提供了有利于学生发展的路径，如440分以上的学生219人（占比16.23%），建议就读本科部考入本科或国际部留学考取本科；300～440分之间的学生868人（占比64.3%），建议就读"3+2"大专、国际部留学升学或单招班考大学；剩余的380人（占比28.14%）建议就读单招班考大学或就业。随着全国高职院校的扩招，通过新生学业分析，了解基础，明晰关键，中和职业中学为学生提供了六条出路，可满足不同层次学生的需求，让95.8%的学生可以留学、高考、单招或"3+2"升学。

（三）学生家庭基本情况分析——家校合力助推学生终身发展

学生的家庭基本情况包括父母从业情况、文化程度和家庭收入等方面。中职学生家长的从业水平较低，其中61%的学生家长为个体户或普通超市、工厂工人。除此之外，有12%的学生来自单亲、离异、重组家庭。从问卷数据结果来看，中职学生家长文化程度较之往届有所提高，但整体水平较低。所以我们在学生培养方面必须通过对生源家庭情况进行精准分析，了解生源背后的家庭实际情况；通过班主任家访和召开家长会，指导家长掌握一些与孩子沟通和交流的技巧：家校形成合力，助学生成长。

（四）明析生源素养——找准培养路径

据调查数据统计，85.48%的中职学生普遍存在学习动力不足、学习退缩、畏难情绪等问题，因为中职学生是一个特殊的群体，他们认为自己是中考的失败者，大多数是迫于无奈选择就读职业中学的，也大多没有明确的目标、没有自信，自我约束力差，纪律意识淡薄。通过问卷、访谈和调研得知有以下原因导致了问题的产生。

第一，义务教育阶段，初升高竞争激烈，学科成绩是评价学生的主要方式。成绩在班级排名靠后的学生没有自信心，自己为自己贴上了"差生"的标签，认为自己没有作为。

第二，在初中阶段，各个学校有升学任务，部分初中教师为了完成指标任务，眼里只有能上重点高中和普高的学生，对学生大多是为完成升学任务的"责任心"，对优等生"视若珍宝"、对中等生"放任自流"、对差等生"视若无睹"，所以大多进入中职学校的学生在初中就丧失了自信心。

第三，由于众多家长好面子，觉得自己的孩子学习成绩不好，让家长不仅伤心而且也没面子，因此中职学生在家庭中得到的认可和温暖也少。他们由此产生自卑的心理，对自己没有信心，也没有学习目标。

第四，综合素养欠缺，缺乏锻炼的平台。在对历届新生进行问卷调查后，发现 46.82% 的同学在初中阶段没有担任过班干部或学生会干部。为了帮助学生提升他们的综合素养、恢复自尊心和自信心，仍需要为学生提供更多的锻炼机会和平台，让他们愉快地学习和生活，使之对未来充满希望。

学校老师和家长对中职学生的评价，包括学生自我评价，在一定程度上给他们的心理造成了困扰。他们几乎处于"被管理"的状态，从而很难对集体产生归属感和认同感，认为自己被边缘化：进入中职学校的学生自我效能感低。

（五）学生个人成就目标与升学愿望分析

在学生入校前，通过开展无记名、多元化需求调查发现 91.82% 的同学希望升学（其中国内升学占比 79%；留学升学占比 12.82% 共 149 人），搭建更多上升通道是大势所趋；希望就业的人数 95 人，比例为 8.18%。通过各区域学生对未来打算交叉数据分析发现：学生想升学和出国留学各区域比例分别为：高新区占 82.4%、天府新区占 81.7%、双流区占 88.8%、锦江区占 74.36%、武侯区占 76.67%、青羊区占 83.33%、成华区占 100%、金牛区占 100%、成都其他地区占 83.72%、成都市以外地区占 71.83%，各区域学生打算升学和留学比例均超过 70% 以上。就业比例除了锦江区、青羊区和成都其他区在 10% 以上，其他区域均不到 10%。从这个分析结果可见，在人才培养方面，我们一定要落实我们的终极目标，继续坚持以学生终身发展为中心，为学生搭建多元化的升学平台。

（六）学生个人兴趣和爱好分析

随着经济的发展和家长的重视，通过问卷调查发现我们的学生中有 68.07% 的学生拥有一项特长爱好。为此，我们要牢牢抓住学生的兴趣爱好，帮助学生树立信心。以丰富多彩的社团活动、学生团体活动以及系部活动提升学生的综合素养。

二、根据新生生源情况分析（以高星级饭店运营与管理专业 "36533" 人才培养模式为例）探索中职学校有效人才培养模式

根据《国家职业教育改革实施方案》《职业教育提质培优行动计划（2020—2023 年）》及《四川省职业教育改革实施方案》文件要求，以及围绕市场需求，对专业建设形成动态反应反馈调整机制。同时成立了由行业协会、企业、学校、高校等多方人员构成的专业建设指导委员会。根据新生生源情况分析，通过面向企业、历届新生、在校学生、毕业生及高职院校开展饭店产业人才需求、员工素养及能力调研，以学生终身发展为目标，立足升学需求，着眼就业需要，创新了 "36533" 的人才培养模式，为高校和企业输送更多的优秀人才。（见图 5-11）

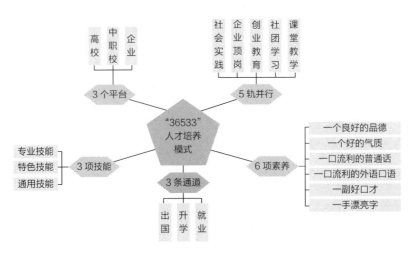

图 5-11　高星级饭店运营与管理专业"36533"人才培养模式

（一）高星级饭店运营与管理专业"36533"人才培养模式依据

根据《国家职业教育改革实施方案》要求，遵循改革"管好两端、规范中间、书证融通、办学多元"的原则，为适应新的职业教育形势需求，深化职业教育产教融合、校企合作"双元"育人。通过开展专业职业岗位群调研，了解到饭店业的服务宗旨是高质量、高个性化服务，为此结合企业所设置的基本岗位，依据工作任务，分解岗位能力。企业注重学生专业技能、特色技能和通用技能等三方面水平的提升；学校则坚持立德树人、全面发展的育人理念，践行课堂教学、社团学习、创业教育、企业顶岗、社会实践等"5轨并行"育人。

（二）高星级饭店运营与管理专业"36533"人才培养模式具体内容

围绕专业人才培养目标，创新实施"产教融合，校企合作"，构建"36533"人才培养模式，即"3个平台"——搭建中职校、企业、高校三个平台协同育人的渠道；"6项素养"——着力一个良好的品德、一个好的气质、一口流利的普通话、一口流利的外语口语、一副好口才、一手漂亮的字素养提升；"5轨并行"——践行课堂教学、社团学习、创业教育、企业顶岗、社会实践 5 条路径并行的特色育人途径;"3 项技能"——夯实专业技能、特色技能、通用技能;"3 条通道"——畅通升学、就业和出国 3 条发展通道。

(三)搭建"3 个平台"

以企业、中职校、高校等多方人员构成的专业建设指导委员会为基础,搭建人才培养平台(见图 5-12),充分发挥好学校、企业、高校三大平台协同创新作用。主要依托成都锦江宾馆和校内生产性"锦上中和职中酒店"两家企业并签订校企合作协议,构建校企共育培养机制,采取"走出去、请进来"的方式,实现现代服务业人才培养目标。"走出去"——让学生到企业参观→企业见习→企业跟岗→顶岗实习等让学生在真实工作场景中,以任务为学习驱动,跟随行业能手一起学习专业技能、行业标准和企业文化,促进学生有效提升专业技能。"请进来"——邀请行业专家、行业能手到学校开办讲座→技能指导→研究课程体系→研讨课程标准→审核课程题库→建立评价机制等促进学生了解企业文化及需求,提高学生的学习兴趣,明确学生的学习方向、岗位能力需求等,从而培养出符合现代饭店服务业需求的高星级人才。积极探索以校内生产性实训基地"锦上中和职中酒店"为依托,建立"产权明确、校企共建,经营托管,合作育人,利益共享"的校内生产性实训基地的建设新思路。发挥学校和企业各自在人才培养方面的优势,利用校、企两种不同的教育环境和教育资源,以行业需求为导向,以培养学生的综合素质、专业技能和就业竞争力为重点,为学生建立真实的酒店实训环境,进行真实的对客服务,开展"校企联合培养",创新实训仿真新模式。预计每年可接收 600 名学生和 20 名老师到酒店实训。通过设计完整的校内生产性实训课程体系,让师生通过到企业见习→企业专家指导→企业跟岗→独立对客服务→参与企业运营管理等过程,促进师生高技术化、高个性化、创新化目标培养的实现。把课堂传授为主的学校教育与直接获得实际经验、操作能力的企业技能实践有机结合,实现学校、企业、学生三赢的合作办学。与高校对接,畅通信息交流，促进人才培养深度合作，共同探讨中高职衔接课程设置，共享实训基地等举措，实现专业、企业、高校共赢格局。

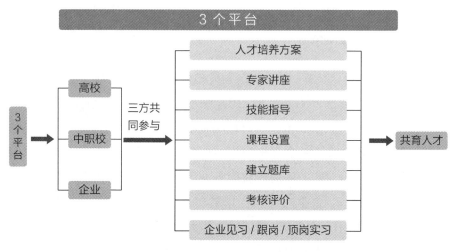

5-12　搭建"3个平台"共育人才

（四）着力"6项素养"

坚持立德树人、全面发展的育人理念。根据中职生的特点，从规范学生基本言行、职业素养、做人做事等方面着手，开展学生志愿者服务活动，爱国主义、法律法规、职业素养教育专题活动，改善学生行为习惯。以德育课程为基础，充分发挥公共基础课、专业课、人文课等课程的作用。实施"3+N"学生自主管理并编写《中和职中学生必读本》和《做人做事》两本书籍，制定就读中和职中的相关要求，以及作为一名中和职中学生应该做到的行为规范等；通过让同学们学习必读本并考试，让同学们形成良好的品德修养。同时，还开设《职业生涯规划》《职业素养》《饭店服务礼仪》《普通话》《英语》《书法欣赏》等课程。着力良好的品德、良好的气质、流利的普通话、流利的外语口语、一副好口才和一手漂亮的字"6项素养"的培养（见图5-13）。为学生树立目标，让学生在毕业前考取相应的"六个一"证书，发展学生个性特长，展现饭店专业学生的风采，提升学生的综合素质。

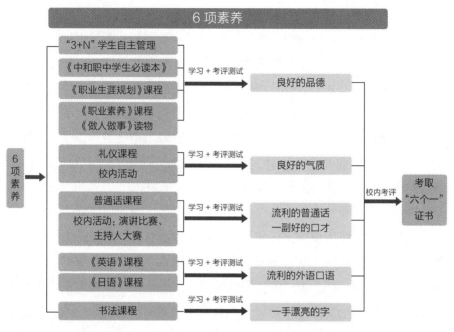

图 5-13 着力 "6 项素养"，提升学生综合素养

（五）践行 "5 轨并行"

"5 轨并行"即课堂教学、企业顶岗、创业教育、社团学习、社会实践 5 条路径并行的特色育人途径。我们以"学生"为主体、以"行动导向"为依据，采取让学生主动参与的 5 条路径并行的方式来培养学生。根据中职生的学习特点，以激发中职学生的学习兴趣为主，采取形式多样的学习形式，以活动为载体，把学生"情感、态度、价值观"的培养放在第一位，让学生在活动中树立目标、彰显个性、体验成功、树立自信、成长、成人、成才。课堂教学主要包括基础学科、专业理论与技能教学，主要完成学生专业基础知识与专业核心能力的培养。社团学习即每周四学校开设包括专业类、艺术类、体育类、非遗类、乐器类、生活小窍门等 80 多门社团课供学生选择学习，以拓展兴趣、陶冶情操、趣化生活为目标，帮助学生树立信心，着力培养学生的综合素养。创业教育即学校经过 20 年的理

论与实践的探索，形成了富有特色、自成体系、深受学生欢迎的一套创业教育课。每个班级开设为期一周的 SYB 创业理论课程，为学生进行创业理论培训；同时，每学期开展星光之夜演唱会、淘宝电子商务、擦皮鞋、自主承包校园铺面、寒暑假校外创业实践等实践活动，培养了学生创新创业意识，为学生搭建创业的平台，播下创业的种子。例如，以校内 12 间创业铺面为载体，让学生通过理论学习→创业策划培训→创业实践，体验创业过程，增加创业经验。从学生职业生涯规划开始，引导学生了解专业，感受创业、创新氛围，尤其是学校"花坞"和"图书馆栖息水吧"就是专门为高星级饭店专业学生搭建的创业创新活动平台。企业顶岗分两个方面实施，一方面以 3 年为单位安排学生到校企合作酒店——锦江宾馆开展参观见习→企业专家指导→实习等；另一方面以校内生产性实训基地（锦上中和职中酒店）为依托，通过设计完整的校内生产性实训课程体系，让师生通过到企业见习→企业专家指导→企业跟岗→独立对客服务→参与企业运营管理等过程，促进师生高技术化、高个性化、创新化培养目标的实现。社会实践即通过开展学生擦皮鞋、劳动服务周、志愿者服务、寒暑假校外创业实践等实践活动，为学生搭建多渠道锻炼途径，培养学生的活动组织能力、创新创业能力和社会实践能力，为学生的专业技能和职业素养的提升打下坚实的基础。通过"5 轨并行"的路径实现学生技能和素养的提升，培养更多应用型人才（见图 5–14）。

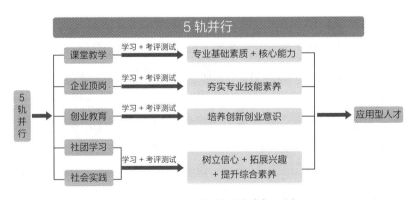

图 5–14 践行"5 轨并行"特殊育人途径

（六）夯实"3 项技能"

通过开展专业职业岗位群调研，结合企业所设置的基本岗位，依据工作任务，确定工作流程，分解岗位能力，建构情境教学工学结合的模块化课程体系。根据教学计划安排，通过专业核心技能课（前厅、餐饮、客房等）的学习与考试测评，实现专业核心技能的培养；通过专业特色课（茶艺、咖啡、西点、调酒、插花、景区讲解等）的学习与考试测评，实现专业特色技能的培养；通过专业基础课（礼仪、普通话等）的学习与考试测评，实现专业特色技能的培养。通过校企协同育人机制共同制定各学科教学标注，共同参与学生技能水平考核评价，使学生 3 项技能得到显著提高，拓展学生的多元化技能（见图 5–15）。

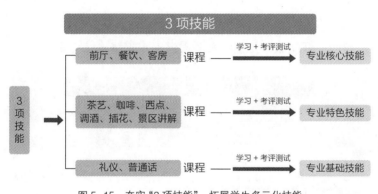

图 5–15　夯实"3 项技能"，拓展学生多元化技能

（七）畅通"3 条通道"

随着经济的发展，在学校愉快·希望的办学理念下，以服务学生终身发展为中心，构建学生升学、就业和出国留学三条多元畅通通道。升学通道以本专业"本科班"和"单招班"的教学标准为抓手，通过让学生参加高考或单招升入相应高校学习，为学生搭建专科→本科→研究生的发展平台，为高职院校输送优质生源。出国留学通道积极推进国际合作，以满足不同类型学生的培养需求，开设日语课程，打通国际化育人通道，满足学

生国际化发展需要。立足专业现有的国际化发展基础，不断打造专业国际化品牌。建设完成了"星级饭店服务技能""现代饭店前厅管理"2门国际化专业校本课程，努力营造国际化学习氛围，形成具有校本特色的国际化课程。为学生搭建出国留学的上升发展通道，并为学生搭建留学升入专科、本科及研究生的平台。进一步加强国际化建设的推广与交流，拓展教育交流渠道，打造国际化师资团队，每年选派教师参加饭店专业化的国际交流与学习，使饭店专业国际化教育教学水平得到提高，饭店专业学生国际化人才出国深造逐年增多。就业通道为了满足区域经济发展，紧跟企业需求，分析专业岗位能力需求，以立德树人、产教融合、校企协同育人为宗旨，构建校企共育培养机制，提升学生岗位技能水平，制定校企协同育人实施方案，满足人才发展需要。学校以促进就业和适应产业发展需求为导向，以能力为中心，分析本专业面向工作岗位所必需的新能力，使更多劳动者长技能、好就业，为企业发展提供人才支撑（见图5-16）。

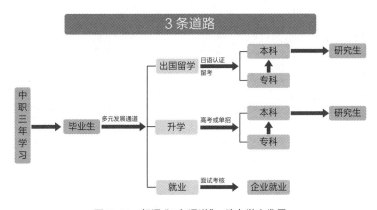

图 5-16　畅通"3 条通道"，助力学生发展

三、学生培养成效初显

中和职业中学通过进行精准的生源分析，让人才培养模式改革实现

了新的突破，形成了中和职中有效的"36533"人才培养模式。通过产教融合、校企共育运行管理制度，建立了一套适合中职学生发展的培养模式，提高教学质量，使学生综合素质、实践能力和创新能力得到显著提升。学生技能水平提升快、综合能力与素养强、学生多元化的发展通道畅通，升学成绩显著提升。

升学通道方面：学校升学率逐年上升，以2021年为例，四川省单招考试，省优质高职录取为8.4%，中和职业中学为34.35%，其录取率超25.95%；省公办学校录取率为32%，中和职业中学为89.99%。

就业通道方面：学校始终与10余家企业保持长期合作，每年合作企业可以为毕业生提供近100个工作岗位。根据调研发现：用人单位对本校学生的满意度达80%；毕业生满意度达92.04%；家长对就业学生满意度达3.47%。

出国留学通道方面：学生在校扎实认真地学习，赴日留学人数逐年上升，从2016年10名，到2020年65名，2021年84名办理留学手续。已赴日留学的163名学生中，79.71%的学生已升入大专；20.29%的学生升入日本本科大学。每届学生有90%以上可以通过日语等级考试并取得相应证书。

经过近两年的探索，学校人才培养模式获得好评。高星级饭店运营与管理专业"36533"人才培养模式，被评为成都旅游职业教育集团2020—2021年度优秀案例。

综上所述，中职校新的任务是：在学校以升学为主的转型发展时期，扩大我们中职校的生源，提高教学质量，认真做出深入的大数据分析，明晰学生的特征，找准适合中职学生特点发展的路径，探索出一种人才培养模式，从而提升中职学校的教育教学质量，帮助每一位中考失利的孩子成人成才，改变学生个人乃至家庭的命运，为成都经济发展培养更多优秀的技术技能型人才。

聚焦区域教师专业能力提升的培训转型

——成都高新区小学数学线上线下混合式研培的实践探索

成都高新区教育发展中心　杜　琳

一、促进教师团队整体性专业发展，是培训转型的目标

诺尔斯在他的成人学习理论中提道："成人学习应遵从以下四个法则。一是效果法则。他指出成人学习需要在愉快的环境和氛围中进行，舒服、放心的物质环境和受欢迎、尊重、得到鼓励的心理氛围有利于增强成人学习效果。二是练习法则。成人学习需要大量练习加深印象。三是联想法则。成人在社会生活中积累的经验是其进一步学习的宝贵资源，因此，采用理论联系实际的联想法则有利于成人对认知对象的掌握。四是有备法则。成人学员在开始学习之前需要知道学习某个内容的原因，他们的学习不应该是盲目性的。成人学员意识到学习能够满足需要时他们的学习动机将会被大大地激发。"根据这四个法则，诺尔斯进一步总结了成人学习的过程："形成学习氛围—建立合作规划的学习结构—诊断学习需要—形成学习目标—设计学习活动模式—组织学习活动—评价学习结果与再诊断学习需要。"而在学习方法中他主要总结了："自我导向学习、契约学习、小组学习、非正式学习。"

在网络信息技术支持下，学习资源铺天盖地涌入我们每个人生活中，而教师的职业身份，使得他们比一般的成人更具有学习发生的积极因子，他们更主动地学习、更善于学习、更容易在学习过程中获得成功体验。无论是课堂上学生的真实表现，还是听课、评课或者专家讲座，乃至与家长的交流，不自觉地，他们已经在碎片时间中通过自我导向式展开非正式学

习。学习虽无处不在，但由于缺乏培训的系统性和学习群体的相互激励，往往难以推动教师整体的提升。

唯有教师整体性专业发展才能直接有效地促进一个区域整体教学质量的提升，从而让整个区域的学生都能获得更优质的教育。因此培训转型的基本原则是促进教师整体性的专业发展，其方式不仅要关注教师的个体差异，也要尽可能覆盖全体教师。那么培训形式的策划不得不考虑如下几个问题：一是培训是否符合教师现实需求？二是培训目标是否让每个参加者都清晰？三是培训是否能持续激励每个人参与？四是培训是否有针对性地指向课堂教学的具体行为？五是培训是否触动了固有观念的改变？六是培训效果是否可诊断？七是培训是否能触动未参训者，从而引领教师整体专业发展？

二、骨干教师项目班的组织撬动区域培训向线上线下融合式转型

2020 年"成都高新区小学数学骨干教师周期性项目班"的组织正是一次尝试教研转型的挑战。该项目班有 4 个特征：课程内容聚焦小学数学"数与代数"领域；课程目标聚焦大单元整体教学的概念、设计与实施；课程时间聚焦 1 个学习周期；课程实施对象聚焦高新区 100 名中青年骨干教师。

（一）项目班的培训目标

本次项目班培训目标有三个方面：一指向全区教学质量整体水平的提升；二指向数学课堂教与学行为的改变；三指向小学数学课程全部内容。将以上目标与成人学习理论结合分析，不难发现通过传统线下培训难以实现其目标。后疫情时代教师的信息素养突飞猛进，大家都发现线上培训更能满足教师个性化学习的需求，网络学习社群的组建又有利于满足教师之间的相互学习，在线学习问卷的设计与使用让学习诊断和需求分析成为可能……总之，不少线下培训受限的因素通过线上培训得到了解决。

（二）项目班组织的创新方案

1. 设计使用伴随性问卷

在本次项目班培训中，我们共设计使用线上问卷 10 余次。问卷对象包括学员、导师和全区数学教师。问卷类型包含学员原始学情调研问卷、学员学习效果反馈问卷、学员作品评估问卷、学员现场展示效果问卷等四个方面。每种问卷针对的受访对象虽有差异，但都始终伴随培训的进行让不同身份的参与者获得发表自己观点的机会。学员在这个过程中不断强化学习目标、调整学习状态、把握展示机遇、主动寻求合作交流，促进整个项目班学习的深入。授课教师、教研员可通过问卷了解学员学习的真实状况，从而及时实施干预。

2. 组建网络学习社群

网络学习社群的组建有利于"建立合作规划的学习结构"，从而完成小组合作学习。线上社群又可分为：全体项目班学员、学习小组、项目班班委三种不同类型。每种类型在学习展开的不同阶段发挥不同的作用。例如：在不同的学习小组中，组长可个性化地组织小组成员共同制订学习目标、计划、步骤，分配学习和展示的角色人物，营造被尊重、被认可的团队文化，激励小组在学习中不断取得进步。

3. 开展线上协作学习

项目班学习过程中，线上协作学习无处不在，广受学员们欢迎。他们可以通过阅读打卡、作品互评等方式交流各自在进行自主课程学习时的收获、困惑和形成的独特思考。还可以通过协作编辑完成小组作业的设计、修订、补充与完善。当小组进行线上展示或承担线上课程主持任务时，这种协作学习形成的默契总能让每个人感受到自身的价值，同时充分发挥对组员的支持作用。

4. "集中授课和一对一指导"的混合式培训

"集中授课和一对一指导"灵活采用线上线下融合培训的方式进行。"一对一指导"在线上进行是指授课专家根据不同小组提交的作业进行针对性的指导。一般步骤为：每个小组线上协作完成作业—班委收取作业打包提交给授课专家—小组准备作业展示—线上一对一指导—再次修订—专家通过反馈评价结果。值得一提的是，无论是集中授课还是一对一指导，我们都向全区所有小学数学教师开放，吸引大家都来参与学习。

5. 聚焦于课堂改进的线下课例研磨

"纸上得来终觉浅，绝知此事要躬行"，根据项目班最初的目标，学员们所学习的课程和做出来的教学方案最终都要落实在课堂中，真正通过教与学行为的改变有效提升教学质量。因此，当各小组的教学方案在专家指导下进行修改完善后，教研员的职责则是指导老师们磨课改课，在真实的课堂中去检验方案的可行性，再与老师一道根据发现的问题进行调整和改进。每个教研员负责两个小组，每次磨课，2 个小组 20 名教师全员参与。据不完全统计，每次展示的课例背后，教研员带着老师磨课的次数都超过3 次。除了现场磨课，我们也广泛利用线上开展研讨。

6. 指向学习效果评价的线下测评与组队展示

学习效果的评价有利于反向促进成人学习效果的提升。我们在项目班学习过程中组织老师们进行"小学数学本题知识"的纸笔测试，虽然并没有公布测试结果，但参与测试的经历足以触动学员反思和自我激发。而"组队展示"是对大单元整体视角下如何开展课堂教学的系统示范。全区的老师都会自主选择 1 ～ 2 个场地，观摩 2 ～ 4 个小组研究成果并通过问卷给出自己的评价。除此之外，我们还邀请区级名师进行现场点评。

综上所述，6 个不同的培训方式对应不同的培训场景，线上线下的培训相得益彰，培训参与者队伍不断壮大：从 100 名学员拓展到全区大多数教师，教师也从被动学习走向主动研讨。在这次实践探索中，我们惊喜地发现单纯的培训方式向着"培训与教研融合"的方向而发展，信息技术的助力使得线上线下融合式"研培"已然成型。

三、两个融合，实现从"培训"到"研培"的跨域

通过项目班培训的转型探索，我们发现表面看来是指向组织方式转型的线上线下融合，其真正内核意义在于指向区域教师培训领导力转型的培训与教研的融合。于是"线上线下混合式研培"成为推进区域教师整体性发展的新路径。

"混合式研培"可发挥线上和线下培训各自的优势，将"培训"和"教研"两种促进教师专业成长的方式进行有机整合。其整合的基础是教师实际需要；整合手段是信息技术；整合的内容是教师专业成长课程（理论与实践）；整合形式是线上培训，线下（现场）教研。因此"混合式研培"是将线上培训与现场教研深度融合的一种教师专业培养模式。制定实施整体性的"研训计划"，包括将需求调研、方案设计、评价反馈、后续效果等作为整体考虑，既保障教师学习的自主权和积极性，又提供了协作交流与实践操练的机会，让研训更具针对性、公平性、吸引力。

（一）区域教师线上线下混合式研培特征

混合学习的终极关怀是重新思考教与学的关系，需要在从教师到学生、从内容到体验、从技术到教学法这几方面进行重新聚焦，将混合式学习迁移到教师培训中。那么，混合式教师培训不应局限于某种媒介，而应超脱媒介形成一种多元、立体的培训方式。因此，在本研究中小学数学教师混合式研培应从主体、形式以及关系中进行线上、线下的融合。

1. 主体：导师指导与自我进修融合

导师指导是指由培训组织者规定培训内容与活动，推进培训进程；自我进修是指被培训者按照自身需求在线上或线下选择适合自己学习的方式和内容。两种主体的培训方式应该保持平衡，在主动参与中寻求自身专业的发展。

2. 形式：线上培训与线下教研有机融合

虽然两者各有利弊，但两者的融合要将理论与实践相结合，要在情景、资源、活动上精心设计，确保线上培训与线下教研形成一个持续性过程。

3. 关系：个体研修与群体研修的融合

在教师的专业发展中，教师个体与教师个体所在的群体是相互依存、相互影响的。教师个体的发展需要从群体中获得养分，反过来，教师个体的发展也能促进群体的进步。因此，在培训活动设计时要同时从个人、群体两个层面来设计，以使个体能在与集体的知识建构中改进教学实践。

（二）区域教师线上线下混合式研培优势

1. 区域教师混合式研培提升目标达成度

实践是教师职业的基本属性，是混合式研培的起点。教师混合式研培有效地将教育实践与教育理念融合在一起，让教师在理念的学习中加深自我意识的增长，在实践操作中提高教师的专业素养，从而促进区域教师的职业发展，使培训效果达到最大化，完成区域教师发展目标。

2. 区域教师混合式研培实现培训模式多元化

混合式研培将线上培训与线下教研相结合，将自主学习与导师指导相结合，将协作交流与个人反思相结合，将过程评价与结果评价相结合，通过多形式、多级别、多层次的培训方式，促进培训课程、教育资源和教育经验的交流和积累，从而形成培训模式的多元化。

3. 区域教师混合式研培助推教师培训个性化

《国家中长期教育改革和发展规划纲要（2010—2020年）》中对继续教育提出了"为学习者提供方便、灵活、个性化的学习条件"的发展要求，教师作为成人学习者，具有自主学习能力，能自主选择学习的内容、学习的时间与地点。混合式教师研培能更好地在时间、地点、内容、评价上满足受训教师个性化的需求，在培训模式、培训方式上给予受训教师个性化的支持。

4. 区域教师混合式研培增强教师培训生态化

混合式研培强调将培训过程中的各种相关要素，诸如培训方式、培训内容、培训手段、培训过程、培训评价在继承、改革与创新的思路下进行融合，这体现了生态系统的发展理念与教师发展利益共存共赢、共建共享的发展取向。

5. 区域教师混合式研培促进教师培训公平性

人人皆学、处处能学、时时可学，混合式教师培训为教师培训提供了丰富的线上培训资源，每个受训教师可以根据自身情况选择适合自己的培训内容与方式，从而增加了受训教师在不同阶段、不同活动中的参与机会和程度，促进了教师培训的公平性。

（三）小学数学教师区级混合式研培基本模型及操作方法简析

根据理论学习和项目班的实践案例，我们初步形成了由"需求分析、方案设计与实施、评价伴随、学研追踪"四个环节组成的线上线下混合式研培模型。

1. 指向以人为本与个性发展的培训需求分析

混合式培训中要充分了解不同层次的教师、不同阶段教师的培训需求，将培训内容与教师的实际学习需要、兴趣相结合，才能客观、科学地分析教师的学习反应和学习效果，使培训立足于切实可行和实事求是的基础之上，做到真正满足教师发展需求。一般需求分析可包含：（1）参研教师基本情况；（2）参研教师教育教学中遇到的实际问题；（3）参研教师自主学习基础及本次学习目标自我描述；（4）本次培训想要达成目标的现状调研。前3点来自参研教师的自我评估，而第4点则是从组织方的角度设计的一种引导性调研。

2. 指向目标导向与学习转化的方案设计与实施

混合式研培设计过程中，首先要以培训目标为导向，以保证培训在目标的引导下沿着既定方向前进。针对研培内容需进行线上、线下合理分配，保证混合式研培目标的一致性，研培督导的互补性，研培效果的可测性。一般将实践性强、组织机构稳定、人员参与面较小的内容放到线下进行。

3. 指向效果诊断与方案调整的评价伴随

评价伴随用于效果诊断和方案改进，犹如混合式研培的第三只眼，无论是通过线下还是线上开展的培训活动，都能够借此观照到全过程，有利于强化培训目标的达成，督促教师深入学习、积极反思并让自己的学习效果可见。评价反馈不仅可以帮助培训员及时了解每位教师的想法并与之及时沟通，还为培训活动的改进提供了依据。

4. 指向长效发展与辐射引领的学研追踪

学研追踪是对学习研究的过程进行跟踪管理。一方面可将两种培训与教研的目标、过程、效果、评价紧密融合于一体，另一方面可关注参训教师的长效发展和辐射引领情况。采用学研追踪的策略，犹如使用了一剂培训催化剂，能不断延长研训效果。

四、结论

我们已经迁移运用这样的混合式研培模型开展了多种多样的区级学科教师培训活动，均得到老师们的广泛认可和积极支持。同时培训方式的转型给区域教师培训课程资源建设带来了新的要求和契机，在此基础上我们筹建了"高新区小学数学教师课程数字资源库"，为老师们打造"系统的泛在学习空间"，营建"人人愿意学，人人可以学，人人能为师"的区域教研文化。在成都高新区小学数学圈不同职业阶段、不同学术团体、不同学校教研组中，所有小学数学教师都可以在区域混合式研培中获得有效的专业提升，享受教师职业生涯的幸福！

互联网背景下体育教师信息化素养提升的路径研究

——以成都高新区中小学为例

成都高新和平学校 班 超

一、前言

（一）选题依据

1. 信息技术的发展

互联网的出现和普及，加快了经济全球化和教育全球化的趋势。

2. 教育信息化的发展

教育信息化是教育系统顺应国家信息化发展战略的必由之路，对教育改革必然产生深刻影响。当前云计算、大数据、物联网、移动互联网等新技术逐步广泛应用，教育信息化的步伐稳步向前，教育系统各个部门同时也面临了各种各样的新机遇和挑战。

3. 教师专业发展的要求

教育信息化正推动"信息技术"与"教育"的双向融合发展，助力推动我国教育改革完成从"信息化建设"到"深层次应用"再到"优化与集成"的关键时期。在信息化时代背景下，要求教师必须具有一定的信息素养，能够满足基本的获取信息、筛选信息、利用信息、处理信息、分析信息、评价信息等基本需要。

4. 学生素养发展的要求

在信息化时代，信息技术已经渗透到我们生产生活的各个领域。而作为一名教师，只有提升了自身的信息化素养，才能更好地提升教学效果，更好地培养学生的信息素养。

（二）研究意义

1. 体育教师职业发展的需求

体育教师的信息化素养在未来职业生涯中发挥着重要的辅助作用。首先，拓宽体育教师发展空间；其次，提高体育教师的职业素养；最后，体育教师的教育信息化素养可以推动体育教师与时俱进，不断地更新自身知识架构，鞭策教师不断地接触新的教学方法和手段，钻研和探究新的体育教育理念。

2. 体育教师教学的需求

信息化为学校体育工作提供了用途广泛的教学工具。体育教师可以利用丰富的信息资源激发学生锻炼的兴趣。

3. 学校体育工作的需求

教育信息化对于学校体育而言，既是一种珍贵的资源，又是一种方法，更是一种思维。应更加重视信息化与学校体育工作的结合。从而将有效信息深度挖掘、储存、建档归类成为统一的数据库。这样，每当举办大型校运会、各类球类比赛，制定秩序册和报名的工作流程将大大缩减，提高工作效率。同时历届比赛记录的留存是对学校历史的尊重，也是对体育拼搏精神的传承。

（三）研究目的

本研究旨在了解中小学体育教师现有的信息化素养状况，响应国家和社会对教师专业发展的要求。为提高体育教师的信息化素养提出相应对策，具体而言，需要达成以下目标：

1. 掌握当前中小学体育教师信息化素养的现状
2. 分析影响体育教师学科技术信息化素养的因素
3. 找到体育教师信息化素养提升的路径

二、文献综述

（一）概念界定

1. 教师信息化素养

教师信息化素养概括为教师在信息网络环境下，通过树立信息化意识，掌握一定的信息技术，并能够将其应用于教育教学过程中，同时能够根据教学需要，对信息资源进行筛选、处理、分析、整合、应用和评价的专业能力。

2. 学科技术信息化素养

中小学体育教师在具备一定的信息意识基础上，能够根据教学内容需要熟练运用互联网、计算机等信息技术，获取、分析、处理体育信息，并能够将之应用到教学过程中，满足其教学需要的能力被定义为学科技术信息化素养。

（二）国外研究现状

目前，国外对信息素养的认识是逐步深入并逐步将其规范成一种可操作性、可评价性体系的从将之作为一种专业的技术到作为一种综合能力，后发展成为一种社会发展责任，最终归于终身学习的需要。

（三）国内研究现状

1. 国内信息素养的研究现状

我国的教师教育技术能力标准认为，教师教育技术能力的核心基于信息技术支持的教学设计，即《标准》中的运用信息技术的设计、实施与评价教学，更多关注的是教师有效运用信息技术的"如何教"的问题。

2. 教师信息化素养的研究现状

综上所述，国内对教师信息素养的研究正如火如荼地进行，但是仍然存在不足：第一，信息化素养研究的对象多以高校教师为主，对中小学教师研究较少，对体育教师信息化素养提升的研究更是凤毛麟角；第二，教师信息化素养提升的最终目的是为促进专业化发展，但是深入各个专业发展的专业信息化素养研究寥寥无几；第三，我国对教师信息化素养的研究主要集中在概念以及现状方面，缺少对基层教师信息化素养提升的实证研究和针对性的建议。本文将结合成都高新区中小学体育教师信息化素养现状调查，对体育教师信息化素养提升的路径进行研究，有利于促进体育教师专业化发展，从而指导教学，更好地服务学校体育工作。

三、研究对象与方法

（一）研究对象

本研究以成都高新区的 9 所"九年义务教育学校"的在职体育与健康教师为研究对象。从各个学校随机抽取教师，取样时兼顾教师的性别、年龄、学历、类型、学科等方面的分配，共发放问卷 100 份，回收 80 份，有效问卷 80 份，有效回收率达 80%。

（二）研究方法

1. 文献资料法

2. 问卷调查法

3. 专家访谈法

从成都高新区中小学随机抽取 10 份疫情防控期间学生居家体育锻炼方案，进行信息化介入水平的分析。同时对方案制定者进行访谈，了解其对信息化素养的认识、对"互联网 +"环境下体育教学和学校体育工作的理解，了解学校体育工作中信息化的现状，为设计问卷提供依据。

4. 数理统计法

本研究将采用 Excel 软件对回收数据进行统计和分析研究。

四、研究结果与分析

（一）互联网背景下体育教师学科技术信息化素养的现状分析

1. 体育教师基本情况调查现状

表 5-2　被调查对象基本情况统计

调查项目	数据	人数 / 人	比例
性别	男	52	65%
	女	28	35%
年龄	20—29 岁	54	67.5%
	30—39 岁	15	18.75%
	40—49 岁	6	7.5%
	50 岁以上	5	6.25%
从教年数	5 年以下	54	67.5%
	6—10 年	9	11.25%
	11—20 年	10	12.5%
	21 年以上	7	8.75%
最高学历	硕士及以上	34	42.5%
	大学本科	45	56.25%
	大专	1	1.25%
	中专	0	0%
个人是否拥有电脑	是	77	96.25%
	否	3	3.75%

从以上调查结果（见表 5-2）中我们可以了解到调查对象中男教师多于女教师；被调查的教师绝大多数为 20 ~ 29 岁。教龄 5 年以下的青年教师，这与自愿参与调查的多为青年教师有关；本科学历占 56.25%，硕士及以上占 42.5%，说明成都高新区中小学体育教师学历层次较高，能够较为客观地反映成都高新区体育教师的整体文化水平和信息素养水平；被调查对象中仅有 3.75% 的教师未拥有个人电脑，该基本情况表明，在教师提升自身信息化素养过程中物质基础的满足有待提升。

2. 体育教师信息意识调查分析

结合问卷内容对体育教师信息意识进行现状调查，结果如下。

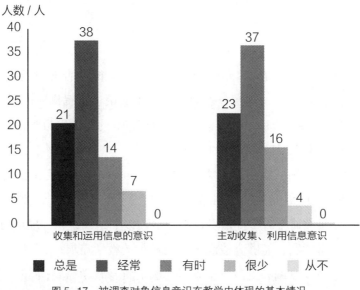

图 5-17　被调查对象信息意识在教学中体现的基本情况

由上图 5-17 可知，成都高新区九义校体育教师都具有一定的收集和运用信息的意识，并能够主动将收集到的信息应用于教学实践中。绝大多数教师都能够经常在教学工作中体现信息意识，但仍有极少数教师很少有收集和运用信息解决教学问题的意识，这影响了体育教师学科技术信息化素养的提升和教师专业素养的发展。

3. 体育教师信息能力调查分析

本研究通过调查问卷中两道客观选择题对成都高新区九义校体育教师的信息能力在教学工作各环节的体现进行现状调查，结果如下。

表 5-3　被调查对象信息技术应用情况统计

项目	环节				
	备课	分析成绩	布置作业或制作试卷	教研	从来不用
人数 / 人	73	49	44	33	2
比例	91.25%	61.25%	55%	41.25%	2.5%

表5-4　教学素材来源情况统计

项目	来源			
	网上下载	教研提供	与同事合作完成	独立制作
人数/人	72	24	45	36
比例	90%	30%	56.25%	45%

由表5-3可知，成都高新区91.25%的九义校体育教师都将信息技术应用于备课环节中，其次分别为分析学生成绩、布置作业或制作试卷，41.25%的教师将之应用于教研活动中，而2.5%的极个别教师存在在教学各个环节中从来不用信息技术的情况。

由表5-4可知，对于教学素材的获得，90%的九义校体育教师都通过网络直接获取教学资源，独立制作和与同事合作完成分别占45%和56.25%，而由教研室直接提供者仅占30%。以上结果说明，现今网络信息资源非常丰富便利，能够直接满足一线教师的教学需求；教师们也会根据自己的教学情况改编和重制教学素材，满足自身教学需要；同时，也能够反映出各校教研室提供给教师的教学素材较少，或提供的教学素材不能够满足教师的教学需求，这在一定程度上可反映出各校教研室对一线教师信息资源的提供有限或质量不高。

4. 体育教师信息知识调查分析

体育教师的信息知识的储备是构成教师信息化素养的另一个重要因素，只有掌握了一定的信息知识，才能培养自身的信息应用能力，从而提高自身教学水平。通过对成都高新区九义校体育教师的信息知识水平进行现状调查，结果如下。

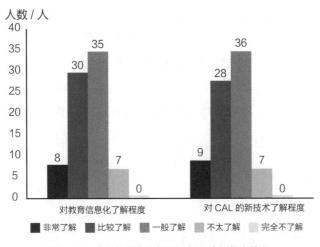

图 5-18　体育教师信息知识了解程度的基本情况

体育教师对信息知识的了解程度现状如图 5-18 所示。整体来说，各位教师对教育信息化及计算机辅助教学的新技术都有一定的了解，但绝大多数教师对相关信息知识的认识停留在比较了解或一般了解阶段，非常了解的教师仅占 10%，说明中小学体育教师平时接触到的有关知识面较窄，对知识了解不够深入、全面，职前及职后培训效果一般。

5. 体育教师信息化素养培养的困难点调查分析

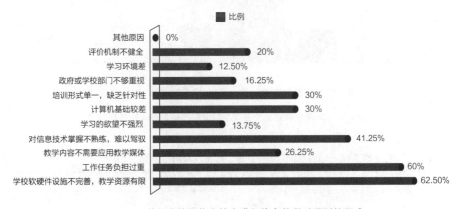

图 5-19　教师在使用信息技术进行体育教学时遇到的困难

图 5-19 结果显示，一线教师认为，造成自己在教学中应用信息技术

的主要困难大多数都为客观因素，主要是学校的基本软硬件设施不完善，不能够为教师提供满足教学需要的设施和相关资源；其次，教师日常工作负担过重也是造成教师在使用信息技术时遇到的主要困难之一。除两个主要的客观因素外，还有一部分的困难产生原因在于教师自身：41.25%的教师认为之所以将信息技术应用到体育教学中会产生困难是因为对信息技术掌握不熟练，难以驾驭；30%的教师认为自身计算机基础较差，对新兴信息技术软件的学习和掌握存在困难；少部分教师认为是由于学习环境差，政府或学校部门对教师信息化素养的培养不够重视及自身的学习欲望不强烈导致困难的产生。

6. 关于应用教学信息设备情况分析

随着大规模的学校现代化情况验收，成都高新区所有学校已经安装上电子白板、投影仪等基础教学信息设备，且都以区为单位组织了一线教师对基本信息设备的使用培训。

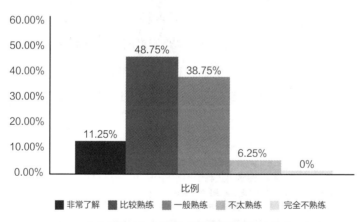

图 5-20　体育教师对电子白板、投影仪等信息设备的掌握程度

表 5-5　体育教师对电子白板、投影仪等信息设备的使用频率

项目	使用频率			
	每节课都用	讲授新课时会用	偶尔用	从来不用
人数／人	16	27	37	0
比例	20%	33.75%	46.25%	0%

由图 5-20 和表 5-5 可发现成都高新区 93.75% 的体育与健康教师都能够熟练应用电子白板、投影仪等基本信息设备，6.25% 的教师不太熟练。以上数据能够说明经过统一培训，每位体育教师都具备一定的使用基本信息设备的能力。同时，教师在教学过程中应用基本信息设备方面，33.75%的教师会在讲授新课的过程中使用；20% 的教师比较依赖现代教学媒体，达到了每节课都用的使用频率。以上数据表明，体育教师已经能够适应并且融入到现代信息化社会，并有意识、有行动地将信息技术及信息设备应用到实际教学中。

7. 关于制作方法及掌握程度情况分析

为了了解成都高新区体育教师对各类信息技术媒体及信息技术软件使用方法及掌握程度的情况，本研究进行了进一步调查，结果显示如下。

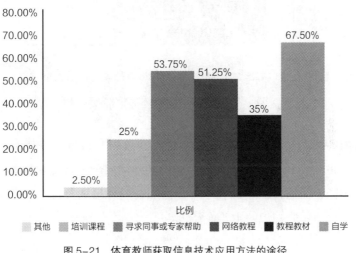

图 5-21　体育教师获取信息技术应用方法的途径

通过图 5-21 可知，67.5% 的教师通过自学来获得和掌握信息技术软件及设备的应用方法，其余通过寻求同事或专家帮助及网络教程的渠道获得知识与技能的教师分别占 53.75% 和 51.25%。这三种渠道成为体育教师获取信息技术知识和能力的主要渠道，也是目前提升教师学科技术信息化素养的主要渠道。从图中可以看出，体育教师通过培训课程促进自身学科技术信息化素养的效果不显著。

（二）体育教师学科技术信息化素养的培养与提升调查现状分析

根据以上现状调查，发现成都高新区体育教师的学科技术信息化素养的培养还存在较大差距，且对学科技术软件的学习和使用还存在较大问题，这与教师队伍职前、职后的各种培养方式有很大关系。

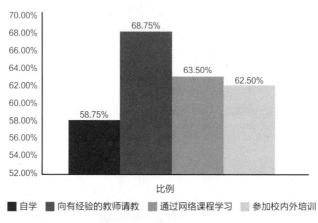

图 5-22　体育教师提升学科技术信息化素养的途径

从图 5-22 中可以看出，一线体育教师在提升自身学科技术信息化的途径中，68.75% 的教师通过向有经验的教师请教——这无疑是最简单快捷的一种途径，而通过网络课程学习、参加校内外培训及自学的方式也都是各位体育教师获取知识的主要途径。

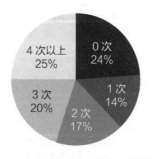

图 5-23　体育教师接受学科信息化素养培训次数

通过统计，有 55% 的教师在职前参加过学科信息技术的相关培训，这集中在在校时的专业课程的学习与新教师入职培训时期的学习；在职后参加过学科信息技术的相关培训的教师占 60%，还有绝大部分教师在职后未经过相关培训，这与本次调查集中在青年教师有关——他们教龄时间较短，还未参与其他相关培训。由图 5-23 可知，参加过 3 次以下学科技术信息化素养培训的教师占 55%。这说明目前体育教师信息化素养的培训组织不到位，不利于教师专业化发展和信息化素养的提升。

通过对一线教师意愿的了解，57.5% 的教师比较倾向于通过集中培训和自学相结合的培训形式提升自身的学科技术信息化素养；22.5% 的教师希望增加在职培训来促进自身信息化素养的提升；少部分教师希望通过脱产培训、小组讨论和专家讲座的形式展开培训。

（三）互联网背景下体育教师信息化素养提升的影响因素

现今，各种现代化教学设备层出不穷，也潜在地对一线教师的教学能力和信息化素养提出了更高的要求，互联网背景下，体育教师信息化素养提升的影响因素包括以下几方面。

1. 个人因素

调查发现，仍有一部分教师很少或只是偶尔会搜集信息、利用信息，这对于利用体育信息素材进行教学来讲是不利的。此外，老教师因受年龄因素和传统教学观念的影响，认为传统方式授课更有效率，因而未能为新一代教师起到模范带头作用。

2. 学校因素

目前，政府部门对教育资金的投入力度较大，但学校对于资金的分配往往不太均衡，大部分的资金投入到了校园文化建设及校园环境建设中，因此出现了学校教师学习的硬件设施跟不上使用的现象。

3. 学科因素

对体育教师教育技术的培训不能局限于信息技术的技能掌握，而应有重点地进行实践教育理论的学习和实际应用的示范操练，对学科教育发展趋势以及信息化教育教学案例进行探讨和分析。

4. 其他因素

体育教师信息技术知识的匮乏和信息技术能力的水平较低与教师自身信息意识的不足有重要关系。

（四）互联网背景下体育教师信息化素养提升的路径

1. 完善基础设施建设，搭建信息教学平台

在提升教师学科技术信息化素养的过程中，要重视校园环境的作用。环境具有潜移默化改变人思想观念、指导人行为实践的作用。加强学校的精神文明建设和环境文化建设尤为重要。

加强软硬件设施的完善是提升教师学科技术信息化素养的物质基础，也是体育教师信息化素养快速得到发展的重要保障。因此，加强学校软硬件设施的完善是促进体育教师学科技术信息化素养提升的落脚点。

2. 树立信息教学观念，提升信息认识水平

学校层面应当尽可能合理安排教师工作时间，合理分配教学任务，定期有针对性地以主题式培训的形式开展学科技术信息化软件的教学，以保证广大教师能在有限的时间内，高质量、高速度地吸收信息技术方面的知识，尽快将之应用到教学工作中去。

3. 强化教师信息培训，优化信息培训体系

设立专门的培训部门。有条件的中小学可以设立信息技术部门，定期组织教师进行信息技术教育的培训；要有专门的培训人员负责此项工作。加强教师信息能力以及信息技术培训结果的应用的考核力度，必要时，对教师下达硬指标，通过刚性的行政手段使其达到教育信息化的最低要求。

4. 建立信息评价标准，健全信息培养机制

促进体育教师学科技术信息化素养的提升是一个长期的过程，因此需要形成和建立一个校内外联合，一个有层次的、连贯性的培养体系，并且结合培养方案和培养计划制定合理的评价制度，健全评价机制，专业、有效地促进体育教师信息化素养的提升。

五、结论与建议

（一）结论

本文在强调教育信息化和教师信息化素养的时代背景下，提出了有效促进中小学体育教师学科技术信息化素养的提升途径。调查发现，目前阻碍或影响体育教师学科技术信息化素养提升的因素和存在的不足体现为以下几个方面：

1. 中小学体育教师信息意识水平有待提高；

2. 中小学体育教师计算机基础差；

3. 中小学体育教师学科技术软件相关知识匮乏；

4. 中小学体育教师对学科信息技术软件的使用水平较低；

5. 中小学体育教师接受的相关培训次数较少、质量欠佳；

6. 学习硬件等设施不完善，校方重视程度不够。

最后，根据以上调查结果显示的问题提出较有针对性的提升中小学体育教师学科技术信息化素养的建议。

（二）建议

1. 提升教师自身信息化素养的途径

教师自身的转变在提升信息化素养方面具有很大关系，教师不仅要更新观念，也要深刻认识到提升教师信息化素养在信息化教学中的重要性和紧迫性，努力地提升自己的信息化素养，以便更好地开展体育教学活动。

（1）强化信息意识，成为终身学习者。

（2）丰富信息知识，加强对教育信息化政策的理解。

（3）增强信息技术能力，提升信息化教学能力。

（4）加强信息道德建设，促进学生信息道德教育。

2. 提升教师信息化素养的学校保障机制

对影响体育教师信息化素养水平的原因进行深层次分析后，可以看出，提升体育教师信息化素养水平是一个系统工程，不仅要考虑到教师自身的主观性学习意识，考虑到软硬件等基础性资源的建设，也要顾及信息素养培训对教师发展的影响，通过综合考虑来系统性地解决影响中小学体育教师信息化素养水平提升的各种矛盾。提升体育教师信息化素养水平，学校应做到以下几方面：

（1）丰富基础教育教学资源库；

（2）创造信息化教学实践机会；

（3）完善信息技术教学激励政策；

（4）加强专业的教育技术支持力度。

3.强化教师信息化素养培训

（1）培训内容上：融合新理念与新技术。将中小学体育教师信息技术培训等同于新教师的入职培训，对于教师初始的信息化素养发展起到示范作用。

（2）培训形式上：需要兼顾教师个体差异性。

（3）培训管理上：加强后期指导。从调查中了解到，教师在培训结束后需要通过考核取得相关证书。但是考核测评的结束并不意味着培训的终止，也不意味着对教师信息化素养的培养就此结束。

小学生营养午餐剩余量问题及协同治理实践研究

——以成都师范银都紫藤小学为例

成都师范银都紫藤小学　付小琳

随着人们生活水平的不断提高，决胜全面小康，决战脱贫攻坚，学生营养午餐也确实越来越营养，但饭菜的剩余量越来越大却是一个不容忽视的问题。从国家层面来看，政府职能部门和学校都花了大量人力、物力来保障孩子们的营养午餐，但学生中近视、肥胖、营养不良的现象却在逐年增长。学生在校时间长，营养午餐尤为重要。厨师们精心烹饪的饭菜，有的学生吃很多，有的学生却只吃一点点就倒掉。造成就餐量不好把控，浪费现象时有发生。无论是从宏观还是从微观层面出发，小学生营养午餐问题的治理都迫在眉睫。

一、影响小学生营养午餐剩余量大小的因素

（一）营养午餐剩余量大小与学生年段有关

根据对紫藤小学上学期连续一个月每日各班饭菜剩余量统计数据来看，一年级和六年级的饭菜剩余量一直比较低，剩余量大的是二、三、四、五年级的学生。通过访谈得知，一年级学生从幼儿园的餐食过渡到小学的餐食，比较有新鲜感。幼儿园的菜品较碎，且大多都是盛在一个碗里，饭菜融合。而小学的菜品比较偏块状，也接近家里的餐食，一个餐盘里分别盛了三菜一饭。尽管一年级学生处于换牙高峰期，口腔及牙齿的不适会影响午餐的剩余量，但班主任强调光盘行动后，对于亲师性很强的一

年级学生来说，他们基本都是"光盘"。六年级学生处在生长发育的高峰时期，且已养成自觉进餐的好习惯，自然饭菜剩余量也较低。

（二）营养午餐剩余量大小与学生身体健康有关

通过对大量的健康数据进行分析，午餐剩余量大小与学生的身高、体重、视力之间没有太大的相关关系。通过问卷调查得出全校特质学生数（主要指对某些食物过敏的），其中有学生对鸡蛋、奶制品、豆制品、牛肉、番茄等过敏，但由于做的是大锅饭，分餐时为了均衡进行统一配置，有过敏体质的学生就会出现剩下一道菜没吃，另外两道菜则多吃的情况，这也导致午餐剩余量会增大。同时，在春季和秋冬季传染病高发时期，有些班级学生经常突发身体不适，或者到校后晨检通不过，需临时请假去看病。此时，食堂已按照之前的正常人数制餐，最后导致午餐剩余量增大。还有些体质弱的学生，假如第四节课是体育课，运动完后身体不适不愿意吃饭，也会导致午餐剩余量加大。

（三）营养午餐剩余量大小与学生家庭膳食结构有关

随着经济水平的不断提高，大部分家庭在吃的问题上已从最初追求的"吃得饱"变成了现在的"吃得好"。殊不知，对于吃得好的理解有偏差也对孩子有影响。学生在校一天很辛苦，家长就想着晚上做顿大鱼大肉犒劳孩子。长此以往，孩子营养过剩导致肥胖，在校就餐的食量也越来越大，后厨也会根据各班食量的增加而调整制作量，最终导致午餐剩余量增大。另一方面，有些家长因上班或其他原因不能给孩子做早餐，于是就让孩子自行在外面吃。小学生对钱有了自主意识，索性就直接去买了喜欢吃的零食，根本没有营养。这样下去，小学生胃口变得不好，出现营养不良现象，午餐剩余量也会变大。

（四）营养午餐剩余量大小与班级管理有关

疫情过后，学校实行配餐到教室。由食堂厨工根据班级人数，匹配相应分量的饭菜到班级分餐台，由班主任和副班主任一起给学生打餐。为培养学生自理能力，有段时间也试着让学生轮流打餐和自主清理餐盒，但出现了许多问题。比如有的班级完全放任学生随意打餐（不喜欢吃的只打一点点，为了喜欢吃的那样菜，甚至把餐盘里另外两样菜也悄悄倒掉）。后来就出现饭菜不够，厨余垃圾桶里又剩很多的现象。究其原因，营养午餐剩余量大小与班级管理好坏呈正相关。

（五）营养午餐剩余量大小与行政部门间联动情况有关

诚然，午餐的制作的确应该由后勤部门负责，但午餐的就餐管理需要德育部门来抓，午餐的营养课程需要教导部门来落实，午餐的光盘行动及其他厉行节约活动需要办公室来宣传，午餐的满意度调查及其他数据统计需要信息中心部门来完成。这样一看，似乎午餐就是一个关键的齿轮，带动了各部门的齿轮同时运转。其中不论哪一个齿轮出了问题，都会导致其他齿轮，尤其是中间的那个关键齿轮不能很好地运转。

假如教导处的营养课程落实了，学生们了解到胡萝卜是含有胡萝卜素的，它对人体非常有益，那么即使再不喜欢吃胡萝卜的同学在倒掉它的时候也会从毫不犹豫变得犹豫再三吧。假如德育处每天对各班的午餐管理情况多多进行查看，指导班主任认真落实打餐、管餐的每个环节，包括重视进餐时的氛围营造等，势必会影响午餐剩余量吧。假如办公室经常推送一些关于营养、关于健康的报道，或者在学生中收集一些征文来发表，让学生的思想意识有所转变，相信午餐剩余量也会有所减少。假如信息中心及时统计分析问卷结果，公布每日午餐剩余量数据，让数据说话，让数据决策，班级的、全校的午餐剩余量一定能有所下降。假如后勤处在选购食材及制作午餐时，多考虑是否适应不同年龄学生的胃肠消化吸收功能，多考虑菜品的色、香、味、形是否符合不同年龄学生的口味兴趣等，那么几乎人人都可以光盘。

（六）营养午餐剩余量大小与家、校、社之间联动效果有关

学生的营养午餐是在学校进行的，仿佛这只是学校的事。殊不知，这一顿午餐前后分别还有早餐和晚餐都要在家里进行，家庭的膳食模式会直接影响学生的午餐。由于社会经济的发展，加之紫藤小学的学生群体属于城市，学生自主选择食物的机会更多，更容易选择不健康的膳食模式。比如早上在校外买早餐，下午放学在校外（很大可能会到小商小贩摊点）购买零食。当不健康食品摄入过多，学生的营养午餐自然无法引起食欲。那么，此刻家庭、学校就需要联动了。首先要明确掌握小学生的经济状况并正确引导消费，要保障早餐的丰富营养，减少零食等不健康膳食模式的植入，培养学生正确的膳食模式。同时，社会也该参与联动。无论是城管执法还是食药监，应对学校周边的"三无"产品做到及时清理，在论食物的营养前先保障卫生和健康。若在校外吃得不卫生导致身体出现异常情况，那么势必会影响午餐剩余量。

二、针对影响营养午餐剩余量大小因素的协同治理方案

（一）组织架构

根据上级文件的指示精神，紫藤小学食品安全实行校长负责制，成立了以校长为组长、以分管后勤的副校长为副组长，学校各行政部门负责人、家委会代表为成员的营养午餐监管领导小组，对食堂场所、设施设备、食品采购、食品贮存、食品加工制作、食品供应等方面，提出具体要求，对从食品卫生安全到营养午餐剩余量等进行有效监管。

（二）内部管理

1.学校食堂属于自主经营，没有外包

由食堂监督委员会对食物进行采购与验收核算，对各条操作流水线上

的食品卫生、洗切配菜、烹饪烹调的营养素保护及每周食谱的制定等实施监管。分别为不同年段的学生定制适合的午餐，低段学生的饭菜口味做得偏淡一些，高段学生的饭菜中可以适当加一点辣椒。在菜品的色、味、形方面也可以做一些区别，低段学生的主食中可以定制卡通形状的糕点面食，比如将一个传统的窝窝头做成可爱的小猪、小兔的模样。高段学生的牙齿已更换完毕，在食材选取及烹饪的方式上也可以有别于低段学生的午餐。

2. 德育处对各班午餐情况进行管理

安排值周老师和值周行政分楼层巡视班级，对各班的分餐、就餐及餐后卫生打扫进行管理。在疫情期间，学生自带餐盒，班主任和副班主任为学生打餐。打餐时要保证每样菜的均衡，同时，根据学生的自身情况进行餐量的调整。就餐期间，做到安静、安全。餐后，学生及时清理餐盒、桌面和地面。每周日给全体家长发放下周食谱，让家长根据学校每天的菜谱来及时调整家庭菜单。从而使学生每天的膳食营养在家庭的积极配合下，更为全面、均衡、合理。

3. 办公室对厉行节约的"光盘行动"进行宣传

食堂的各项制度上墙，饮食文化布置、班级走廊分餐区域的"光盘行动"氛围营造。可以聘请营养师定期对学生和家长进行以营养与生长发育、营养与健康、营养与膳食、营养与疾病防治等为内容的宣传讲座。利用学校的宣传栏和LED显示屏进行宣传，也可以在师生及家长中开展相关知识竞赛或演讲等。

4. 教导处开发健康营养和劳动方面的校本课程

教导处在课程的设置方面，为了让学生认识食物的营养价值，懂得粮食蔬菜的来之不易，可以开发有关健康营养和劳动方面的校本课程。让学生通过课程认识五谷、懂得营养、体会艰辛。真正领悟到"谁知盘中餐，粒粒皆辛苦""一粥一饭当思来之不易"的含义，从而有效地减少午餐剩余量。

5. 信息中心利用数据减少午餐剩余

信息中心定期推送问卷，征求家长和师生有关饭菜口味和食堂管理的意见。根据数据反馈及时调整饭菜口味和食堂监管策略。同时，也定期通报各班午餐剩余量情况，让数据说话。学校对做得好的班级进行表彰，对做得不好的班级进行整改指导。

（三）协同治理

1. 联动食药监

民以食为天，要确保全校师生的饮食安全，除了平时学校各部门的监管，还需要食药监经常到校进行抽检和指导。尤其是各类餐具的消毒、食堂工作人员的操作规范、留样及餐厨管理等，都需要科学而严格的管理。食药监无疑就是食品安全监管的最高长官！

2. 联动疾控中心

小学生是各类传染性疾病的易感人群，容易病从口入。疾控中心定期派专业人员到学校进行传染病防控指导，可以培训校医、老师、学生，也可以培训家长，还需要对食堂工作人员进行重点指导。

3. 联动城管执法部门

在小学生的自律意识还不够强的情况下，就需要他律。校门口的"三无"零食摊点是重点整治对象。小学生正处在身体发育阶段，经常吃一些毫无营养、卫生不达标的垃圾食品，势必会对身体造成伤害。每天上放学时间，城管执法队需在校门口附近进行执法，对无证经营的小商贩进行管理。不存在就不会买卖，学生也会回归餐桌，吃饭很香，身体很棒！

4. 联动家委会

学校食品卫生安全牵动着千万家庭的心，从食材采购、验收、溯源、加工到最后呈现在学生的餐盘中，整个过程中的每个环节都非常重要。第一步，从政府采购确定食材供应商开始，学校后勤处与家委会一道前往供应商基地进行考察，提出意见，整改后正式签约供货。第二步，每天早上6点供应商将食材准时送到学校食堂，家委会代表或家长志愿者与厨师长、管理员一起对所送食材进行验收。不光验收数量，最重要的还要验收质量。对于食品的检验合格证、农残报告等一一进行查验。第三步，在家长志愿者的协助下，食堂管理员再次利用学校采购的食品检测仪对其中的蔬菜抽样进行农残检测。第四步，供应商代表、学校代表、家委会代表三方一起到附近的超市进行比价，对比所供应的食品价格是否高于了市场价格。第五步，家委会代表到"明厨亮灶"区域，通过远程监控时刻监督食堂操作间里的厨师厨工们操作是否规范。第六步，参与试餐和分餐的监督。第七步，完成食堂工作简报，经过审批后，发送给所有家长，让大家放心。

5. 联动社区

学校属于公办性质，学生都通过就近划片就读，因此，绝大部分家庭都来自学校附近的社区。通过和社区联动，可以组织开展一些以家庭为单位的厨艺大赛或者营养知识、食品卫生安全知识等竞赛。让每个家庭都参与进来，真正关心关注孩子的健康成长。

总之，小学生午餐剩余量大小与诸多因素有关，不是单一的存在，还应该继续拓展研究，挖掘数据，以小问题为切口，找到共同治理的策略，让学生的身心健康都能得到更好的呵护！